EisZeit

DAS GROSSE ABENTEUER
DER NATURBEHERRSCHUNG

herausgegeben von
Manfred Boetzkes
Ingeborg Schweitzer
Jürgen Vespermann

Begleitbuch
zur gleichnamigen Ausstellung

mit Beiträgen von:

Gerhard Bosinski, Gerfried Caspers, Ludger Feldmann
Holger Freund, Sabine Gaudzinski, Klaus Grote,
Angelika Kleinmann, Josef Merkt, Linda R. Owen,
Leonid I. Rekovets, Wilfried Rosendahl, Friedemann Schrenk,
Hartmut Thieme, Gernot Tromnau, Stephan Veil
Jürgen Vespermann und Christian Weisker

Roemer- und Pelizaeus-Museum
und Jan Thorbecke Verlag

Hildesheim und Stuttgart 1999

Die Deutsche Bibliothek - CIP-Einheitsaufnahme

EisZeit: Das große Abenteuer der Naturbeherrschung; Begleitbuch zur gleichnamigen Ausstellung; (eine Sonderausstellung des Roemer-Museums Hildesheim) / hrsg. von Manfred Boetzkes... Mit Beitr. von: Gerhard Bosinski... -Stuttgart: Thorbecke, 1999
ISBN 3-7995-3663-9

Impressum:

Begleitbuch zur Sonderausstellung „EisZeit – Das große Abenteuer der Naturbeherrschung"
des Roemer-Museums Hildesheim in Zusammenarbeit mit zahlreichen Partnern und Leihgebern

Herausgeber: Manfred Boetzkes, Ingeborg Schweitzer, Jürgen Vespermann

Redaktion: Christian Weisker, Stefanie Krause

Redaktionelle Mitarbeit: Gabriele Pieke, Stefan Gesing, Katharina Spohr

©1999 by Roemer- und Pelizaeus-Museum, Hildesheim (Museumsausgabe),
    and Jan Thorbecke Verlag GmbH & Co, Stuttgart (Buchhandelsausgabe)

    ISBN-Nr. 3-7995-3663-9

Titel: Cem Koc, Illustration: Zdeněk Burian
Artwork: Ralf Rohde, Hannover
Druck: Gerstenberg Druck und Direktwerbung GmbH, Hildesheim. Printed in Germany

Gewidmet den
Hüterinnen und Hütern
des Feuers

Inhaltsverzeichnis

Vorwort der Herausgeber 9

Manfred Boetzkes:
EisZeit. Das große Abenteuer der Naturbeherrschung. 11
Zur Genese und Struktur einer Ausstellung.
Bilder einer Ausstellung. 16

Friedemann Schrenk:
Klima und Menschheitsentwicklung 27

Jürgen Vespermann:
Geologie und Paläontologie des Eiszeitalters 39

Gerfried Caspers, Holger Freund,
Angelika Kleinmann, Josef Merkt:
Das Klima im Quartär 77

Ludger Feldmann:
Hildesheim im Eiszeitalter. Eine Bilderreise 95

Wilfried Rosendahl:
Über die Bedeutung von Höhlen und Höhleninhalten für 107
die Rekonstruktion von Leben und Umwelt im Pleistozän

Hartmut Thieme:
Jagd auf Wildpferde vor 400.000 Jahren. 121
Fundplätze aus der Zeit des Urmenschen (*Homo erectus*)
im Tagebau Schöningen, Landkreis Helmstedt

Stephan Veil:
Kultur vor dem modernen Menschen? 137
Fragen zu den archäologischen Spuren aus der Zeit
des Neandertalers.

Sabine Gaudzinski:
Ein mittelpaläolithisches Rentierjägerlager 165
bei Salzgitter-Lebenstedt

Gerhard Bosinski:
Die Kunst der Altsteinzeit 177

Linda R. Owen:
Das Bild der Frau in der Altsteinzeit 197

Leonid I. Rekovets:
Die Bauten aus Mammutknochen in Mezin 215

Klaus Grote:
Vom Leben unter Felsschutzdächern. Jäger und Sammler 223
in Südniedersachsen am Ende der letzten Eiszeit

Gernot Tromnau:
Die Hamburger Kultur 241

Christian Weisker:
Was vom Eiszeitalter blieb... 251
Eine Spurensuche in der Landschaft und Kulturgeschichte

Glossar
zusammengestellt von Gabriele Pieke 272

Abbildungsnachweis 279

Autoren- und Redaktionsverzeichnis 280

Danksagungen 282

Vorwort der Herausgeber

Wenige andere Forschungsbereiche sind in der letzten Zeit so sehr in Bewegung geraten wie die Eiszeitforschung. Geowissenschaftler aus allen Bereichen, Biologen, Paläoanthropologen, Archäologen und Klimatologen haben neue Funde und Ergebnisse vorgestellt, die eine Änderung der bisher gültigen Vorstellungen über das Leben und die Evolution unserer menschlichen Vorfahren, der übrigen Fauna und Flora sowie der Klimaentwicklung im Eiszeitalter zwingend erforderlich machen.

Die Ausstellung "EisZeit - Das große Abenteuer der Naturbeherrschung" und das hier vorliegende Begleitbuch berücksichtigen diese Entwicklung. Hinter beiden Projekten steht der Wunsch, den aktuellen Forschungsstand möglichst umfassend und unterhaltsam zu vermitteln.
Dieses Ziel konnte nur erreicht werden dank der großzügigen Unterstützung zahlreicher Kollegen, die verschiedene Aspekte aus ihrem Fachgebiet aufgezeigt und neue Forschungsergebnisse vorgelegt haben. Wir sind stolz darauf, daß wir viele von ihnen gewinnen konnten, nicht nur die Ausstellung mit ihrem Rat und Exponaten zu fördern, sondern auch für das Begleitbuch einen Beitrag zu liefern. Allen Autoren und Förderern gilt unser herzlicher Dank.

Die innovative und gestalterisch überzeugende Konzeption der Ausstellung hat uns bewogen, das Begleitbuch um eine Dokumentation der Ausstellung zu ergänzen.

Besonders herzlich bedanken wir uns bei Stefanie Krause und Christian Weisker, die die Redaktion des Begleitbuchs mit viel Geduld souverän gemeistert haben. Dank gebührt auch Gabriele Pieke für die Erstellung des Glossars sowie Ralf Rohde, Elke Bungeroth und der Werbeagentur Cem Koc für die Buchgestaltung. Dem Jan Thorbecke Verlag in Stuttgart danken wir für die vorbildliche verlegerische Betreuung der Buchhandelsausgabe.

Hildesheim, im Sommer 1999

Manfred Boetzkes M.A.   Ingeborg Schweitzer M.A.   Dr. Jürgen Vespermann

Manfred Boetzkes

EisZeit.
Das große Abenteuer der Naturbeherrschung

Zur Genese und Struktur einer Ausstellung

Manfred Boetzkes

EisZeit.
Das große Abenteuer der Naturbeherrschung

Zur Genese und Struktur einer Ausstellung

Eiszeit ist „in". Die Entdeckungen der Paläoanthropologen, Archäologen, Geologen, Paläobotanikern, Paläozoologen und Paläoklimatologen über die Entwicklung der Natur und insbesondere des Menschen in der erdgeschichtlich relativ kurzen Phase des Pleistozän, wie das Eiszeitalter geologisch korrekt heißt (2,4 Millionen bis 11.5oo Jahre vor heute), sind – dank intensiver Medienpräsenz – sehr viel nachhaltiger ins öffentliche Bewußtsein befördert worden, als die vorangegangenen über 4 Milliarden Jahre erdgeschichtlicher Entwicklung zuvor – sieht man von der zwar erheblich längeren, erdgeschichtlich aber auch kaum mehr als einen Wimpernschlag ausmachenden Blütezeit der Dinosaurier im Jura- und Kreidezeitalter (200 - 65 Millionen Jahre) ab.

Das öffentliche Interesse an der Erdgeschichte fokussiert sich – so scheint es – auf mythenträchtige Themen, die dem in seiner der Natur abgetrotzten Kunstwelt zunehmend vereinzelt lebenden modernen *Homo sapiens sapiens* sympathetische Zeitreisen in die verlockenden Tiefen einer „wilden" noch nicht domestizierten Natur mittels der von ihm beherrschten Medien gefahrlos ermöglichen. Das Eiszeitalter ist auch deshalb eines der interessantesten Prospektionsziele, weil der von der Umweltdebatte der letzten Jahrzehnte aufgeschreckte *Homo sapiens sapiens* für die Folgen seiner grenzenlosen Naturausbeutung auch für die Entwicklung des Klimas auf der Erde zunehmend sensibilisiert worden ist.

Im Kontext des naturhistorischen Ausstellungsprogramms des Roemer-Museums ist seit Jahren auch das Projekt einer großen „Eiszeit-Ausstellung" diskutiert worden. Vor etwa drei Jahren haben wir uns entschlossen, dieses Projekt im Jahre 1999 zu realisieren. Eine Arbeitsgruppe unter meiner Leitung hat seither die Ausstellung vorbereitet. Sie konnte sich stützen auf bemerkenswerte eiszeitliche Bestände in den Sammlungen des Roemer-Museums. Der Arbeitsgruppe gehörten zunächst der Geowissenschaftler Dr. Jürgen Vespermann und die Archäologin Ingeborg Schweitzer an. Wenig später kamen Dr. Helga Stein, Margrid Schiewek-Giesel und Christian Weisker hinzu. In der Endphase wurde das Team ergänzt um Stefanie Krause, Sonja Busch und Gabriele Pieke. Es war uns von Anfang an wichtig, das Kernteam des Museums um Fachwissenschaftler zu erweitern, die als Geologen, Paläoanthropologen und Archäologen in den letzten Jahren zur wissenschaftlichen Erschließung des Eiszeitalters wesentliche Beiträge geleistet haben. Wir konnten viele dieser Kollegen dafür gewinnen, das Unternehmen Eiszeit-Ausstellung und das Begleitbuch der Ausstellung nachhaltig zu unterstützen; denn unser Anliegen war nicht die Repetition der Darstellung von fachspezifischen Einzelthemen, sondern die Realisation eines großen interdisziplinären Projekts: eine Eiszeit-Ausstellung, die zusammenbringt, was sonst nur isoliert betrachtet wird, die möglichst facettenreich das breite Spektrum der eiszeitlichen Lebenswelt, Geologie, Klimaentwicklung, Botanik und Zoologie und die Entwicklung des Menschen zu veranschaulichen sucht.

Diese Ausstellung und die sie begleitenden Publikationen bieten daher eine Zeitreise an, die nicht nur ein oberflächliches Abenteuer, sondern eine wirkliche Entdeckungsreise sein kann. Ergänzt wird das Begleitbuch zur Ausstellung von einem museumspädagogischen Heft „Die Eiszeit kommt..." für Schulklassen und kleine Besucher sowie einem abwechslungsreichen Sommerprogramm für Groß und Klein. Die Ausstellung präsentiert mit den Medien von heute ein fernes Zeitalter nicht als historische Idylle, sondern als Laboratorium der Evolution, in dem das „entsetzliche grausame Wirken der Natur", wie Darwin notierte, als er daran ging, „Die Entstehung der Arten" niederzuschreiben, für den Besucher auch spürbar wird. Sie zeigt die Entwicklung des Menschen und die Herausbildung seiner Fähigkeiten, auch unter lebensfeindlichen Bedingungen zu überleben und sich in der „grausamen" Natur zu behaupten.

Klimaveränderungen haben schon vor Millionen Jahren in Afrika die Evolution der Hominiden beeinflußt und in besonderem Maße die Entwicklung der seit ca. 2 Millionen Jahren von Afrika nach Asien und Europa vordringenden frühen Menschen geprägt. Der Wechsel von Warm- und Kaltzeiten während des Eiszeitalters hat ihnen, wie der gesamten Natur, grandiose, das Überleben sichernde Anpassungsleistungen abverlangt, von denen wir heute noch profitieren. Dazu gehören zum Beispiel die Nutzbarmachung des Feuers, die Entwicklung immer leistungsfähigerer Werkzeuge, schützender Behausungen, sozialer Organisation der Nahrungsbeschaffung und des Zusammenlebens und erster Formen der Arbeitsteilung, das Aufkommen von Jenseitsvorstellungen und die „Erfindung" der Kunst.

In der Ausstellung wird die allmähliche Entfaltung dieser überlebenssichernden eiszeitlichen „Zivilisation" mit Leihgaben aus vielen europäischen Museen und bedeutenden Privatsammlungen ausführlich dokumentiert. Zugleich wird die eiszeitliche „Natur", die uns heute phantastisch anmutende Tier- und Pflanzenwelt der Kalt- und Warmzeiten in authentischen Überresten (Skelette, Präparate) erfahrbar und mittels computergesteuerter animierter Tiermodelle unmittelbar erlebbar. Das Szenarium der Ausstellung setzt auf die Faszination der „Aura" der Originale ebenso wie auf die Kraft der Bilder der neuen audiovisuellen Medien.

Neben vielen kostbaren originalen Exponaten der Natur- und Kulturgeschichte des Eiszeitalter unterstützt daher ein breit gefächertes Angebot an multimedialen interaktiven Möglichkeiten die Erschließung der natur- und kulturgeschichtlichen Hintergründe. Die Besucher können selbst aktiv werden, um die Geheimnisse der Eiszeit zu entschlüsseln. Und die zur Entdeckung einladende Ausstellungsarchitektur macht die Zeitreise zu einem alle Sinne aktivierenden Erlebnis.

Die Besucher betreten die Ausstellung durch einen Eistunnel, begegnen dann unseren Vorfahren in einer 3-D-Show, erleben „life" eine streitbare Diskussionsrunde über die Abstammungslehre, ehe sie – geführt auf einem Archäologenpfad - sich die Lebenswelten des Eiszeitalters erschließen können. Sie erleben die Abfolge von Kalt- und Warmzeiten als Motor der Evolution: früheste, zum Teil erstmals gezeigte Originale afrikanischer Fundplätze sowie authentische Zeugnisse der wichtigsten archäologischen Ausgrabungsstätten unserer eiszeitlichen Vorfahren – *Homo erectus*, *Homo sapiens neanderthalensis* und *Homo sapiens sapiens* – säumen den Entdeckungspfad.

Auf der Zeitreise durch das Eiszeitalter begegnen die Besucher nicht nur einer Vielzahl archäologisch geborgener Skelette sowie dermoplastischer Präparate der eiszeitlichen Tierwelt, sondern auch computergesteuerten, lebensgroßen Modellen der bekanntesten, heute ausgestorbenen Tiere des Eiszeitalters wie Mammut, Wollhaarnashorn und Säbelzahntiger.

Darüber hinaus kann in einem rekonstruierten, begehbaren Biotop, in dessen Zentrum wissenschaftlich gesicherte Fährten von Eiszeittieren zu sehen sind, die Tier- und Pflanzenwelt und das Klima des letzten Glazials, der „Weichseleiszeit" (115.000 - 11.500), „hautnah" erlebt werden.

Für die Menschen der Eiszeit war der Schutz vor der Kälte ein entscheidender Überlebensfaktor. Sie nutzten Felsüberhänge und Höhlen oder bauten sich Schutzhütten. Zwei der berühmtesten menschlichen Behausungen des Eiszeitalters, die von Pferdefellen bedeckte Hütte von Gönnersdorf und die aus Mammutknochen und Mammutstoßzähnen konstruierte Hütte von Mezin werden mit ihrem gesamten Inventar gezeigt.

Zu den großen Mysterien des Eiszeitalters gehört eine um 35.000 vor heute einsetzende Blütezeit der Kunst. Felszeichnungen, Höhlenmalereien und zahlreiche reliefierte und skulpturale Kleinkunstwerke zeugen von einer von Italien, Spanien, Frankreich und Mitteleuropa bis in den Ural lebendigen „Weltkunst", deren Hauptwerke in der „Schatzkammer" der Ausstellung bewundert werden können. Ein besonderes Erlebnis bietet eine naturalistische Höhleninstallation, in der der Besucher mit einer Taschenlampe ausgerüstet zum Höhlenforscher und Entdecker eiszeitlicher Höhlenmalerei wird.

Die extensive Naturausbeutung, die mit dem Industriezeitalter begann, hat den Menschen inzwischen scheinbar zum Herrn über das Klima gemacht. Welchen Einfluß der Mensch auf das Klima nehmen kann und welche Klimaprognosen die Wissenschaft entwickelt hat, wird im „Forum Klima" demonstriert. Anhand von Computersimulationen können die unterschiedlichen wissenschaftlichen Ansätze nachvollzogen werden.

Dank:
Ein Ausstellungsprojekt wie dieses braucht ein weites und solides Netz an Kooperationspartnern, um realisiert werden zu können. Wir haben dieses Netzwerk detailliert dokumentiert. Allen dort genannten, allen, die dazu beigetragen haben, die Ausstellung Wirklichkeit werden zu lassen, gilt mein herzlicher Dank. Er gilt den zahlreichen Leihgebern und wissenschaftlichen Kooperationspartnern, den Kollegen der wissenschaftlichen und servicebezogenen Ausstellungsteams, den Kooperationspartnern im Bereich der Ausstellungsgestaltung, der Kühltechnik, der Kommunikationstechnik, der Werbung und Öffentlichkeitsarbeit, den Medienpartnern und den Sponsoren.

Mein ganz persönlicher Dank gilt Herrn Prof. Dr. Friedemann Schrenk (Universität Frankfurt/Hessiches Landesmuseum Darmstadt), Herrn Prof. Dr. Gerhard Bosinski (Forschungsinstitut und Museum für Archäologie des Eiszeitalters, Neuwied), Herrn Matthias Schiminski (SMS Licht- und Raumplanung, Hildesheim) und Frau Dr. Birgit Grüßer (Agentur für Kultur, Ökologie und Kommunikation, Hannover).

EisZeit

Das große Abenteuer der Naturbeherrschung

Eiszeit, was ist das?
Die geowissenschaftlichen Grundlagen des Eiszeitalters werden in einem der Ausstellung vorgelagerten Informationsraum vermittelt.

Kühler Empfang
Um in die Ausstellung zu gelangen muß der Besucher einen Eiskanal mit einer Temperatur von ca -12°C durchqueren. Optische und akustische Signale unterstützen den "eisigen" Auftakt zur Zeitreise.

Schöpfungsmythen
In einem in Anlehnung an historische Paradies-
darstellungen gestalteten Raum kann sich der
Besucher über die Schöpfungsgeschichte der
großen Religionen informieren.

Streit um die Abstammungslehre
Mittels einer audiovisuellen Installation wird
der Besucher in eine (fiktive) Diskussion über
die Abstammungslehre (alle Lebewesen - auch
der Mensch - stammen von niederen Formen
des Lebens ab) zwischen Charles Darwin und
zweien seiner prominentesten Gegner (Richard
Owen und Rudolph Virchow) hineingezogen.
Moderator der Diskussion ist einer der bedeutendsten zeitgenössischen Paläoanthropologen:
Prof. Dr. Friedemann Schrenk.

Ahnengalerie
In einer 3D-Show kommen uns unsere
fernen Vorfahren von den Autralopethicinen
bis zum *Homo sapiens neanderthalensis*
zum Greifen nahe.

Wir sind alle Afrikaner!
Es gilt heute als sehr wahrscheinlich,
daß sich die Frühgeschichte der Menschheit auf dem afrikanischen Kontinent
vollzogen hat und von Afrika aus alle
anderen Kontinente besiedelt wurden.
Der Besucher begegnet den wichtigsten
Zeugnissen der frühen Menschheitsgeschichte und einer Vielzahl authen-
tischer Werkzeuge des *Homo erectus*
von afrikanischen Fundplätzen.

Bilder einer Ausstellung

Es war nicht immer kalt
Charakteristisch für das
Eiszeitalter ist der Wechsel
von Kalt- und Warmzeiten.
Im sogenannten „Cromer-
Interglazial" war das Klima
dem heutigen oft vergleichbar. Zahlreiche Original-
funde aus Mauer (bei Hei-
delberg) dokumentieren die
Lebenswelt des ältesten
mitteleuropäischen *Homo
erectus*, des *Homo heidelbergensis*, darunter auch fossile
Überreste einer Säbelzahn-
katze, die als computer-
gesteuertes lebensgroßes
bewegliches Modell rekon-
struiert wurde.

Werkstatt der Paläoklimatologen
Hier kann sich der Besucher über
Methoden der Paläoklimaforscher
informieren.

Die letzte Eiszeit

Den gesicherten Fährten eiszeitlicher Tiere folgend, erschließt sich dem Besucher ein Biotop typischer Pflanzen und Tiere der letzten Eiszeit (Weichsel-Eiszeit 115.000 - 11.500 vor heute). Er begegnet unter anderem einem computer-animierten Modell eines Wollhaarnashorns. Das Originalskelett eines solchen Tieres zählt zu den eindrucksvollsten Objekten der Ausstellung.

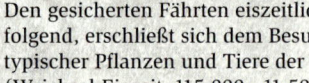

Neanderthaler

Einen großen Raum nehmen in der Ausstellung authentische Werkzeuge von Jagdlagern der Neanderthaler ein, unter anderem der Jagdstation Salzgitter-Lebenstedt.

Mythos Mammut
Dem gewaltigsten Tier des
Eiszeitalters, dem Mammut,
ist eine besondere Ausstellungseinheit gewidmet.

Rohstoff Mammut
Für die eiszeitlichen Bewohner der Kältesteppen waren die Überreste getöteter
oder eines natülichen Todes gestorbener
Mammuts – Fleisch, Fell, Knochen –
wesentliche Überlebensmittel. In kälteren Regionen dienten Mammutknochen
als Baumaterial für Schutzhütten, zum
Beispiel bei der Hütte von Mezin (Ukraine), die in der Ausstellung erstmals mit
ihrem gesamten Inventar an Artefakten
und Kunstgegenständen präsentiert wird.

Basislager

Die noch nicht seßhaften Jäger und Sammler des Eiszeitalters errichteten an günstig gelegenen Orten offenbar „Basislager", zu denen sie immer wieder zurückkehrten. Eine als Basislager dienende große Schutzhütte wurde bei Gönnersdorf (Koblenz) entdeckt und sorgfältig
rekonstruiert.

Schatzkammer Eiszeitkunst
Die faszinierendsten Werke der zwischen 35.000 - 11.500 im nicht von Eis bedeckten
Europa florierenden Eiszeitkunst werden in der „Schatzkammer" präsentiert. Dazu gehört
die bisher noch nie ausgestellte älteste Frauendarstellung der Welt, die aus Schiefer gearbeitete sogenannte Venus vom Galgenberg (ca. 35.000) und eine mit wenigen Kunstgriffen
aus einem Rengeweihansatz gefertigte Vogelskulptur aus Rheinkassel (ca. 15.000).

Die Bilderhöhle
Zu den Höhepunkten der Ausstellung zählt das Erlebnis einer naturalistisch gestalteten Bilderhöhle, die sich der Besucher mittels einer Taschenlampe erschließen kann. Er begegnet hier der Bilderwelt der berühmtesten Höhlen Spaniens, Frankreichs und des Urals.

Werkzeug
Die Entwicklung von den groben
Faustkeilen des *Homo erectus* bis
zu den grazilen „Federmessern"
des *Homo sapiens sapiens* der
späten Eiszeit wird in einer
besonderen Ausstellungseinheit
ausführlich dokumentiert.

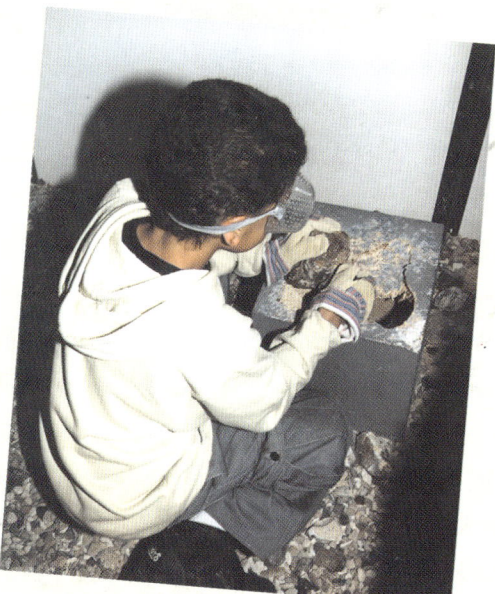

Urwerkstatt
Ausgerüstet mit Schutzhand-
schuhen und Schutzbrille
können sich hier Groß und
Klein in experimenteller
Archäologie selbst erproben:
Es ist gar nicht so einfach,
aus Feuerstein nutzbare
Werkzeuge herzustellen.

Forum Klima
Wie beeinflußt das Handeln
des Menschen die zukünftige
Klimaentwicklung? Führende
Klimaforschungsinstiitute
geben Antworten.

**Von der Naturanpassung
bis zur Naturbeherrschung**
Eine Videoinstallation schlägt den
Bogen von der eiszeitlichen Werkzeug-
technik zu den Strategien der Naturbeherrschung im Industriezeitalter.

Fotos: Sh. Shalchi
Text: Manfred Boetzkes

Bilder einer Ausstellung

Friedemann Schrenk

Klima und Menschheitsentwicklung

Friedemann Schrenk

Klima und Menschheitsentwicklung

Schon seit Anbeginn der Menschheitsgeschichte war das Klima Wegbegleiter der Vor- und Urmenschen. Denn die Entstehung der Hominiden fällt zusammen mit starken globalen Abkühlungen, mit ausgeprägten Eiszeiten, mit zunehmender Gebirgsbildung und tektonischer Aktivität sowie mit dem Rückgang der tropischen Regenwälder Afrikas und der Ausbreitung von Busch- und Graslandschaften.

Die Meinungen über das Klima und seinen Einfluß auf die Menschwerdung sind dabei jedoch geteilt: Für manche Paläontologen spielt nicht das Klima, sondern die der jeweiligen organismischen Konstruktion innewohnende Fähigkeit zu spezifischem Konstruktionswandel die entscheidende Rolle bei der Evolution. Für andere wiederum gilt Klimawechsel sogar als notwendige Voraussetzung für evolutionären Wandel. Elizabeth Vrba von der Yale University sieht beispielsweise Phasen der Artneubildung auf Perioden der klimaabhängigen Habitatänderungen beschränkt. Ihre „turnover pulse-Hypothese" beschreibt eine breite Synchronität dieser Wechsel quer durch ein ganzes Biom. Der Evolutionsökologe Rob Foley von der University of Cambridge bringt starke Klimawechsel hingegen eher mit dem Aussterben als mit der Neubildung von Arten in Verbindung.

Für die Vor- und Urmenschen haben Klimawechsel mindestens zwei relevante Auswirkungen: die Verschiebung der Habitate und die Veränderung der Vegetation mit Auswirkung auf das Nahrungsangebot. Im heutigen Afrika muß die äquatoriale Klimazone von den Gürteln des tropischen bzw. subtropischen Wechselklimas unterschieden werden. Sehr wahrscheinlich ist, daß neue Hominidenarten stets im äquatorialen Bereich ihren Ursprung nahmen. Die mosaikartige, kleinräumige Habitat-Gliederung des Lebensraums in den Tropen bietet zumindest statistisch bessere Voraussetzungen für geographische Isolation von Populationen und führt daher mit höherer Wahrscheinlichkeit zur Bildung neuer Arten, als die im Gegensatz hierzu eher weiträumigen Habitate des gemäßigten Bereichs. Die Ausbreitung dieser neuen Arten wurde jedoch durch Verteilung und Beschaffenheit der angrenzenden Habitate beeinflußt, die sich in Abhängigkeit von Klimawechseln stark wandelten.

Hierfür sind globale, regionale und lokale Klimafaktoren verantwortlich. Durch Sauerstoff-Isotopen-Messungen an Foraminiferen-Schalen aus Tiefseedimenten kann eine seit dem Eozän erfolgte globale Abkühlung nachgewiesen werden. Vor 50 Millionen Jahren wuchsen noch Wälder in der Arktis und Regenwälder in der Antarktis, es gab kaum Wüsten und Grasländer, jahreszeitliche Wechsel waren wenig ausgeprägt und die Tiefwassertemperaturen der Ozeane waren im Durchschnitt 10 Grad wärmer als heute. Seither wurde das Klima weltweit schrittweise kühler mit besonders einschneidenden Veränderungen vor ca. 33, vor 14 und vor 2,8 Millionen Jahren. Die Wassertemperaturen in den Tiefen der Ozeane sanken ab, auf den Kontinenten bildeten sich Eismassen. Die Eiszeiten auf der Nordhalbkugel haben seit ca. 2,8 Millionen Jahren im östlichen und südlichen Afrika zu starken Klimaveränderungen geführt. Es wurde zwar nur um wenige Grad kühler, dafür aber relativ trocken. Dies belegen beispielsweise in den jüngeren Schichten der Chiwondo Beds Nord-Malawis die Zunahme von Tieren, die in der offenen Steppe lebten.

Die weltweite Abkühlung um durchschnittlich ca. 15 Grad seit dem Ende der Kreidezeit wird auf verschiedene Faktoren zurückgeführt, beispielsweise auf Umlenkungen warmer Meeresströme, auf tektonische Hebungen großer Kontinentgebiete und auf den, durch zunehmende Verwitterungsprozesse erniedrigten CO_2-Gehalt der Atmosphäre. In Afrika hatte die Entwicklung des sogenannten „Afrikanischen Grabensystems" Auswirkungen auf das regionale Klima, was die globalen Veränderungen noch verstärkte: durch die Hebung der Riftschultern entstanden am Rande des Grabenbruchs mächtige Gebirgszüge, an denen sich die vornehmlich von Westen kommenden regenreichen Winde abregneten. Dadurch lag ein großer Teil des östlichen Afrika im trockenen Regenschatten.

Abbildung 1: Plastische Rekonstruktionen der Hominiden.
A = *Australopithecus*, H = *Homo*
obere Reihe: A. *afarensis*, A. *boisei*, H. *habilis*, H. *neanderthalensis*
untere Reihe A. *africanus*, H. *erectus*, A. *anamensis*, H. *rudolfensis*

Die Veränderung der Lebensräume hatte Einfluß auf die Verbreitung der Fauna und der Hominiden: An spezifische Habitate gebundene Arten konnten die angrenzenden Bereiche nur durchqueren, wenn ökologische Extrembedingungen Verschiebungen ihres Lebensraumes verursachten.

Bereits vor 30 Millionen Jahren lebten die ersten Menschenaffen in den Regenwäldern des tropischen Afrika. Vor etwa 10 Millionen Jahren führte eine weltweite Klima-Abkühlung zu einschneidenden Umweltveränderungen. Die jahreszeitlichen Trocken- und Regenzeiten wurden zunehmend ausgeprägter. Die ausgedehnten tropischen Regenwälder wurden im östlichen Afrika durch baumbestandene Savannen und Buschland verdrängt. Einige Menschenaffen-Populationen fanden sich an der östlichen Peripherie des Regenwaldes im Regenschatten des sich entwickelnden afrikanischen Grabens wieder. Hier fand die Trennung der Linien der Menschenaffen und der Hominiden statt und hier muß der - noch unbekannte - letzte gemeinsame Vorfahre gelebt haben.

Die Vormenschen der Gattung *Australopithecus* (Abb. 1 und 2) entwickelten sich wahrscheinlich vor über 5 Millionen Jahren aus einem gemeinsamen Vorfahren mit den Schimpansenvorläufern. Die ältesten bekannten Funde der Australopithecinen (*Australopithecus anamensis*) (Abb. 1 und 2) sind knapp über 4 Millionen Jahre alt und stammen aus dem Turkana-Becken in Nord-Kenya. *Australopithecus anamensis* unterscheidet sich deutlich vom etwas älteren *Ardipithecus ramidus*, aber auch vom späteren *Australopithecus afarensis*. Während der Schädel eher menschenaffenähnlich wirkt, ist der Bau der Extremitäten nur mit Mühe von dem des modernen Menschen zu unterscheiden. Im Gegensatz zur späteren Art *Australopithecus afarensis* war der aufrechte Gang bei dem früheren *Australopithecus anamensis* offenbar schon voll entwickelt.

Die Gegend um den Turkana-See ist heute karg, trocken und staubig; Vegetation wächst nur entlang ausgetrockneter Flußläufe. Die Antilopen-Funde aus der Zeit vor 4 Millionen Jahren, zum Beispiel Kudus, lassen auf einen ehemaligen dichten Buschbestand schließen. Auch die Ernährungsgrundlagen änderten sich: Als am Ende des Miozän die jahreszeitlichen Trockenzeiten länger und ausgeprägter wurden, traten vermehrt die Nahrungsquellen im Boden wie beispielsweise Knollen und Speicherwurzeln in den Vordergrund, während in den Regenzeiten weiterhin Früchte, Kerne und Hülsen der Waldgebiete zur Verfügung standen. Mehr als eine Million Jahre lang waren somit Morphologie und Verhalten durch einen Lebensraum in den Bäumen (*arboreal*) als auch am Boden (*terrestrisch*) unterschiedlichen Anforderungen ausgesetzt. Die Fauna von Kanapoi zeigt deutlich, daß sich dort vor 4 Millionen Jahren eine relativ trockene und offene Landschaft befand. Zum Beispiel sind die Reste von Flußpferden selten, demnach waren die Flüsse wohl nicht ganzjährig wasserführend.

Die angrenzende baumbestandene Savanne bot neue Lebensräume, die geschützten Bereiche waren jedoch durch weite baumlose Gebiete voneinander getrennt. Da die Eckzähne der Hominiden nicht wie bei den Menschenaffen als

Tötungsinstrumente geeignet waren, muß ein wirkungsvoller Schutz vor Beutegreifern im Aufsuchen von schützenden Baum- und Dornbuschgruppen bestanden haben. Bei den hier lebenden Hominiden lag der Selektionsvorteil in der Entwicklung eines verhaltens- und konstruktionsabhängigen Bewegungsrepertoires zur Überwindung der ausgedehnten Zwischengebiete. Eine dieser Strategien ist der zweibeinige, aufrechte Gang, die Entwicklung des „Gehens". Der aufrechte Gang brachte auch Vorteile bei intensiver Sonnen- und Bodenabstrahlung in offenen Gebieten: Der Körper wurde weniger stark erhitzt.

Australopithecus afarensis (Abb. 1 und 2) entstand zunächst im ostafrikanischen tropischen Bereich. Das Leben in bewaldeten Gebieten war über kurze geologische Zeiträume eine lokale Erscheinung, dennoch hatte sich *Australopithecus afarensis* vor ca. 4 Mio. Jahren im Bereich des afrikanischen Rifts ausgebreitet. Dabei war das Verhaltensrepertoire darauf ausgerichtet, eine enge Verbindung zu den breiten Uferzonen-Habitaten beizubehalten. Der Nahrungserwerb von *Australopithecus* war relativ unspezialisiert: Früchte, Beeren, Nüsse, Samen, Knospen und Pilze standen zur Verfügung. Unterirdische Wurzeln und Knollen konnten ausgegraben werden. Im Wasser und am Boden lebende kleine Reptilien, Jungvögel, Eier, Weichtiere, Insekten und kleine Säugetiere wurden nicht verschmäht. Aufgrund jahreszeitlicher Wechsel von trockenem und feuchten Klima entwickelte *Australopithecus* Strategien, um das Nahrungsangebot opportunistisch und bestmöglich auszunutzen. Offensichtlich breitete sich eine Teilpopulation bis in das Gebiet des heutigen Tschad aus, wie die Reste des von dort beschriebenen *Australopithecus bahrelgazali* belegen.

Über einen längeren geologischen Zeitraum kam es zur Ausbreitung einiger Populationen entlang von Uferzonen-"Korridoren" in das südliche Afrika in Zeiten relativ warmen und humiden Klimas vor ca. 3 Mio. Jahren. Diese Ausbreitung wurde durch die Entstehung des Paläo-Lake Malawi und durch das Vordringen des Malawi-Rifts in die gemäßigten Bereiche Afrikas ermöglicht.

In dieser sich ausbreitenden Einheit behielten die Hominiden ihre Bindungen an bewaldete Habitate bei, dies besonders in gemäßigteren Klimaten und in relativer geographischer Isolation am äußersten Rand ihres Verbreitungsgebietes. Die Ausbreitung entlang der sich latitudinal, in Ost-West-Ausdehnung, verändernden Bereiche führte erst zur Ausbildung einer geographischen Variante und nachfolgend zur Entstehung von *Australopithecus africanus* (Abb. 1 und 2) als Teil der endemischen Faunen des südlichen Afrika.

Vor ungefähr 2,8 Mio. Jahren begann die Phase der Abkühlung und zunehmenden Trockenheit in Afrika, die vor ca. 2,5 Mio. Jahren ein Maximum erreichten. Die Speziationsrate der Fauna in Ostafrika übertraf aufgrund der relativen Dichte an besiedelbaren Alternativen in den Tropen die Speziationsrate des südlichen Afrika. Für *Australopithecus afarensis* bedeutete der klimatische Umschwung die Verlagerung seiner angestammten Habitate und seine Ausbreitung in weiter entfernt liegende Flußufer- und geschlossene Seeuferhabitate.

Zwischen 2,8 und 2,5 Mio. Jahren vor heute sorgten die Veränderungen für eine Ausdehnung der offenen Habitate mit einem höheren Anteil an resistenter arid-toleranter Vegetation um die verbleibenden, jedoch schmaler werdenden Bänder von üppigen Flußauewäldern. Der Selektionsdruck dieser Habitatänderung erhöhte die Chancen für stärker megadonte Formen, die sich das härtere Nahrungsangebot der Savannen erschlossen hatten. Dies galt nicht nur für frühe Hominiden-Linien, sondern ebenso für zahlreiche andere süd- und ostafrikanische terrestrische Großsäuger-Taxa vor ca. 2,5 Mio. Jahren. Dieser Druck war groß genug, um eine phyletische Spaltung von *Australopithecus afarensis* in die robusten Australopithecinen (*Paranthropus*) und die über *Australopithecus garhi* zur Gattung Homo führende Linie vor ca. 2,5 Mio. Jahren hervorzurufen.

Allen robusten Australopithecinen sind wesentliche Merkmale in der Konstruktion des Schädels und der Bezahnung gemeinsam. Der Gesichtsschädel ist sehr breit. Am auffälligsten ist die Ausbildung eines Scheitelkammes an der Oberseite des Schädels aufgrund stark vergrößerter Kaumuskulatur. Zusammen mit übergroßen Zähnen deuten diese anatomischen Merkmale darauf hin, daß vor allem harte und grobe pflanzliche Nahrung, zum Beispiel Samen und harte Pflanzenfasern zerkaut wurden.

Die *Paranthropus*-Linie, vertreten durch Paranthropus (= *Australopithecus*) *aethiopicus* (Abb. 1 und 2) hielt Verbindung zu den früchtereichen wasserführenden Zonen, besonders während den Trockenzeiten, war jedoch ebenso in der Lage, mit ihrer postcaninen Bezahnung jene härtere Nahrung aufzuschließen, die in den offenen Habitaten während der günstigeren Jahreszeiten reichlich zur Verfügung stand. Im Laufe der Zeit paßte sich diese Linie mehr an die offenen Gebiete ihres Lebensraumes an, entwickelte einen robusteren Gesichtsschädel und eine megadonte Bezahnung, um die härtere Nahrung der Savannen effizienter verarbeiten zu können. Dieser weiterentwickelten Form *Paranthropus boisei* ging wahrscheinlich nie die ursprüngliche Verbindung zu den geschlosseneren Habitaten seines Lebensraumes verloren, da diese Bereiche nach wie vor Schutz, Schlafplätze und ein gewisses Maß an Nahrung bereithielten.

Die Anfänge der *Homo*-Linie, repräsentiert durch *Homo rudolfensis* (Abb. 1 und 2), waren vor ungefähr 2,5 Mio. Jahren geprägt durch ihre Abstammung von *Australopithecus garhi*, der auf *Australopithecus afarensis* zurückgeht, wie dies auch für *Paranthropus aethiopicus* gilt. Aus diesem Grunde teilte *Homo rudolfensis* mit *Paranthropus* einige auf den Kauapparat bezogene Schädel- und Zahnmerkmale, die den frühen Hominiden die Aufnahme der härteren Frucht- und Pflanzennahrung der Savanne ermöglichte.

Aus der Gleichzeitigkeit der Ereignisse kann nur der Schluß gezogen werden, daß es zur biologischen Lösung des Umweltproblems bei den robusten *Australopithecinen* eine Alternative gab, die ebenfalls dazu geeignet war, der bei steigen-

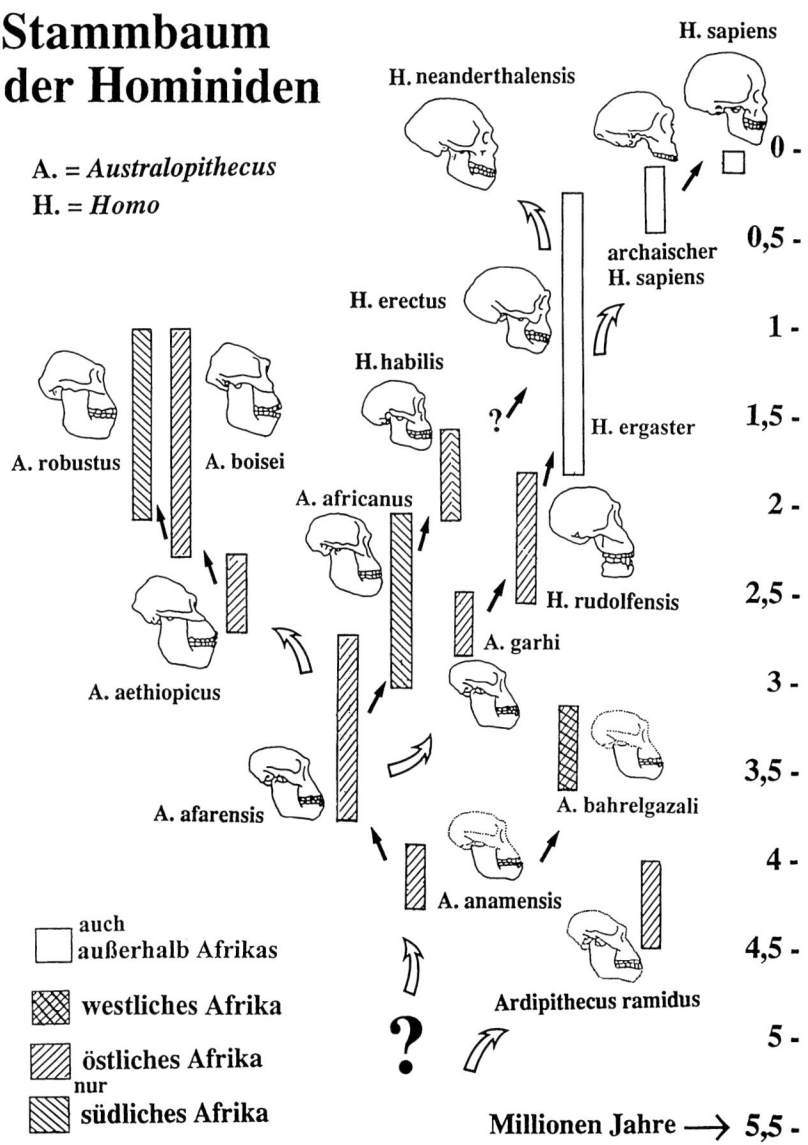

Stammbaum der Hominiden

A. = *Australopithecus*
H. = *Homo*

H. sapiens

H. neanderthalensis

0 -

archaischer
H. sapiens

0,5 -

H. erectus

1 -

H. habilis

1,5 -

A. robustus   A. boisei

H. ergaster

A. africanus

2 -

A. aethiopicus

H. rudolfensis

2,5 -

A. garhi

3 -

A. afarensis

A. bahrelgazali

3,5 -

4 -

A. anamensis

4,5 -

auch
außerhalb Afrikas

Ardipithecus ramidus

westliches Afrika

5 -

östliches Afrika
nur
südliches Afrika

?

Millionen Jahre ⟶ 5,5 -

Abbildung 2: Stammbaumhypothese zur Evolution des Menschen auf biogeographischer Grundlage.

der Trockenheit zunehmend härteren Nahrung entgegenzuwirken: Diese Alternative war der Beginn der Werkzeugkultur mit der Gattung *Homo*.

Die ältesten Steinwerkzeuge sind ebenfalls 2,5 Millionen Jahre alt. Die beginnende Werkzeugkultur überdeckte die Auswirkungen des Klimawechsels bis zu dem Punkt, als *Homo* andere Nahrungsquellen besser als jede andere Hominidenart jemals zuvor nutzen konnte. Werkzeuge im Sinne von Hilfsmitteln sind im Tierreich und vor allem bei den höheren Primaten weit verbreitet. Unter dem Druck der Umweltveränderungen vor 2,5 Mio. Jahren war es gerade die Fähigkeit der Hominiden zu kulturellem Verhalten, die die Gattung *Homo* entstehen ließ. Im Gegensatz zu den robusten *Australopithecinen* ist der Vorteil der Gattung *Homo* die Beibehaltung eines eher unspezialisierten Körperbaus in Kombination mit einer beginnenden kulturellen Spezialisierung. Bei *Homo* zeigte die anfängliche Benutzung von Steinwerkzeugen zum Hämmern harter Nahrung bald Vorteile in unvorstellbarem Ausmaß: Zufällig entstehende scharfkantige Abschläge wurden als Schneidewerkzeuge eingesetzt. Dies revolutionierte die Fleischbearbeitung und die Zerlegung der Kadaver.

Im Verlauf seiner Existenz im südlichen Afrika wurde also für *Australopithecus africanus* die Veränderung des Klimas ebenso spürbar wie für *Australopithecus afarensis* im östlichen Afrika. Einige Populationen konnten durch passive Wanderung, eine Strategie, die den nördlichen *Australopithecus afarensis*-Verwandten nicht zur Verfügung stand, ihr spezifisches Lebensumfeld, die bewaldeten Gebiete, als Lebensraum beibehalten und verbreiteten sich entlang des Uferzonen-Korridors im Malawi-Rift nach Norden aus. Im Verlauf dieser Ausbreitung in Richtung auf den ostafrikanischen tropischen Bereich stand in dem neuen Biom eine höhere Diversität an nicht-vegetarischer Nahrung zur Verfügung. Die Selektion führte zu einer stärkeren Flexibilität des Verhaltens in dem neuen Lebensraum. Hierbei entstand als Nachfahre des *Australopithecus africanus* die Art, die durch die knapp über 2 Millionen Jahre alten Funde des *Homo habilis* (Abb. 1 und 2) dokumentiert ist. *Homo habilis* ist also auf den *Australopithecus africanus* des südichen Afrika zurückzuführen.

Bereits vor über 2 Millionen Jahren waren bei *Homo erectus* (Abb. 1 und 2) sowohl die Fähigkeit, das Feuer zu nutzen, als auch die entwickelten Jagdtechniken wichtige Voraussetzungen, Afrika zu verlassen. Möglicherweise war die Jagd eine wichtige Triebkraft, um in entfernteren Gebieten nach Beute zu suchen und so den Lebensbereich langsam auszudehen. Die ältesten Nachweise der Besiedlung Javas und Chinas gehen bis ca. 1,8 Millionen Jahre zurück. In Südspanien (Orce) wird ein ebenso hohes Alter vermutet, gefolgt von Dmanisi in Georgien und Ubeideja in Israel. Aus Nord-Israel stammen Steinwerkzeuge mit einem Alter von sogar fast 2,4 Millionen Jahren. Spätestens vor 2 Millionen Jahren verließ also der frühe *Homo erectus* (*Homo ergaster*) oder ein später *Homo rudolfensis* zum ersten Mal den afrikanischen Kontinent. Dies stimmt gut über-ein mit klimageographischen Daten, die für die Zeit um 2 Millionen Jahren vor heute die Ausdehnung der an Nahrung reichen Biome belegen, die zunächst zu einer passiven Mitwanderung einiger Hominidenpopulationen geführt haben dürfte, bevor sich eine Ausbreitung im frühen Pleistozän (seit ca. 1,9 Millionen Jahren) nach Asien anschloß. Weitere spätere Auswanderungsphasen des *Homo erectus* aus Afrika fanden wahrscheinlich im mittleren Pleistozän (ab ca. 800.000 Jahren vor heute) statt.

Vor spätestens ca. 400.000 Jahren war *Homo erectus* in Ostasien, Südostasi-en sowie in Mittel- und Südeuropa weit verbreitet. Im mittleren Pleistozän wirk-ten sich die klimatischen Bedingungen der Eiszeiten auf die biologische und kul-turelle Evolution des Frühmenschen aus. Der Lebensraum wurde durch die sich im Norden Asiens ausbreitenden Dauerfrostgebiete begrenzt. Andererseits ent-standen neue Landbrücken am Rande der Kontinente, da durch das Vordringen des Eises große Wassermassen gebunden waren. In Asien lebte *Homo erectus* in vorwiegend trockenen Steppengebieten, die sich auch in Europa ausbreiteten. Jedoch waren in den warmen Zwischeneiszeiten die klimatischen Verhältnisse teilweise günstiger als an denselben Stellen heute. So wurden an der *Homo erectus*-Fundstelle Bilzingsleben Klimawerte und Vegetation rekonstruiert, die an mediterrane Verhältnisse erinnern.

Die frühen Menschen Europas im mittleren Pleistozän waren die Vorfahren der Neandertaler (*Homo neanderthalensis*) (Abb. 1 und 2). Daran bestehen heute kaum noch Zweifel. Die direkten Vorfahren der Neandertaler, die Ante-Neandertaler (*Homo steinheimensis*), die vor ca. 400.000 Jahren zum ersten Mal auftraten, wirken anatomisch wie eine Mischung aus Neandertalern und modernen Menschen. Je jünger die Funde werden, desto stärker nehmen die Neandertaler-Merkmale im Bau des Schädels und des Skeletts zu, bis sich auf dem Weg über die frühen Neander-taler vor ca. 90.000 Jahren die klassischen Neandertaler entwickelt hatten.

In der Körpergröße unterschieden sich die Neandertaler deutlich von ihren größeren Vorfahren, denn sie erreichten im Durchschnitt nur etwa 1,60 m Größe. Allerdings war ihr Gewicht mit durchschnittlich 75 kg ca. 30 % höher als bei mo-dernen Menschen gleicher Größe. Die Neandertaler waren stark gebaut und be-saßen besonders dickwandige Knochen. Mit ihren regelrechten Muskelpaketen waren sie um die Hälfte stärker als moderne Menschen. Die geringe Körpergröße der Neandertaler gibt einen Hinweis darauf, daß sie in kälteren Klimabereichen lebten als zum Beispiel ihre hochgewachsenen *Homo erectus*-Vorläufer in Afrika. Durch die Verkleinerung der Körperoberfläche im Verhältnis zum Körpervolu-men geht weniger Körperwärme verloren. Ähnliche Verhältnisse finden sich beim modernen Menschen zum Beispiel unter den in der Kälte lebenden grönländischen Inuit. Die ersten Neandertalerfunde stammen aus einer relativ warmen Zwischeneiszeit, in der Ulmen- und Eichenwälder vorherrschten und die Tierwelt durch wärmeliebende Formen wie Waldelefant oder Flußpferd geprägt war. Den Höhepunkt ihrer Entwicklung erreichten die Neandertaler jedoch unter Kaltzeitbedingungen. In den Kaltphasen der Eiszeiten war die Flora zum größten Teil durch eine Tundren- und Steppenvegetation geprägt, die Fauna durch kälteresistente Tiere wie zum Beispiel Mammut und Wollnashorn gekennzeichnet. Die Durchschnittstemperatur lag ca. 6 Grad unter der heutigen.

Das Leben der Neandertaler der letzten Eiszeit war hart. Die meisten der gefundenen Skelette weisen Verletzungen auf. Die Lebenserwartung lag bei höchstens 40 Jahren, und es herrschte eine sehr hohe Kindersterblichkeit. Im Zahnschmelz der Neandertaler finden sich Anzeichen für Unterernährung. Die Neandertaler der Eiszeit lebten als Jäger und Sammler. Das Mammut spielt eine wichtige Rolle als Rohstoff- und Fleischlieferant. Die Neandertaler verstanden es, die Tiere optimal zu verwerten. Da im subarktischen Klima die Auswahl und Verfügbarkeit an pflanzlicher Nahrung begrenzt waren, war Fleisch das wichtigste Grundnahrungsmittel. Die Knochen wurden aufgeschlagen, um an das Mark und damit an energiereiche Nährstoffe zu gelangen. Das Elfenbein der Mammutstoßzähne bildeten den Rohstoff für Waffen, Geräte, vielleicht auch Schmuck. Da in der Steppenlandschaft das Holz knapp war, wurden Mammutknochen als Brennmaterial verheizt. Wo Mammuts in großer Zahl gejagt wurden, dienten ihre Stoßzähne, die Langknochen und sogar die Schädel als Baumaterial für Hütten aus Mammutknochen.

Die biologische Evolution ist in den Rahmen der Klimaentwicklung und daraus folgender Veränderungen der Umwelt eingebunden. Neben der Entstehung des aufrechten Ganges (Ursprung der Gattung *Australopithecus*) ist der erste Beginn der Abkoppelung aus direkten Umweltabhängigkeiten (Gattung *Homo*) vor 2,5 Mio. Jahren eines der wenigen einschneidenden Ereignisse in der Geschichte der Menschwerdung, der Beginn der kulturellen Evolution. Obwohl „typisch menschliches" Verhalten, wie Bewußtsein, Kunst oder Musik auch noch nicht in Anfängen nachweisbar ist, muß hiermit der Beginn unserer eigenen Gattung verknüpft werden: Bis hin zum *Homo sapiens*, der vor ca. 100.000 Jahren wie die Vor- und die Urmenschen ebenfalls in Afrika entstand, führte die zunehmende Unabhängigkeit von der Umwelt gleichzeitig zu einer zunehmenden Abhängigkeit von den Werkzeugen - ein historisch begründetes, zwangsläufiges Dilemma der Menschheit seit ihren Ursprüngen.

Nur wenn wir auch die Veränderung des Klimas, der Umwelt, von Flora und Fauna, somit des Lebensraums unserer Vorfahren, berücksichtigen, kann das Gesamtbild der Entwicklung der Menschheit eine hinreichende Wahrscheinlichkeit gewinnen. In der modernen Paläoanthropologie gewinnen daher gerade solche Forschungsansätze immer größere Bedeutung, die Hypothesen zur Evolutionsökologie des Menschen und seiner Ausbreitungsgeschichte in Abhängigkeit von Klima- und Lebensraumveränderungen untersuchen.

Klima und Menschheitsentwicklung

Weiterführende Literatur:

Johanson D.C. & Edey M.A.1981. Lucy: the beginnings of humankind, New York:Simon and Schuster.

Klein R.G.1989. The human career: human biological and cultural origins, Chicago: University of Chicago Press.

Schrenk F. 1998. Die Frühzeit des Menschen - Der Weg zum Homo sapiens. Schrenk, F. - C.H.Beck Wissen, Beck'sche Reihe 2059, 2. Neubearbeitete Auflage, S. 1-128, München: Verlag C.H.Beck.

Streit, B. (Hrsg.) 1995. Evolution des Menschen. Heidelberg (Spektrum Akademischer Verlag).

Tattersall I.1995. The fossil trail: how we know what we think we know about human evolution, Oxford, NY: Oxford University Press.

Trinkaus, E. & Shipman, P. 1993. Die Neanderthaler - Spiegel der Menschheit. München (Bertelsmann) [Originaltitel: The Neanderthals - changing the image of mankind. (Alfred Knopf) 1993].

„Eiszeitlandschaft", Permafrostboden in Nordost-Sibirien.

Klima und Menschheitsentwicklung

Jürgen Vespermann

Geologie und Paläontologie des Eiszeitalters

Jürgen Vespermann

Geologie und Paläontologie des Eiszeitalters

Kurze Geschichte der Eiszeitforschung

Eiszeiten erkennt man an den Spuren, die ihre Gletscher hinterließen. Wichtige Zeugen sind dabei die Findlinge, die gerade in Norddeutschland weit verbreitet sind. Die Findlinge wurden zunächst als vulkanische Bomben gedeutet, als 1775 bekannt wurde, daß derartiges Material in Schweden vorkommt. E. Boll schloß daraus auf ein vulkanisches Zentrum in Skandinavien.

Um 1800 wurden sie als Gerölle einer „Schlammflut" angesprochen (Sintflutreste, L. v. Buch, 1827), die von Skandinavien kam. Ch. Lyell (1797-1875) war ein Anhänger dieser Theorie und prägte den Begriff „Diluvium" (= Überschwemmung). In Norddeutschland machte sich 1832 R. Bernhardi über die Herkunft der Findlinge und Geschiebe Gedanken und deutete sie als vom Eis verfrachtet. In der Folgezeit trug L. Agassiz Daten über die Verbreitung erratischer Blöcke, wie Findlinge auch genannt werden, zusammen und kam zu dem Ergebnis: Ganz Europa war von der Eiszeit betroffen. Die meisten Gelehrten glaubten, die Findlinge seien von im Wasser treibenden Eismassen verfrachtet worden. Diese Theorie wird als Drifttheorie bezeichnet. A. v. Morlot erforschte Sedimente und andere Gesteine im Alpenraum. Seine Schlußfolgerungen waren jedoch andere. Er postulierte mehrere periodische Gletschervorstöße, also Eiszeiten, die von Pausen oder wärmeren Zeiträumen unterbrochen waren. Die Gletscher transportierten hierbei das Gesteinsmaterial, das anschließend auf anderem Untergrund abgelagert wurde. Bernhardi und Morlot gelten damit als Väter der Glazialtheorie, die zum Gegenpol der Drifttheorie wurde. Auch die Drifttheorie bekam von einigen Forschern Zuspruch. So fühlte sich B. v. Cotta 1844 unwohl bei dem Gedanken, die Schrammen auf den Porphyren der Hohburger Berge bei Wurzen könnten von aus Skandinavien stammenden Gletschern herrühren.

Diese Kontroverse wird sehr deutlich von Johann Wolfgang Goethe in „Wilhelm Meisters Wanderjahre", 2. Buch, 10. Kapitel „Bergfest" aufgegriffen (verfaßt 1821/29), indem dort ein Abbild der Konfrontation wissenschaftlicher Thesen gegeben wird.

Die Entscheidung in diesem wissenschaftlichen Disput erfolgte nach dem denkwürdigen Jahr 1875. H. Credner hielt noch einen vielbeachteten Vortrag in Leipzig: „Über den Verlauf der südlichen Küste des Diluvialmeeres in Sachsen". Im selben Jahr fand auf der Jahrestagung der Deutschen Geologischen Gesellschaft in Berlin eine Exkursion in die Steinbrüche im Muschelkalk von Rüdersdorf bei Berlin statt. Die freiliegenden oberen Bereiche des Muschelkalks weisen sehr häufig Schrammen auf. So befragte man Otto Martin Torell, Professor für Geologie in Stockholm, nach seiner Meinung zu diesem Phänomen. Er erklärte entschieden, es müsse sich um Spuren eines vorrückenden Gletschers, also einer Inlandvereisung, handeln. Trotz zunächst heftigen Widerspruchs war der Wendepunkt zugunsten der Glazialtheorie erreicht.

Bereits recht moderne Züge trug das dreibändige Werk von Penck & Brückner (1909): „Die Alpen im Eiszeitalter". Hier wurde zum ersten Mal eine vierteilige Untergliederung des Eiszeitalters vorgestellt; beruhend auf vier Gletschervorstößen. Noch heute ist dieses Schema mit vier Vereisungen im alpinen Raum gültig. Die Bezeichnungen für die glazialen Perioden leiteten die Autoren von kleineren Alpenflüssen ab: Günz, Mindel, Riß und Würm. Analog verfuhr K. Keilhack, als er für Norddeutschland drei Eisvorstöße nachwies und diese als Elster- (= Mindel), Saale- (= Riß) und Weichsel- (= Würm) Eiszeiten bezeichnete. Die dazwischen liegenden Warmzeiten werden in Norddeutschland Holstein- und Eem-Warmzeiten genannt.

Viele Menschen glauben, die Eiszeit gehöre einer vergangenen Epoche an und wir lebten in der Nach-Eiszeit. Tatsächlich dauert momentan nur die *Flandrische Warmzeit* an. Wie lang dieser Zeitraum noch währt, ist jedoch ungewiß.

Eiszeiten in der Erdgeschichte

Die geologischen Spuren von Eiszeiten sind seit langem bekannt, und so ist es naheliegend, die Sedimente der Erdgeschichte nach diesen Überlieferungen abzusuchen. Deshalb soll jetzt der Frage nachgegangen werden: „Gab es vor der letzten Eiszeit schon frühere Eiszeiten, und wenn ja, wann?"

Eine Einschränkung ist im voraus zu akzeptieren: Je weiter man in der Erdgeschichte zurückgeht, desto undeutlicher und unsicherer werden die Hinweise und Beweise für Eiszeiten. Zum anderen läßt sich annehmen, daß eiszeitliche Spuren seit dem Kambrium vor 570 Millionen Jahren bis heute nicht immer zweifelsfrei und lückenlos überliefert sind. Das Alter der Erde beträgt 4.6 Milliarden Jahre. Eiszeiten und Warmzeiten, also sich abwechselnde klimatische Zeitfolgen, sind erst mit der Ausbildung einer Erdatmosphäre möglich, über die die Erde seit etwa zwei Milliarden Jahren verfügt.

Weil frühere Eiszeiten nur durch Spuren nachweisbar sind, zum Beispiel durch Tillite (fossile Moränen), andere eiszeitliche Sedimente oder Gletscherschrammen auf felsigem Untergrund, muß man eben diese in den Gesteinsverbänden suchen.

Die ältesten und ziemlich sicheren Vereisungsspuren wurden in Gesteinen der Gowganda-Serie, Cobalt-Gruppe des Huron (Nordamerika) gefunden und sind etwa 2,2 Milliarden Jahre alt. Nahezu gleichaltrig sind die Tillite der Witwatersrand-Gruppe in Südafrika. Somit scheinen sich hier Hinweise auf einen sehr kalten, aber wahrscheinlich nicht globalen Klimaeinschnitt zu Beginn der Bildung einer Erdatmosphäre zu verdichten.

Tabelle 1

Gliederung der Erdgeschichte		
Känozoikum	Quartär	2,4 Mio. Jahre bis heute
	Tertiär	65 – 2,4 Mio. Jahre
Mesozoikum	Kreide	135 – 65 Mio. Jahre
	Jura	205 – 135 Mio. Jahre
	Trias	250 – 205 Mio. Jahre
Paläozoikum	Perm	290 – 250 Mio. Jahre
	Karbon	355 – 290 Mio. Jahre
	Devon	410 – 355 Mio. Jahre
	Silur	438 – 410 Mio. Jahre
	Ordovicium	510 – 438 Mio. Jahre
	Kambrium	570 – 510 Mio. Jahre
Präkambrium		bis 570 Millionen Jahre
Entstehung der Erde 4,6 Milliarden Jahre vor heute		

Anzeichen für eine Abfolge von Kalt- oder Eiszeiten konnten in spätprä-
kambrischen Gesteinen (700-600 Millionen Jahre vor heute) auf allen heutigen
Kontinenten gefunden werden. Sie sind aber nicht alle gleichen Alters, so daß
hier wahrscheinlich ein Kaltgebiet der Erde zusammen mit der Drift der Kontinente wirkte. Die Kontinente wurden also nacheinander durch dieses Verei-
sungsgebiet geschoben. Unklar ist in diesem Zusammenhang aber, ob es sich
um wirkliche Inlandvereisungen oder nur um Gebirgsvergletscherungen handelt.

Sicherer sind Hinweise auf eine Eiszeit im Ordovicium vor etwa 450 Millionen Jahren. Die Spuren sind aus der Sahara und Südafrika bekannt, die somit
wahrscheinlich das nördliche und südliche Randgebiet dieser Vereisung darstellen. Das bedeutet, das heutige Zentralafrika hätte in der Nähe des damaligen
Südpols gelegen. In Nordafrika fand man Gletscherschrammen, -furchen und an-

Tabelle 2

Gliederung des Quartärs		
Holozän		11.500 Jahre bis heute
Pleistozän	Weichsel-Eiszeit	115.000 – 11.500 Jahre
	Eem-Warmzeit	127.000 – 115.000 Jahre
	Warthe	
	Saale-Eiszeit	330.000 – 127.000 Jahre
	Drenthe	
	Holstein-Warmzeit	425.000 – 330.000 Jahre
	Elster-Eiszeit	500.000 – 425.000 Jahre
	Cromer-Komplex	730.000 – 500.000 Jahre
	Ältest-Pleistozän	2,4 Mio. – 730.000 Jahre

dere morphologische Anzeichen in einem 2.000 Kilometer breiten Gürtel mit mehr als acht Millionen Quadratkilometern Fläche.

Vereisungsspuren aus der Zeit der Wende der erdgeschichtlichen Systeme Karbon und Perm vor etwa 300 Millionen Jahren sind seit langem bekannt. Beobachtet wurden sie hauptsächlich auf den Südkontinenten unterhalb des Äquators. Lediglich jene auf der Arabischen Halbinsel und in Indien liegen auf der Nordhalbkugel. Auf den ersten Blick gleicht dieses Bild heute eher einem Puzzle. Denkt man jedoch an die Theorie der Kontinentalverschiebung von Alfred Wegener, so werden die Spuren in einem schlüssigen Rahmen eingebunden: Die Kontinente Antarktis, Australien, Südamerika, Afrika, die Arabische Halbinsel und Indien bildeten vor 300 Millionen Jahren einen Superkontinent, der Gondwana genannt wird. Ferner gilt es als sicher, daß der Südpol während eines Zeitraums von 120 Millionen Jahren quer durch diesen Superkontinent wanderte, mit der Folge, daß sich das jeweilige Vereisungszentrum verschob.

Für die Kontinentalverschiebung gibt es inzwischen genügend Beweise. Einmal sind es die ineinander passenden Umrisse der Kontinente - am bekanntesten sind die von Südamerika und Afrika - zum anderen ist es die Verbreitung von fossilen Pflanzen und Tieren in gleich alten Sedimenten auf den Südkontinenten. So ist zum Beispiel der Farn Glossopteris in Afrika, Südamerika, Indien, Australien und in der Antarktis zu finden, während er auf den Nordkontinenten fehlt. Das gleiche belegen einige Reptilien. Nicht zuletzt die Kohlenlagerstätten der Südkontinente. Sie wurden unter gemäßigten klimatischen Bedingungen gebildet, im Gegensatz zu denen der Nordkontinente, die unter feuchtwarmen Bedingungen entstanden. Der Höhepunkt der Vergletscherung lag wohl im älteren Perm vor 280 Millionen Jahren. Die flächenhafte Ausdehnung war möglicherweise größer, als die der heutigen Antarktis. Gondwana fiel vor etwa 140 Millionen Jahren auseinander, die Teilstücke verlagerten sich allmählich in ihre momentane Position.

Auch im Mesozoikum - dem Erdmittelalter - vor 250 bis 65 Millionen Jahren wechselten kühlere und wärmere Perioden miteinander ab. Das Klima war aber generell wärmer als heute. Dennoch hat es Vereisungen zumindest in den polaren Gebieten zu Beginn der Kreidezeit gegeben. Die Belege hierfür sind besondere Calcit-Kristalle, die zum Beispiel im arktischen Kanada gefunden wurden. Sie werden als Glendonite bezeichnet, und es ist erwiesen, daß sie sich nur bei Temperaturen unter 0° Celsius bilden können. Möglicherweise war dies aber der einzige Zeitabschnitt im Mesozoikum, in dem die Erde vereiste Polkappen aufwies. Die Verbreitung der Dinosaurier auf allen Kontinenten bis in Polnähe, der höhere Meeresspiegel und die Verteilung der Floren sind Hinweise auf ein wärmeres, ausgeglicheneres Klima als das heutige.

Auch für die Kreide-/Tertiär-Grenze wird allgemein von einer Temperaturerniedrigung ausgegangen, die für das Aussterben der Dinosaurier mitverantwortlich sein könnte.

Während des Tertiärs (65-2,4 Millionen Jahre vor heute), kam es in den heute gemäßigten Breiten der Nord- und Südhalbkugel zu einer deutlichen Abkühlung. Dies läßt sich anschaulich an der Verschiebung der Palmengrenze von Norden nach Süden im eurasischen Bereich darstellen. Im ältesten Tertiär lag die Palmengrenze noch in Nordsibirien. Im Oligozän, vor 30 Millionen Jahren, befand

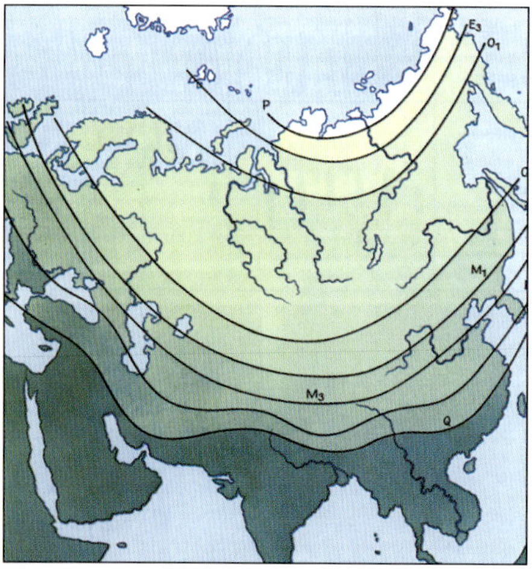

Abb. 1: Südverlagerung der Palmengrenze seit dem frühen Tertiär.
P = Paläozän, E = Eozän, O = Oligozän, M = Miozän, Pl = Pliozän, Q = Quartär

sie sich auf einer Linie von Mittelschweden bis zur Nordspitze der Insel Sachalin. Heute verläuft sie durch die südliche Türkei über den Iran, Nordindien bis Japan.

Das Klima des Tertiärs läßt sich sehr gut rekonstruieren, weil die tertiären Floren schon teilweise aus Gattungen zusammengesetzt sind, die auch heute noch vorkommen und deren klimatische Ansprüche deshalb gut bekannt sind.

Untersucht man beispielsweise die alttertiäre Pflanzenwelt Grönlands, so findet man vor allem Weiden, Pappeln, Birken, Hasel, Ulmen, Platanen, Eschen, Tulpenbaum, Ahorn, Mammutbaum und Wein. Das sind Bäume, die heute größtenteils in Mitteleuropa heimisch sind. Im Eozän, vor 50 Millionen Jahren, lebten und wuchsen bei einer durch-

Geologie und Paläontologie des Eiszeitalters

schnittlichen Jahrestemperatur von 21° Celsius auch auf heute bundesdeutschem Gebiet noch Krokodile und Palmen. Ihre fossilen Reste werden vor allem im Geiseltal bei Halle an der Saale und in Messel bei Darmstadt gefunden. Die oligozäne Flora von Rott im Siebengebirge gleicht ungefähr der heutigen im subtropischen Japan bei 18° Celsius im Jahresmittel. Jüngere Pflanzenvergesellschaftungen wie im Miozän bei Ähningen belegen ebenso wie die aus dem Pliozän von Frankfurt am Main und von Willershausen am Harz eine durchschnittliche Jahrestemperatur von 14° Celsius. Der Temperaturrückgang wird also durch die Floren auffallend gut dokumentiert.

Seit etwa einer Million Jahre vor heute kam es dann zu deutlichen Einschnitten im Klima der Erde. Sie sind in Süddeutschland in vier, in Norddeutschland in drei nachweisbaren Eiszeiten (Glazialen) dokumentiert. Diese sind meist noch weiter zu untergliedern (siehe Tabelle 2). Unterscheidbar werden sie durch die dazwischen liegenden Warmzeiten (Interglaziale).

Vervollständigt werden diese Rückschlüsse durch exakte Ergebnisse aus der Isotopenforschung. Viele Organismen bauen Außenskelette aus Kalk (Kalziumkarbonat, Calcit, $CaCO_3$) auf. Die hier eingebauten Sauerstoff-Moleküle sind die Isotope ^{18}O und ^{16}O, die je nach Bildungstemperatur in einem bestimmten Verhältnis im Kalk vorliegen. Kennt man das Verhältnis, so hat man die genaue Temperatur zum Zeitpunkt der Bildung der Calcitkristallite. Inzwischen liegen sehr viele Vergleichsdaten aus allen Teilen der Welt vor, die die oben genannten klimatischen Aussagen stützen.

Kalte und warme Klimaperioden

Die Spuren der vergangenen Eiszeiten sind ganz überwiegend geologisch-geographischer Art, zum Beispiel die Endmoränen der Gletscher mit ihren nordischen Geschieben im norddeutschen Flachland. Versuche, die Klimaschwankungen und damit die Eiszeiten wissenschaftlich zu begründen, wurden aber vorwiegend von anderen Wissenschaftlern unternommen, wie Geophysikern, Physikern, Meteorologen und Astronomen. Erst in den letzten zwanzig Jahren sind auch Geologen, insbesondere Sedimentologen, Paläozoologen und Paläobotaniker, zunehmend mit der Erforschung dieses Phänomens beschäftigt.

Die Abfolge von kalten und warmen Klimaperioden deutet eine Zyklik an. Sie manifestiert sich in den abgelagerten Sedimenten, zum Beispiel durch die dort eingeschlossenen Reste von Mikroorganismen. Im Zuge der immer feiner werdenden Untersuchungsmethoden läßt sich inzwischen annehmen, daß derartige Zyklen schon seit langer Zeit auf der Erde wirksam sind, wenn auch meist schwächer ausgeprägt. Es liegt auf der Hand, daß, je jünger die Sedimente sind, die Zyklen besser erkennbar und besser zu deuten sind. Dieses gilt besonders für das jüngste System der Erdgeschichte, das Quartär, das vor 2,4 Millionen Jahren begann und bis heute andauert. Es wird in zwei Serien oder Zeitabschnitte eingeteilt. Der ältere Teil wird als Pleistozän bezeichnet und dauerte von 2,4 Millionen bis 11.500 Jahren vor heute. Der anschließende jüngere Abschnitt wird Holozän genannt.

Die Suche nach den Gründen für einen Wechsel von kalten und warmen Klimaperioden gestaltet sich sehr komplex. Daher sind im Lauf der Zeit zahlreiche Hypothesen aufgestellt worden. So versuchte Fairbridge die geographische Konstellation von Nord- und Südpol in die Diskussion einzubeziehen. Am Südpol liegt mit der Antarktis ein großer Kontinent, am Nordpol dagegen ein von großen Kontinenten umgebenes Meer, der Arktische Ozean. Die sogenannte polare Koinzidenzhypothese besagt nun, daß durch die seit Beginn der Erde bestehenden Polwanderungen und die Drift der Kontinente in ihre heutige Lage erst die Voraussetzungen geschaffen wurden, die die Bildung großer Eismassen auf Kontinenten im polaren Umfeld ermöglichten. Allerdings zeigt eine genaue Untersuchung von Konstellationen der Kontinente im Verlauf der Erdgeschichte, daß auch in wärmeren Zeiträumen polnahe und polare Kontinente existierten. Es müssen also weitere Faktoren für das Klima wichtig und wirksam sein. Große Bedeutung kommt der Erdatmosphäre zu. Sie bewirkt unter anderem eine durchschnittliche Oberflächentemperatur der Erde von + 15°Celsius. Auf dem Mond, der keine Atmosphäre aufweist, liegt sie bei -28°Celsius. Klimarelevante Bestandteile der Atmosphäre sind Wasserdampf und Wasser, Kohlendioxid, Ozon und vulkanischer Staub, deren prozentuale Anteile variabel sein können. Die Atmosphäre läßt die einfallende kurzwellige Sonnenstrahlung durch, die langwellige Wärmeabstrahlung der Erde wird aber zurückgehalten. Hieraus resultiert eine Art Glashaus-Effekt. Unwahrscheinlich ist, daß Anteilsänderungen einzelner Komponenten innerhalb der Atmosphäre ausreichen, um wirkliche Eiszeiten auszulösen. Umgekehrt könnten aber auch Änderungen in der Intensität der Sonneneinstrahlung für klimatische Wechsel verantwortlich sein. Die primäre Strahlung der Sonne wird langfristig als konstant angesehen (Solarkonstante). Durch sekundäre Erscheinungen könnte sich beim Durchgang unseres Sonnensystems durch interstellare Nebel (wie zum Beispiel der Orionnebel) eine Abschwächung der Sonneneinstrahlung ergeben. Jedoch läßt sich das Auslösen von Eiszeiten bisher nicht sicher auf diese Phänomene zurückführen.

Eine weitere Möglichkeit zur Erklärung unterschiedlicher zyklischer Klimaintervalle besteht in der Zuhilfenahme erdeigener Parameter, wie der Neigung der Erdachse (Schiefe der Ekliptik) mit einer Periode von 40.000 Jahren, der Exzentrizität der Erdbahn mit einer Periode von 95.000 Jahren und der

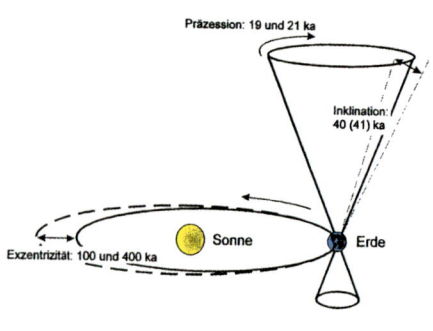

Abb. 2: Darstellung der Erdparameter.

Präzession der Tag- und Nachtgleiche (Umlauf des Perihels - Sonnennähe) mit einer Periode von 21.000 Jahren für die Nordhalbkugel. Auf dieser Grundlage wurden von M. Milankovic Strahlungskurven berechnet, die den sonst eher mutmaßlichen Überlegungen einen exakten Hintergrund gegenüberstellen. Eine solche Strahlungskurve ist jedoch nur für einen Breitengrad genau. Ferner ergeben sich Unterschiede für die Nord- und Südhalbkugel. Bei der Deutung von Kalt- und Warmzeiten kommen weitere Verschiebungen hinzu. So erfolgen Gletschervorstöße und -rückzüge erst in einem zeitlichen Abstand von Strahlungsmaxima und -minima. Diese sind aber zeitlich schwer faßbar und schwächen die Gesamtgenauigkeit ab, so daß die Korrelation der Strahlungskurven mit den Kälteperioden etwas unsicher ist. Außerdem ergibt sich die Frage, ob die geringen Strahlungsschwankungen ausreichen, um Eiszeiten, also gravierende Klimaänderungen, auszulösen. Deshalb werden Eiszeiten heute auch nicht als schlagartig auftretende Katastrophen verstanden, sondern als das Ergebnis kleiner, aber gleichgerichteter Faktoren gedeutet.

Günstige Vorbedingungen für Eiszeiten sind sicher die Konstellationen von Land und Meer in den Polargebieten, wie sie seit dem jüngeren Tertiär vorliegen: Im Südpolargebiet ein großer Kontinent, im Nordpolargebiet ein von Landmassen umgebener Ozean, dessen Wasser in nur geringem Umfang an der Zirkulation des Weltmeeres Anteil hat. Die Folge ist eine scharfe Differenzierung des Klimas zwischen äquatorialen und polaren Breiten. Das Nordpolargebiet wird zudem seit dem älteren Tertiär vor 45 Millionen Jahren bis in die Gegenwart vom Island-Faröer-Basaltmassiv abgeschottet, das dem warmen Golfstrom ein Vordringen in das Eismeer verwehrt. Auf dieser Tatsache basieren etliche Hypothesen zur Erklärung des auslösenden Moments für Eiszeiten. Eine der ersten sogenannten multilateralen Hypothesen stammt von M. Ewing und W. L. Donn (1958). Sie sahen die Wurzel für die Zyklik in der paläogeographischen Stellung des Nordpolarmeeres. Das Modell geht von vier Phasen aus. In der ersten Phase ist das Nordpolarmeer eisfrei, Inlandgletscher existieren kaum. Es kann durch Verdunstung die nötigen Niederschläge zur Gletscherbildung auf den Festländern liefern. Phase zwei bedeutet den Aufbau großer Inlandgletscher auf den umgebenden Kontinenten bei fallenden Temperaturen. In der Phase drei erfolgt die Vereisung des polaren Meeres. Ermöglicht wird dieses, da durch die Bindung großer Wassermassen in den Gletschern der Meeresspiegel sinkt, und so der Austausch des Wassers vom Nordpolarmeer zum offenen Ozean eingeschränkt wird. Die letzte Phase wird dadurch gebildet, daß die Gletscher keine neuen Niederschläge erhalten und der Abtauprozeß größer wird als der Eiszuwachs. Der im folgenden steigende Wasserspiegel der Ozeane bewirkt ein Abschmelzen der polaren Eiskappe. Schließlich kann der ganze Prozeß von Neuem beginnen. Die soweit vielleicht schlüssige Hypothese bedingt aber eine ganz spezielle, nämlich die derzeitige Lage der Kontinente; sie kann nicht das Phänomen Eiszeit als solches erklären.

Die Hypothese des neuseeländischen Geophysikers A. T. Wilson von 1964 nimmt als Ausgangspunkt für die Eiszeit die Antarktis mit einem jährlichen Anwachsen des Eisschildes um einige Zentimeter. Hatten die antarktischen Inlandeismassen etwa 5.000 Meter Dicke erreicht, so herrschten an ihrer Basis Bedingungen, die zum Überschreiten des Druckschmelzpunktes führten. Die Folge ist ein allseitiges „Ausfließen" des Gletschers unter Bildung von großflächigen Schelfeisplatten, wie zum Beispiel dem Ross-Eisschelf mit einer Dicke von etwa 300 Metern. Im Pleistozän sollen die Schelfeisplatten bis zur „Antarktischen Konvergenz" vorgedrungen sein. Diese liegt bei 50° südlicher Breite und trennt das

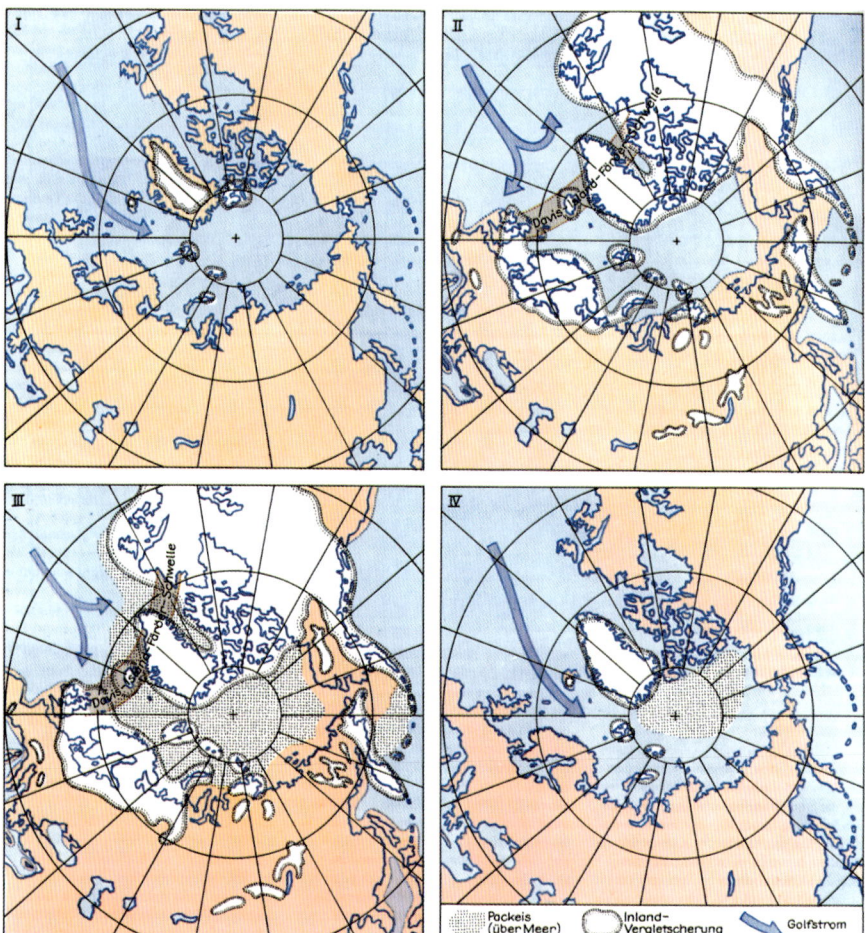

Abb. 3: Schematische Darstellung der Autozyklenhypothese von M. Ewing und W.L. Donn im nördlichen Polargebiet, I Beginn einer Eiszeit (Polarmeer eisfrei), II Fortgeschrittener Glazial (Polarmeer eisfrei), III Maximum der Vereisung, Beginn einer Warmzeit (Polarmeer eisbedeckt), IV Warmzeit (heutiger Zustand, Polarmeer teilweise eisbedeckt).

+ 8 bis 10° Celsius warme Wasser der südlichen Ozeane von dem weitaus kälteren Wasser der Antarktis. Die dadurch entstandene größere Oberfläche des Eises soll eine Erhöhung der Albedo bewirken, das heißt eine größere Reflexion der Sonnenstrahlung. Die Folge ist ein Absinken der Temperaturen und Verringerung der Niederschläge. Nach Wilson ist dieser Zustand nicht stabil, da das abfließende Eis durch „kaltes Eis" in der Antarktis ersetzt und somit unterbrochen wird. Durch „Kalben" der Gletscher ins Meer wird der antarktische Eisschelf langsam wieder abgebaut, die Albedo vermindert und ein neues Interglazial eingeleitet. Das Modell von Wilson weist einige Schwächen auf, denn wahrscheinlich ist das „plötzliche" Ausfließen derartiger Eismassen ein langwährender, mehrere tausend Jahre andauernder Prozeß, der von einem Abtauen begleitet wird.

Eine weitere Hypothese wurde von H. Flohn 1969 formuliert. Sie geht ebenfalls von der Voraussetzung der polaren Lage eines Kontinents am Ende des Tertiärs aus. Hier konnte sich in der folgenden Zeit eine starke winterliche Schneedecke bilden. Das sommerliche Abschmelzen des Schnees führte im Lauf von 100.000 bis zu einer Million Jahren zur Abkühlung einer ca. 1.000 Meter starken Bodenwasserschicht des Ozeans um ein Grad Celsius, die sich durch Mischungsvorgänge auf alle Ozeane ausdehnt. In den tropischen Breiten war jedoch die Abkühlung durch die stärkere Sonneneinstrahlung kaum wirksam. Das Resultat war ein Auskühlen der höheren Breiten, während die tropischen beinahe konstant temperiert blieben. Auf diese Weise konnte sich schon im Pliozän, am Ende des Tertiärs vor rund 3 Millionen Jahren, auf dem antarktischen Kontinent eine Eiskappe bilden, die ein Absinken des Meeresspiegels zur Folge hatte. Damit einher ging die Vergletscherung der Gebirge auf den nördlichen Kontinenten. Sobald das Eis der Antarktis die kritische Dicke im Sinne Wilsons erreicht hatte, kam es zur Druckschmelze und zum Ausfließen der Gletscher bis etwa 55° südlicher Breite, so daß die oben genannte Erhöhung der Albedo eintrat. Eine globale Abkühlung um etwa 5° Celsius könnte die Folge gewesen sein, und das Eis auf den Nordkontinenten konnte weiter anwachsen. Das Ausfließen des antarktischen Eises bewirkte eine Druckentlastung und damit eine Stabilisierung des antarktischen Eisschildes bei geringerer Dicke. Der Nachschub für das ausgeströmte Eis unterblieb, und es taute zunehmend ab. Von Norden nach Süden trat eine Abkühlung der Meeresströmungen und der Luftzirkulation ein, die auf bis zu 6° Celsius in tropischen Bereichen geschätzt wird. Die Verdunstung ging um etwa 30% zurück und die global trockene Phase des Hochglazials (Pleniglazial) hatte begonnen. Die nun fehlende Feuchtigkeit führte zu einem Rückgang der Eisschilde. Möglicherweise kam es auf den Nordkontinenten zu einer „Verschmutzung" der Gletscheroberflächen durch Lößbedeckung, so daß die Albedo sank und sommerliche Abtauprozesse gefördert wurden. Die Massenbilanz des Eises wurde negativ und die spätglaziale Phase mit dem kennzeichnenden

Meeresspiegelanstieg konnte einsetzen. Die Periodizität bei den geschilderten Vorgängen könnte etwa 30.000 bis 35.000 Jahre betragen haben.

Die Hypothesen zeigen, daß die Gesamtbetrachtung von mehreren voneinander unabhängigen Faktoren der Suche nach Erklärungen für das Phänomen Eiszeiten wahrscheinlich am besten gerecht wird.
Eine eindeutige Antwort auf die Frage „Warum gibt es Eiszeiten?" steht noch immer aus.

Eis - Gletscherbildung und Inlandvereisung

Auf dem Höhepunkt der Weichsel- oder Würm-Eiszeit betrug die Dicke des Eisschildes über Skandinavien vor rund 50.000 bis 15.000 Jahren fast drei Kilometer. Die Masse des Eises war so gewaltig, daß das kristalline Grundgebirge des Skandinavischen Schildes in den zähflüssigen Erdmantel eingedrückt wurde und nach dem Abtauen des Eises einer langsamen Hebung von wenigen Millimetern pro Jahr unterliegt, die auch heute noch meßbar ist. Daher stellt sich die Frage, wie es überhaupt zur Gletscherbildung kommt? Wie können derartige Dimensionen erreicht werden?
Natürlich laufen diese Vorgänge nur bei niedrigen Temperaturen um und unter 0° Celsius ab, wenn Niederschläge als Schnee fallen und auch liegen bleiben. Durch erneuten Schneefall bildet sich mit der Zeit eine geschichtete, poröse Schneedecke, in der das Wasser in gefrorenem (Eis), flüssigem (Wasser) und gasförmigem (Wasserdampf) Aggregatzustand vorliegt. Wichtig sind nun die in der Schneedecke herrschenden Temperaturen und Drücke. Jedem dürften die bei Neuschnee fallenden sechsstrahligen Schneekristalle geläufig sein. Bei kalten Temperaturen und wiederholtem Schneefall geraten diese innerhalb einer Schneedecke in immer tiefere Bereiche. Durch wechselnde Temperaturen und Drücke unterliegen die Kristalle einer zunehmenden Umwandlung. Temperaturen um den Gefrierpunkt führen zu wiederholtem Auftauen und Gefrieren der Kristalle, die sich dadurch zu Eiskörnchen (Firnschnee) umbilden. Diese Metamorphose vollzieht sich in gemäßigten Breiten schneller als in den kälteren höheren Breiten.
Hierbei spielen aber auch Faktoren wie Luftfeuchtigkeit und Windgeschwindigkeit eine große Rolle. In kälteren Gebieten vollzieht sich die Umlagerung des Wassers innerhalb der Schneedecke in dampfförmiger Phase, in den gemäßigten Breiten dagegen sind Schmelzvorgänge anteilig stärker vertreten. Unbeeinflußt davon bleibt das Ergebnis: Die sechsstrahligen Schneekristalle verlieren zunehmend ihre Form und werden zu kompakten Firnkörnern verdichtet. Darauf bilden sich Brücken zwischen den einzelnen Partikeln; durch Rekristallisationsvorgänge kommt es dann zur Bildung von weißem Firneis. Bei fortlaufender Rekristallisation entsteht als Endprodukt durchsichtiges Gletschereis.

Der gesamte Vorgang wird als Eis-Sinterung bezeichnet. Gletschereis weist eine Dichte von 0.82 bis 0.85 Gramm pro Kubikzentimeter auf, ist also leichter als Wasser und seine Luftdurchlässigkeit ist gleich Null.

Die Dauer der Umwandlung von Schnee in Gletschereis ist sehr unterschiedlich und schwankt zwischen drei bis fünf Jahren, mit Höchstwerten bis zu über 100 Jahren. Ebenso variiert die Geschwindigkeit, mit der sich Gletschermassen bewegen. Der Kutiah-Gletscher im Karakorum schob sich beispielsweise 1953 in drei Monaten zwölf Kilometer weit vor; der Black Rapids-Gletscher war mit fünf Kilometern in fünf Monaten etwas langsamer. Reine Inlandeisschilde sind in ihren Bewegungen langsamer, in Grönland wurden zwischen 4 und 150 Meter pro Jahr gemessen. Für den letzten Gletschervorstoß der Weichsel-Eiszeit rechnet man mit einer Geschwindigkeit von 100 bis 230 Metern pro Jahr.

Im Gletschereis ist aber auch noch anderes Material enthalten, wie zum Beispiel Blütenpollen, die sehr wichtig für die zeitliche Datierung sind, und Gesteinsmaterial, das während der Bewegungen und beim Gefrieren aufgenommen wurde. Die Größe der Partikel reicht von sandkorngroß bis zu Findlingen mit etlichen Tonnen Gewicht. Durch den Gletschervorstoß können auch ganze Schollen von anstehendem Gestein in der Größenordnung von mehreren hundert Metern abgehobelt und transportiert werden. Ein Beispiel ist die Barrême-Scholle (Unterkreide-Ton) von Mellendorf bei Hannover.

Das Material, das im oder vor dem Gletscher herbewegt wird, ist die Moräne. Je nach ihrer Lage im Gletscher, wird zwischen Ober-, Seiten-, Mittel-, Innen- und Grundmoräne unterschieden. Die Position einer Moräne ändert sich aber fast immer mit der Zeit. Es kann daher aus einer Ober- eine Mittel- und schließlich eine Grundmoräne werden. Ferner wird ein Gebirgsgletscher mehr Moränenmaterial führen, als ein Deckgletscher über morphologisch ausgeglichenem Grundgebirge.

Kennzeichen einzelner Moränen:

- Obermoräne: Im wesentlichen im Hochgebirge anzutreffen, sie besteht aus den auf den Gletscher herabgestürzten Gesteinsmaterialien.
- Grundmoräne: Das Material ist meist abgerundet, poliert und gekritzt. Die Größe der Komponenten ist sehr unterschiedlich. Die feinsten Partikel (Gesteinsmehl) bilden die sogenannte Gletschermilch der Gebirgsbäche. Verursacht wird dies durch den hohen Auflastdruck von zwei bis acht Tonnen pro Quadratdezimeter.

Als Inlandvereisung werden Eisbedeckungen großen Ausmaßes bezeichnet. Ein solcher Eisschild weist zum Beispiel bei 2.000 Kilometern Durchmesser eine Dicke von 4.7 Kilometern in seinem Zentrum auf. Die Gesteinsmassen, die vom Gletscher abgehobelt und bewegt wurden, waren fest im Gletscher eingefroren. Solch ein Gletscherkörper wird auch als „Eisbeton" bezeichnet. Durch seine oben genannte enorme Auflast wirkt er auf den Untergrund wie ein überdimensionaler Schleifstein. Die eingefrorenen Gesteine kritzen und schleifen in den überfahrenen Untergrund tiefe Rinnen und Schrammen und erweitern Täler zu U- oder Trogtälern.

Die Größe der Inlandeisschilde bewirkt ein eigenes Regionalklima. Die Antarktis zum Beispiel ist durch konzentrische Klimagürtel gegliedert. Dies läßt sich daher auch für die eiszeitlichen Eisschilde annehmen. Auffällig ist, daß die summarische Sonneneinstrahlung über vergletscherten Gebieten nahezu doppelt so groß ist wie in eisfreien Arealen. Erklärlich ist das durch die hohe Reinheit der Luftmassen über dem Eisschild.

Physikalisch lassen sich Eisschilde als plastisch-fließende Körper mit unregelmäßiger ellipsoidischer Form auffassen. Der eiszeitliche skandinavische Inlandeisschild mit über drei Kilometern Dikke übte einen gewaltigen Druck auf die darunter liegende Kontinentalscholle aus, wodurch diese in ihrem Gleichgewichtszustand (Isostasie) gestört und in den darunter befindlichen träg-viskosen Erdmantel eingedrückt wurde. Das maximale Einsinken unter dem Zentrum kann bis zu eintausend Metern betragen. Randlich, zur etwa 200 Kilometer breiten periphären Eisdecke, nimmt der Druck dann kontinuierlich ab. Ehemalige Strandlinien der Ostsee, die nach der letzten Eiszeit gebildet wurden, liegen heute an der schwedischen Küste 300 Meter über dem Meeresspiegel. Der Hebungstrend wird eventuell noch 20.000 Jahre andauern.

Bei einer Inland-Vergletscherung unterscheidet man drei Phasen: Vorstoßphase, Rückzugsphase und Toteisbildung. Der erste Abschnitt spiegelt die aktive Ausbreitung des Gletschers wider; hier wird auch die Grundmoräne ausgebildet. Im zweiten Teil erfolgt der Abbau des Eisschildes. Als Toteis bezeichnet man die Absonderung großer massiger, isolierter Eiskörper vom Eisschild. Der Gletscher unterliegt stets, auch während seiner Vorstoßphase, auf seiner Oberfläche Schmelz- und Zerrprozessen, die Ablation genannt werden. Ursachen hierfür sind in kleineren Klimaschwankungen zu suchen. Traten diese in größerem Maße auf, so zum Beispiel beim Übergang zu einem Interglazial, so kam es zum vorläufigen Rückzug des Gletschers unter Zurückbleiben von Toteis. Diese Vorgänge führten zu einer vielgestaltigen Gliederung der Landschaft.

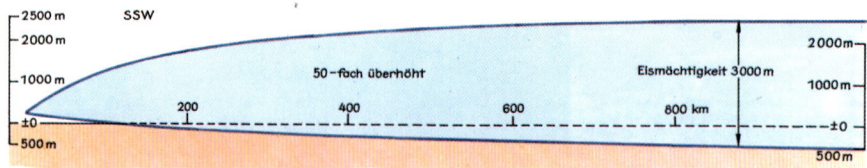

Abb. 4: Schnitt durch das nordeuropäische Inlandeis während des Maximums der Elster-Vereisung.

Die nacheiszeitliche Landschaft

Warum weiß man, daß eine Landschaft während einer Kälteperiode vereist war? Die Antwort geben die Spuren der Vereisung, und diese drücken sich am deutlichsten in den Endmoränen der Gletscher aus. Oft sind sie als bogenförmige Endmoränenzüge ausgebildet, die den weitesten Vorstoß des Inlandeises widerspiegeln. Man kann nach ihrer Entstehung zwei Grundmoränentypen unterscheiden: Ablationsendmoränen (Satzendmoränen) und Stauchendmoränen. Die Satzendmoränen sind ausschließlich aus dem im Gletschereis verfrachteten Material aufgebaut, während die Stauchendmoränen auch das vor der Gletscherstirn aufgestauchte Untergrundmaterial beinhalten.

Ein Gletscher ist kein statisches Gebilde. An seiner Stirnseite taut er im Sommer auch während der Kältephasen periodisch ab. Im Vorfeld der Zwischeneiszeiten ist dieses Geschehen natürlich stärker ausgeprägt. Es kommt zur Bildung von Gletscherbächen, die von Schmelzwässern genährt werden und Schwemmfächer ablagern, die als Sander bezeichnet werden. In beckenförmigen Vertiefungen vor der Gletscherstirn fand die Sedimentation von feinen Sanden und Bändertonen, den sogenannten Warviten, statt. Letztere zeigen eine hellere Sommer- und eine dunklere Winterfärbung. Die Dicke der einzelnen Warven hängt vom Ort der Ablagerung ab, in Gletschernähe sind die Warven dicker ausgebildet, zum Randstausee hin werden sie dünner, bis sie schließlich ganz auskeilen. Andere markante Landschaftsformen sind die Oser oder Wallberge. Sie verdanken ihre Entstehung Schmelzwässern, die in Eisspalten an der Basis des Gletschers lange Rücken aus Kies und Sand aufschütteten. In ihrem Aussehen ähneln sie Eisenbahndämmen. Auffällig sind auch die Drumlins, Rückenberge von meist stromlinienförmiger Gestalt, die oft in Gruppen auftreten und Reste älterer Moränen darstellen, die von jüngeren Gletschern überfahren wurden. Wichtige Zeugen der Eiszeit sind die großen Seen, die sich in Hohlformen in Eisrandlagen bildeten und von Schmelzwässern gefüllt wurden. Als Beispiele seien die Seen der Holsteinischen Schweiz im Raum Plön-Malente und die der Mecklenburgischen Seenplatte genannt.

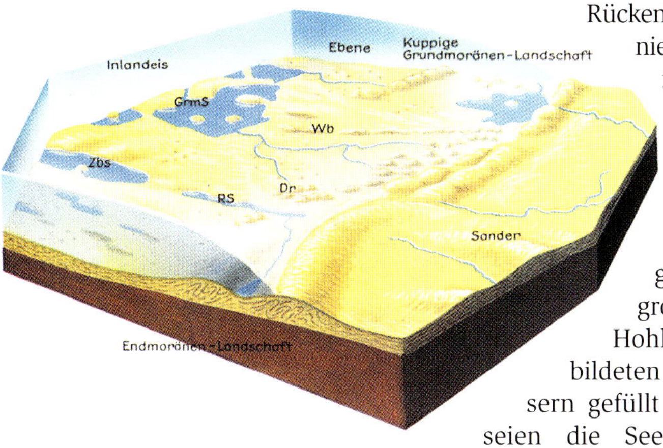

Abb. 5: Landschaftsform im Eisrückzugsgebiet. GrmS = Grundmoränenseen, ZbS = Zungenbeckensee, RS = Rinnensee, Wb = Wallberge, Dr = Drumlin

53

Urstromtäler sind breite Abflußrinnen der Gletscher. In Norddeutschland ist ihre Richtung überwiegend parallel Südost-Nordwest gerichtet, weil die Schmelzwässer ihren Weg nordseewärts zwischen dem ansteigenden Gelände im Süden und dem abtauenden Eis im Nordosten suchten. In Süddeutschland dagegen flossen die Schmelzwässer in Richtung Osten, im Gebiet des heutigen Donautals ab.

Wesentliche Zeugnisse der Vereisung stellen die erratischen Blöcke, also Findlinge, und die eiszeitlichen Geschiebe dar. Es sind Gesteine, die an ihrem Fundort nicht anstehend vorkommen, sondern durch das vorrückende Gletschereis verfrachtet wurden. Für Norddeutschland sind die kristallinen magmatischen und metamorphen skandinavischen Gesteine besonders wichtig. Sie reflektieren den Weg der Gletscher vom Ursprungs- oder Liefergebiet des Gesteins bis zum Ablagerungsort. Sedimentgesteine sind manchmal etwas schwieriger zu deuten.

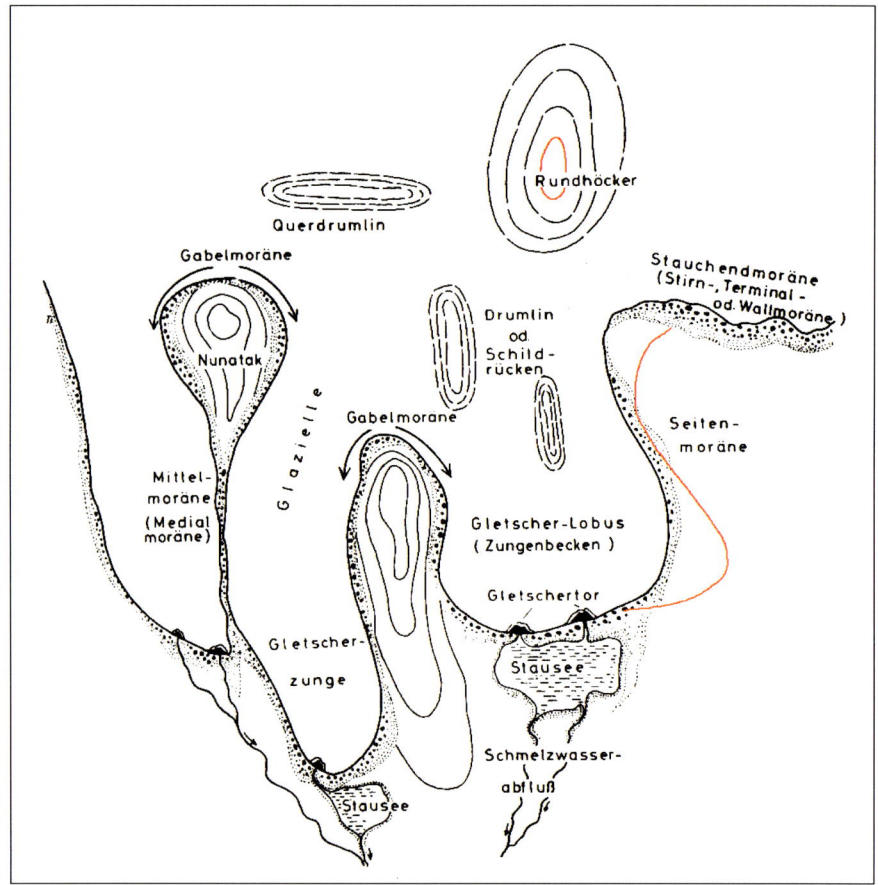

Abb. 6: Landschaftsformen in der Randzone eines Inlandgletschers.

Leitgeschiebe sind Gesteine, deren Ursprung gut bekannt ist, die eine relativ weite Verbreitung haben und die leicht zu erkennen sind. Als Beispiele seien genannt:

Gestein	Herkunft
Rhombenporphyr	Oslogebiet
Stockholmgranit	Umgebung von Stockholm
Järnagranit	Dalarna, Mittelschweden
Roter Ostseequarzporphyr	Nördlicher Ostseeraum
Rapakivi-Granitporphyr	Finnland, Åland-Inseln
Helsinkit	Finnland
Tessini-Sandstein	Mittel-Kambrium, Westküste von Öland
Graptolithengestein	Silur, Ostsee, submarin südwestlich von Gotland
Beyrichiakalk	Silur, Ostsee, submarin südlich von Gotland
Scolithus-Sandstein	Unter-Kambrium, Skandinavien
Sternberger Gestein	Oligozän, Ostseeraum
Feuerstein, Flint	Kreide, Südskandinavien, Ostsee

Wichtig bei der Betrachtung von Geschieben ist die sogenannte Feuerstein-linie. Sie markiert die Südgrenze der nordischen Geschiebe in Norddeutschland und kennzeichnet damit gleichzeitig die maximale südliche Ausdehnung des skandinavischen Inlandeises.

Das Umfeld der Inlandvergletscherungen

Ein Gletscher ist kein für sich abgeschlossenes Gebilde, sondern beeinflußt seine Umgebung in starkem Maße. In erster Linie sind hier Schmelzwässer und Winde zu berücksichtigen. Das Umfeld eines Gletschers ist von periglazialen Erscheinungen geprägt und wird folglich Periglazialraum genannt.

Eine häufige Erscheinung im Periglazialraum ist der Permafrost, eine mehr oder weniger ständig gefrorene Erdoberfläche. Man unterscheidet zwischen kontinuierlichem Permafrost, zum Beispiel in Nord-Sibirien mit Mammutkadavern, der also über tausende von Jahren wirksam war, diskontinuierlichem Permafrost in meist südlich daran anschließenden Arealen und sporadischem Permafrost, der oft inselartig verbreitet ist und über Jahrzehnte andauern kann. Immerhin unterliegen mehr als 20 % der nördlichen Hemisphäre dem Permafrost. In den

Kerngebieten des kontinuierlichen Permafrosts reichen die Negativtemperaturen oft bis mehrere hundert Meter unter die Erdoberfläche. In einer Bohrung am Fluß Marcha in Jakutien wurden bis in eine Tiefe von 1.450 Metern Temperaturen unter 0°Celsius gemessen.

In den Bereichen, in denen diskontinuierlicher und sporadischer Permafrost vorherrschen, ist der Untergrund dementsprechend weniger tief gefroren.

Weite Teile Nordost-Sibiriens, Alaskas und Nord-Kanadas sind höchstwahrscheinlich während der Eis- und auch der Warmzeiten des Quartärs ständig gefroren gewesen. Hier bildeten sich dann die unterirdischen Eisvorkommen (Grundeis), die in lockeren Sedimenten die Hauptkomponente stellen und deren Dicke mehr als vierzig Meter betragen kann. Nach oben wird das Grundeis von Torf, Böden und Moosen isolierend abgedeckt.

Grundeis kann sich auf zweierlei Art bilden. Einmal in solchen Sedimenten, die nach ihrer Ablagerung in den Einfluß des Permafrosts gerieten. Der andere (syngenetische) Typ liegt vor in Sedimenten, die unter Permafrostbedingungen gebildet wurden. Diese sind auf alle Horizonte verteilt. Die größten Eiskeile der Welt mit dreißig bis vierzig Metern Dicke in Nordost-Sibirien sind auf diese Weise entstanden. Eiskeile setzen sich horizontal als Grundeisgänge und Adern fort, können sich überschneiden und bilden dann polygonale Netzstrukturen, die sich besonders in Luftaufnahmen eindrucksvoll dokumentieren lassen.

Nur der oberste 0.5 bis 3.5 Meter starke sogenannte Aktivhorizont, der direkt über dem Permafrosthorizont liegt, taut im jahreszeitlichen Rhythmus auf und gefriert wieder. Dieser Vorgang läßt deshalb auch die karge Tundrenvegetation zu, die charakteristisch für die Permafrostgebiete der Nordhalbkugel ist. Während des letzten Glazials, der Weichsel-Eiszeit, war auch Norddeutschland durch Graslandschaften und dünn gewachsene boreale Wälder charakterisiert. Durchschnittstemperaturen während des Winterhalbjahrs von -10 bis -15°Celsius waren „normal". Zum Vergleich: Heute liegen die Werte bei +3 bis +5°Celsius.

Im ewigen Eis des Permafrosts werden immer wieder Kadaver der eiszeitlichen Tierwelt gefunden. Am bekanntesten sind die Mammutfunde

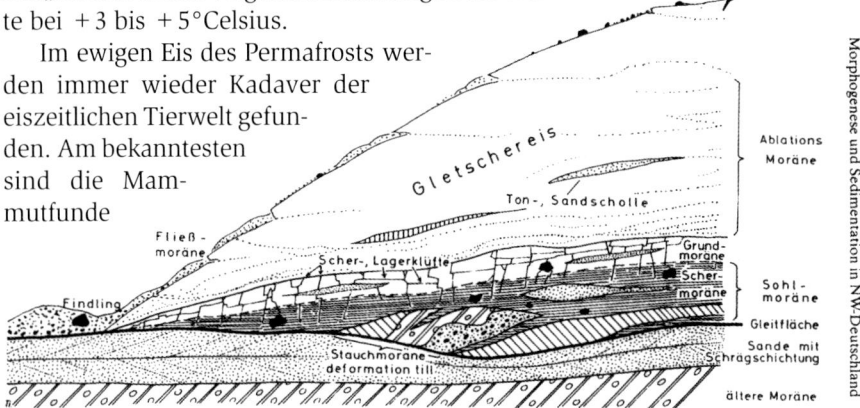

Abb. 7: Moränen und ihre Position im Gletscher.

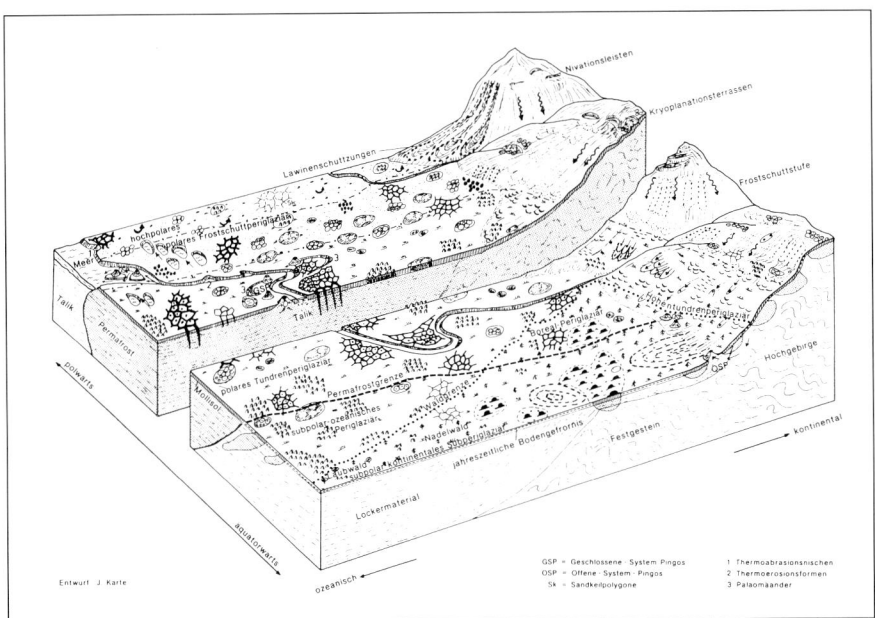

Abb. 8: Blockbild des Periglazialraums mit Eiskeilen und polygonalen Netzstrukturen.

aus Sibirien. Ihre Überlieferung ist nur durch den kontinuierlichen Permafrost des periglazialen Raums gegeben. Im Sommer wurden durch auftauendes Eis tiefe unterirdische Erosionsrinnen und Hohlräume geschaffen. Im Winter überdeckte dann Schnee, Eis und Löß diese Eintiefungen, die somit zur tödlichen Falle auch für große Landsäugetiere werden konnten. In Sibirien werden Kadaver meist durch die Verlagerung von Flußbetten entdeckt. Die Flüsse erodieren die Permafrostböden und legen so die Überreste frei. Ein derartiger Fund ist allerdings dennoch ein seltener Glücksfall. Für die Bergung bleibt in dieser außergewöhnlichen Landschaft unter den dortigen Klimabedingungen meist nur wenig Zeit. Eindrucksvoll sind besonders die Schilderungen von Forschungsreisenden aus dem letzten Jahrhundert. In heutiger Zeit lassen sich aufgrund der generellen Technisierung auch modernere Geräte, wie Hubschrauber, einsetzen. Einige der berühmtesten Funde waren der des Beresowka-Mammuts 1901, das durch den deutschen Forscher Pfizenmayer präpariert wurde, und der des Mammut-Babys Dima am Bereljoch-Fluß 1977.

Im hiesigen mitteleuropäischen Raum können dagegen nur die Skelette gefunden werden, weil durch das milde gemäßigte Klima weiches Körpergewebe zerfiel.

In Nordost-Sibirien lebten möglicherweise bis vor 4.000 Jahren Mammuts, also noch in der Nacheiszeit, dem Holozän.

Abb. 9: Tod eines Mammuts und Erhaltung im Permafrostboden Sibiriens:
a) Ein Mammut ist in eine überfrorene Spalte im Toteis eingebrochen.
b) Der Mammutkadaver gefriert in der Spalte ein und wird schließlich durch Eis- und Staubschichten überdeckt.
c) Durch die Erosion eines großen Flusses wird der Toteisblock mit dem gefrorenen Mammut angeschnitten.

Eiszeitliche Stürme

Die Stärke des Eisschildes über Skandinavien betrug, wie schon erwähnt, in zentralen Bereichen etwa 3.000 Meter. Auch der dadurch auf den tieferen Untergrund einwirkende Druck wurde bereits betrachtet. Ein weiteres Phänomen wird jedoch über dem Eisschild selbst erzeugt. Die Kälte der Eismassen über-

Geologie und Paläontologie des Eiszeitalters

trägt sich auf die darüberliegende Luft, die stark abkühlt und daher absinkt. Über dem Eis bildet sich so ein Hochdruckgebiet aus, das ständig schwere kalte Luft an die Umgebung außerhalb des Eischilds abgibt. Folglich wird das Vorland des Gletschers von sehr kalten Fallwinden durchströmt, die das feine leichte Material der Sanderflächen ausblasen und in den entfernteren Grasländern des Vorlands ablagern. Auf diese Weise können sich vor den Eisschilden mit der Zeit mächtige Ablagerungen von Gesteinsstaub mit teilweise über dreißig Metern Dicke bilden. Solche eiszeitlichen Sedimente werden Löß genannt und bildeten sich in jedem Glazial. Erwärmte sich das Klima dann gegen Ende der Eiszeit wieder, setzte die Lößbildung aus; stattdessen konnte es nun zur Bodenbildung mit Pflanzenwuchs kommen. Während der nächsten Eiszeit wurde der vorherige pflanzenbestandene Boden dann mitunter erneut durch Löß bedeckt und wurde so zum Paläoboden (Altboden, „begrabener Boden").

Löß ist heute von Nordost-Frankreich über Mitteleuropa bis nach Asien verbreitet. Ebenso wird er in Nord- und Südamerika angetroffen. Besonders großräumig und mächtig sind die Lößgebiete Chinas, deren Bildung bis heute anhält.

Mitunter findet man im Löß kalkige Konkretionen (Verdichtungen) von bizarrer Gestalt, die durch Sickerwässer gebildet wurden. Sie werden als Lößmännchen oder Lößkindl bezeichnet.

In Norddeutschland liegt die obere Grenze der Lößverbreitung bei 300 bis 400 Metern über Normalnull. Lößböden stellen sehr fruchtbare Ackerflächen dar, bekannte große Lößgebiete sind unter anderem die Hildesheimer und die Magdeburger Börde.

Der Wechsel von Eis- und Warmzeiten spiegelt sich auch in den Flußterrassen des Periglazialgebiets wider. Die Flußtäler wurden durch die scharfen Temperaturunterschiede, die im Gestein eine Frostsprengung bewirkten, mit Gesteinsschutt förmlich überfrachtet. Flüsse, die jahreszeitlich sehr lange zugefroren blieben und erst spät auftauten, konnten diese Massen nicht mehr fortbewegen. Das Flußbett wurde folglich aufgeschottert, der Talboden erhöht. Während der Interglaziale - den Warmzeiten - kehrte sich der Vorgang um. Wälder konnten sich wieder ausbreiten, dichter Pflanzenwuchs schützte den Boden vor Erosion. Der Zustrom von Gesteinsschutt war somit stark eingeschränkt. Nun konnten sich auch die Flüsse wieder in das vorher aufgeschotterte Flußbett eingraben. Wo die aufgeschotterten Flußbetten als Flußterrassen erhalten blieben, stellen sie heute oft wirtschaftlich relevante Abbauflächen für Kies dar, der als Baumaterial eine große Rolle spielt.

Interessant ist der Aufbau der Schotterterrassen. In ihrem tieferen Teil sind größere Gesteinsbrocken vertreten, nach oben wird die Körnung dagegen feiner. Dies rührt daher, daß die Flüsse im Verlauf des Einsetzens einer neuen Kaltzeit immer weniger Wasser führten und daher auch keine größeren Gesteinskomponenten mehr transportieren konnten. Die feineren Bestandteile wurden somit zunehmend zum Höhepunkt des Glazials angeliefert. Lassen sich tektonische Störungen, also Hebungen und Senkungen beim Aufbau der Terrassen ausschließen, kann man an Profilen der Terrassen die Periodizität von kalten und warmen Phasen studieren. Wichtig in diesem Zusammenhang ist, daß die älteren Schotterterrassen höher im Talhang liegen als die jüngeren, weil der Fluß sich zunehmend in sein Bett einschnitt.

Leben wir im Eiszeitalter oder in der Nacheiszeit?

Während des Pleistozäns - dem Eiszeitalter - erfolgten in Norddeutschland drei Vorstöße des skandinavischen Inlandeises, die von wärmeren Perioden unterbrochen wurden.

Das Holozän, der Zeitraum, in dem wir uns gegenwärtig befinden, ist geprägt durch ein wärmeres Klima, vergleichbar mit dem der Zwischeneiszeiten. Dennoch sind auch heute die Polregionen der Erde vereist. Man kann davon ausgehen, daß der „Normalzustand" der Erde der ist, wenn die Pole eisfrei sind. Demzufolge dauert das Eiszeitalter noch an und zu erwarten wäre zukünftig eine neue Eiszeit. Mit dieser Erwartung verbunden ist die Frage der Intensität, der Ausprägung eines künftigen Klimawechsels. Aus den Spuren der vergangenen Glaziale weiß man, daß sie unterschiedliche Gletschervorstoßweiten hatten. Während der Maximalvereisung des Elster-Glazials wurden bisher die Nordränder der Mittelgebirge von den etwa 2.000 Kilometer vorstoßenden skandinavischen Gletschern erreicht. Zu dieser Zeit hatte der eurasische Eisschild von den britischen Inseln bis nach Nordwest-Sibirien eine Fläche von 13 Millionen Quadratkilometern. In Nordost-Sibirien war dagegen durch fehlende Niederschläge keine Eisdecke vorhanden. Die Fjorde Norwegens zeugen von der schürfenden Wirkung der Gletscher. Das Gletschereis ragte weit ins Meer hinaus, wo es schließlich, wie heute in der Antarktis, von einer breiten Kalbungsfront begrenzt wurde.

Im letzten Glazial, der Weichsel-Eiszeit, umfaßte der skandinavische Inland-Eisschild dagegen nur eine Fläche von drei Millionen Quadratkilometern. Er bedeckte wahrscheinlich die Nordsee, reichte aber nicht über das nördliche Deutschland südlich der Elbe hinaus. Das Gebiet des heutigen Niedersachsens lag daher im weiteren Vorfeld des Gletschers.

Am stärksten war Nordamerika von der Vereisung betroffen, wo der Laurentische und der Kordillieren-Eisschild eine Fläche mit 16 Millionen Quadratkilometern bildeten. Berechnungen für die Maximalvereisung während der letzten Eiszeit schwanken zwischen 41,5 und 56,7 Millionen Quadratkilometern. Das heißt, ein Viertel bis ein Drittel der gesamten Landoberfläche der Erde könnte von Gletschern bedeckt gewesen sein. Heute gibt es auf der Erde zwei Inlandeisschilde, in der Antarktis und auf Grönland, die zusammen eine Fläche von über 14 Millionen Quadratkilometern aufweisen.

Große Auswirkungen hatte das Geschehen während der Glaziale auf die Weltmeere. Die Bindung gewaltiger Wassermassen im Eis der höheren Breiten bewirkte eine drastische globale Absenkung des Meeresspiegels. In den wärmeren Perioden konnte er dagegen wieder ansteigen. Diese Schwankungen werden auch als eustatisch bezeichnet.

Was würde passieren, wenn die Erde in Zukunft wieder eisfreie Pole hätte? Wenn zum Beispiel der antarktische Eisschild, der etwa die Größe des skandinavischen Eisschilds während der Maximalvereisung haben dürfte, ebenso wie der arktische Eisschild abgetaut wäre? Der Glazialgeologe A. Penck hat solche Berechnungen durchgeführt, mit dem Ergebnis, daß der Meeresspiegel weltweit um 55 Meter ansteigen würde. Damit würden zehn Millionen Quadratkilometer heutiger Tiefländer überschwemmt. In früheren Interglazialen waren die Gletscher stärker abgeschmolzen als heute. Die damals höheren Meeresspiegelstände lassen sich heute noch an den Brandungsterrassen ehemaliger Strände ablesen.

Während der Kaltphasen kam es dagegen zu einer Vergrößerung der Kontinente, weil die Meeresspiegel sanken. Hierzu sind verschiedene Berechnungen durchgeführt worden. Aufgrund der Unsicherheiten bei der Zugrundelegung der Parameter, wie Dicke des Inlandeises usw., weichen die Ergebnisse allerdings voneinander ab. Für die Maximalvereisung während des Pleistozäns werden Meeresspiegelschwankungen von 131 bis 183 Metern angenommen, für die Weichsel-Eiszeit sind 80 bis 100 Meter vorstellbar.

Seit etlichen Jahren kann man durch isotopenchemische Untersuchungen an Sauerstoff-Isotopen, zum Beispiel in Kalkschalen meeresbewohnender Lebewesen, genaue Rückschlüsse auf die Temperatur des Meerwassers zur Zeit ihrer Bildung ziehen. Ein Ergebnis hieraus ist, daß während eines Zeitraums von 300.000 Jahren Temperaturmaxima etwa alle 40.000 Jahre auftreten, die durch kältere Perioden unterbrochen werden. Eine einwandfreie Korrelation mit den geologischen Gegebenheiten der Glaziale ist aber noch nicht ausreichend gesichert.

Auch an Binnenseen ist ein Auf- und Abwärtsbewegen des Wasserspiegels erkennbar. Der Bonneville-See in Nordamerika hatte während der Maximalvereisung, also bei geringerer Verdunstung, eine Fläche von 5.000 Quadratkilometern. Sein Überrest ist der heutige Große Salzsee. Ähnliche Verhältnisse treffen auch für die großen Seen Australiens zu.

Die nächste Eiszeit kommt bestimmt! So lautete vor über einem Jahrzehnt die Botschaft der Klimaforscher. Erwartungsgemäß, nach der Zyklik, wird sie auch kommen, aber wann? Die Prognosen schwanken zwischen wenigen Jahrzehnten bis zu ca. 60.000 Jahren. Hierbei läßt sich menschliches Zutun (FCKW- und CO_2-Produktion etc.) schwer einschätzen.

Untersuchung eines eiszeitlichen Klimazyklus

Wie schon erwähnt, sind die Polarregionen im „Normalfall" eisfrei. Nur fünf bis zehn Prozent der Erdgeschichte sind von Kalt- oder Eiszeiten geprägt.

Analysiert man nun einen vollständigen eiszeitlichen Klimazyklus von etwa 100.000 Jahren, so zeigt sich, daß er in verschiedene klimatische Abschnitte unterteilbar ist. Man nennt diese Klimaphasen: Interglazial-, Anaglazial-, Pleniglazial- und Kataglazial-Phase. Jeder Abschnitt ist durch ein ganz bestimmtes Klima charakterisiert. Interglaziale als Warmzeiten sind feuchtwarm, Pleniglaziale als Phasen der größten Kälte sind demgemäß sehr kalt und trocken. Beide Phasen sind von relativ kurzer Dauer. Das Anaglazial leitet vom Interglazial zum Pleniglazial über. Es ist durch Wechsel von feucht-mildem und trocken-kühlem Klima gekennzeichnet. Ein Kataglazial charakterisiert die späte Eiszeit mit trocken-kaltem Klima bei zunehmendem Erwärmungstrend zum folgenden Interglazial. Ana- und Kataglazial-Phasen dauern über einen längeren Zeitraum an.

Während des letzten Pleniglazials der Weichsel-Eiszeit vor etwa 25.000 Jahren herrschte, wie aus pollenanalytischen Untersuchungen bekannt ist, eine Tundrenvegetation vor.

Mit diesen Klimaumwälzungen geht eine vollständige Umstellung der Luftmassenzirkulation und der Niederschlagsverhältnisse auf der Erde einher. Für die tropischen Bereiche bedeutet dies, daß die Regenwälder des Interglazials einer mehr trockenen Grassavannenlandschaft in den Glazialen wichen.

Hinsichtlich des Klimas läßt sich diese Entwicklung global etwa so darstellen:

- Durch die asymmetrische Verteilung von Ozeanen und Kontinenten auf der Erde kam es zur Ausbildung eines halbstabilen antarktischen Eisschilds während des ganzen quartären Eiszeitalters. Daran schließt sich ein mehr oder weniger stabiler kühlgemäßigter, humider Klimagürtel an.

- Die klimatische Entwicklung führte auf der nördlichen Hemisphäre zu instabilen arktischen Eisschilden, wodurch sich auch die angrenzende kühl-humide Zone mehrfach änderte. In wärmeren

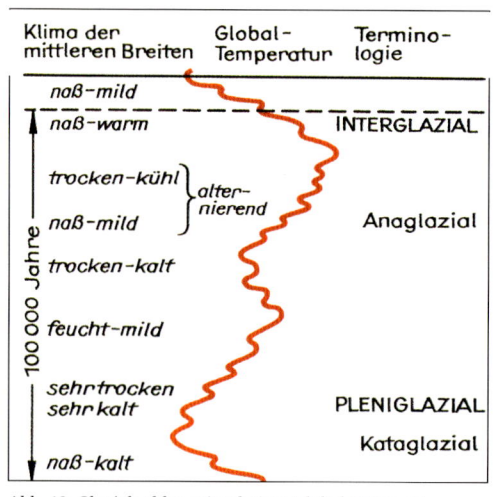

Abb. 10: Glazialzyklus mit relativer Global-Temperatur.

Perioden erfuhr sie eine Ausdehnung, in kälteren eine Schrumpfung. Für die trockenen Regionen galten umgekehrte Verhältnisse.
- Der äquatoriale Klimagürtel mit sehr warmer feuchter Luft, ist während der Interglaziale weit größer, als während der Eiszeiten.

Bisher wurden die Begriffe „Glazial" mit Eiszeit und „Interglazial" mit Warmzeit gleichgesetzt. Bei strenger Betrachtung trifft dies aber nicht ganz zu. Denn ein Glazial ist nur dort, wo eine Vergletscherung vorliegt, definiert. Jedoch hat es sich eingebürgert, auch die nicht vergletscherten, trocken-kalten Tundrenlandschaften mit unter diesen Begriff einzubeziehen. Ähnlich wird auch mit dem Begriff Interglazial verfahren. Außerdem sind die Grenzen zwischen Eis- und Warmzeiten meist unscharf, weil sich die Wechsel wie oben geschildert, über einen größeren Zeitraum erstrecken. Natürlich hängt diese Betrachtung auch vom geographischen Standpunkt ab. Je mehr ein Gebiet kontinentalem Klima ausgesetzt und je polnäher es ist, desto länger dauert das Glazial und dementsprechend schwächer und kürzer sind dann die Interglaziale ausgeprägt.

Auf wissenschaftlicher Ebene bedient man sich dennoch eines Schemas mit zeitlichen Grenzen, zum Beispiel bedeuten *Weichsel-Glazial* und *Eem-Interglazial* Zeiteinheiten. Dagegen stellen die Bezeichnungen *Weichselium-Stufe* und *Eemium-Stufe* einen stratigraphischen Begriff dar, der auf alle Ablagerungen, die innerhalb der jeweiligen Stufe gebildet wurden, angewandt wird, also zum Beispiel Lößlehm der Weichselium-Stufe.

Die Definitionen für Glaziale und Interglaziale lauten nach H. D. Kahlke (1994):

- Glaziale sind innerhalb des quartären Eiszeitalters Großschwankungendes Klimas ganz bestimmter einheitlicher Klimaabfolge, wobei es zurAusbildung von großen Inlandvereisungen kam, die auf der nördlichen Hemisphäre bis in die heute gemäßigten geographischen Breiten vorstoßen konnten.
-Interglaziale sind innerhalb des quartären Eiszeitalters Großschwankungen des Klimas ganz bestimmter einheitlicher Klimaabfolge, wobei das Klimaoptimum (Hypsithermal) die Temperatur der gegenwärtigen Interglazial-Phase erreicht oder überschreitet. Es kommt aber nicht zum vollständigen Abtauen der großen Inlandvergletscherungen, die sich in Resten in den polnahen Gebieten halten können.

Die eiszeitliche Pflanzenwelt

Im vorherigen Abschnitt wurden die unterschiedlichen Phasen eines glazialen Zyklus umrissen. Dokumentiert werden sie auch durch die auf das wechselnde Klima reagierenden Pflanzen und deren Sporen und Pollen, so daß sich hier eine klimaabhängige Abfolge von Pflanzenvergesellschaftungen feststellen läßt, sofern die untersuchten Profile lückenlos und ungestört vorliegen. Die Abfolge schlägt sich dann in einem Pollenprofil nieder, dieses wiederum ist graphisch als Pollendiagramm darstellbar. Bei der Auswertung zeigt sich dann beispielsweise der Wechsel von arktischen Nichtbaumpollen (NBP) zu Baumpollen (BP), die einen Umschwung von kaltzeitlichem zu warmzeitlichem Klima nachzeichnen.

In einem Pollendiagramm werden die Prozentanteile aller in einer Probe aufgefundenen Pollen eingetragen. Aufgrund der inzwischen gewonnenen Erfahrungen lassen sich vier Vegetationszonen eines Interglazials nachweisen.

Zone I: prä-temperate Zone mit Vorherrschaft von borealen Birken und Kiefern

Zone II: früh-temperate Zone mit Dominanz des Eichenmischwalds

Zone III: spät-temperate Zone mit Eichenmischwald und Bäumen wie Hainbuche und Tanne

Zone IV: post-temperate Zone mit borealen (nördlichen) Bäumen wie Birke und Kiefer

Die Zone I leitet das Interglazial ein, der Wald ist durch nordische Bäume geprägt. In der Zone II ist die zwischeneiszeitliche Eichenmischwald-Vegetation am deutlichsten vertreten. Neben Eichen kommen Ulmen, Eschen und Hasel vor. Dazu kommen in der Zone III die spät einwandernden wärmeliebenden Baumarten Hainbuche und Tanne sowie die Buche. Danach führt die allmähliche Abkühlung wieder zu einer Kiefern-Birken-Vegetation (Zone IV), die bereits durch lichtere Wälder gekennzeichnet ist. Im weiteren Verlauf stellt sich bei sinkenden Jahresdurchschnittstemperaturen eine offenere grasreiche Tundra ein. Per Definition wird die Grenze zwischen Eis- und Warmzeit im nördlichen Mitteleuropa dort gezogen, wo die Summe aller Baumpollen die der Nichtbaumpollen übertrifft. Umgekehrt läßt sich so auch mit der Grenze Warmzeit/Eiszeit verfahren. Die oben aufgeführten Zonen können aufgrund der Pollendiagramme noch feiner unterteilt werden. Hierbei sind verschiedene Arten der Darstellung üblich. Anhand der Pollendiagramme kann der Klimaverlauf vom jüngsten Tertiär (*Pliozän*) bis ins Holozän (*Flandrisches Interglazial*) rekonstruiert werden. Vor 2,4 Millionen Jahren begann mit der Praetegelen-Kaltzeit das Pleistozän. Diese Grenze ist nicht durch Fossilien, wie sonst in der Biostratigraphie üblich, definiert, sondern durch eine Umpolung des Erdmagnetfeldes. Vor ca. 2,4 Millionen Jahren kehrte sich das Erdmagnetfeld von der positiven Gauss-Polarität zur negativen Matuyama-Polarität um. Dieser meßtechnisch nachweisbare Prozeß korrespondiert mit der generellen Abkühlung. Derartige Ereignisse innerhalb der Erdgeschichte sind nachweisbar, aber zum Zweck einer Grenzziehung umstritten. Unsicher ist, ob es in dieser frühen Kaltphase schon Gletschervorstöße gab. Wahrscheinlich herrschten Tannen-Kiefer-Wälder vor. Das Jahrestemperaturmittel betrug in Mitteleuropa etwa 8 bis 10° Celsius, bei trockenem Klima. Erst später stellten sich während der eigentlichen Glaziale die Kältesteppen ein. Auf die Praetegelen-Kaltzeit folgten noch weitere warme und kalte Phasen, unter anderem auch die Cromer-Warmzeit, mit dem Abschnitt der Mauerer Waldzeit, vor 500.000 bis 600.000 Jahren. Zur Definition der Untergrenze des Cromer-Komplexes wird wieder die Umkehr des Erdmagnetfeldes benutzt, und zwar von der negativen Matuyama- zur positiven Brunhes-Polarität vor 730.000 Jahren. Der bekannteste Fund aus diesem Intervall ist der Unterkiefer von *Homo erectus heidelbergensis* von Mauer bei Heidelberg. Mit dem Elster-Glazial kam es zu einer sicher nachzuweisenden Vergletscherung. In Süddeutschland wird dieses Glazial Mindel-Eiszeit genannt. Das nachfolgende Interglazial, die Holstein-Warmzeit oder das Steinheimer Thermal, lieferte unter anderem die bekannte Säugerfauna von Steinheim an der Murr und anderer Fundorte wie Bilzingsleben und Schöningen. Die Saale- oder Riß-Eiszeit setzte vor etwa 215.000 Jahren ein und stieß mit ihren Gletschern in drei Vorstößen, die von kürzeren Interstadialen unterbrochen wurden, wieder weit nach Süden vor. Abgelöst wurde sie durch das relativ kurzdauernde Eem-Interglazial, das vor 127.000 Jahren begann und vor 115.000 Jahren endete. Diese Warmzeit, in Süddeutschland auch als Stuttgarter Thermal bezeichnet, brachte eine deutliche Erwärmung. In diesem Zeitraum wanderte das Flußpferd wieder aus dem Mittelmeergebiet in Deutschland und England ein. Mit neuerlich fallenden Temperaturen kündigte sich darauf die bisher letzte Vergletscherung an. Die Gletscher der Weichsel-Eiszeit reichten in Norddeutschland nicht mehr über den Ostholsteiner-/Hamburger Raum nach Süden hinaus. Im Umfeld Hildesheims war eine eiszeitliche Tundra oder Kältesteppe vorherrschend, da Niederschläge zur weiteren Gletscherbildung fehlten. Insgesamt aber verminderten sich die Temperaturen während dieser drei Glaziale von Mal zu Mal, das Klima wurde immer trockener. Die Auswirkungen auf die Flora beim Übergang von einem Interglazial zu einem Glazial sind fließend und beträchtlich. Die dichten laubwaldreichen Gebiete lichten sich zunächst und weichen einer Fichten-Kiefern-Vergesellschaftung, bis sich schließlich eine baumfreie Kältesteppe ausbreitet. So erfolgte der Übergang vom Eem-Interglazial zum Weichsel-Glazial keinesfalls abrupt, sondern graduell mit Wechseln zwischen kurzen Kälteperioden (Stadialen) und Wärmeperioden (Interstadialen).

Im Pleniglazial der Weichsel-Vereisung war die Verteilung der Vegetationsgürtel nach Kahlke (1994) wie folgt angeordnet: Auf der Pyrenäen-Halbinsel herrschte eine Waldsteppe vor, in Zentral-Frankreich dagegen eine subarktische Kältesteppe mit einer Tundrenflora. Von England über Deutschland bis weit nach

Eurasien schloß sich daran eine Lößsteppe an, die direkt im Süden der Gletscherfront lag. Südlich grenzten Waldsteppen an, die noch weiter südlich in kontinentalen Mischwald übergingen. Südlich der Alpen waren während dieses Zeitraums Waldtundren und Waldsteppen verbreitet, so in Norditalien und auf der nördlichen Balkan-Halbinsel. Küstennahe Mischwälder gab es nur in Süditalien, auf den Mittelmeerinseln und der südlichen Balkan-Halbinsel.

Aus den Pollendiagrammen sind die Übergänge der Vegetation beim Wechsel von einem Glazial zu einem Interglazial ersichtlich. Zunächst besiedeln Birken-Kiefern-Vergesellschaftungen die zurückweichende Kältesteppe. Nach und nach kommen immer mehr wärmeliebende Laubbäume hinzu, bis endlich eine warmzeitliche Flora vorhanden ist. Bei diesem Wechsel spielen aber auch klimatische Rückschläge eine große Rolle. Die Temperatureinbrüche lassen sich aus den Pollendiagrammen mitunter deutlich ablesen. So weiß man, daß das Holstein-Interglazial insgesamt deutlich kühler gewesen sein muß als das Eem-Interglazial. Eindrucksvolle Überlieferungen finden sich in Kalksinter-Ablagerungen, den sogenannten Travertinen, besonders im Weimarer Raum bei Ehringsdorf und Taubach. Neben Blättern von Laubbäumen und anderen pflanzlichen Resten kommen auch viele tierische Fossilien vor. Der Kalk wurde aus stark kalkhaltigen Quellwässern ausgeschieden. Oftmals umhüllte er die organischen Reste und ermöglichte so ihre Erhaltung.

Die Tierwelt des Eiszeitalters

Ähnlich wie die Pflanzen für bestimmte Klimaperioden charakteristische Vergesellschaftungen bilden, folgten diesen als Teil der Nahrungskette auch die eis- und warmzeitliche Tierwelt. Entdeckt hat der Mensch die Überreste der pleistozänen Fauna schon vor langer Zeit. Ebenso alt sind die entsprechenden Interpretationsversuche zur Erklärung des Gefundenen. Die Bezeichnung Mammut für den großen wollhaarigen Elefanten der Kältesteppen stammt vermutlich aus dem estnischen und bedeutet Erd-Maulwurf (estn. *Maa* = Erde, *mutt* = Maulwurf). Der Name fußt offenbar auf alten jakutischen und chinesischen Mythologien über die Mammutkadaver. Der Erd-Maulwurf lebt in der Erde unter dem Schnee und stirbt (vergeht), sobald er das Sonnenlicht erblickt. Die Schädel des eiszeitlichen Wollnashorns wurden in Jakutien als Schädel eines sagenhaften Riesenvogels gedeutet. In China deutete man die Höhlenfunde von pleistozänen Tieren als Drachenknochen, wobei der Drache das Symbol der kaiserlichen Macht in China darstellt. Diesen Resten wurde also besondere Bedeutung beigemessen.

In Europa wurden dagegen die Funde von Mammutknochen immer wieder als Reste menschlicher Riesen und auch als solche des Einhorns gedeutet. So das „Riesen-Gerippe" von Burgtonna in Thüringen, das 1695 gefunden wurde und als auslösendes Moment für einen Gelehrtenstreit in die Geschichte eingegangen ist. Herzog Friedrich II von Sachsen-Altenburg beauftragte das „Collegium Medicum" mit einem Gutachten über den Fund. Der Leibarzt des Herzogs, J. J. Raab, kam mit dem Collegium zu dem Schluß, daß es sich um Relikte von einem Einhorn handeln müsse. Der Geschichtsschreiber W. E. Tentzel hingegen beschrieb die Fossilien als Überreste eines einst lebenden Tieres, nämlich eines Elefanten.

Der generelle Abkühlungstrend des Klimas seit dem Tertiär prägte auch die Fauna in Mitteleuropa. So können die warmzeitlichen Faunenvergesellschaftungen von atlantisch gekennzeichneten jungpliozänen Wald-Tiergesellschaften abgeleitet werden. Nach einem Fundort in den Niederlanden wird diese Gruppierung Tegelen-Fauna genannt. In dieser Zeit trat in den Niederlanden noch ein Mastodon (*Anancus arvernensis*) und ein Tapir (*Tapirus arvernensis*) auf, die als Restfauna des Tertiärs angesehen werden können. Diese Großsäuger verschwanden aber zu Beginn der folgenden Menap-Kaltzeit. Mit der späteren Cromer-Warmzeit kam es dann zur Ausbildung einer ersten Interglazial-Fauna im europäischen Raum, in der keine Mastodon- und Tapir-artigen Säuger mehr vorkommen.

Bekannte Fundorte für Cromer-zeitliche Faunen in Deutschland sind Voigtstedt bei Sangerhausen, Süssenborn bei Weimar, Mauer bei Heidelberg, Mosbach bei Wiesbaden und der Schalksberg bei Würzburg. Auffallend sind in den Ablagerungen Reste von Steppenhirschen der sogenannten *verticornis*-Gruppe, deren schaufelartig verbreitertes Geweih an das der Damhirsche erinnert. Die Steppenhirsche waren aber größer und standen hinsichtlich dieses Merkmals den späteren Riesenhirschen des ausgehenden Weichsel-Glazials kaum nach. Neue Faunenelemente der Cromer-Zeit waren die modernen Bären, zum Beispiel *Ursus deningeri*, einem Vorläufer des späteren Höhlenbären, sowie die Wisente der Gattung Bison. Weiter gab es Waldelefanten (*Palaeoloxodon antiquus*), Waldnashörner (*Stephanorhinus hundsheimensis*), Flußpferde (*Hippopotamus amphibius antiquus*) und Säbelzahnkatzen (*Homotherium sp.*)

Verfolgt man die Evolution der Säugerfaunen von Interglazial zu Interglazial, so läßt sich eine rasche Fortentwicklung bis zur heutigen Tierwelt der gemäßigten Breiten feststellen. Bemerkenswert ist aber, daß sich die Evolutionsgeschwindigkeit der Vergesellschaftungen im Verlauf der Erdgeschichte erhöhte. Lag die sogenannte „Halbe Lebenszeit" einer Faunen-Assoziation in der Kreidezeit mitunter noch bei einigen Millionen Jahren, so sank sie während des Tertiärs auf zwei Millionen Jahre und im Pleistozän auf 500.000 Jahre. Offenbar spielt hier der klimatische Druck auf die Organismengruppen eine entscheidende Rolle. Bis zur Cromer-Warmzeit dominierten aber die atlantisch strukturierten Waldfaunen, die erst in der Folgezeit, während der Kälteperioden durch aus östlichen Richtungen einwandernden Steppen- und Glazialfaunen abgelöst wurden. Diese hatten sich dort schon seit dem späten Tertiär herausgebildet. Die Verdrängung der ursprünglichen Faunenelemente erfolgte jedoch allmählich in

Abhängigkeit von der jeweiligen Vegetation. Ausgangsgebiet der Kältesteppen-Faunen waren der Bereich Nordost-Sibirien, Alaska und das nördliche Kanada. Von dort aus stießen in den Glazialen diese Gruppierungen bis weit nach Europa vor, wo die Waldfaunen infolge der Klimadepression ihre Besiedlungsräume aufgeben mußten und in südlichere Regionen auswichen.

Die frühesten Eiszeitfaunen in Mitteleuropa sind die der Elster-Eiszeit, die mit nordost-sibirischen und arktischen Arten wie Moschusochsen (*Praeovibos*) und Ren (*Rangifer*) bis ins heutige Rhein-Main Gebiet vordrangen. Charakteristisch für diese frühen Vorstöße sind auch die Steppenmammuts (*Mammuthus trogontherii*) und die Kaltsteppen-Nashörner (*Stephanorhinus hemitoechus*). Auf dem Höhepunkt der Elster-Eiszeit lebten in Mitteleuropa nur noch Tiere, die an die extreme Witterung angepaßt waren. Mit dem Abklingen dieser Periode kam es Zug um Zug zu einer Durchmischung mit Faunenelementen aus dem südeuropäischen, mediterranen Raum. Die vorherige Vergesellschaftung wich nach Nordosten zurück.

Das folgende Holstein-Interglazial ist insgesamt durch Großsäuger wie den Waldelefanten (*Palaeoloxodon antiquus*) und das Waldnashorn (*Stephanorhinus kirchbergensis*) charakterisiert. Die deutschen Namen deuten schon an, daß die Tiere hinsichtlich ihrer Nahrung an Wälder angepaßt waren, sich also von Laub ernährten. Anhand der Backenzähne lassen sich die verschiedenen Elefanten und Nashörner als Laub- oder Grasfresser unterscheiden. Wild- und Steppenpferde waren hauptsächlich in der Übergangszeit von Glazial zu Interglazial und umgekehrt weit verbreitet; im Interglazial selbst traten sie gegenüber anderen Tieren zurück. In der Holstein-Warmzeit wanderten auch südasiatische Großsäuger ein. Zu ihnen zählen der Auerochse (*Bos primigenius*) als Stammform unserer Hausrinder und der Wasserbüffel (*Bubalus murrensis*). In diese Zeit fällt ebenso die Entwicklung des Wildschweins (*Sus scrofa*), das noch heute bei uns heimisch ist. Ferner waren die Rothirsche und Rehe schon mit den heute noch lebenden Gattungen *Cervus* und *Capreolus* vertreten, und die ersten Angehörigen der Riesenhirsche (*Megaloceros*) sind nachweisbar. Von den Nagetieren war der Biber (*Castor*) weit verbreitet, an Raubtieren waren vorhanden: Löwe, Leopard, Braun- und Höhlenbär, Wolf, Fuchs, Luchs und Dachs.

Vor etwa 215.000 Jahren kam es dann wieder zu einer einschneidenden Abkühlung des Klimas, die die Saale-Vereisung einleitete. Der vorher schon geschilderte Vorgang der Einwanderung der Kältesteppen-Fauna aus nordöstlicher Richtung wiederholte sich. Daran beteiligt waren nun die bekannteste Mammutart (*Mammuthus primigenius*) und das Wollhaar-Nashorn (*Coelodonta antiquitatis*). Im direkten Umfeld der Gletscher waren Moschusochsen (*Ovibos moschatus*), Rentiere (*Rangifer tarandus*), Eisfuchs (*Alopex lagopus*), Wolf (*Canis lupus*) und Mammut heimisch. Etwas entfernter vom Gletscher lebten Wollhaar-Nashorn, und Steppen-Wisente (*Bison priscus*) sowie Wildpferde, Elche, Höhlenbär, Höhlenhyäne und Höhlenlöwe. Erstmals läßt sich auch die Saiga-Antilope (*Saiga tatarica*) nachweisen.

Geologie und Paläontologie des Eiszeitalters

Nach der Saale-Eiszeit setzte die Eem-Warmzeit ein, die mit nur 12.000 Jahren Dauer ein relativ kurzes Interglazial darstellt. Wieder wanderten Auerochsen und Wasserbüffel ein, darüber hinaus aber über Italien und das Rheintal auch Flußpferde. Ihre Verbreitung erstreckte sich bis nach Mittelengland. Weitere Großsäuger waren wiederum der Waldelefant, das Wald-Nashorn und im Übergang das Steppen-Nashorn. Die übrige Fauna hatte große Ähnlichkeit mit der des Holstein-Interglazials.

Das Eiszeitalter erreichte seinen bisherigen Kältehöhepunkt im letzten Glazial, der Weichsel-Eiszeit. In Nordamerika, im nordwestlichen Europa, Nord-Sibirien bis nach Südchina war eine eiszeitliche Steppenfauna verbreitet. Das leitende Fossil für diesen Zeitabschnitt ist das Mammut (*Mammuthus primigenius*). Im nördlichen Eurasien war ferner das Wollhaar-Nashorn (*Coelodonta antiquitatis*) charakteristisch. Im oben umrissenen Gebiet kann die Saiga-Antilope (*Saiga tatarica*) nachgewiesen werden, deren abwärts gebogene Nasenöffnungen auch ein Überleben in extrem kalten Klimazonen ermöglichen. Die Verbreitung des Rentiers (*Rangifer tarandus*) war ganz ähnlich.

Riesenhirsche (*Megaloceros giganteus*) waren eher an das atlantisch geprägte Westeuropa angepaßt. In Irland lebten sie über das Ende der letzten Eiszeit hinaus und starben erst vor 8.000 bis 9.000 Jahren aus.

Raubtiere der Weichsel-Eiszeit waren vor allem der Höhlenlöwe (*Panthera spelaea*), Höhlenbär (*Ursus spelaeus*), die Höhlenhyäne (*Crocuta spelaea*) und der Wolf (*Canis lupus*).

Das Phänomen des Aussterbens zahlreicher kennzeichnender Großsäuger der letzten Eiszeit wird kontrovers diskutiert. Dies besonders deswegen, weil die Frage nach der Mitschuld des Menschen am Schicksal der Tiere zu stellen ist. Die Antwort ist allerdings mit Unsicherheiten behaftet. Altpaläolithische Jäger konnten mit ihrem Jagdgerät und mit ihrer rein zahlenmäßig geringen Population sicher nie den artlichen Bestand ihrer Beutetiere gefährden. Deshalb waren sicherlich die Klimaschwankungen, die immer wieder das Angepaßtsein von Tieren und Pflanzen auf härteste Proben stellten, ein Hauptgrund für das Aussterben vieler eiszeitlicher und warmzeitlicher Faunenkomponenten. Erst im ausgehenden Paläolithikum könnte der Mensch mit inzwischen verfeinerten Jagdtechniken zum Untergang vereinzelter Restpopulationen mit beigetragen haben. Fest steht, daß es auf der Wrangel-Insel in Nordost-Sibirien noch verzwergte Mammuts bis möglicherweise vor 4.000 Jahren gegeben hat.

Aus China sind ebenso interessante wie wichtige Funde quartärer Säuger und vor allem Menschenreste bekannt geworden. Dort entwickelte sich zum Beispiel die Linie der kaltzeitlichen Nashörner, die zum Wollhaar-Nashorn führte. Prominente Hominidenfunde sind die des *Homo erectus pekinensis* von Zhoukoutien bei Peking. Aus dem Zeitraum von 800.000 bis 30.000 Jahren vor heute wurden hier besonders in den Steppenfaunen Kamele, Wildpferde, Antilopen und Riesenhirsche überliefert. Die asiatische Tierwelt des jüngeren Pleistozäns glich der Sibiriens.

In Südasien werden an der Wende Pliozän/Pleistozän die ältesten Rüsseltiere Asiens (*Archidiskodon planifrons*) gefunden. Im gleichen Raum entdeckte man auch die bisher größten fossilen Menschenaffen aus der Gruppe der *Gigantopithecinen.*

Die ältesten Hominiden in der Trinilfauna auf Zentral-Java sind zwischen 1.9 und 1.0 Millionen Jahre alt. Sie müssen über die Landverbindung des Sunda-Schelfs zwischen dem Kontinent und den vorgelagerten Inseln eingewandert sein. In der Schicht darüber wird bereits *Homo erectus erectus* gefunden. Auf dem Kontinent bis nach Südchina kamen im Jung-Pleistozän noch Orang-Utans vor, die heute auf die Inseln beschränkt sind. Zeitgleich trat hier der Ngandong-Mensch (*Homo erectus soloensis*) auf.

Über die meiste Zeit des Pleistozäns bestand zwischen Ost-Sibirien und Nordamerika eine Landbrücke über die Beringstraße. Sie ermöglichte einen Faunenaustausch, so daß die nördliche nordamerikanische Tierwelt große Ähnlichkeiten mit der eurasiatischen aufwies, im Gegensatz zu der Südamerikas. Im mittleren Teil Nordamerikas waren endemische, d.h. nur dort vorkommende Arten beheimatet. Im Süden schloß ein Bereich von Mischfaunen zwischen letzter und südamerikanischen Arten an.

Über die Landbrücke der Beringstraße kamen im ältesten Pleistozän die ersten Pferde von Nordamerika nach Eurasien, von wo später, etwa zur Zeit des Elster-Glazials, die modernen Pferde der Gattung *Equus* nach Nordamerika zurückwanderten. Eine Vergletscherung war hier kaum ausgeprägt, da die Niederschläge zu gering waren. Auf dem Weg über die Beringstraße dürften zwischen 28.000 und 26.000 Jahren vor heute die ersten ostsibirischen Jäger Nordamerika erreicht haben. Außerdem erschienen zu dieser Zeit die ersten Vertreter der Gattung *Bison* auf dem nordamerikanischen Kontinent, die asiatischen Ursprungs waren. Im Süden waren die Bodenfaultiere (*Paramylodon*) und Gürteltiere (*Glyptodon*) verbreitet.

Im jüngeren Pleistozän Nordamerikas lebte in Kalifornien eine Mischfauna aus nördlich-eurasiatisch geprägten und südlichen Faunenelementen. Die südliche Vergesellschaftung bestand aus Prärieelefanten (*Mammuthus imperator*), Kamelen, Bisons, Tapiren sowie Bodenfaultieren südamerikanischer Herkunft. Die Kamele sind amerikanischen Ursprungs. Sie breiteten sich von dort über Asien bis nach Afrika aus. Bei Rancho La Brea in Kalifornien sind aus den dortigen Asphalttümpeln zahlreiche Großsäugerreste geborgen worden. Die in die Tümpel eingesunkenen Pflanzenfresser machten durch ihre Laute Raubtiere auf sich aufmerksam, denen dann gleichfalls der zähe Asphalt zum Verhängnis wurde. Hierzu gehören vor allem Säbelzahnkatzen (*Smilodon populator*) und Löwen (*Panthera atrox*), Pumas, Luchse und Wölfe.

Die Landverbindung zwischen Nord- und Südamerika bestand etwa seit der Tertiär-/ Quartärgrenze. Hierdurch kam es zu einer Durchmischung der Faunen. Von Nord- nach Südamerika wanderten Mammuts, Lamas, Hirsche, Wildpferde,

Tapire und Nager ein. Verbreitet waren daneben Riesenfaultiere der Gattung *Megatherium,* die aufgerichtet Blätter der Baumkronen fraßen.

In Australien trat während des Pleistozäns lediglich eine Gebirgsvergletscherung auf. Durch die globale Meeresspiegelabsenkung war über den Sahul-Schelf ein Faunenaustausch mit Neuguinea möglich, nicht jedoch mit dem südostasiatischen Festland. Durch die geographische Isolation bildeten sich Riesenformen unter den Beuteltieren, da andere Säuger nicht anwesend waren. Zum einen waren es Riesenkänguruhs, dann *Diprotodon,* das bisher größte Beuteltier, das vom Aussehen her einem Wombat ähnelte, und der Beutellöwe. Letzter glich zwar einem katzenartigen Raubtier, war aber ein Pflanzenfresser. Ausgestorben sind all diese Formen wahrscheinlich durch den Klimawechsel am Ende des Pleistozäns. Die Vegetation des feucht-kühlen Klimas wurde durch eine Vergesellschaftung des warm-trockenen Klimas abgelöst. Diesem Wechsel hinsichtlich des Nahrungsangebots fielen die großen Beuteltiere zum Opfer.

In Neuseeland werden die Überreste großer Laufvögel gefunden, die sogenannten *Ratiden.* Die Moas brachten mit *Dinornis maximus,* der eine Körperhöhe von 3.5 Metern erreichen konnte, den bislang größten Vertreter dieser Gruppe hervor. Dinornis starb gegen Ende des Pleistozäns aus, lange bevor die ersten Menschen nach Neeseeland gelangten. Diese trafen nur noch auf *Euryaptheryx,* der in der Folgezeit bejagt und schließlich ausgerottet wurde (Moa-Jäger-Kultur).

Afrika war im ausgehenden Tertiär besonders für die Entwicklung des Menschen wichtig. Aus dem Gebiet des ostafrikanischen Grabensystems (Rudolf-See) sind zahlreiche Fundstellen durch ihren Reichtum an tierischen und frühmenschlichen Resten bekannt geworden.

Reste früher Vorfahren der Menschen aus dem *Australopithecus*-Kreis wurden zusammen mit Waldelefanten und Mastodonten gefunden. Aber auch Nashörner, Flußpferde, Giraffen, Antilopen, Affen, Hyänen, Leoparden, Löwen und Krokodile sind aus der Olduvai-Folge überliefert. Die ersten Kamele wanderten im späten Tertiär aus Asien kommend nach Afrika ein.

Die heutige Tier- und Pflanzenwelt Afrikas stellte sich wahrscheinlich im späten Pleistozän ein. Den Riesenformen eiszeitlicher Säuger standen die Zwergformen auf den Mittelmeerinseln gegenüber. Die Bindung großer Wassermassen in den Polargebieten während der Glaziale schuf Verbindungen zwischen Afrika und den vorgelagerten Inseln wie Sizilien, Malta und Kreta, so daß unter anderem Elefanten „trockenen Fußes" auf die Inseln gelangen konnten. Durch die dortige Isolation bildeten sich über längere Zeiträume Arten heraus, die durch ihren Zwergenwuchs auffallen. Am bekanntesten ist *Palaeoloxodon falconeri,* ein Zwergelefant mit etwa 1,2 Metern Schulterhöhe. Auf der Insel Tilos lebten diese Tiere wahrscheinlich noch vor 5.000 Jahren. Auch Zwergflußpferde und Zwerghirsche sind von diesen Inseln bekannt. Möglicherweise spielen mehrere Gründe für die Verzwergung eine Rolle. So ist einmal der nun kleinere Lebensraum mit kleinerer Nahrungsgrundlage für die Betrachtung wichtig, dann die

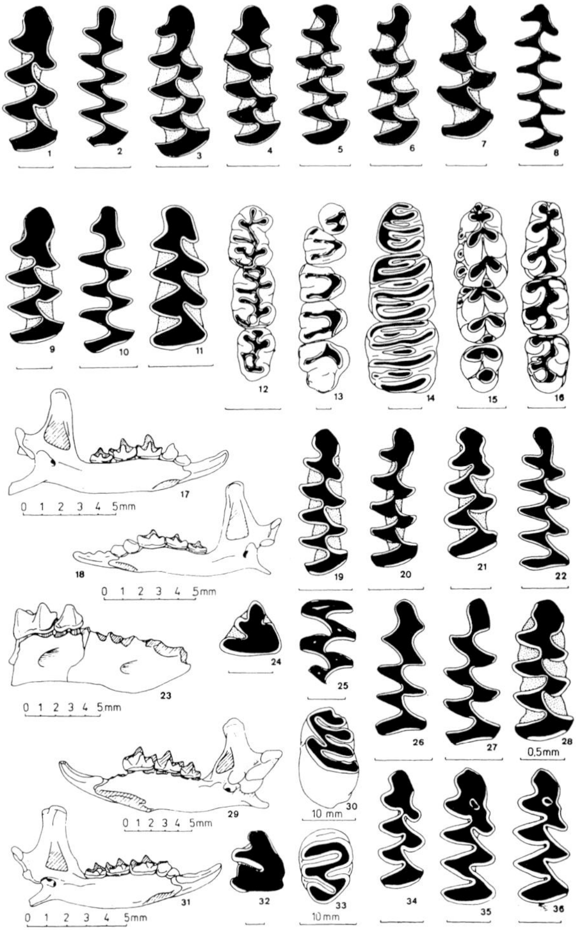

Abb. 11:

Pliozäne, pleistozäne und holozäne Kleinsäuger Europas
1 Schermaus (*Arvicola terrestris*), M_1, OP; 2 Steppen-lemming (*Lagurus lagurus*), M_1, OP; 3 Nordische Wühlmaus (*Microtus oeconomus*), M_1, OP; 4 Kleinwühlmaus (*Pitymys subterraneus*), M_1, OP; 5 Feldmaus (*Microtus arvalis*), M_1, OP; 6 Schmal-schädlige Wühlmaus (*Microtus gregalis*), M_1, OP; 7 Berglemming (*Lemmus* aff. *lemmus*), M_1, OP; 8 Halsbandlemming (*Dicrostonyx torquatus*), M_1, MP; 9 Fossile Schermausart (*Arvicola cantiana*), M_1, MP; 10 Fossile Steppenlemmingart (*Lagurus transiens*), M_1, MP; 11 Rötelmaus (*Clethrionomys glareolus*), M_1, Eem; 12 Streifenmaus (*Sicista betulina*), M_1–M_3, HO; 13 Fossile Zieselart (*Spermophilus superciliosus*), P^3–M^3, OP; 14 Siebenschläfer (*Glis glis*), P_4–M_2, Eem; 15 Waldmaus (*Apodemus sylvaticus*), M_1–M_3, MP; 16 Fossile kleine Hamsterart (*Allocricetus bursae*), M_1–M_3, PL; 17 Weißzahnspitz-maus (*Crocidura leucodon*), Unterkiefer, HO; 18 Waldspitzmaus (*Sorex araneus*), Unterkiefer, OP/HO; 19 Fossile Wühlmausart (*Pitymys arvalidens*), M_1, MP; 20 Fossile Wühlmausart (*Pitymys gregaloides*), M_1, UP/MP; 21 Fossile wurzelzähnige Wühlmausart (*Mimomys savini*), M_1, UP; 22 Fossile wurzelzähnige Wühlmausart (*Pliomys lenki*), M_1, UP/MP; 23 Fossile Bisamspitzmausart (*Desmana nehringi*), P_4–M_1, UV; 24 Pfeifhase (*Ochotona pusilla*), P_4, PL; 25 Fossile Halsbandlemmingart (*Dicrostonyx simplicior*), M^2, UP/MP; 26 Fossile Steppenlemmingart (*Lagurodon arankae*), M_1, UP; 27 Fossile Steppenlemmingart (*Prolagurus pannonicus*), M_1, UP/MP; 28 Fossile Wühlmausart (*Allophaiomys deucalion*), M_1, UP/MP; 29 Fossile Spitz-mausart (*Beremendia fissidens*), Unterkiefer, UP; 30 Fossile Großbiberart (*Trogontherium minus*), P_4, UV; 31 Fossile Spitzmausart (*Petenyia hungarica*), Unterkiefer, UP; 32 Fossile Hasenart (*Hypolagus* sp.), P_3, UV; 33 Fossiler Cricetide (*Baranomys* sp.), M^3, UV; 34 Fossile wurzelzähnige Wühlmausart (*Mimomys pusillus*), M_1, MP; 35 Fossile wurzel-zähnige Wühlmausart (*Mimomys polonicus*), M_1, UP; 36 Fossile wurzelzähnige Wühlmausart (*Mimomys pliocaenicus*), M_1, UP

HO = Holozän, PL = Pleistozän, OP = oberes Pleistozän, Eem = letztes Interglazial, MP = mittleres Pleistozän, UP = unteres Pleistozän, UV = unteres Villafranchium (= 3 Oberpliozän).
M_1 = erster Unterkiefermolar, M^1 = erster Ober-kiefermolar, usw.
Maßstableiste – sofern nicht anders angegeben – entspricht 1 mm

bessere Beweglichkeit bei kleinerer Körpergröße auf felsigem Untergrund. Letzt-lich konnte die kleinere Körpergröße zu einer für die Arterhaltung möglichst großen Populationsdichte führen. Aus menschlicher Sicht gehören die eiszeitlichen Großsäuger sicher zu den imposantesten und faszinierendsten Gestalten des Eiszeitalters. Nur lassen deren Reste kaum bindende Schlüsse auf das Alter von Schichten zu, da ihre Evolutionsgeschwindigkeit zu langsam war. Für die glazial beeinflußten Räume der Erde und die Datierung ihrer entsprechenden Schichten spielen Reste von Kleinsäugern eine größere Rolle.

Bei einer Absenkung des Meeresspiegels von mitunter über 120 Metern ent-standen auch in anderen Teilen der Welt große Landbrücken, über die Faunen-austausch erfolgen konnte.

Wie bei den Großsäugern lassen sich für die Kleinsäuger ein westliches (atlantisches) und ein östliches (kontinentales) Verbreitungsgebiet unterscheiden. In der Kleinsäugerfauna des östlichen Areals erschienen schon in der Elster-Eiszeit glaziale Arten aus nordöstlicher Richtung, die im atlantischen Bereich nicht auftraten. Die größte Bedeutung haben bei der Analyse der Kleinsäugerfaunen die Nagetiere (*Rodentia*). Am besten lassen sich die feinen entwicklungsmäßigen Veränderungen in den Gruppen der Wühlmäuse (*Arvicoliden*) und Hamster (*Cricetiden*) erfassen, die im Eiszeitalter den Höhepunkt ihrer Entwicklung erlebten. Untersucht werden die Zähne, besonders die Molaren, also die Backenzähne, die erblich fixierte Abwandlungen zeigen und so für den Spezialisten Hinweise auf das Alter der Funde geben.

Murmeltiere der Gattung *Marmota* als Bewohner der Kältesteppen sind in Europa erst in späteiszeitlichen Sedimenten überliefert. Die Ziesel sind durch drei aufeinanderfolgende Arten bekannt. Von den Schläfern wanderten der Siebenschläfer und die Haselmaus immer während der Warmzeiten ein, weil dann der ihnen entsprechende bewaldete Lebensraum vorhanden war.

In den älteren Interglazialen, zum Beispiel im Cromer-Komplex mit dem Fundpunkt Mauer bei Heidelberg, waren in Mitteleuropa zwei Gattungen von Bibern beheimatet. Die größeren Tiere der Gattung *Trogontherium* starben im mittleren Pleistozän aus, wohingegen Angehörige der Gattung *Castor*, zu der auch der heutige Biber gehört, im gesamten Pleistozän lebte.

Am bedeutendsten für die biostratigraphische Gliederung des Pleistozäns sind die Mäuse (*Muridae*), Wühlmäuse (*Arvicolidae*) und Hamster (*Cricetidae*). Waldmäuse der Gattung *Apodemus* sind im gesamten Pleistozän nachzuweisen. Dagegen sind die Hausmaus (*Mus*) und die Ratte (*Rattus*) erst spät aus östlicher Richtung eingewandert. Ebenfalls Einwanderer aus osteuropäischen Regionen sind die Hamster. Der große Hamster (*Cricetus*) ist bereits im frühen Pleistozän Europas nachgewiesen.

Die Ursprünge der Wühlmäuse liegen wohl in Asien oder Amerika, in Europa sind sie erst seit dem ausgehenden Tertiär bekannt. Mit den Gattungen *Pitymys* (Kleinwühlmaus), *Microtus* (Wühlmaus) und *Arvicola* (Schermaus) sind sie für die Datierung pleistozäner Schichten von höchster Wichtigkeit.

Seit dem frühen Eiszeitalter sind Hasenartige Säuger (*Lagomorpha*) in Mitteleuropa feststellbar. In wärmeren Zeiträumen ist vor allem der Feldhase (*Lepus europaeus*) anwesend, in kälteren Abschnitten der Schneehase (*Lepus timidus*). Pfeifhasen der Gattung *Ochotona* sind kennzeichnend für die Lößsteppen des späten Pleistozäns.

Durch die wechselnden Vorstöße dieser Kleinsäugergruppen lassen sich Kalt- und Warmzeiten sehr gut belegen.

Wie schon betont, kommt den aufgeführten Kleinsäugern große Bedeutung für die Datierung und Beurteilung der ökologischen Verhältnisse des Pleistozäns zu. Nachteilig ist allerdings die relative Seltenheit solcher Funde. Deshalb nutzten Wissenschaftler schon früh Reste anderer Tiergruppen für ähnliche Aussagen. Sehr gut geeignet sind für solche Zwecke die *Mollusken*, besonders die Muscheln und Schnecken. Speziell Landschnecken werden für die Datierung von Lößsedimenten bevorzugt eingesetzt. Schmelzwasserseen, die in wärmeren Jahreszeiten im Umfeld der Gletscher entstanden, waren der Lebensraum von Süßwasserschnecken, deren zeitlich bedingtes Auftreten sich ebenfalls auswerten läßt. Weil aber beide Gruppen unterschiedlich temperierte Lebensräume bewohnten, ist eine Parallelisierung der Daten schwierig. Zog sich das Inlandeis zurück, folgten aus südöstlicher oder südwestlicher Richtung die klimatisch anspruchsvolleren Moluskenarten. Es ist also ein ähnlicher Vorgang wie bei den Pflanzen und Säugern feststellbar.

Grundvoraussetzungen für derartige Forschungen sind Untersuchungen an Profilen ohne Schichtlücken, die somit kalt- und warmzeitliche Sedimente ohne Unterbrechungen beinhalten. Es ist aber generell schwierig bzw. häufig unmöglich, Daten aus Bohrkernen, die beispielsweise im Arktischen Ozean erbohrt wurden, mit denen aus Lößprofilen mit eingeschalteten Paläoböden, also einer Kalt-Warm-Rhythmik, zu korrelieren, denn letztere liegen meist nur unvollständig vor, oder die Sedimente sind durch die Bodenbildung zu stark verwittert. Besonders gut ist die Erhaltung von Mollusken in Travertinen (Quellkalke), die sich in Interglazialen bilden und durch ihren Chemismus eine An- oder Auflösung der oft zarten Schalen verhindern.

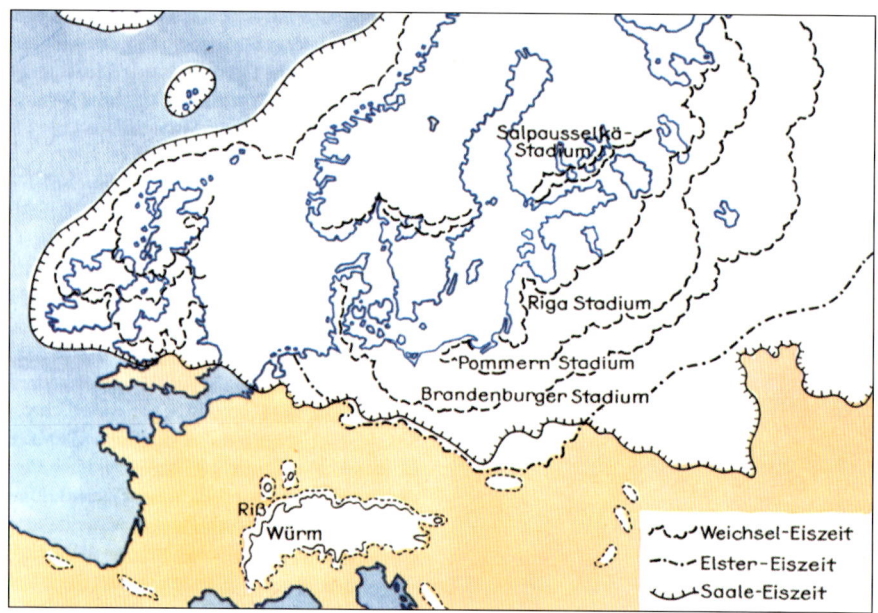

Abb. 12: Vereisungsgrenzen des Elster-, Saale - und Weichsel- Glazials (mit Rückzugsstadien) auf dem Hintergrund der heutigen geographischen Situation Europas, vergleichend dargestellt.

Geologie und Paläontologie des Eiszeitalters

Die Erforschung pleistozäner Schichtfolgen ist noch nicht befriedigend gelungen. Gerade die Korrelation der hinsichtlich ihrer Entstehung unterschiedlichen Sedimente und der in ihnen eingeschlossen Organismenreste werden auch in Zukunft noch weite Betätigungsfelder für die Wissenschaft bereitstellen.

Gliederung des Pleistozäns

Die Grenze zwischen den Systemen Tertiär und Quartär und damit auch zwischen den Serien Pliozän und Pleistozän liegt bei 2,4 Millionen Jahren. Sie wird, wie eingangs schon erwähnt, auf der Basis einer Umpolung des Erdmagnetfelds gezogen, weil sich biostratigraphische Möglichkeiten, das heißt eine Grenzziehung mittels Fossilien, nicht eignen. Das frühe Pleistozän, vor der ersten Vergletscherung, wird in sieben Komplexe eingeteilt (Tabelle 2). Darauf folgen die Elster-Eiszeit, Holstein-Warmzeit, Saale-Eiszeit, Eem-Warmzeit und Weichsel-Eiszeit. Diese einzelnen Stufen lassen sich noch feiner unterteilen, zum Beispiel in die schon erwähnten Stadiale und Interstadiale, die kürzere Klimaschwankungen repräsentieren. Vor 11.500 Jahren begann das Holozän, das bis zur Gegenwart andauert. Die Saale-Eiszeit beispielsweise ist unterteilbar in das Drenthe-Stadium mit einer älteren Phase, die den Hauptvorstoß darstellt, einem Interstadial und einer jüngeren Phase, deren Vorstoß nicht mehr so weit nach Süden reichte. Darüber folgt ein weiteres Interstadial, bevor abschließend das Warthe-Stadium mit einem weiteren Gletschervorstoß einsetzte. Somit stellt sich der Abschnitt der Saale-Eiszeit als eine generell kalte Periode dar, die von mehreren wärmeren Intervallen unterbrochen wurde.

Die Angabe von absoluten Jahreszahlen und die Dauer einzelner Stufen vor Beginn der Eem-Warmzeit vor 127.000 Jahren ist problematisch und wird kontrovers diskutiert. Das liegt an der Schwierigkeit, Datierungen nach Pollen und Sporen mit denen anderer Organismengruppen und den Tiefbohrungen, zum Beispiel im Bereich des arktischen Ozeans, in Einklang zu bringen. Daher schwanken die Angaben auch für die einzelnen Fundstellen zum Teil beträchtlich. So dürfte das absolute Alter der Fauna von Mauer bei Heidelberg zwischen 500.000 und 600.000 Jahren liegen. Über die Ziehung zeitlicher Grenzen innerhalb erdgeschichtlicher Abschnitte wird ständig berichtet und diskutiert. Daher sind sie durch neue Forschungsergebnisse stetigen Veränderungen unterworfen. Die Tabelle 2 stellt somit nur eine Momentaufnahme des aktuellen Forschungsstandes dar.

Weiterführende Literatur:

BENDA, L. (1995 Hrsg.): Das Quartär Deutschlands. - 354 S.; Berlin-Stuttgart (Borntraeger).

KAHLKE, H. D. (1994): Die Eiszeit. - 192 S.; Leipzig-Jena-Berlin (Urania).

LIEDTKE, H. (1990 Hrsg.): Eiszeitforschung. - 354 S.; Darmstadt.

SIEGFRIED, P. (1983): Fossilien Westfalens. Eiszeitliche Säugetiere. - Forsch. Geol. Paläont., 60: 163 S.; Münster.

SMED, P. (1994): Steine aus dem Norden - Geschiebe als Zeugen der Eiszeit in Norddeutschland. - 195 S.; Berlin-Stuttgart (Borntraeger).

„Mammut-Steppen-Tundra", teilweise kniehohe Vegetation von Gräsern, Seggen und Kräutern. Nordost-Sibirien, Kolyma-Flußgebiet.

Gerfried Caspers, Holger Freund,
Angelika Kleinmann, Josef Merkt

Das Klima im Quartär

Gerfried Caspers, Holger Freund, Angelika Kleinmann, Josef Merkt

Das Klima im Quartär

1. Das Quartär - Ein Wechselspiel von Eiszeiten und Warmzeiten

Das Quartär, in dem wir heute leben, umfaßt die letzten 2,4 Millionen Jahre der Erdgeschichte. In diesem Zeitabschnitt wechselten sich 80.000-100.000 Jahre dauernde Kaltzeiten (Glaziale) mit nur 10.000-15.000 Jahre dauernden Warmzeiten (Interglaziale) ab. Die Warmzeiten waren also rund zehnmal kürzer als die Kaltzeiten. Insbesondere die drei letzten Kaltzeiten, im Norden Elster-, Saale- und Weichsel-Kaltzeit genannt, haben das heutige Landschaftsbild des nördlichen Mitteleuropas und des Alpenvorlandes grundlegend geprägt und nahezu alle älteren Landschaftsformen verwischt. Das mitteleuropäische Tiefland war mehrfach von Gletschern bedeckt, die aus Skandinavien kamen. Auch die Alpen und das Alpenvorland waren wiederholt vergletschert. Während sich die bis

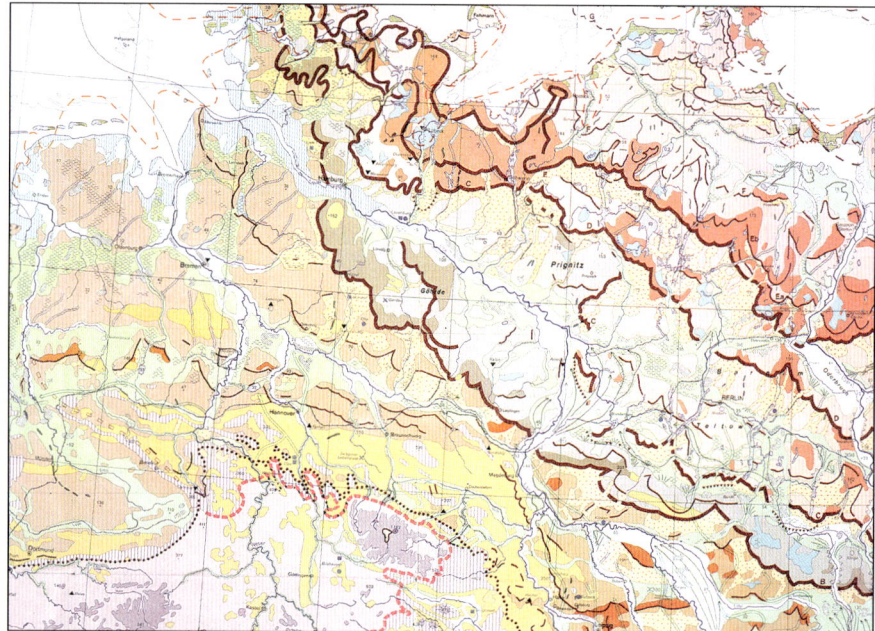

Abb. 1: Verbreitung der eiszeitlichen Ablagerungen (helle grüne und braune Farben), Endmoränenzüge der Saale-Eiszeit (dünnere braune Linien) und der Weichsel-Eiszeit (dickere braune Linien nordöstlich Sylt, Hamburg, Cottbus). Das Eis der Weichsel-Eiszeit ist am wenigsten weit vorgerückt, wie aus der Lage der Endmoränenzüge (nordöstliche dicke braune Linie) erkennbar ist. Maximale Stände der Vereisungen der Saale-Eiszeit (äußere dunkelbraune Punktlinie) und der Elster-Eiszeit (rötliche gestrichelte Linie). Violett: Mittelgebirge ohne mächtigere quartäre Bedeckung.

zu 1.000 m mächtigen Eismassen im Verlauf der El-
ster- und Saale-Kaltzeit bis an die Mittelgebirge und
bis weit in die Niederlande ausdehnten (Abb. 1),
überschritten in der letzten Kaltzeit, der Weichsel-
Kaltzeit, die Elbe nicht mehr (Abb. 1).

Das Eis formte die Landschaft, die es bedeckte.
Es schürfte große Becken aus, wie sie im Gebiet der
Weichsel-Vereisung in den Seenplatten von Schleswig-Holstein und Mecklenburg-Vorpommern häufig sind. Das Quakenbrücker Becken (Artland) aus
der vorletzten Vereisung ist heute verfüllt mit Seeablagerungen der letzten Warmzeit sowie mit Sanden. Es ist nun eine weitflächige Ebene mit ca.
30 km Durchmesser.

Das ausgeschürfte und mitgeführte Material
wurde an der Sohle der Gletscher als Grundmoräne aus Sand, Lehm und Gesteinsbrocken abgesetzt.
Aus Skandinavien wurden riesige Gesteinsblöcke
über mehr als 1.000 km mit dem Eis transportiert
und als tonnenschwere „Findlinge" abgelagert. Im
Vorfeld der Eisfront bildeten sich durch austreten-
de Schmelzwässer weitflächige Sander aus Kies
und Sand (Abb. 1). Die Gletscher schoben aber
auch Endmoränen auf, die wie die Dammer Berge
oder der Wilseder Berg als Hügel in Norddeutschland zu finden sind.

Abb. 2: In Niedersachsen kann man vielerorts
im Luftbild schmale Streifen beobachten, die
als 4-6-eckige Polygone angeordnet sind, auf
denen das Getreide besser wächst. Es sind fossile Eiskeilpolygone. Eiskeile bilden sich heute unter arktischem Dauerfrost im Winter als
feine Risse, die mit Eis gefüllt werden. Sie werden jedes Jahr etwas dicker und können nach
hunderten oder tausenden von Wintern me-
terdick sein. Nach der Eiszeit entstanden was-
sergefüllte Gräben, die mit feinem Material verfüllt wurden, auf dem das Getreide besser
wächst. Die fossilen Eiskeile beweisen, daß vor
20.000 Jahren in Niedersachsen eiszeitliches Klima herrschte wie heute in Nordkanada und
Nordsibirien.

Die Warmzeiten haben die Landschaft weit weniger geformt als die Kaltzeiten. In Europa haben sich während der Warmzeiten Böden entwickelt, und dichte Laubwälder wuchsen. Abtragungen fanden kaum statt: die Flüsse führten wenig Sedimentfracht. Moore wuchsen auf und in den Seen wurden die Reste der
in ihnen lebenden Tiere und Pflanzen sowie Kalk abgelagert.

2. Der Schlüssel zum Paläoklima - Die Archive

Bei der Rekonstruktion der Klimageschichte bedient man sich verschiedener
Archive, die allesamt dadurch gekennzeichnet sind, daß Jahr für Jahr Schichten
gebildet werden, in denen Informationen über das Paläoklima zeitgenau gespeichert sind. So ist der immer wiederkehrende Wechsel von Kalt- und Warm-

zeiten beispielsweise in Meeresablagerungen zu erkennen. Sedimente aus dem Meer umfassen zum Teil das gesamte Quartär, weisen jedoch eine meist geringe zeitliche Auflösung auf. Eiskerne aus Grönland und der Antarktis sind zeitlich hoch auflösend, umfassen aber nur die jüngeren Abschnitte des Quartärs. Die Klimasignale sind in der chemischen und physikalischen Zusammensetzung des Eises gespeichert.

An Land zeigen die Moränen mit ihren Gesteinsbrocken, woher die Gletscher kamen, welchen Weg sie nahmen und wie weit sie vorgestoßen sind. Sie sind wichtige Zeugen von Vereisungen, haben jedoch keine zeitliche Auflösung und sind daher als sensible Anzeiger des Klimaverlaufs nicht geeignet.

Das Klima der Warmzeiten spiegelt sich vor allem in Mooren und Seen wider. In Seen sammelt sich abgeschwemmtes und durch den Wind transportiertes Material (Bodenpartikel, Pollen, Blätter, Staub usw.), da sie die tiefstgelegenen Bereiche einer Landschaft sind. Schicht für Schicht, Jahr für Jahr, wie ein geologisches Tagebuch über Jahrtausende wird in den meterdicken Seeablagerungen lückenlos die Klimageschichte einer Region aufgezeichnet. Seesedimente

Abb. 3: Von schwimmenden Plattformen aus können mit neu entwickelten Geräten viele Meter lange Bohrkerne ungestört ausgestochen werden. Sie werden bis zur Untersuchung in Plexiglasrohren kühl und luftdicht verschlossen aufbewahrt.

sind deshalb für die Rekonstruktion des Paläoklimas in hervorragender Weise geeignet. Die meisten Seebecken sind nach 10.000 bis 30.000 Jahren gefüllt: das Archiv wird geschlossen.

In feuchten Niederungen, aber auch nach der Verlandung vieler Seen entstanden grundwasserabhängige Niedermoore. In niederschlagsreichen Regionen entwickelten sich Hochmoore, deren torfbildende Pflanzen nur von den im Regenwasser enthaltenen Nährstoffen lebten. Teilweise gingen auch Niedermoore in Hochmoore über, wenn die Torfe über den Grundwasserspiegel emporwuchsen. Die Torfe der Nieder- und Hochmoore bildeten sich schichtweise aus abgestorbenen Pflanzenresten und wuchsen im Verlaufe von Jahrhunderten und Jahrtausenden empor.

Nur selten läßt sich Material für umfangreiche Untersuchungen direkt dem Archiv entnehmen. Fast immer müssen Bohrungen durchgeführt werden, um die Archive mit Bohrkernen zu öffnen, die in ihrer vertikalen Erstreckung eine vollständige Zeitabfolge dokumentieren (Abb. 3).

3. Was steckt in den Klima-Archiven?

Ganz gleich, ob Meeres- oder Seeablagerungen, ob Torf oder Eis, weder Temperaturen und Niederschläge noch Sonnenscheindauer, Windrichtung und -geschwindigkeit lassen sich aus den schichtweise aufgebauten Archiven direkt ablesen. Die Informationen über längst vergangene Klimate müssen stets entschlüsselt werden. Dazu versucht man einerseits erhaltungsfähige Reste ganz verschiedener Lebewesen zu finden, andererseits untersucht man die chemische und physikalische Zusammensetzung der Ablagerungen. Durch den Vergleich mit heutigen Beobachtungen an Pflanzen, Tieren sowie der unbelebten Natur gelangt man dann an die im Archiv gespeicherten Klimainformationen.

Bei den Lebewesen bedient man sich der Tatsache, daß sie jeweils an eine ganz besondere Umwelt angepaßt sind, in der das Klima eine wesentliche Rolle spielt. Ein Eisbär kommt eben nur in der Arktis vor, eine Palme nur in warmen Gegenden. Die Wasserkörper der Seen und Meere sind komplizierte chemische Küchen, in denen Verbindungen und Minerale je nach Temperatur, Fäulnis, Verdünnung und Verdunstung usw. gebildet werden, die sich in den Ablagerungen erhalten. Aus dem Vorkommen verschiedener Minerale kann folglich auf vergangene Klimazustände geschlossen werden.

Jeder einzelne Klimaanzeiger hat jedoch seine ganz speziellen Informationen, die sich mit denen anderer Klimaanzeiger ergänzen. So spiegelt zum Bei-

spiel der Pollenregen den Bewuchs eines größeren Raumes wider als die Pflanzenreste, die einen ganz bestimmten Torf aufbauen und von Pflanzen stammen, die vor Ort gewachsen sind. Auch die Geschwindigkeit, mit der die verschiedenen Klimaanzeiger auf Klimaänderungen reagieren, ist ganz unterschiedlich. Beispielsweise zeichnen sich rasche Erwärmungen wie am Übergang der letzten Kaltzeit zu unserem heutigen Klima in den Seesedimenten beinahe ohne Verzögerung ab, während verschiedene Tiere aufgrund ihrer Einwanderungsgeschwindigkeit erst Jahrzehnte, einige Pflanzen sogar erst Jahrhunderte später erscheinen. So ist es die Vielzahl unterschiedlicher Untersuchungsmethoden, die sich gegenseitig absichern, ergänzen und zu einem umfassenden Bild des Paläoklimas führen.

4. Woher weiß man, wie das Klima war? Die wichtigsten Methoden

Verbesserte Bohrverfahren haben in den letzten Jahrzehnten die Gewinnung von langen Bohrkernen ermöglicht, die lückenlos und technisch so ungestört sind, daß sie sich für mikroskopische Untersuchungen von Sedimenten eignen.

4.1 Pollenanalyse (Palynologie)

Die häufigsten Pflanzenreste in quartären Ablagerungen sind mikroskopisch kleine Pollenkörner (Blütenstaub) der Blütenpflanzen sowie die Sporen der Farne und Moose. Pollenkörner und Sporen werden in großer Menge produziert und durch den Wind verweht, dabei gelangen sie auch in Moore und Seen. Dort bleiben sie in den Torfen bzw. Sedimenten erhalten, da sie aus einem der widerstandsfähigsten Pflanzenstoffe, dem Sporopollenin bestehen. Das Sporopollenin ist sogar gegen Flußsäure resistent, die selbst Sand, Tonminerale und Knochen auflöst. Die kleinen, oft weniger als 1 cm³ großen Torf- bzw. Sedimentproben werden

Abb. 4: Pollenkörner der Erle (1) und des Zweizahns (2) im rasterelektronenmikroskopischen (3) und lichtmikroskopischen Bild (4).

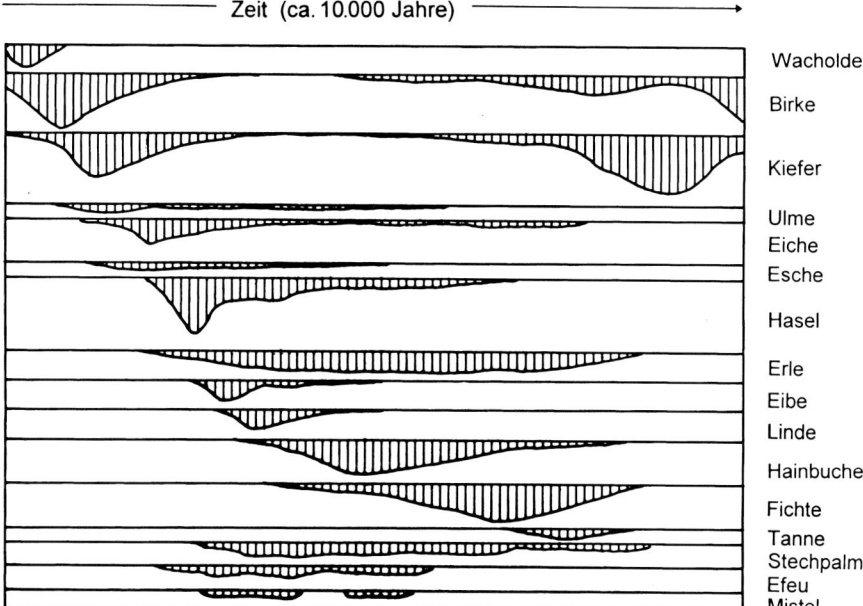

Zeit (ca. 10.000 Jahre)

Wacholder
Birke
Kiefer
Ulme
Eiche
Esche
Hasel
Erle
Eibe
Linde
Hainbuche
Fichte
Tanne
Stechpalm
Efeu
Mistel

Abb. 5: Schematisches und vereinfachtes Pollendiagramm aus der Eem-Warmzeit in Nordwestdeutschland. Deutlich sichtbar wird die zeitlich gestaffelte Einwanderung der Sträucher und Bäume sowie das Auftreten der wärmeanzeigenden Pflanzenarten Stechpalme, Efeu und Mistel.

im Labor mit Laugen und Säuren so aufbereitet, daß fast nur noch Pollen und Sporen übrig bleiben. Aufgrund ihrer morphologischen Vielfalt lassen sich die extrahierten Pollenkörner und Sporen gut bestimmen und Pflanzenfamilien und -gattungen, zum Teil sogar einzelnen Arten zuordnen (Abb. 4).

Die Auswertung des Pollen- und Sporeninhalts in den Proben erlaubt Rückschlüsse auf die regionale Vegetationszusammensetzung und damit auch auf das Paläoklima. Beispielsweise ist die heute vielen als Gartenpflanze bekannte Stechpalme (*Ilex aquifolium*) ein besonderer „Klima-Anzeiger", weil sie in ihrer natürlichen Verbreitung auf ein mildes Winterklima angewiesen ist. Wo die Stechpalme vorkam, können die mittleren Januar-Temperaturen nicht unter -0,5° C gefallen sein. Darüber hinaus zeigen Pollenanalysen aber auch die zeitlich unterschiedliche Einwanderung von Pflanzen. So ist in Abb. 5 die typische Vegetationsabfolge der letzten Warmzeit, des Eem-Interglazial, dargestellt. Im Pollendiagramm wird deutlich, wie im Laufe der Zeit Baumarten einander ablösen und zeitlich aufeinanderfolgen. Dadurch, daß Bäume und Sträucher in jeder Warmzeit in einer ganz speziellen Reihenfolge einwanderten und unterschiedlich am Waldaufbau beteiligt waren, sind Pollenanalysen auch zur Altersbestimmung der entsprechenden Ablagerungen geeignet.

4.2 Großrestanalyse

Parallel zu den nur mikroskopisch nachweisbaren Pollenkörnern und Sporen treten häufig auch makroskopisch, also mit dem bloßen Auge oder der Lupe erkennbare Pflanzenreste auf. Sie entstammen entweder der lokalen Moor- oder Seevegetation oder sie werden in die Lagerstätte eingeweht bzw. eingeschwemmt. Pflanzliche Makrofossilien bieten gegenüber der Pollenanalyse den unschätzbaren Vorteil, daß sie fast immer bis zur Art bestimmt werden können. Mit Hilfe der Großrestanalyse läßt sich vor allem die lokale Vegetation rekonstruieren, so daß sie sich mit der Pollenanalyse sehr gut ergänzt. Auch mit dieser Methode sind „Klima-Anzeiger" zu erkennen. So treten während wärmerer Phasen, den Interglazialen und Interstadialen, häufig Reste von Wasserpflanzen aus der Familie der Hornblattgewächse auf, die anzeigen, daß zur Zeit der Ablagerung die mittleren Juli-Temperaturen nicht kälter als etwa 14° C waren.

Abb. 6: Jahresgeschichtete Seesedimente aus dem Belauer See. In vielen Seen werden aus dem Wasser während des Sommers Kalkkristalle ausgefällt, die wie Schnee zu Boden sinken und eine weißliche Schicht bilden. Vom Herbst bis zum Beginn des Frühjahrs werden die Reste der Organismen und eingeschwemmte Partikel als dunkle Schicht abgelagert. Der jahreszeitliche Schichtwechsel bleibt als Jahresschichtung erhalten, wenn bodenwühlende Tiere nicht am Seeboden leben können.

Abb. 7: Durch das Rasterelektronenmikroskop kann die 0,4 mm dicke Jahresabfolge im Sediment des Schleinsees sichtbar gemacht werden: Im späten Winter werden die kugeligen Opalzysten der Goldalgen abgelagert. Ihnen folgen im Frühsommer Diatomeen (Kieselalgen) und die zackigen Kalkkristalle, die nach oben immer kleiner werden. Im Herbst und Winter schließen die Reste von Algen, Blättern, Wasserflöhen usw. die Jahresfolge ab. Mit einer neuen Lage von kugeligen Opalzysten beginnt das nächste Jahr.

4.3 Analyse von Käfern und anderen Pflanzen- und Tierresten

Fossile Käferreste haben sich ebenfalls als wichtige Umwelt- und somit Paläo-klima-Anzeiger erwiesen. Die fossilen Käferfragmente bleiben wie die Makrore-ste und die Pollenkörner ausgezeichnet erhalten und lassen sich gut bestimmen. Ein Viertel aller beschriebenen Tierarten zählt zu den Käfern (*Coleoptera*), und allein in Europa leben mehr als 20.000 Arten. In der Artenvielfalt spiegelt sich die ökologische Vielfalt wider: verschiedenste Käferarten sind in nahezu allen Lebensräumen zu finden und auch im Süßwasser weit verbreitet. Für die Un-tersuchung fossiler Käferreste benötigt man, ähnlich wie für die Analyse pflanz-licher Großreste, in der Regel größere Probenmengen als für Pollenanalysen. Da Sedimente und Torfe häufig erbohrt werden müssen, ist das verfügbare Material jedoch oft begrenzt.

Auch von den Resten anderer Tiere (Wasserflöhe, Rhizopoden, Rädertierchen, Muscheln, Schnecken, etc.) und niederer Pflanzen (Kieselalgen, Grünalgen, etc.) las-sen sich auf ähnliche Weise zusätzliche In-formationen über die Entwicklung von Öko-systemen gewinnen, die unter anderem über das Klima gesteuert werden und es somit wi-derspiegeln.

4.4 Sedimentologie, Geochemie, Mineralogie

Aussagen über das Paläoklima kann man über die Sedimentkomponenten gewinnen, und zwar über die Korngrößen, die Kornfor-men und Kornoberflächen wie über Minera-le, die mit Licht- und Elektronenmikrosko-pen sowie mit Röntgenmethoden untersucht werden. Die Anteile schwerer und leichter Isotope des Sauerstoffs, Wasserstoffs und Kohlenstoffs werden mit Massenspektrome-tern gemessen und zeigen die Temperaturen des Wassers vor Jahrtausenden an.

Die Mikrofaziesanalyse wird an Dünn-

Abb. 8: Der Dünnschliff zeigt 3 cm Seeablagerung am Übergang von der letzten Eiszeit zu unserer Warmzeit vor 11.560 Jahren. - Mit der abrupten Klimaverbesse-rung (11.575 Jahre vor heute) nahmen die hellen Sand-und Schluffkörner schnell nach Größe wie nach Menge ab. Auch die kurzlebigen Algen und Wasserflöhe rea-gierten prompt. Erst 15 Jahre nach Beginn der Erwär-mung zeigte die Makro-Vegetation die Klimaänderung in der Pollenanalyse an (11.560 Jahre vor heute änder-te sich das Verhältnis zwischen Baumpollen und Nicht-baumpollen -BP/NBP-). Weitere 15 Jahre später wurden Sideritkristalle (Eisenkarbonat) gebildet, weil das tiefe-re Seewasser im Sommer sauerstofffrei geworden war. 5 Jahre danach bildeten sich feste Siderit-Jahreslagen, weil das Wasser dauernd sauerstofffrei war.

schliffen durchgeführt, die nur 1/30 mm dünn sind. Die aus Schlamm bestehenden Ablagerungen werden in komplizierten Verfahren entwässert, mit Polyesterharzen getränkt und gehärtet, mit Diamantwerkzeugen gesägt und geschliffen. Erst dann kann man in den Dünnschliffen Sandkörner, Tonlagen und winzige Schalen von Kieselalgen in ihrer ursprünglichen Lage sehen, Kristallformen, vulkanische Aschepartikel und Holzkohlesplitter erkennen und Minerale bestimmen. An den Dünnschliffen kann man über die zeitliche Abfolge der Sedimentkomponenten und über ihre Zusammensetzung Aussagen über das Klima gewinnen. In manchen Seen ist das Tiefenwasser durch Fäulnisprozesse dauernd frei von gelöstem Sauerstoff. Im Sediment wühlende Organismen können dort nicht leben und die Feinschichtung bleibt erhalten, die sich dadurch bildet, daß im Wechsel der Jahreszeiten unterschiedliche Partikel auf den Seegrund herabsinken. Jahreszeitlich geschichtete Serien (Abb. 6, 7) ermöglichen durch Abzählen der Jahresschichten exakte Datierungen. Die Signale von vergangenen Klimazuständen sind in solchen Sedimenten jahrgenau und trennscharf zu erkennen (Abb. 8).

Die anorganische Geochemie bedient sich vieler unterschiedlicher Meßmethoden und ist ein gewichtiges Instrument der Paläoklima-Forschung. Die Gehalte an Aluminium, Titanium, Zirkonium usw. im Sediment zeigen kleinste Änderungen der Abtragung im Umfeld eines Sees, damit indirekt Klimaänderungen an. Anhand winziger Konzentrationen an Arsen und Schwermetallen wie Vanadium oder Wolfram erkennt man, wann der See tief und sein Wasser vergiftet war. Erhöhte Gehalte an Strontium und Barium in Seesedimenten weisen Trockenphasen nach. Darüberhinaus bedient sich die terrestrische Paläoklimaforschung zunehmend der Möglichkeiten der organischen Geochemie: bestimmte organische Verbindungen (Biomarker) kennzeichnen beispielsweise Paläotemperaturen, die Anwesenheit von speziellen Pflanzengruppen oder von Feuer.

4.5 Wann änderte sich das Klima und wie schnell? Die Datierungsmethoden

Die Signale des Paläoklimas lassen sich, wie beschrieben, an vielen Parametern und in unterschiedlichen Archiven erforschen. Dazu ist es wichtig zu wissen, wie alt der jeweilige Abschnitt eines Archivs ist. Erst dann kann man Beobachtungen von einem Untersuchungspunkt mit denen von einem anderen Untersuchungspunkt oder in einem anderen Archiv zeitlich parallelisieren. Welche Möglichkeiten der Datierung gibt es? Erfolgten bestimmte Klimaentwicklungen gleichzeitig oder nicht? Und wie rasch erfolgten Klimaänderungen?

Bei einer ganzen Reihe atomphysikalischer Methoden wird der Gehalt der

Isotope von Cäsium, Kohlenstoff, Uran, Kalium, Blei usw. gemessen, die durch radioaktive Strahlung zerfallen. Je älter das untersuchte Material ist, um so mehr des ursprünglich vorhandenen Isotops ist zerfallen und um so geringer ist der Gehalt dieses Isotops. Auf diese Weise lassen sich verschieden alte Sedimente datieren. Mit Hilfe anderer physikalischer Verfahren kann man die Zeit bestimmen, wann ein Mineral von der Sonne belichtet wurde. Die genauesten Datierungen sind das bereits beschriebene Auszählen von Jahreslagen (Warven) in Seeablagerungen (bis 14.500 Jahre vor heute) und von Baumringen. Die Jahresringe von Eichen und Kiefern liefern inzwischen jahrgenaue Alter bis 12.000 Jahre vor heute.

Die mit Hilfe von Pollenanalysen ermittelten, ganz charakteristischen Einwanderungsfolgen bestimmter Warmzeiten, aber auch Lagen von Vulkanasche ermöglichen die Konnektierung verschiedener Untersuchungspunkte und Archive, liefern aber keine absoluten Altersangaben.

4.6 Vulkanische Aschen fallen in wenigen Tagen

Gewaltige Ausbrüche von Vulkanen, fürchterliche Katastrophen für die davon betroffenen Menschen und ganze Kulturen, sind ein Glücksfall für die Paläoklimatologie. Die bis in 30 km Höhe geschleuderten Aschewolken verbreiten sich mit den Höhenwinden binnen weniger Tage über riesige Gebiete, sinken ab, regnen aus und bilden Millimeter-dünne Lagen von vulkanischer Asche. In Mooren, Ablagerungen von Seen, von Flüssen und sogar von Meeren bilden vulkanische Aschelagen superfeine und hochgenaue Linien gleichen Alters, oft über halbe Kontinente hinweg. Jede Vulkanasche hat eine ganz spezifische chemische und mineralogische Zusammensetzung, die sie von anderen unterscheidet und dadurch erkennbar macht.

Die Asche- und Aerosolwolken von Vulkanausbrüchen, wie etwa des Krakatau (1881), des Tambora (1815) und kürzlich des Pinatubo verringerten die Sonneneinstrahlung und verursachten mehrjährige meßbare Temperaturabsenkungen. Inzwischen weiß man jedoch, daß durch Vulkanausbrüche keine größeren Klimaänderungen wie Eiszeiten hervorgerufen werden können.

5. Die Vegetations- und Klimaentwicklung im Quartär
Ein Überblick

Je weiter man in die quartäre Vergangenheit zurückgeht, umso schwieriger wird die Rekonstruktion des Paläoklimas und der Vegetationsgeschichte.

Zum einen sind Sedimente älterer Warmzeiten selten, da diese während der nachfolgenden Kaltzeiten zum größten Teil abgetragen worden sind. Zum anderen lassen sich die wenigen Fundorte nur schwer miteinander verbinden, da die Sedimente an den einzelnen Fundorten oft verschieden und die Fundorte meist über größere Regionen und verschiedene Naturräume verteilt sind. So ist die Vegetation im Flachland, den Mittelgebirgen und den Alpen zur gleichen Zeit unterschiedlich.

Der Wechsel von Warm- und Kaltzeiten führte im Verlaufe des Quartärs zu einer fortschreitenden Verarmung der Gehölzflora. Magnolie, Flieder oder Buchsbaum, die uns heute als Ziergehölze bekannt sind, wuchsen zu Beginn des Quartärs noch in den mitteleuropäischen Wäldern. Während der Kaltphasen „über-

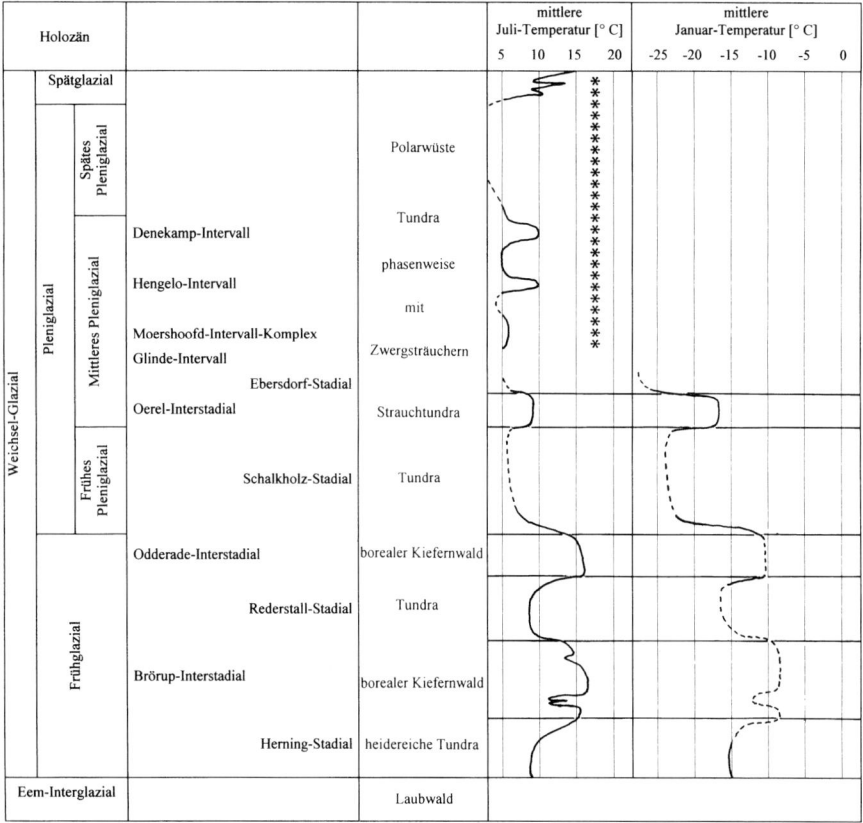

Abb. 9: Rekonstruktion der Paläotemperatur für Nordwestdeutschland im Weichsel-Frühglazial und -Hochglazial aufgrund von Pollen-, botanischen Makrorest- und Käferanalysen. In Abschnitten mit unterbrochener Linie sind die Werte extrapoliert. Die durch **** gekennzeichneten Temperaturangaben sind der Arbeit von van der Hammen et al. (1967: 92) entnommen und beziehen sich auf die Niederlande.

Das Klima im Quartär

winterten" wärmeliebende Arten in südlich gelegenen Rückzugsgebieten. In den Warmphasen stießen sie erneut nach Norden vor. Dies gelang mit jeder neuen Kaltphase aber immer weniger Arten, so daß unsere Vegetation verarmt ist. In den älteren Warmzeiten änderte sich die Zusammensetzung der Wälder vom Beginn bis zum Ende der Warmzeit kaum. Erst in der Holstein- und Eem-Warmzeit sowie in der Jetzt-Warmzeit, dem Holozän, entwickelte sich der Wald in West -und Mitteleuropa dynamisch: von der arktischen Tundra über Birken-Kiefernwälder, Laubwälder, zurück zu Nadelwäldern, ehe eine erneute Kaltzeit die arktische Flora zurückbrachte. Diese Entwicklung der Vegetation deutet darauf hin, daß die Stärke und vermutlich auch die Länge der Eiszeiten im Verlaufe des Quartärs zugenommen haben.

5.1 Paläoklima und Vegetationsentwicklung des Eem-Interglazials und des Weichsel-Früh- und -Hochglazials

Die Klima- und Vegetationsentwicklung der Eem-Warmzeit, die ihren Namen nach dem ersten Fundort, einem kleinen Flußtal in der Nähe von Amsterdam erhalten hat, ist am besten erforscht. Anhand von jahresgeschichteten Ablagerungen konnte die Dauer des Eem mit 9.000 bis 11.000 Jahren bestimmt werden. Das Eem weist in ganz Mitteleuropa eine relativ gleichförmige Vegetationsentwicklung auf, so daß es überregional sehr gut erkennbar und somit vergleichbar ist. Zu Beginn des Eem, im direkten Anschluß an die Saale-Kaltzeit, breiteten sich Birke und Kiefer aus. Parallel dazu zeigen Großreste sommerwärmeliebender Wasserpflanzen, wie die oben aufgeführten Hornblattgewächse, bereits günstige mittlere Sommertemperaturen an. Noch in der Kiefernwaldphase wanderten Eiche und Ulme als erste wärmeliebende Bäume ein. In der Nacheiszeit beanspruchte die gleiche Waldentwicklung etwa die dreifache Zeit wie im Eem. Folglich schritt die Erwärmung im Eem deutlich schneller voran als im Holozän. Im eemzeitlichen Wald lösten sich danach Hasel, Eiche, Ulme, Linde, Eibe und Erle in ihrer Vorherrschaft ab. Typische Wärmezeiger wie Stechpalme, Efeu und Mistel traten gemeinsam auf und zeigen den Höhepunkt der Erwärmung im Eem an. Die klimatische Gunst setzte sich auch noch in der folgenden Waldphase fort, in der sich die Hainbuche massenhaft ausbreitete. Im Vergleich zum Holozän waren Winter- und Sommertemperatur im Klimaoptimum des Eem höher.

Im Verlauf des Eem versauerten die Böden zunehmend; Fichten und Tannen profitierten davon und bauten die Wälder gegen Ende der Warmzeit auf. Das feuchte Klima war zunächst noch wintermild, wie Efeu und Stechpalme belegen, wurde aber zunehmend kühler. Als sich das Klima weiter verschlechterte breitete sich die Kiefer erneut massenhaft aus. Solche borealen Klimaverhältnisse finden wir heutzutage in der skandinavischen und russischen Nadelwaldzone.

Mit den dann noch weiter absinkenden Temperaturen wurden die Kiefernwälder immer lichter, Pflanzenarten der Tundra breiteten sich aus, eine neue Kaltzeit, die Weichsel-Kaltzeit begann.

In der Weichsel-Kaltzeit herrschten nur teilweise arktische Klimaverhältnisse. Wiederholt traten wärmere Perioden auf, so daß sich in weiten Teilen Mitteleuropas erneut Wälder ausbreiteten. Diese Phasen erreichten jedoch nicht das günstige Klima der Interglaziale, weshalb man sie als Interstadiale, bei zeitlich geringerem Ausmaß und schwächerer Ausprägung als Intervalle bezeichnet. Die zwischengeschalteten kälteren Perioden werden Stadiale genannt.

Die erste kältere Periode nach der Eem-Warmzeit war das Herning-Stadial. Zu dieser Zeit war das mitteleuropäische Tiefland von einer heide- und krähenbeerenreichen Zwergstrauchtundra bedeckt, die sich allmählich in eine Grastundra verwandelte. Die durchschnittlichen Juli-Temperaturen lagen unter 10° C, die Januar-Temperaturen bei ca -15° C (Abb. 9).

Es folgten dann zwei wärmere Abschnitte, das Brörup-und Odderade-Interstadial. Beide sind durch eine weitere Kaltphase, das Rederstall-Stadial, deutlich getrennt. Brörup-und Odderade-Interstadial dauerten jeweils ca. 5.000 - 10.000 Jahre. Im zeitlichen wie mengenmässigen Auftreten der Gehölzarten lassen sich geringe Unterschiede erkennen, die Vegetationsentwicklung war in beiden Interstadialen recht ähnlich. Zunächst wuchsen im mitteleuropäischen Tiefland Birkenwälder und später boreale Kiefernwälder mit Fichten, Lärchen und Erlen. Wärmeliebende Laubgehölze drangen wegen der kurzen Sommer nicht mehr bis hierhin vor. In die Wälder Süddeutschlands waren zum Beispiel noch Ulme und Eiche eingewandert, spielten jedoch eine untergeordnete Rolle. Auch dort dominierten Nadelwälder.
In den beiden Interstadialen lagen die Temperaturen des wärmsten Monats noch etwa gleich hoch bei durchschnittlich 14-16° C. Hingegen waren die Temperaturen im kältesten Monat des Odderade-Interstadials schon etwas tiefer als im Brörup-Interstadial mit durchschnittlich ca. -8 bis -10° C. Gegenüber dem Herning-Stadial wurden auch im Rederstall-Stadial tiefere Wintertemperaturen nachweisbar, die im kältesten Monat statt -15° C nun ca. -17° C betrugen. Im weiteren Verlauf der Weichsel-Kaltzeit nahmen die Winter- und Sommertemperaturen stetig ab (Abb. 9), so erreichten die Januar-Temperaturen im Ebersdorf-Stadial schließlich nur noch -27° C. Die Juli-Temperaturen im gesamten Weichsel-Hochglazial blieben im Mittel unter 10° C, während dieser kühlen und sehr kurzen Sommer konnten keine Bäume mehr wachsen. Nur noch in einer wärmeren Klimaphase dieser Zeit, dem Oerel-Interstadial, entwickelte sich eine Zwergstrauchtundra mit Zwerg- und Strauchbirken, Krähenbeere und Wacholder,

ähnlich den skandinavischen Fjellregionen heute. Danach breiteten sich unter arktischen bis subarktischen Klimabedingungen Grastundren und Steppen aus, in denen Zwergsträucher selten vorkamen, möglicherweise nur noch während schwacher Klimaschwankungen. Die Sauerstoff-Isotopenkurven aus den grönlandischen Eiskernen oder von Tiefseebohrungen zeigen, daß das Weichsel-Hochglazial vermutlich durch eine Vielzahl schnell ablaufender, kurzfristiger Klimaschwankungen gekennzeichnet ist. Mit den heutigen Datierungsmethoden ist die exakte zeitliche Auflösung dieser Ereignisse an Land kaum möglich.

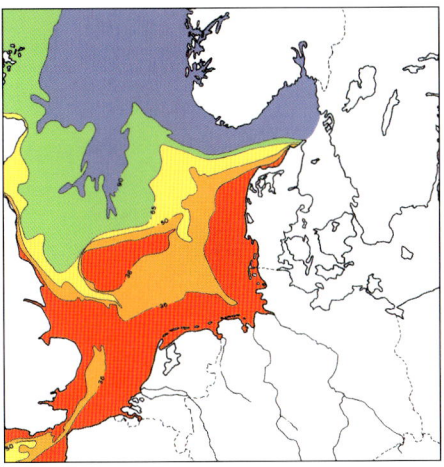

Abb. 10: Absenkung des Meeresspiegels in der Weichsel-Kaltzeit aufgrund des zunehmend gebundenen Wassers in den Gletschern auf der Nordhalbkugel. Man erkennt, daß einst große Teile der Nordsee Land waren.

Die ständige Abnahme der Temperaturen, vor allem das verstärkte Auseinanderklaffen der Winter- und Sommertemperaturen sind kennzeichnend dafür, daß das Klima im Verlauf der Weichsel-Kaltzeit zunehmend kontinentaler wurde und der Einfluß des Meeres auf das Klima in Mitteleuropa zurückging. Die Ursache hierfür ist das Absinken des Meeresspiegels (Abb. 10), da immer größere Wassermengen im Gletschereis gebunden wurden. Im Hochstand der Vereisung lag der Meeresspiegel ca. 130 m unter dem heutigen; die Nordseeküste befand sich infolgedessen über 250 km weiter nordwestlich. Weite Teile der heutigen Nordsee waren Land.

5.2 Von der Weichsel-Eiszeit zu unserer Warmzeit, dem Holozän

„Natura non facit saltum", die Natur macht keine Sprünge, sagten die alten Römer, und dieses Wort haben sich die Naturwissenschaften lange Zeit zu eigen gemacht und gemeint, daß Klimaänderungen sich im Lauf von Jahrhunderten abspielen, also während eines Menschenlebens nicht bemerkbar sind. Dieser klassische Satz ist falsch: die Natur/das Klima macht Sprünge.

Vor etwa 15.000 Jahren neigte sich die letzte Eiszeit ihrem Ende zu. Die riesigen Eismassen schmolzen rasch ab, und die Eisfront wurde nach Skandinavien und in die Alpentäler zurückverlegt. Das Spätglazial dauerte aber noch über 3.000 Jahre ehe das Holozän begann, die Warmzeit, in der wir leben. Diese Übergangszeit ist in Mitteleuropa reich gegliedert und durch spektakuläre klimatische Wechsel gekennzeichnet.

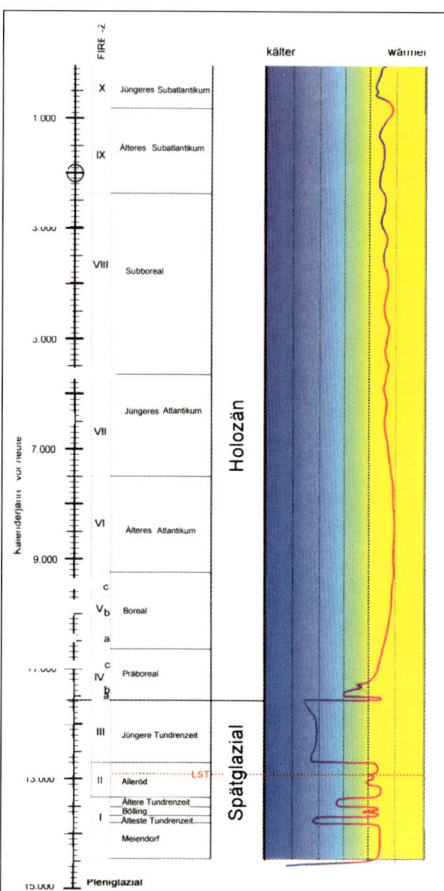

Abb. 11: Temperaturentwicklung im Spätglazial und Holozän Nordwestdeutschlands. Nach den Ergebnissen der Warvenzählung wird die Zeitachse nach Kalenderjahren unterteilt. Im Holozän schwankte die Temperatur um weniger als 2°C.

Während einer ersten, über 650 Jahre dauernden Erwärmung, dem Meiendorf-Intervall (Abb. 11), in dem schon Baumbirken, Polarweide und Wachholder vorkamen, waren die Hochsommer sonnig und warm wie heute. Diese Periode brach in weniger als 50 Jahren ab: die arktische Tundra kehrte für 130 Jahre zurück, und die Birken- und Weidenbestände schrumpften. Kurz darauf, im Bölling, erwärmte sich das Klima innerhalb weniger Jahrzehnte wieder für gut 200 Jahre: der Birkenwald breitete sich soweit aus, daß lichthungrige Kräuter stark zurückgedrängt wurden. In den Seen entwickelte sich während der Sommer erstmals reicheres Leben. Durch die höheren Sommertemperaturen setzten chemische Prozesse wie beispielsweise Kalk- und Sideritfällung ein. Der nächste klimatische Rückschlag dauerte knapp 200 Jahre und war schwächer ausgeprägt als die vorigen, so daß man ihn in Atlantik-fernen Regionen wie in Polen und in der Schweiz kaum feststellen kann. Dies ist ein Indiz dafür, daß die spätglazialen Klimaschwankungen ihre Ursache in wiederholten Änderungen der Strömungen im Atlantik hatten. Die folgende Wärmephase, das Alleröd, dauerte 650 Jahre. Innerhalb weniger als 100 Jahren wuchsen lichte Wäder aus Birke, Pappel, Weide und Kiefer heran. Die geschlossene Vegetation verhinderte Abtragung weitgehend und die warmen Sommer spiegeln sich in der Lebenswelt und in den chemischen Verhältnissen vieler Seesedimente wider. In ihrem lebensfeindlichen Tiefenwasser am Seeboden konnten Jahresschichten erhalten bleiben. Der Ausbruch des Vulkans von Maria-Laach vor 12.900 Jahren schleuderte 16 km³ vulkanische Asche in die Stratosphäre. Sie wurde von Turin bis Gotland verbreitet und bedeckte weite Teile Europas mit einem weißgrauen Schleier. Die durch den Ausbruch entstandenen Aerosole verweilten über Jahre in der Atmosphäre und verursachten eine kühlere und feuchtere Witterung für mehrere Jahre. 200 Jahre nach dem Ausbruch des Laacher Vulkans endete das Alleröd rasch in wenigen Jahrzehnten. Mit der Jüngeren Tundrenzeit breitete

Das Klima im Quartär

sich die arktische Steppentundra letztmalig in Mitteleuropa aus, nun aber für mehr als 1.100 Jahre. Diese Periode war besonders rauh während der Jahrhunderte am Anfang und am Ende. Sie war nicht nur von kalten Wintern sondern vor allem von kühlen Sommern gekennzeichnet. Über schüttere Zwergbirken fegten bisweilen eisige Sandstürme. 11.575 Jahre vor heute ging die Eiszeit schlagartig zu Ende. Die durchschnittliche Temperatur stieg um mindestens 5°C, was dem heutigen Unterschied zwischen Stockholm und Mailand gleichkommt. Der Umschwung des Klimas vollzog sich binnen 5, höchstens 15 Jahren, so rasch, daß einige Klimaanzeiger auf den Wechsel mit unterschiedlicher, zum Teil erheblicher Verspätung reagierten (Abb. 8).

Im Holozän setzen sich anfangs die kurzphasigen Klimaschwankungen fort, wenn auch nicht mit der Intensität, wie sie im Spätglazial herrschte: dem rasanten Aufschwung am Beginn des Holozäns schloß sich nach etwa 120 Jahren ein neuer Klimarückschlag an, der 150 Jahre dauerte, und in dem der Birkenwald zugunsten der Gras- und Krautflora zurückging. Der folgende 400-jährige Klima-Aufschwung verlief ruhig und führte in eine Periode mit trockenen und strahlungsreichen Sommern (um 10.500 Jahre vor heute). Die gleichförmige Klimaentwicklung mündete vor etwa 7.000 - 9.000 Jahren in das sogenannte Klimaoptimum, das um 1-2° C wärmer und wohl auch etwas feuchter war als heute. Der ältere Abschnitt unserer Warmzeit war durch 5.000 Jahre stetiger ungestörter Laub-Urwaldentwicklung gekennzeichnet: nach Birke und Kiefer dominierte die Hasel, die durch den Eichenmischwald verdrängt wurde. Noch später herrschten Buchenwälder vor und die Hainbuche wanderte ein. Natürlich gibt es bereits innerhalb Mitteleuropas Abweichungen von diesem Schema, sowohl was die Einwanderungszeiten der verschiedenen Baumarten als auch die Zusammensetzung des Waldes angeht. Dafür waren regional unterschiedliches Klima (Nord/Süd), der Abstand zum Atlantik (Ost/West), die Höhenlage, die Bodenverhältnisse und die Lage zu den Einwanderungsstraßen aus den Rückzugsgebieten ausschlaggebend.

Seit 11.000 Jahren vor heute traten mehrfach Perioden von je 100 - 250 Jahren Dauer auf, die durch wiederholte Seespiegelabsenkungen geprägt sind, hervorgerufen durch extrem trockene Jahre. Die Trockenjahre waren durch längere feuchtere Zeiten unterbrochen.

Seit etwa 6.500 Jahren beginnen die Kurven der Klimaanzeiger (Baumringkurven, Isotopenverhältnisse, Ausbildung von Seeablagerungen) wieder zu schwingen. Die Schwingungen haben eine Frequenz von etwa 500 Jahren und sind so sanft, daß man sie erst jetzt – durch die intensivierte Klimaforschung der letzten Jahre – beginnt, zu entdecken. Da gleichzeitig der Mensch als Ackerbauer auftrat und zunehmend in die Natur eingriff, ist es schwierig zu entscheiden, ob die beobachteten Schwankungen vom Menschen verursacht sind oder als Ausdruck der natürlichen Klimavariabilität gesehen werden müssen. Der seit 6.500 Jahren beobachtete Gleichklang menschlicher Aktivität (zum Beispiel Holzkohle in Seeablagerungen) und klimatisch gesteuerten Prozessen (zum Beispiel Entwicklung von Vegetation und Seeablagerungen) macht die Unterscheidung schwierig. Man kann annehmen, daß der Mensch von Anbeginn auf Klimagunst und -ungunst reagierte und so der Gleichklang erzeugt wurde.

Diese Schwankungen und die jüngeren, wie die Klimaerwärmung während der Stauferzeit, oder die Abkühlung während der „Kleinen Eiszeit" (16.-18. Jhdt.), die teilweise zeitgleich mit Sonnefleckenminima ist, sind keinesfalls geringer als die Klimaänderung, die neuerdings beobachtet wird, und die man der industriellen Gesellschaft zuschreibt.

Die Umstellung von der Eiszeit zur Warmzeit fand in unregelmäßigen, abrupten und in der Intensität unterschiedlichen Schwankungen des Klimas statt. Sie sind durch zeitgleiche Änderungen der Strömungen des Atlantiks erzeugt worden und unterlagen keinem zeitlichen Zyklus, der darauf hinweisen könnte, daß sie direkt von der Sonnenstrahlung oder den Erdbahnelementen gesteuert wären. Dagegen besteht kein Zweifel, daß Werden und Vergehen der Eiszeiten und der Warmzeiten von den zyklischen Änderungen der Erdbahn in ihrer Lage zur Sonne verantwortlich sind. Wegen des komplexen Zusammenwirkens astronomischer, mariner rund terrestrischer Faktoren ist es für die Vorhersage des zukünftigen Klimas unverzichtbar, das Paläoklima zu verstehen.

Weiterführende Literatur:

Benda, L. (Hrsg.) (1995): Das Quartär Deutschlands. - XXI + 408 S.; Berlin-Stuttgart (Borntraeger)

Ehlers, J. (1994): Allgemeine und historische Quartärgeologie. - 358 S.; Stuttgart (Enke).

Freund, H. & Caspers, G. (Hrsg.) (1997): Vegetation und Paläoklima der Weichsel-Kaltzeit im nördlichen Mitteleuropa - Ergebnisse paläobotanischer, -faunistischer und geologischer Untersuchungen. - Schriftenr. Dt. Geol. Ges., 4: 249 S.; Hannover.

Hammen, T. van der, Maarleveld, G.C., Vogel, J.C. & Zagwijn, W. (1967): Stratigraphy, climatic succession and radiocarbon dating of the last glacial in the Netherlands. - Geol. Mijnbouw, 46: 79-95.

Jelgersma, S. (1979): Sea-level changes in the North Sea basin. - In: Oele, E., Schüttenhelm, R.T.E. & Wiggers, A.J. (Hrsg.): The Quaternary history of the North sea, Acta Univers. Ups. Symp. Univ. Annum Quingentisimum Celebrantis, 2: 233-248.

Lang, G. (1994): Quartäre Vegetationsgeschichte Europas. - 462 S.; Jena-Stuttgart-New York (Fischer).

Liedtke, H. (1975): Die nordischen Vereisungen in Mitteleuropa, Erläuterungen zu einer farbigen Übersichtskarte im Maßstab 1: 1 000 000. - Forsch. Dt. Landeskde., 204: 160 S.; Bonn - Bad Godesberg.

Menke, B. & Tynni, R. (1984): Das Eeminterglazial und das Weichselfrühglazial von Rederstall/Dithmarschen und ihre Bedeutung für die mitteleuropäische Jungpleistozän-Gliederung. - Geol. Jb., A 76: 120 S.; Hannover.

Ludger Feldmann

Hildesheim im Eiszeitalter
Eine Bilderreise

Abbildung 1: Mittelterrassen-Zeit (Frühes Drenthe-Stadium der Saale-Eiszeit; vor etwa 280.000 bis 250.000 Jahren). Die Landschaft war aufgrund der niedrigen Temperaturen vegetationsarm. Vereinzelt herrschte eine Tundra vor. Der Boden war gefroren (Dauerfrostboden), an verschiedenen Stellen hatten sich Eiskeilnetze ge-

bildet (unterer Bildrand). Die Flüsse zeigten das typische Bild von verwilderten Flüssen. Sie lagerten in der ganzen Talbreite Kies um, der schließlich als Mittelterrassenkies liegenblieb. Zu dieser Zeit floß die Innerste ab Wartjenstedt nach Nordosten Richtung Salzgitter-Lebenstedt.

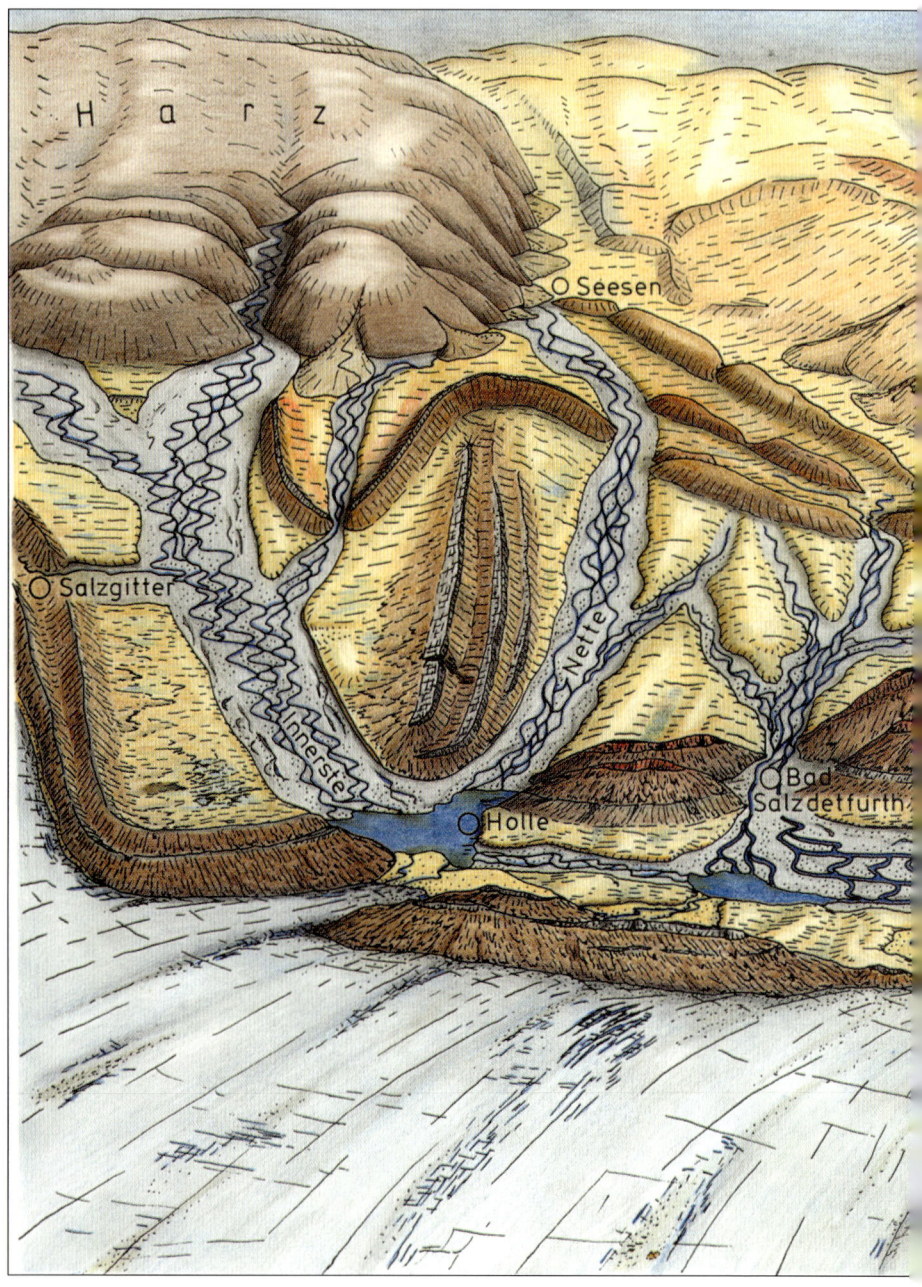

Abbildung 2: Vorstoß des Gletschers (Drenthe-Stadium der Saale-Eiszeit; vor etwa 250.000 Jahren). Von Norden und Nordosten dehnte sich das Gletschereis aus. An einzelnen Erhebungen wurde es kurzfristig aufgehalten (zum Beispiel am Salzgitterer Höhenzug), bis auch diese Hindernisse überfahren wurden. Die

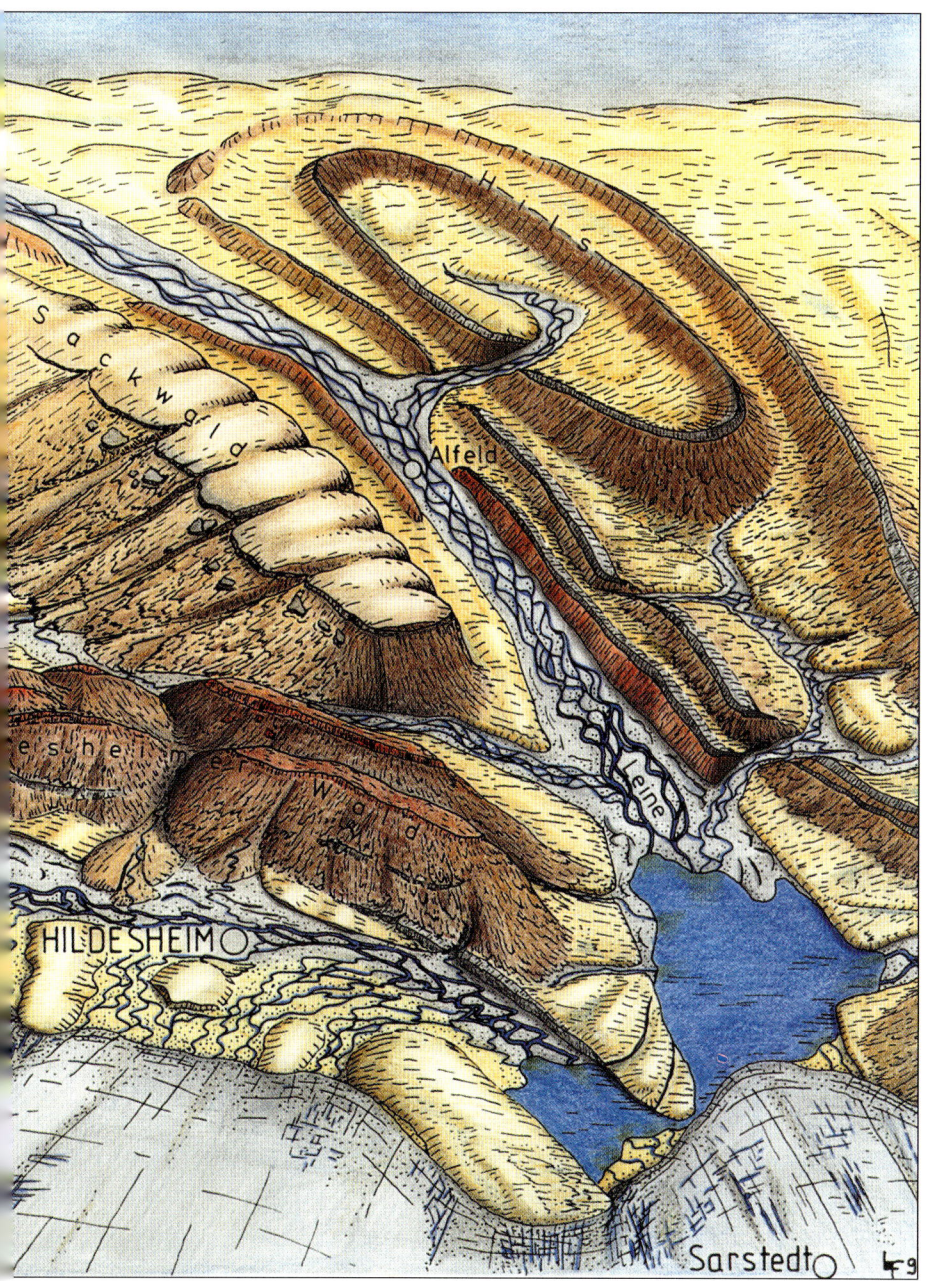

von Süden zufließenden Flüsse wurden vom Eis aufgestaut, in den Flußtälern entstanden kurzfristig große Eisstauseen. Diese wurden auch vom Schmelzwasser des Eises genährt. Beim weiteren Vorstoß des Gletschers wurden die Seen nach Süden verlegt. Durch die Eisbarriere kam es auch zur Ablenkung der Innerste.

Hildesheim im Eiszeitalter

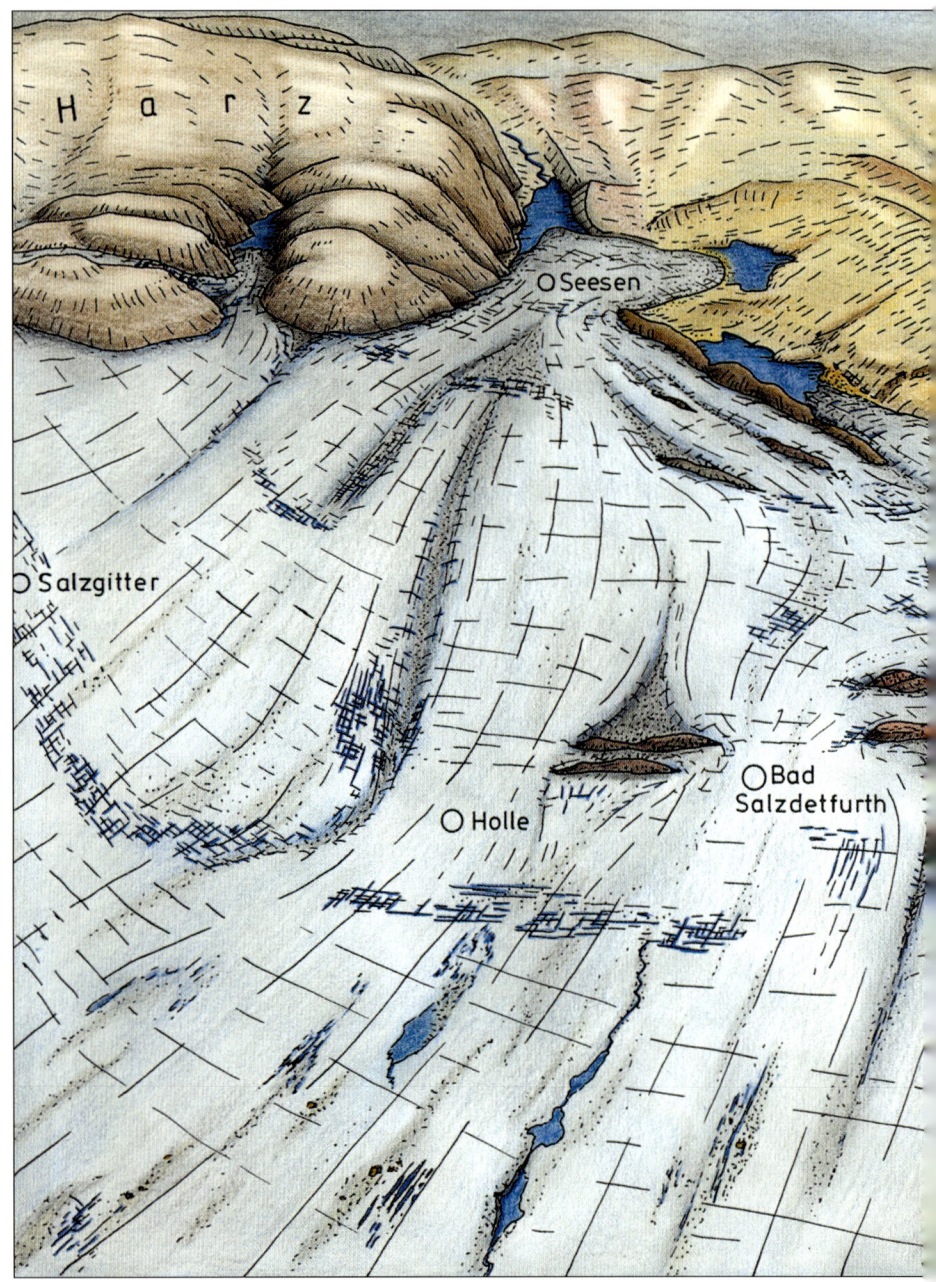

Abbildung 3: Maximale Ausdehnung des Gletschers (Drenthe-Stadium der Saale-Eiszeit, vor etwa 245.000 Jahren). Das Eis erreichte bei seiner maximalen Ausdehnung den Harzrand und stieß in den Tälern des Niedersächsischen Berglandes weit nach Süden vor. Seesen lag unter dem Eis, im Leinetal reichte das Eis bis Freden südlich von Alfeld. Hildesheim wurde von einer etwa 150 bis 200 m mächtigen Eisschicht bedeckt. Die obersten Gipfel des Hildesheimer Waldes schauten als „Nunatak" aus dem Eis heraus und wurden von den Eismassen umflossen. In den Tälern bildeten sich vor

Hildesheim im Eiszeitalter

der Eisfront wieder Eisstauseen, so im Innerstetal, südlich und westlich von Seesen und im Leinetal. In den Eismassen bildeten sich über Unebenheiten im Untergrund Gletscherspalten (zum Beispiel am linken Bildrand über dem Salzgitterer Höhenzug). Auf dem Eis entstanden kleine Seen und Bäche. Die Gletscher brachten vereinzelt große Findlinge aus Skandinavien mit (unten rechts im Bild). Zum Gletscherrand hin sammelte sich auf dem Eis durch zunehmendes Abtauen der Schutt an, der im Eis eingefroren war. Daher wird das Eis zum Gletscherrand hin zunehmend grauer.

Hildesheim im Eiszeitalter

Abbildung 4: Eem-Warmzeit (zwischen 127.000 und 115.000 vor heute).
Nach der Saale-Eiszeit kam es zur Wiedererwärmung und damit zu einer Warmzeit, die als Eem-Warmzeit
bezeichnet wird. Die Temperaturen lagen vermutlich wenige Grad über den heutigen. Es breitete sich ein Laub-

wald aus, in dem es vereinzelt auch grasbewachsene Lichtungen gab. Außerdem wuchsen dort, wo es einen wasserstauenden Untergrund gab, Moore auf. Die Flüsse mäandrierten durch breite Talauen, die vollständig bewaldet waren. Die Innerste hatte inzwischen ihren heutigen Lauf nach Westen zur Leine.

Abbildung 5: Höhepunkt der letzten Eiszeit (Weichsel-Hochglazial, vor etwa 20.000 Jahren).
In der letzten Eiszeit ist Niedersachsen nicht mehr vom Eis erreicht worden, so daß der Raum Hildesheim eisfrei blieb. Die Temperaturen lagen allerdings im Jahresdurchschnitt unter 0° C, so daß ein eiszeitliches Klima
herrschte. Solche Bedingungen werden als „Periglazial" bezeichnet. Die Vegetation war auf eine lückenhafte

Hildesheim im Eiszeitalter

Tundra beschränkt, die Flüsse waren wieder verwildert und schütteten den Niederterrassenkies auf. Es bildeten sich Eisenkeilnetze (unten links), und es kam schon bei geringer Hangneigung zum Bodenfließen (Solifluktion, unten rechts). In den fast vegetationslosen Landschaft bliesen die Winde Staub auf und trieben ihn in großen Staubwolken durchs Land (unten Mitte). Daraus ist der fruchtbare Löß entstanden.

Vereinfachte Gliederung des Quartärs im nördlichen Harzvorland

Alter (Jahre)	Gliederung in Norddeutschland		Vorgänge	Produkte
	Holozän		Umlagerung durch Flüsse	Auelehm, Sand, Kies, holozäne Terrassen
10.000			Bodenbildung	Böden, Torf
	Weichsel-Eiszeit		Periglazialbedingungen	Löß, Flugsand,
			Permafrostbedingungen	Frostbodenerscheinungen (Eiskeile, Kryoturbationen, Fließerden)
			Aufschotterung in den Flußtälern	Niederterrassen-Kies
115.000	Eem-Warmzeit		Bodenbildung	fossile Böden
127.000	Saale-Komplex	Warthe-Stadium	?Aufschotterung in Flußtälern	Zwischenterrasse
		Drenthe-Stadium	Herausbildung des heutigen Flußnetzes	Grundmoräne und Schmelzwassersedimente
			Inlandvereisung	Frostbodenerscheinungen
330.000			Permafrostbedingungen Aufschotterung in Flußtälern	Mittelterrassen-Kies
	Holstein-Warmzeit		Verwitterung	Entkalkungshorizonte, Travertin
			Auffüllung kleinerer Seen und Becken	humoser Schluff
425.000	Elster-Komplex		Herausbildung der Mittelterrassen-zeitlichen Flußtäler	?Ablagerung des unteren Teils des Mittelterrassen-Kieses
			Inlandvereisung	Grundmoräne (im nördlichen Harzvorland nicht nachgewiesen) Schmelzwassersedimente
570.000			Permafrostbedingungen	Frostbodenerscheinungen
			Aufschotterung in Flußtälern	Oberterrassen-Kies i.e.S.
790.000	Alt-/ Ältestpleistozän		Komplex Flußablagerungen in Kaltzeiten Permafrost Verwitterung in Warmzeiten	Flußkies
2,4 Mio.				

Wilfried Rosendahl

Über die Bedeutung von Höhlen und Höhleninhalten für die Rekonstruktion von Leben und Umwelt im Pleistozän

Wilfried Rosendahl

Über die Bedeutung von Höhlen und Höhleninhalten
für die Rekonstruktion von Leben und Umwelt im Pleistozän

Während für die meisten Menschen Höhlen nur dunkle, feuchte und schmutzige Erdlöcher darstellen, sind sie für Spezialisten wie Paläontologen, Urgeschichtler und Geologen Archive besonderer Art. Vor allem in diesen natürlichen Schutzräumen haben Überreste längst vergangener Faunen und Kulturen sowie unterschiedliche geologische Ablagerungen viele Jahrtausende überdauern können. Nur hier gibt es oft erdgeschichtliche Zeugnisse, die an der Erdoberfläche schon längst der Abtragung zum Opfer gefallen sind.

Der Grund dafür liegt in der konservierenden Wirkung von Höhlenklima (hohe Luftfeuchtigkeit und konstante Temperatur) und Höhlensediment (normalerweise recht kalkhaltig). Unter solchen Verhältnissen kommt es meist nur zu einem bakteriellen Abbau von Weichteilen tierischer Organismen. Hartteile wie

Abb.1: Dioramenrekonstruktion eines Höhlenbären im Eingang einer Höhle (Naturhistorisches Museum Basel). Der Höhlenbär (*Ursus spelaeus*) war etwa um ein Drittel größer als der heutige Braunbär und starb zum Ende der letzten Eiszeit aus. Knochen vom Höhlenbären gehören zu den am häufigsten in Höhlen gefundenen eiszeitlichen Tierresten.

Kalkschalen, Knochen, Zähne oder Elfenbein werden nicht entkalkt und können so leichter erhalten bleiben, das heißt fossilisieren. In Bezug auf die steinernen Werkzeuge des Menschen ist eine Überdauerung rein durch das Rohmaterial gegeben. Aber auch Pflanzenreste in Form von Pollen oder kohligen Substanzen können im Höhlenboden konserviert werden.

Während sich Paläontologen zumeist mit den fossilen Skelettresten von Tieren und auch Menschen beschäftigen, bearbeiten Urgeschichtler vor allem die kulturellen, das heißt steinzeitlichen Hinterlassenschaften des Menschen. Geologen interessieren sich dagegen für Prozesse, die den Höhlenraum geformt haben oder für die Wachstumsgeschichte von Tropfsteinen und der darin gespeicherten Klimainformationen. Während letzteres eine sehr junge Arbeitsrichtung in der Erforschung von Höhlen darstellt, wurden pleistozäne Tierreste aus Höhlen schon sehr früh richtig erkannt und beschrieben. Eines der bedeutendsten Werke dazu ist das 1774 von Pfarrer Johann Friedrich Esper aus Uttenreuth/Franken verfaßte Werk über fossile Knochenfunde (Zoolithen) aus der sogenannten Zoolithenhöhle bei Burggaillenreuth/Fränkische Alb. In Tradition dieser Arbeit veröffentlichte J.C. Rosenmüller 1794 seine Bearbeitung der Bärenknochen aus der Zoolithenhöhle und beschrieb daraufhin eine neue, jedoch ausgestorbene Bärenart, den *Ursus spelaeus* oder Höhlenbären. Besonders für die Rekonstruktion der pleistozänen Lebenswelt sind Höhlen bzw. die in ihnen befindlichen Ablagerungen von herausragender Bedeutung. Einerseits liegt es an den schon genannten besonderen Erhaltungsbedingungen, andererseits daran, daß eine Höhle kein vollkommen von der Außenwelt abgeschlossenes, sondern ein teilweise offenes System darstellt. Eine wichtige Voraussetzung dafür, daß nicht nur Reste von Tieren, welche die Höhle aktiv aufsuchten, zur Ablagerung kommen konnten. Obwohl die Mechanismen, die zur Ablagerung von Knochenfunden in Höhlen führen, sehr vielfältig sind, ist dennoch eine grobe Einteilung der Funde in drei Gruppen möglich. Die erste faßt Tiere zusammen, die eine Höhle aktiv zum Schutz, beispielsweise zum Winterschlaf, aufsuchen. Bekanntestes ausgestorbenes Beispiel hierzu ist der Höhlenbär, dessen Skelette zum Teil zigtausendfach in Höhlen, sogenannten „Bärenhöhlen", gefunden wurden. Die schon erwähnte Zoolithenhöhle in Franken oder die Einhornhöhle im Harz sind solche „Bärenhöhlen". Der Höhlenbär war nicht Vorfahre sondern Zeitgenosse des Braunbären, und verbrachte wie dieser mehr Zeit seines Lebens außerhalb von Höhlen als innerhalb. Nur zu den Wintermonaten dienten ihm Höhlen als Schlaf- und Geburtsplätze. Man geht davon aus, daß sich auch bei idealen Raumverhältnissen nur wenige Exemplare gleichzeitig in ein und derselben Höhle niedergelassen haben. Starb während dieser Zeit ein Tier an Altersschwäche oder bei der Geburt, verweste zwar der Kadaver, aber das Skelett blieb meist an Ort und Stelle in der Höhle liegen und konnte fossilisieren. Geschah dies nur einmal alle 10 Jahre, so sammelten sich in 50.000 Jahren bereits 5.000 Skelette an. Dies zeigt, daß die Entstehung von „Bärenhöhlen" bzw. das

Massenvorkommen von Bärenknochen in Höhlen keine außergewöhnlichen Erklärungen wie Epidemien oder ähnliches braucht. Die Funde vom Höhlenbären beschränken sich aber nicht nur auf Knochen. Verschiedene Lebensspuren belegen ebenfalls seine Anwesenheit in Höhlen. Bekannt sind zum Beispiel Kratzspuren oder Tatzenabdrücke, die Jahrtausende im weichen Höhlenlehm überdauerten.

Die Höhlenhyäne, eine Unterart der noch heute in Afrika lebenden Tüpfelhyäne, ist einer der Hauptverantwortlichen für das Spektrum der zweiten Fundgruppe. In ihr finden sich vor allem die Reste von potentiellen Beutetieren, das heißt großen Pflanzenfressern. Hyänen haben die Angewohnheit, nicht alles vor Ort zu fressen, sondern Fleisch- und Knochenteile zu einem geschützten Freßplatz, zum Beispiel einer Höhle, zu schleppen. Hier konnten sie in Ruhe die Knochen aufbeißen, um so an das energiereiche Knochenmark zu gelangen. Da Hyänen nicht nur jagen, sondern auch viel Aas aufnehmen, findet sich an solchen

als Hyänenhorst bezeichneten Freßplätzen fast das gesamte Großsäugerspektrum der Landschaft im Umfeld der Höhle (angefangen beim Mammut und Wollnashorn über Rothirsch und Wildschwein bis hin zu Auerochse, Wisent oder Wildpferd). Aber nicht nur die Höhlenhyäne verursacht eine solche „Beutetieransammlung", auch der eiszeitliche Mensch kann für ähnliches Fundspektrum verantwortlich sein. Eine Unterscheidung ist dabei nicht immer leicht. War der Mensch am Werk, dann finden sich in Vergesellschaftung mit den Knochen oft Steinwerkzeuge. Auch zeigen einzelne Skelettreste eine typische Verteilung und/oder Zerlegungsspuren. Waren Hyänen die Verursacher, dann zeigen die Funde oft deutliche Biß- und/oder Nagespuren. Ein interessanter Fund, der belegt, daß Mensch und Hyäne gemeinsam an ihm tätig waren, stammt aus den Weinberghöhlen bei Mauern/Bayern. Jungpaläolithische Jäger hatten hier eine fleischbesetzte Mammutwirbelsäulenpartie in die Höhle getragen und dort entfleischt. Als die Menschen die Höhle verlassen hatten, machten sich, wie Bißspuren deutlich zeigen, Höhlenhyänen an den Resten zu schaffen. Für eine typische Knochenansammlung der zweiten Fundgruppe können aber auch nachtaktive Raubvögel wie Eulen, Uhus oder Kauze verantwortlich sein.

Abb.2: Eingesinterte Höhlenbärenknochen in der Zoolithenhöhle/Fränkische Alb, der Typuslokalität des Höhlenbären.

Diese schlucken ihre Beute - Mäuse, Hamster, Maulwürfe, Vögel und andere Kleintiere - im ganzen hinunter. Nach der Verdauung im Magen werden die unverdaulichen Reste in Form eines Ballens aus Haaren und Knochen (Gewöll) hervorgewürgt und ausgestoßen. Zumeist geschieht dies tagsüber an den Ruheplätzen der Tiere. Da solche Plätze (Horste) häufig Felsüberhänge (Abris) oder Eingangsbereiche von Höhlen sind und diese über lange Zeiträume wiederholt aufgesucht werden, können mehrere Zentimeter dicke Lagen aus Skelettresten der verschiedensten Kleintiere entstehen. Für den Paläontologen sind diese Ablagerungen von großer Wichtigkeit, denn gerade Kleinsäuger eignen sich sehr gut zur Rekonstruktion der paläoklimatischen und paläoökologischen Verhältnisse im Pleistozän. Im Gegensatz zu den Großsäugern divergieren die kennzeichnenden Arten stärker und reagieren auf Klimaveränderungen schneller mit Zu- und Abwanderungen.

Die dritte Gruppe umfaßt die Skelettreste der Tiere, deren Einlagerung in die Höhlen passiv erfolgte. Zumeist wurden die Knochen durch verschiedene, von der Oberfläche bis in die Höhle reichende Öffnungen/Spalten eingeschwemmt oder -gespült, mal mit, mal ohne Sediment. Das Faunenspektrum umfaßt alles, was im Umfeld der Höhle lebte.

Der pleistozäne Mensch war nicht nur Verursacher sondern auch Bestandteil von Knochenfunden in Höhlen. Schließlich konnte auch er Opfer von Raubtieren wie Löwen, Wölfen oder Hyänen werden. Ein weiterer Grund für sein Vor-

Abb.3: Tatzenabdruck eines Höhlenbären. Über mehrere 10.000 Jahre hinweg hat sich diese Spur in feuchtem Höhlenlehm erhalten. Deutlich zu erkennen sind die Kralleneindrücke.

kommen im Fundspektrum ist der Mensch selbst. Aus unterschiedlichen Motivationen heraus (Ritus? Tradition? Glaube?) wurden, wie verschiedene Höhlenfunde zeigen, immer wieder Verstorbene ganz oder teilweise in Höhlen deponiert und/oder bestattet. Das was wir heute vom pleistozänen Menschen selbst, von seinen Kulturgegenständen und seiner Lebensweise wissen, ist zu einem großen Teil Funden aus Höhlen zu verdanken. So stammt zum Beispiel der erste weltweit als „Urmensch" erkannte Fund aus einer Höhle. Im August 1856 wurden bei Steinbrucharbeiten im Neandertal bei Düsseldorf in einer kleinen Höhle, der „Kleinen Feldhofer Grotte", zufällig Skelettreste entdeckt, die später als Reste einer bis dahin unbekannten eiszeitlichen Menschenart, als *Homo (sapiens) neanderthalensis* beschrieben wurden. Dieser namengebende Fund markiert gleichzeitig den Beginn der weltweiten paläoanthropologischen Forschung. Heute zählt der Neandertaler, gerade wegen zahlreicher Höhlenfunde, neben dem *Homo sapiens sapiens* zu der am besten erforschten Menschenform. Dies

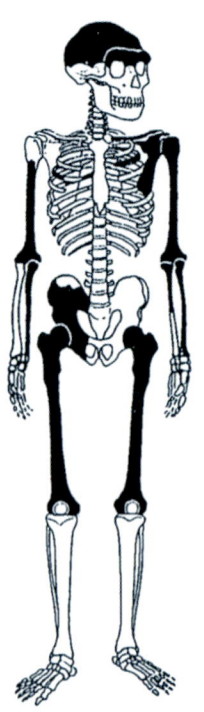

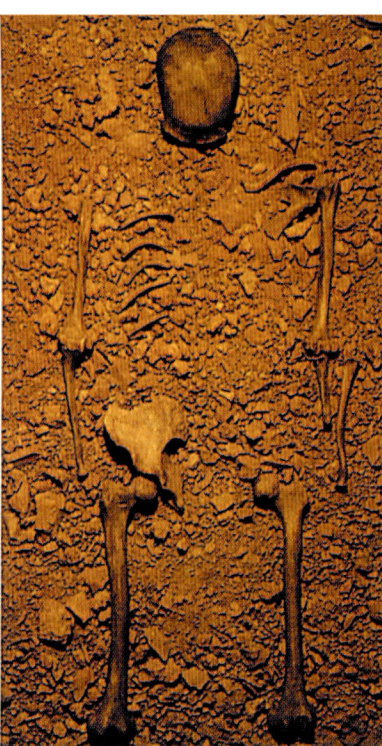

bezieht sich nicht nur auf seine Anatomie, sondern auch auf seine Werkzeugkulturen und seine Lebens- und Verhaltensweisen. Wie ein Fund aus der Shanidar Höhle im Irak zeigt, sind zum Beispiel auch Sozial- und Altersfürsorge belegt. An dem Skelett eines Mannes aus dieser Höhle wurden mehrere schwere Verletzungen wie eine Teilerblindung, Lähmungen und Amputationen diagnostiziert, die er sich im Laufe seines Lebens zugezogen hatte. Dennoch wurde er 40 Jahre alt, ein für Neandertaler hohes Alter. Ohne intensive Pflege und Betreuung wäre dies unmöglich gewesen. Der Neandertaler war nachweislich auch der erste Mensch, der seine Toten systematisch be-

Abb.4: Skelettreste des 1856 in einer kleinen Höhle des Neandertals bei Düsseldorf entdeckten Neandertalers. Es handelt sich um die ersten richtig erkannten Reste eines eiszeitlichen Menschen. Rechts die in anatomischer Zugehörigkeit ausgelegten Fundstücke, links die Einfassung in eine Skelettzeichnung (schwarz die Fundstücke).

stattete. Man kennt Einzelgräber wie aus der Höhle von La Chapelle-aux-Saints/Frankreich und friedhofsähnliche Bestattungsplätze wie unter dem Felsdach von La Ferrasie, ebenfalls Frankreich. Nicht selten fanden sich in den Gräbern Beigaben in Form von Nahrung (erhalten als Knochen) und Werkzeugen, die andeuten, daß auch die Neandertaler schon an ein Jenseits glaubten.

Auch bedeutende, weiter in die Stammesgeschichte des Menschen zurückreichende Funde stammen aus Höhlen. So sind zum Beispiel die Funde aus zwei nordspanischen Höhlenfundstellen von großem Interesse für die aktuelle Diskussion um die ersten Menschen in Europa. Vor allem die Fundstelle Grand Dolina, es handelt sich um eine eingestürzte und mit fossilreichen Sedimenten verfüllten Höhle in den Hügeln Atapuerca, hat sensationelle Funde geliefert. Die Ausgräber fanden dort neben zahlreichen Werkzeugen über 100 Skelettreste mehrerer Individuen. Im Frühjahr 1997 beschrieben die Entdecker die etwa 800.000 Jahre alten Hominidenfunde als eine neue Art, als *Homo antecessor*. Der Name *antecessor* leitet sich aus dem lateinischen ab und bedeutet soviel wie Entdecker, Pionier oder erster Siedler. Den Bearbeitern zufolge nimmt die Art *Homo antecessor* eine Schlüsselstellung für die weitere Entwicklung des Menschen ein, denn in ihr fixiert sich wahrscheinlich der letzte gemeinsame Vorfahre von modernem Menschen und Neandertaler. Die Arteinstufung der Funde aus der Grand Dolina sind in Paläoanthropologenkreisen nicht unumstritten.

Abb.5: Rekonstruktion des Einzelgrabfundes aus der Höhle von La Chapelle-aux-Saints in Frankreich. Bestattet wurde ein alter Mann, Gattung *Homo sapiens neanderthalensis*, dem seitlich Grabbeigaben in Form von Werkzeugen und Nahrung (Knochenreste) beigelegt wurden. Aus den Beigaben wird interpretiert, daß schon die Neandertaler an ein Jenseits bzw. Leben nach dem Tod glaubten.

Etwas jünger, aber nicht weniger interessant sind die 300.000 Jahre alten Funde aus der nicht weit von der Grand Dolina entfernten Höhle „Sima de los Huesos" (spanisch = Knochengrube). Hier wurden seit 1976 über 1.600 menschliche Knochenfragmente von insgesamt 12 Individuen ausgegraben. Allein aus dieser Höhle stammen damit 75 % aller bisher weltweit gefundenen mittelpleistozänen (790.000 bis 120.000 Jahre vor heute) Hominidenreste. Auch in verschiedenen asiatischen und afrikanischen Höhlen wurden und werden ebenfalls immer wieder wichtige paläoanthropologische und archäologische Fundstücke entdeckt. Aber nicht nur bedeutende Skelettfunde unserer Vorfahren stammen von Höhlenfundstellen. Auch viele wegweisende und namengebende Kulturreste wurden in Höhlen und unter Felsdächern gefunden. Dies spiegelt sich in den für die Kulturstufen gebräuchlichen wissenschaftlichen Namen wieder. Für das Mittelpaläolithikum (mittlere Altsteinzeit: 300.000 bis 40.000 Jahre) sind dies zum Beispiel das Micoquien, benannt nach der Abrifundstelle La Micoque in der Dorgdogne/Frankreich und das MoustÈrien, benannt nach der Höhlenfundstelle Le Moustier, ebenfalls in der Dordogne. Gleiches gilt auch für Kulturstufen des Jungpaläolithikums (jüngere Altsteinzeit: 40.000 bis 10.000 Jahre). Aus dem Jungpaläolithikum stammen die wohl bekanntesten bzw. populärsten Höhlenfunde überhaupt. Gemeint sind Höhlenmalereien und aus Mammutelfenbein gefertigte figürliche Kleinplastiken. Solche Funde sind nicht nur für Ur-

Abb.6: Archäologische Ausgrabungen in der Grotte Scladina bei Namur in Belgien. Neben zahlreichen neandertalerzeitlichen Tierknochen und Steinwerkzeugen wurden hier auch Skelettreste eines ca. elfjährigen Neandertalerkindes gefunden.

geschichtler eine wertvolle Informationsquelle, sondern auch für Paläontologen. Häufig ist es nur durch sie möglich, mehr über die Körpersilhouette oder Fellfarbe von oberpleistozänen Tiere zu erfahren. Wie die knöchernen Höhlenfunde, so verdanken auch die oft unglaublich klar und frisch wirkenden Malereien und Ritzungen an den Höhlenwänden dem günstigen Höhlenklima ihre Konservierung. Günstiges Höhlenklima bedeutet hier vor allem konstante Temperatur sowie karbonathaltige Wässer, welche die Farbpigmente auf dem Felsuntergrund binden und härten können. Was die Vielfältigkeit der Motive angeht, so ist nahezu die gesamte damalige Tierwelt vertreten. Häufiger sind Wildpferde, Auerochsen, Wisente, Mammute, und Hirsche abgebildet; seltener Menschen, Höhlenbär, Höhlenlöwe und Wollhaarnashorn und noch seltener Fische, Vögel und Robben. Während eiszeitliche Wandkunst vor allem in Frankreich und Spanien zigfach belegt ist (zum Beispiel Lascaux, Grotte Chauvet, Niaux oder Altamira), sind bis heute deutliche Belege aus deutschen Höhlen nicht bekannt. Anders verhält es sich mit den figürlichen Kleinplastiken. So stammen die bisher ältesten eiszeitlichen Kleinkunstgegenständen aus verschiedenen Höhlen der Schwäbischen Alb. In der Geißenklösterle Höhle bei Blaubeuren wurden in den 70er Jahren in Schichten des älteren Aurignacien (33.000 bis 30.000 Jahre vor heute) eine Bisonhalbplastik von 2,5 cm Länge und 1,4 cm Höhe sowie ein Halbrelief einer Tier-Mensch-Mischfigur auf einem Plättchen (3,4 cm lang und 1,4 cm

Abb.7: Ein in der Geißenklösterle-Höhle bei Blaubeuren gefundenes Halbrelief einer Tier-Mensch-Mischfigur aus Mammutelfenbein (3,4 cm lang und 1,4 cm breit). Die Figur wird auch als Adorant (Betender) bezeichnet und ist die bislang weltweit älteste (etwa 32.000 Jahre) bekannte menschenähnliche Darstellung.

breit) entdeckt. Beide Kunstwerke wurden aus Mammutelfenbein gearbeitet. Die Tier-Mensch-Mischfigur, auch als Adorant (Betender) bezeichnet, ist gleichzeitig auch die weltweit älteste bekannte menschenähnliche Darstellung. Ein anderer schwäbischer Fundplatz ist die Vogelherdhöhle im Lonetal. Hier wurden 1930 mehrere aurignacienzeitliche Tierfigürchen aus Elfenbein gefunden, darunter eine minutiös gearbeitete und formvollendete, nur knapp 5 cm lange Wildpferdfigur.

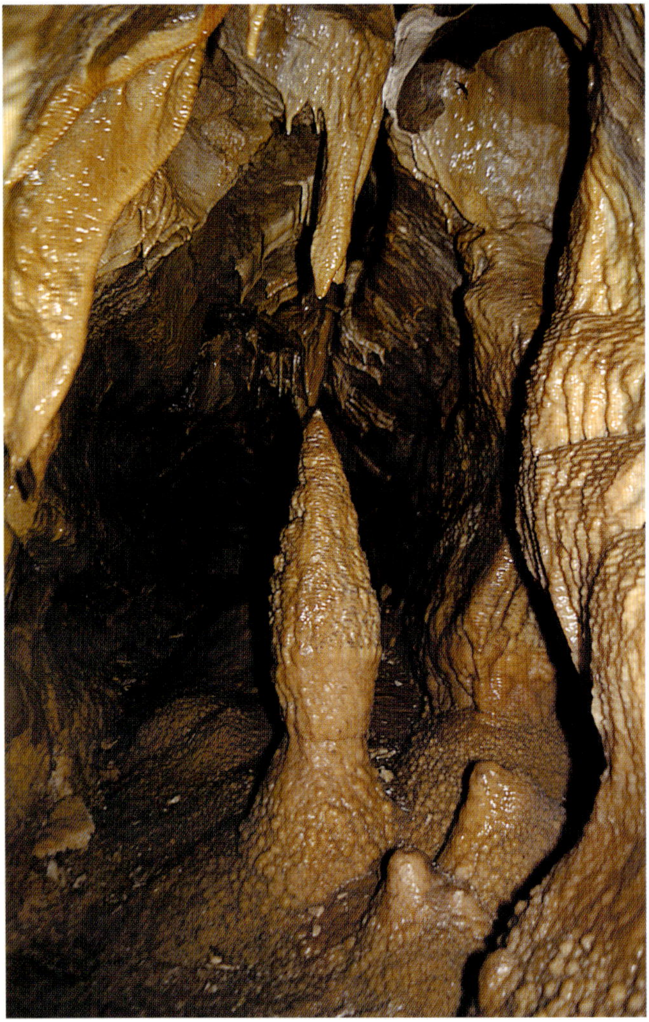

Von ihren Anfängen bis heute haben sich die paläontologischen und vor allem die urgeschichtlichen Höhlengrabungen von der reinen Fundbergung zu einer fast kriminalistischen Spurensuche entwickelt. Nicht das Einzelobjekt, sondern die Beziehung aller, noch so kleiner Befunde ist das Grabungsziel. Ein Ziel, welches nur erreicht werden kann, wenn die verschiedensten Forschungsrichtungen eng zusammenarbeiten.

Eine relativ neue, aber für das angestrebte Gesamtbild über die pleistozäne Lebenswelt sehr wichtige Forschungsrichtung ist die Paläoklimaforschung an Höhlensintern (zum Beispiel Stalagmiten und Stalaktiten). Speläotheme, so der zusammenfassende Begriff für Versinterungen in Höhlen, entstehen, wenn beim Austritt von Sickerwasser in unterirdischen Hohlräumen Calciumkarbonat

Abb.8: Wand-, Decken und Bodenversinterungen in einer Höhle der Eifel. Solche Tropfsteingebilde wachsen nur unter günstigen Klimabedingungen, das heißt warm mit ausreichendem Niederschlag. Höhlensinter sind somit allein durch ihre Anwesenheit Belege für klimagünstige Zeiten. Durch absolute Datierungen lassen sich diese Phasen genau bestimmen.

Über die Bedeutung von Höhlen und Höhleninhalten

durch Entgasung von überschüssigem Kohlendioxid ausgefällt wird. Meist geschieht dies als Calcit, seltener als Aragonit. Obwohl Höhlensinter in den unterschiedlichsten Ausprägungen vorkommen können, sind die Grundbedingungen ihrer Bildung ähnlich: Über der Höhle muß eine belebte Bodenschicht liegen, in der die Atmung der Wurzeln und der Bodenbakterien einen gegenüber der Atmosphäre erhöhten CO_2-Druck aufbauen kann. Die Aktivität der Vegetation wird durch Niederschlag und Temperatur in ihrer Intensität und ihrer Saisonalität gesteuert, so daß letztlich Amplitude und Phase der Kalklösungsrate im Unterboden und damit das Sinterwachstum in der darunter liegenden Höhle eine Funktion von Temperatur und Niederschlag sind. Aus diesen Grundbedingungen lassen sich, in Verbindung mit den pleistozänen Klimaschwankungen, für das Sinterwachstum folgende Schlußfolgerungen ableiten:

- warme Phasen mit viel Niederschlag

  = kräftiges Wachstum (Interglaziale)
- gemäßigte Phasen mit geringerem Niederschlag = mäßiges Wachstum (Interstadiale)
- kalte Phasen und unabhängig von Niederschlag = Wachstumsstillstand (Hochglaziale)

In Mitteleuropa kann daher im Pleistozän Sinter nur in warmen und gemäßigten Klimaphasen (Interglaziale und Interstadiale) gewachsen sein. Während kalter Phasen mit Permafrost (Glaziale) kam es auf Grund fehlender Grundwasserneubildung und fehlender Pflanzendecke zum Wachstumsstillstand. Verschiedene Beobachtungen deuten darauf hin, daß es während dieser Zeit in einigen Höhlen sogar zu Eisfüllungen gekommen ist. Dies hatte zur Folge, daß Stalagmiten und Sintersäulen aller

Abb.9: Dieser aufgeschnittene Stalagmit (Bodentropfstein) zeigt deutlich den für Höhlensinter typischen lagenartigen Aufbau. Auch wenn die unterschiedlich dicken und wechselnd hell und dunkel gefärbten Lagen an Baumringe erinnern, kann man hier nicht durch Auszählung ein Alter bestimmen. Erst durch Anwendung von geochemischen und mineralogischen Analysemethoden können die Lagen für unterschiedliche Abschnitte des Pleistozäns als eine Art Klimakalender ausgewertet werden.

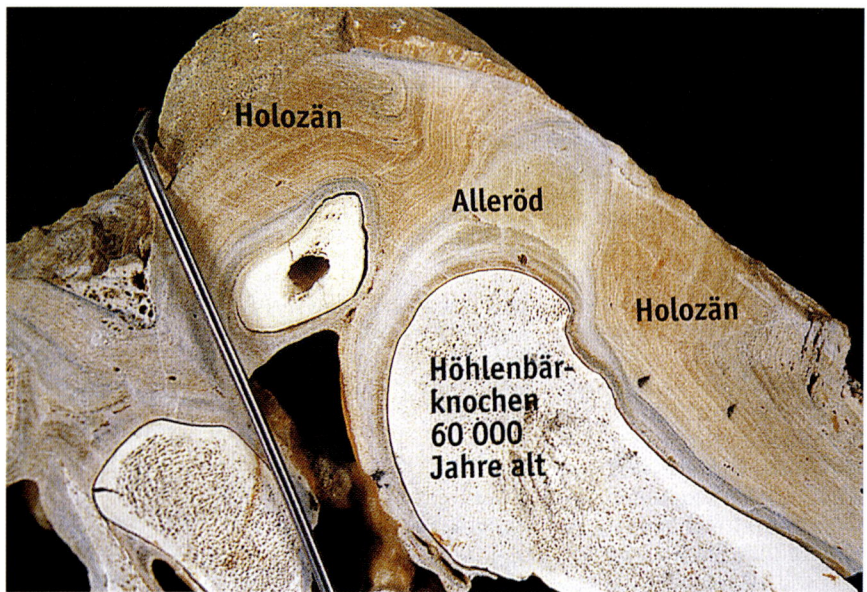

Abb.10: Schnitt durch einen Höhlensinter mit eingesintertem Höhlenbärenknochen aus der Zoolithenhöhle/Fränkische Alb. Altersuntersuchungen mit der U/Th-Methode ergaben, daß der Bärenknochen vor 60.000 Jahren in der Höhle zur Ablagerung kam. Nachfolgend fanden keine weiteren Sinterablagerungen statt. Vermutlich war auf Grund von Dauerfrostverhältnissen zur Zeit des Hochglazials kein Eindringen von Sickerwasser und damit Sinterbildung in der Höhle möglich. Erst am Ende der Eiszeit kam es wieder zu einer kurzen Versinterungsphase (Alleröd). Dann folgte ein weiterer Kälteeinbruch (Jüngere Dryas) mit Unterbrechung des Sinterwachstums, bevor die Versinterung der jetzigen Warmzeit (Holozän) erneut einsetzte.

Größenklassen teilweise zerschert oder umgeworfen, Deckensinter abgerissen und umgelagert, Sinterböden in Schollen zerlegt und zu Schuttwällen zusammengeschoben und Versturzblöcke umgelagert wurden. Weitere Belege für Permafrost in Höhlen sind auch in Form von Eiskeilstrukturen in Höhlensedimenten bekannt.

Anders als in Oberflächenablagerungen spielt die Erosion durch fließendes Wasser in den meisten Höhlen keine Rolle. Dies macht es möglich, daß auch Ablagerungen älterer pleistozäner Warmphasen in Höhlen erhalten sein können. Speläotheme der mit den Isotopenstadien 5e, 7 und 9 gleichzusetzenden Warmzeiten sind bereits mehrfach nachgewiesen. Die Mehrphasigkeit von Sintern zeigt sich aber nicht nur im Gesamtbild einer Höhle. Auch einzelne, äußerlich fast homogen wirkende Speläotheme sind oft mehrphasigen Ursprungs und beinhalten so mehrere Warmzeiten. Die Untersuchungen an Höhlensintern in Kombination mit neuen und verbesserten absoluten Datierungsmethoden (zum Beispiel mit der TIMS-U/Th-Methode) können somit Informationen über Beginn, Dauer und Ende von Sinterwachstumszeiten geben (gleichzeitig auch ein Hinweis für Beginn, Dauer und Ende von regionalem Permafrost). Darüber hinaus unterliegen die Sinterablagerungen (aufgebaut aus unterschiedlich mächtigen und mal hell, mal dunkel gefärbten Kalklagen) selbst der paläoklimatischen und paläopedologischen Entwicklung sowie der Vegetationsgeschichte. Aus diesem Grund zeichnen sie in ihren anorganischen, organischen und isotopen-geochemischen Inhalten, ihren mineralogischen Veränderungen und ihren Gehalten an Bodenmineralen und Makrofossilien wertvolle Daten der quartären Klimageschichte in hoher Auflösung auf. Die Paläoklimaforschung an pleistozänen Höhlensintern macht deutlich, daß trotz vieler schon bekannter Befunde aus den unterschiedlichsten Forschungsrichtungen noch längst nicht alle Dokumente der Höhlenarchive ausgewertet sind, und das für die Zukunft noch so manch wichtiger Beitrag zur Rekonstruktion von Leben und Umwelt im Pleistozän zu erwarten ist.

Weiterführende Literatur:

Adam, K.D. & Kurz, R. (1980): Eiszeitkunst im süddeutschen Raum.- (161 S.); Stuttgart.

Eisenhauer, A. & Hennig, G. (Ü) (1997): Methoden zur Altersbestimmungen von Tropfsteinen.- in: Kempe, S. (Hrsg. 1997): Welt voller Geheimnisse. Höhlen.- Sonderausgabe HB Bildatlas, S. 62-69; Hamburg.

Franke, H.W. (1966): Ein speläochronologischer Beitrag zur postglazialen Klimageschichte. -Eiszeitalter und Gegenwart, 17, S. 149-152; Öhringen.

Hahn, J. (1991): Zur Methodik von Höhlengrabungen.- in: Gersbach, E. (1991): Ausgrabung heute. Methoden und Technik der Feldgrabung.- S. 131-159; Darmstadt.

Hahn, J. (1994): Geritzte Bärenschliffe aus dem Hohle Fels bei Schelklingen.- in: Scheer, A. (Hrsg.)(1994): Höhlenarchäologie im Urdonautal bei Blaubeuren.- Museumsheft 1, Urgeschichtliches Museum Blaubeuren, S. 96-98; Tübingen.

Hill, C. & Forti, P. (1997): Cave Minerals of the World. 2.Ed., National Speleological Society, (463 S.); Huntsville, Alabama.

Kempe, S. (1989): Sinterschäden: verursacht durch Permafrost oder Erdbeben?- Mitt. Verb. dt. Höhlen u. Karstforsch., 35 (1/2), S. 87-90; München.

Kempe, S. (1996): Vom Hohlraum zum Kristallpalast. Wie Tropfsteine entstehen.- in: Rosendahl, W. & Krause, E.-B. (Hrsg. 1996): Im Reich der Dunkelheit - über Höhlen und Höhlenforschung in Deutschland.- S. 33-52; Gelsenkirchen.

Kempe, S. (Hrsg.) (1997): Welt voller Geheimnisse. Höhlen.- Sonderausgabe HB Bildatlas, ; Hamburg.

Kempe, S. (1997): Unterirdische Träume aus Stein: Sinterformen.- in: Kempe, S. (Hrsg.): Welt voller Geheimnisse. Höhlen.- Sonderausgabe HB Bildatlas, S. 50-55; Hamburg.

Kempe, S. & Rosendahl, W. (1999): Speläotheme als pleistozäne Klimaarchive in Mitteleuropa.- Mitt. Verb. dt. Höhlen- und Karstforsch., 45 (2) (6 S.); München (im Druck).

Keupp, H. & Plachter, H. (1972): Periglaziale Strukturen aus dem Windloch bei Sackdilling.- Geol. Blätter f. NO-Bayern, 22 (1), S. 32-43; Erlangen.

Lorblanchet, M. (1997): Höhlenmalerei.- (340 S.); Sigmaringen.

Rosendahl, W. & Krause, E.-B. (Hrsg. 1996) Im Reich der Dunkelheit - über Höhlen und Höhlenforschung in Deutschland.- Museumsheft 3, Urgeschichtliches Museum Blaubeuren, (156 S.); Gelsenkirchen.

Rosendahl, W. (1996): Stumme Zeugen aus dem Reich des Höhlenbären. Über fossile Knochenfunde in Höhlen.- in: Rosendahl, W. & Krause, E.-B. (Hrsg. 1996): Im Reich der Dunkelheit - über Höhlen und Höhlenforschung in Deutschland.- S. 89-95; Gelsenkirchen.

Rosendahl, W., Eisenhauer, A. & Wiegand, B. (1998): Erste Ergebnisse von TIMS U/Th-Datierungen an Speläothemen aus einem Höhlensystem des Gottesackerplateaus (Kleinwalsertal/ Allgäuer Alpen).- Mitt. Verb. dt. Höhlen u. Karstforsch., 44(4), S. 134-138; München.

Scheer, A. (Hrsg.)(1994): Höhlenarchäologie im Urdonautal bei Blaubeuren.- Museumsheft 1, Urgeschichtliches Museum Blaubeuren, (100 S.); Tübingen.

Scheer, A. (1996): Spuren des Menschen. Archäologische Funde aus Höhlen.- in: Rosendahl, W. & Krause, E.-B. (Hrsg. 1996): Im Reich der Dunkelheit - über Höhlen und Höhlenforschung in Deutschland.- S. 96-109; Gelsenkirchen.

Trimmel, H. (1968): Höhlenkunde.- (300 S.); Braunschweig.

Zapfe, H. (1939): Lebensspuren der eiszeitlichen Höhlenhyäne. Die urgeschichtliche Bedeutung der Lebensspuren knochenfressender Säugetiere. - Palaebiologica 7, S. 111-146; Wien.

Zapfe, H. (1954): Beiträge zur Erklärung der Entstehung von Knochenlagerstätten in Karstspalten und Höhlen. Beihefte zur Zeitschr. Geologie, 12, (60 S.); Berlin.

Hartmut Thieme

Jagd auf Wildpferde vor 400.000 Jahren

Fundplätze aus der Zeit des Urmenschen (*Homo erectus*) im Tagebau Schöningen, Landkreis Helmstedt

Hartmut Thieme

Jagd auf Wildpferde vor 400.000 Jahren
Fundplätze aus der Zeit des Urmenschen (*Homo erectus*)
im Tagebau Schöningen, Landkreis Helmstedt

Einleitung und Projektüberblick

Der großflächige Abbau von Braunkohle im Tagebau Schöningen in Ost-
niedersachsen wird seit 1983 durch das Langzeitprojekt „Archäologische
Schwerpunktuntersuchungen im Helmstedter Braunkohlerevier" (ASHB) der
Bodendenkmalpflege, Hannover, begleitet. Die damit einhergehenden, nahezu
ganzjährig stattfindenden Rettungsgrabungen haben zum Ziel, möglichst alle
Hinterlassenschaften ur- und frühgeschichtlicher Menschen in dieser alten Kulturlandschaft vor ihrer Vernichtung aufzuspüren und weitgehend lückenlos zu
dokumentieren - zur exemplarischen Rekonstruktion des Besiedlungsablaufes in
einer Kleinlandschaft im Nordharzvorland. In enger Zusammenarbeit mit der ab-
bautreibenden Firma, der Braunschweigischen Kohlen-Bergwerke AG (BKB),
Helmstedt, konnten seitdem im unmittelbaren Vorfeld des ca. 6 km² großen Ta-
gebaues auf Flächen von mehr als 350.000 m² zahlreiche urgeschichtliche Siedlungen und Gräber aus der Jungsteinzeit sowie der Bronze- und Eisenzeit (ca.
5.500 v. Chr. bis in die Zeit um Christi Geburt) vor der Überbaggerung ausgegraben werden (H. Thieme u. R. Maier 1995, 108 ff.).

Seit 1992 gelang es schließlich sogar, in den mächtigen Deckschichten aus
dem Eiszeitalter in etwa 8-15 m Tiefe unter der Geländeoberfläche mehrere
Fundplätze aus der Zeit des Urmenschen (*Homo erectus*) mit Kulturresten aufzuspüren und auszugraben, die mit einem Alter von etwa 400.000 und 500.000
Jahren die mit großem zeitlichen Abstand ältesten Siedlungsnachweise des
Menschen in Niedersachsen sind (H. Thieme, D. Mania u. a. 1993; H. Thieme
u. R. Maier 1995, 57 ff.). Eine dieser Fundstellen - ein Wildpferd-Jagdlager - lieferte unter anderem bisher sieben hölzerne Wurfspeere, die bislang ältesten vollständig erhaltenen Jagdwaffen der Menschheit (H. Thieme 1996; 1997).

Die enorme Bedeutung dieser Entdeckung erwächst allein schon aus dem
Umstand, daß Funde von Holzgeräten aus der Altsteinzeit wegen ihres leicht vergänglichen Werkstoffes äußerst selten und über solch lange Zeitspannen hinweg
in der Regel nicht erhalten geblieben sind. Hinzu kommt, daß aus dem älteren
Paläolithikum bisher nur zwei konkret überlieferte Belege für Jagdwaffen vorlagen, so die bereits 1911 entdeckte altpaläolithische Eibenholz-Lanzenspitze

von Clacton-on-Sea (Ostengland), die in die Holstein-Warmzeit (Mittelpleistozän) gehört (K. P. Oakley, P. Andrews u. a. 1977) sowie die 1948 geborgene Eibenholzlanze von Lehringen (Niedersachsen) aus der letzten (Eem-)Warmzeit (H. Thieme u. S. Veil 1985).

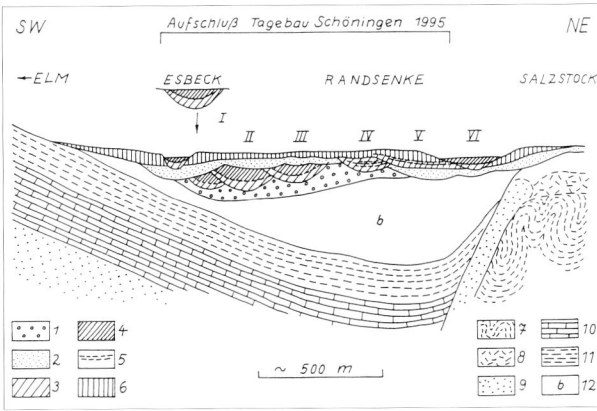

Abb. 1: Schöningen, Landkr. Helmstedt. Schematischer Schnitt durch die quartäre Sedimentabfolge in der südwestlichen Randsenke des Staßfurt-Helmstedter Salzsattels. Der Abstand zwischen Zyklus VI und dem Salzstock (in der Natur ca. 2 km) ist hier stark verkürzt dargestellt. 1 Glaziale Serie der Elstervereisung; 2 glaziale Serie der Saale-(Drenthe-)Vereisung; 3 Beckenschluffe; 4 Seeablagerungen; 5 Bodenkomplexe; 6 Löß; 7 Salinar (Zechstein); 8 Gipshut; 9 Unterer Buntsandstein; 10 Muschelkalk; 11 Keuper; 12 Tertiär.

Vor diesem Hintergrund sind die im Braunkohlentagebau Schöningen seit dem Herbst 1995 entdeckten hölzernen Wurfspeere aus der Zeit des späten *Homo erectus* von herausragender Bedeutung für die Rekonstruktion der frühen Geschichte des Menschen. Denn seit langem besteht ein wichtiges Forschungsanliegen darin, für das mit der Nahrungsgewinnung des frühen Menschen verbundene Tätigkeitsfeld der Jagd konkrete Belege dafür zu finden, wann und unter welchen Umständen die Jagd auf Großsäuger wesentlicher Bestandteil der menschlichen Existenzsicherung wurde. Weitere in Schöningen erstmals in altpaläolithischem Kontext gefundene, verschiedenartige und qualitätvoll erhaltene Geräte aus Holz liefern uns zusätzlich neue Einblicke in die Entwicklung und Kultur des frühen Menschen vor etwa 400.000 Jahren.

Zum besseren Verständnis der zeitlichen Einordnung der in Schöningen entdeckten Holzartefakte aus der frühen Altsteinzeit und der Gesamtbefundsituation mit mehreren mittelpleistozänen Fundplätzen soll darüber nachfolgend kurz zusammenfassend berichtet werden.

Zur Abfolge der Quartärdeckschichten im Tagebau Schöningen

Der Tagebau Schöningen liegt im Nordharzvorland am Südostausläufer eines Muschelkalkrückens, des Elms (bis 323 m üNN). Sein Areal gehört zur Helmstedter Braunkohlenmulde, dem nordwestlichen Ausläufer des durch einen Schmalsattel des Zechsteins zweigeteilten, ca. 70 km langen Helmstedt-Staßfurter Braunkohlebeckens. Der Tagebau erstreckt sich auf etwa 6 km Länge (und 1 km Breite) im Bereich der südwestlichen, nordwest-südost orientierten Randsenke des schmalen Salzstockes (Abb. 1). Diese mit eozänen Braunkohlen und Sanden gefüllte Mulde ist von zum Teil mehr als 30 m mächtigen Bildungen des Eiszeitalters (Quartär) überlagert. Die Randmulde wird im Südwesten vom Elm begrenzt und bildet auch heute noch eine Niederung, in der der Bachlauf der Mißaue von Nordwesten her das Gebiet entwässert.

Seit 1992 konnten besonders durch die von D. Mania während der Tagebauerschließung im Baufeld Süd durchgeführten großräumigen Profilaufnahmen insgesamt sechs große Sedimentationsfolgen nachgewiesen werden, die ebenso vielen Klimagroßzyklen des Eiszeitalters entsprechen (D. Mania 1995). Sie sind jünger als die Elstervereisung, deren Ablagerungen (Grundmoränen, Schmelzwassersande usw.) die ältesten bisher im Tagebau aufgeschlossenen pleistozänen Bildungen sind (Abb. 1). Diese Sedimentzyklen befinden sich in Rinnen, die wie die heutige Mißaue von NW nach SE verlaufen und, je jünger sie sind, umso näher am Salzstock liegen bzw. sich zum Teil auch seitlich überlagern oder überschneiden. Sie bestehen jeweils aus 5 m bis 10 m mächtigen Abfolgen meist organogener Sedimente und warmzeitlichen Charakters, die während des Ausklangs einer Kaltzeit entstanden und zu Beginn der nachfolgenden Kaltzeit abgeschlossen wurden.

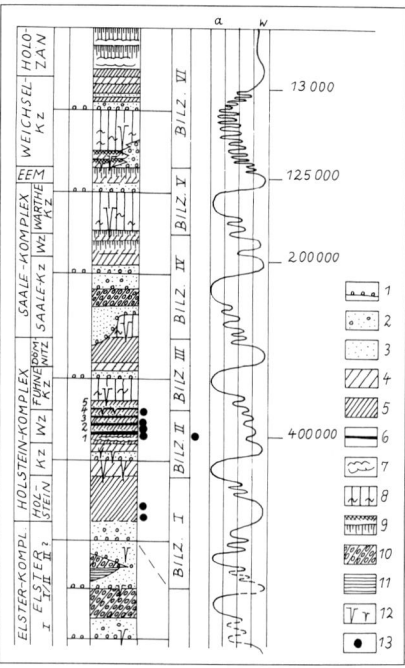

Abb. 2: Schematisierte stratigraphische Abfolge aus dem Tagebau Schöningen im Ablauf des Mittel- und Jungquartärs. Die Folge wurde mit den Zyklen von Bilzingsleben korreliert. 1 Abtragungsfläche; 2 kiesige Sande, sandige Kiese; 3 Sande; 4 Beckenschluff; 5 Mudden; 6 Torfe; 7 Travertine; 8 Löß und Fließlöß; 9 Böden; 10 Grundmoränen; 11 Bändertone; 12 Froststrukturen (Eiskeilpseudomorphosen); 13 altpaläolithische Fundhorizonte; – 1– 5 = Verlandungsfolgen im Reinsdorf-Interglazial, zwischen Holstein- und Dömnitz-(= Schöningen-/Wacken-) Warmzeit gelegen. –a = arktisch, w = warmgemäßigt.

Die drei älteren, mit Seeablagerungen gefüllten Rinnen (Schöningen I-III) gehören in die Zeit zwischen Elster- und Saalevereisung im engeren Sinne (Abb. 1 u. 2). Das älteste Interglazial in dieser Abfolge (Schöningen I) ist wahrscheinlich die im Baufeld Nord (Abb. 1) schon früher dokumentierte Holstein-Warmzeit (B. Urban, R. Lenhard u. a. 1991 a). Die zweite Rinne (Schöningen II) enthält das 1991 neu entdeckte Reinsdorf-Interglazial, das sich vegetationsgeschichtlich weder mit dem Holstein-Interglazial noch mit dem nachfolgenden Schöningen-Interglazial (Schöningen III)

Jagd auf Wildpferde vor 400.000 Jahren

parallelisieren läßt (H. Thieme, D. Mania u. a. 1993; B. Urban 1993; 1995 a u. b). Die Rinne Schöningen IV ist jünger als die Saalevereisung im eigentlichen Sinn (Drenthe) und bestand aus einem mächtigen gedoppelten Bodenkomplex (D. Mania 1995), während die Rinne Schöningen V die letzte Warmzeit, das Eem-Interglazial (B. Urban, H. Elsner u. a. 1991 b) und die sechste Rinne die Nacheiszeit (Holozän) verkörpern. Die Gesamtabfolge im Tagebau Schöningen (Abb. 2) konnte inzwischen auch mit der unabhängig davon erarbeiteten Terrassen-Travertin-Abfolge von Bilzingsleben (Thüringen) korreliert werden (D. Mania 1993; 1995; H. Thieme u. D. Mania 1993).

Die drei unteren Klima-großzyklen (Schöningen I-III) belegen für die Zeit zwischen Elster- und Saalevereisung (Drenthe) damit drei (!) Interglaziale, die durch voll entwickelte Kaltzeiten mit arktischem Klima, Dauerfrostboden, Froststrukturen und Lößbildung voneinander getrennt sind. Davon enthielten die beiden ältesten Rinnenfüllungen (Schöningen I und besonders Schöningen II = Reinsdorf-Interglazial) altpaläolithische Fundhorizonte. Sie wurden seit 1992 während der Tagebauerschließung in 8 m bis 15 m Tiefe überwiegend in der Nähe der künftigen Endböschung (Abb. 3 A-C) entdeckt und konnten dadurch sowie dank einer jeweilig kurzfristigen Änderung der Abbauplanung durch die BKB in zeitlich befristeten Rettungsgrabungen teiluntersucht werden.

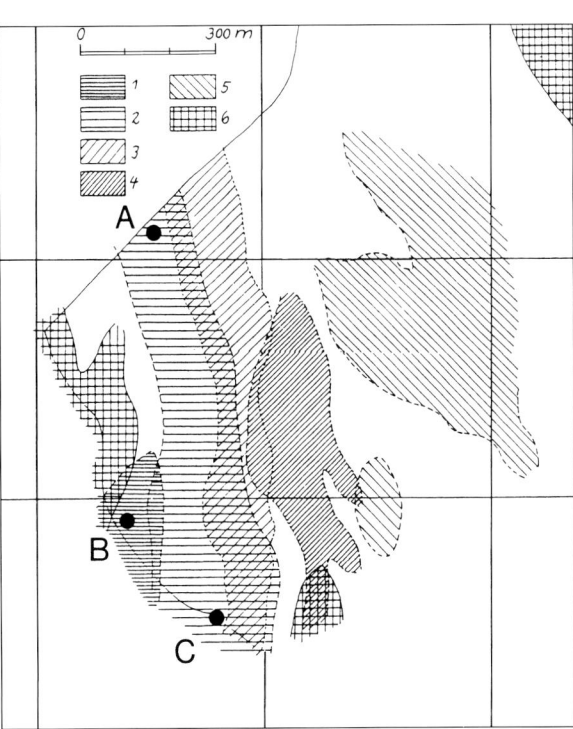

Abb. 3: Verlauf der quartären Rinnen im Tagebau Schöningen (NW-Teil des Baufeldes Süd): 1 Rinne mit Zyklus Schöningen I; 2 Rinne mit Schöningen II; 3 Rinne mit Schöningen III; 4 Rinne bzw. Depression mit Schöningen IV; 5 Rinne bzw. Depression mit Schöningen V; 6 Rinnen mit Schöningen VI (Holozän; im Nordosten die Mißaue). – Unter allen Rinnen liegt die glaziale Serie der Elstervereisung (vgl. Abb. 1); zwischen den Rinnen Schöningen III und IV befindet sich die glaziale Serie der Saalevereisung (Drenthe). Die durchgezogene Linie im Nord- und Südwesten ist die Tagebaugrenze. – A Lage des altpaläolithischen Fundplatzes Schöningen 12 (1992) mit zwei Fundhorizonten; B Lage des altpaläolithischen Fundplatzes Schöningen 13 I (1994); C Lage des altpaläolithischen Fundplatzes Schöningen 13 II-4 (ab Herbst 1994).

Der altpaläolithische Fundplatz Schöningen 13 I (1994)

Die Fundstelle (Abb. 3 B) wurde im Frühjahr 1994 an der Basis der warmzeitlichen Schichtenfolge Schöningen I entdeckt (Abb.1 u. 2), die wahrscheinlich dem im Baufeld Nord nachgewiesenen Holstein-Interglazial (Abb. 1) entspricht (B. Urban, R. Lenhard u. a. 1991 a). Der archäologische Fundhorizont (Fundschicht 1) konnte während einer dreimonatigen Rettungsgrabung auf einer Fläche von etwa 120 m2 Größe untersucht werden (H. Thieme 1995 a). In der sandigen Uferzone eines Sees kamen neben Skelettresten vom Steppenelefanten (*Mammuthus trogontherii*), Wildrind, Wildpferd und Rothirsch verschiedene kleinformatige Werkzeuge und Abschläge aus Feuerstein sowie zahlreiche verbrannte (craquelierte) Feuersteintrümmer und auch -artefakte zum Vorschein. Das Ergebnis einer ersten Thermolumineszenz (TL)-Altersmessung an einem der gebrannten Flinte (Richter 1998) ergab deutlich mehr als 400.000 Jahre und bestätigt vorläufig die zeitliche Tiefe der in Schöningen erarbeiteten Quartärabfolge (Abb. 2) - mit diesem Fundplatz Schöningen 13 I als dem bislang ältesten Siedlungsnachweis des Menschen in Niedersachsen.

Etwa 1,5 m oberhalb dieser Fundschicht 1 konnte ausschnitthaft noch eine alte Geländeoberfläche auf ca. 320 m² untersucht werden, die (ohne Artefakte) Reste eines Wisents (*Bison sp.*, Schädel- und Skelettelemente) und Trittsiegel verschiedener Großsäuger enthielt (Fundschicht 2; Abb. 2).

Abb.4: Fundplatz Schöningen 12 (Fundschicht 1): Bruchstück eines Tannenastes, in dessen oberes Ende eine schmale Kerbe eingeschnitten ist.

Jagd auf Wildpferde vor 400.000 Jahren

Der altpaläolithische Fundplatz
Schöningen 12 (1992)

Im Frühjahr 1992 wurde in Schichten des klimatischen Optimums der neuen Reinsdorf-Warmzeit (Schöningen II; Abb. 1) der nächst jüngere Fundhorizont Schöningen 12 (Fundschicht 1; Abb. 2; 3 A) entdeckt (H. Thieme 1995 b; H. Thieme, D. Mania u. a. 1993). Die Sedimentserie dieses Zyklus besteht aus insgesamt fünf Mudde-Torf-Folgen (1 bis 5), (Abb. 2, 1-5), wobei die Folge 1 das Früh- und Hochinterglazial repräsentiert und die drei Waldsteppenphasen der Folgen 2 bis 4 (mit Froststrukturen und Fließerden erst zwischen Folge 4 und 5) allmählich in die nächste Kaltzeit (Fuhne) überleiten. Die Vegetationsentwicklung dieses (Reinsdorf-)Interglazials ist nach Pollenanalysen durch B. Urban in Nordwesteuropa ein biostratigraphischer Erstbefund (B. Urban 1995 b).

Während einer dreimonatigen Rettungsgrabung konnten auf einer Fläche von mehr als 150 m² aus ufernahen Sedimenten eines flachen Sees (der Folge 1) zahlreiche Feuersteinartefakte ausgraben werden. Unter den archäologischen Fundobjekten sind drei Tannen-Aststücke (*Abies alba*) (W. H. Schoch 1995) von herausragender Bedeutung. Sie sind an einem Ende (alt) gebrochen und jeweils an dem gegenüberliegenden Ende mit einer Schnittkerbe versehen (Abb. 4). Diese Holzartefakte haben Längen von 170 bis 322 mm und einen größten Durchmesser bis zu 42 mm. Die Kerben sind jeweils diagonal in die Astenden eingeschnitten. Ein viertes derartiges Holzartefakt wurde 1996 in Schlämmrückständen der Grabung 1992 entdeckt. Es ist nur etwa 113 mm lang, jedoch an beiden Enden gekerbt. Es könnte sich hier um Schäftungshilfen für scharfkantige Feuersteinartefakte, also um Griffe handeln, die im Sinne von Klemmschäften funktionierten. Aus dem Paläolithikum gibt es meines Wissens dafür keine Parallelen. Derartige Belege zur möglichen Verwendung von Kompositgeräten bereits in der frühen Altsteinzeit sind bisher in der Welt einmalig!

Abb. 5: Luftbild vom Braunkohlentagebau Schöningen (Nordwestteil des Baufeldes Süd) im Frühjahr 1999, Blick nach Nordosten. Im Vordergrund (links) das Kleingartengelände „Sonnenland"; dahinter verläuft der Tagebaurand mit dem (im Mittelgrund) vom Abbau ausgesparten und ca. 60 m weit in den Tagebau vorspringenden Sedimentsockel, auf dem derzeit das altpaläolithische Wildpferd-Jagdlager mit den Wurfspeeren ausgegraben wird (Fundplatz Schöningen 13 II-4). Auf der Fläche stehen zwei große Grabungszelte und (hinten rechts) ein kleineres Zelt mit der Schlämmanlage.

Die Fundschicht 1 enthielt außerdem umfangreiche botanische Reste sowie mehr als 1.000 Großsäugerreste. Sie stammen von einer Palaeoloxodon-antiquus-Fauna und somit vom Waldelefanten, Waldnashorn (*Stephanorhinus kirchbergensis*), Wildpferd (*Equus sp.*), Bär, Rothirsch (*Cervus elaphus*) und Wildrind (T. van Kolfschoten 1993; 1995). Zusammen mit Resten vom Auerochs, Reh, Wildschwein und Löwen entspricht das Faunenspektrum dem vom Lagerplatz in Bilzingsleben. Die zum Teil aufgeschlagenen Knochen sowie Schnittspuren auf ihnen belegen unter anderem das Zerwirken der Jagdbeute.

Kennzeichnend für die oben genannte Fauna ist außer dem Biber (*Castor fiber*) noch der Altbiber (*Trogontherium cuvieri*) vertreten. Daneben kommen Reste von Fischen, Reptilien, Vögeln, Käfern und besonders Kleinsäugern vor, vor allem *Arvicola terrestris cantiana* (Schermaus). Die Schermausreste sind wegen ihrer biostratigraphischen Aussagemöglichkeiten sehr wichtig: So ist die Evolutionshöhe der Arvicola-Population von Schöningen 12, Fundschicht 1 (Reinsdorf-Interglazial) mit der der Homo-erectus-Fundstelle Bilzingsleben vergleichbar und ermöglicht auch auf diesem Wege eine Korrelation (T. van Kolfschoten 1993; 1995; H. Thieme, D. Mania u. a. 1993, 159).

Die aus mehr als 80 Arten bestehende Molluskenfauna (Helicigona-banatica-Fauna) mit zahlreichen exotischen Arten unterstreicht den mediterranen Charakter dieser Warmzeit (H. Thieme u. D. Mania 1993; H. Thieme, D. Mania u. a. 1993), die mit hoher Wahrscheinlichkeit in den viertletzten Klimagroßzyklus gehört (Abb. 2), mit dem Sauerstoff-Isotopen-Stadium 11 der Tiefseekurve korreliert wird (D. Mania 1993; H. Thieme 1996, bes. Anm. 5) und ein Alter von etwa 400.000 Jahren besitzt.

Etwa 2 bis 3 m oberhalb dieser Fundstelle lag in Folge 2 (Abb. 2) ein weiterer Fundhorizont mit Steinartefakten, Jagdbeuteresten und einer durch angebrannte Hölzer gekennzeichneten Feuerstelle (Fundschicht 2). Die Ausgrabungsfläche umfaßt etwa 30 m².

Der altpaläolithische Fundplatz Schöningen 13 II-4 (seit 1994)

Im August 1994 wurde im Tagebau Schöningen der bisher sensationellste Fundhorizont (mit den hölzernen Wurfspeeren; H. Thieme 1995 c; 1996; 1997) entdeckt (Abb. 3 C), etwa 700 m südlich des Fundplatzes Schöningen 12 (Abb. 3 A). Er befindet sich an der Basis der Seeverlandungszone in der spätinterglazialen Folge 4 des Zyklus Schöningen II = Reinsdorf-Interglazial (Abb. 2). Die Funde liegen auf der Uferzone eines flachen rinnenförmigen Gewässers und sind überwiegend in eine torfige, im Hangenden von einem Torf überdeckte Mudde

Abb. 6: Fundplatz Schöningen 13 II-4: An der Basis des Fundhorizontes freigelegtes, an beiden Enden angespitztes Holzgerät (Wurfholz?). In der Mitte davor ein Knochentrümmer und daneben ein Schaber aus Feuerstein.

eingebettet. Erste Pollen- und Molluskenanalysen dieses Sedimentabschnittes der Folge 4 belegen ein kontinentales Klima mit parktaigaartigen Wäldern und Wiesensteppen, mit Kiefern, Fichten, Lärchen und Birken (B. Urban 1997). Gleichzeitig mit diesem Fundhorizont fand sich im Torf der Verlandungsfolge 3 eine Zone mit Großsäugerresten (Abb. 2), aus der jedoch nur wenige Funde geborgen werden konnten.

Bis Ende 1998 wurden etwa 2.500 m² des Fundplatzes Schöningen 13 II-4 ausgegraben (Abb. 5), mit weit mehr als 15.000 ausgezeichnet erhaltenen Jagdbeuteresten. Sie stammen hauptsächlich vom Wildpferd, vereinzelt auch von Wisent, Rothirsch und Wildesel. Vom Pferd liegen inzwischen mehr als 17 vollständige Schädel, zum Teil mit Unterkiefer vor. Zahlreiche Knochen sind zerschlagen, viele weisen Schnittspuren auf. Der hohe Anteil an Skelettresten vom Wildpferd belegt für das Altpaläolithikum erstmalig eine auf diesen in Herden lebenden Pflanzenfresser ausgerichtete Absichtsjagd. Außer den Großsäugerresten konnten Reste vom Biber, von Fischen, Reptilien, Vögeln und vor allem von Kleinsäugern geborgen werden.

Die Steinartefakte sind sämtlich aus Feuerstein. Es sind meist sorgfältig retuschierte Schaber, verschiedene Spitzenformen und mehr als tausend kleine Retuschierabfälle. Da bisher Belege für eine Grundformproduktion vor Ort fehlen, sind demnach die Steinwerkzeuge hierher mitgebracht und im Verlauf ihrer Nutzungsdauer nachretuschiert bzw. -geschärft worden.

Am Südwestrand der dichten Fundstreuungszone sind mehrere Stellen im Bereich der liegenden Kalkmudde durch Hitzeeinwirkung rot gefärbt und von Schrumpfungsrissen durchzogen. Hier befanden sich also Feuerstellen (H. Thieme 1995c, Abb. 99).

Abb. 7: Fundplatz Schöningen 13 II-4: Grabungssituation 1995 mit einer dichten Konzentration von Großsäugerresten (Pferd) direkt unterhalb des Torfes der Verlandungsfolge 4 des Reinsdorf-Interglazials (links). Auf dem quadratischen Sockel von 1 m² (rechts) die freigelegte Basis von Speer I. Oberhalb des Torfes ein von typischen Erscheinungen des Dauerfrostbodens (Kryoturbationen) überprägtes Schichtpaket - Zeugnis der nächsten (Fuhne-)Kaltzeit.

Die Holzgeräte

Wurfholz

Das erste gut erhaltene Holzgerät wurde bereits im Oktober 1994 entdeckt (H. Thieme 1995 c). Es ist 78 cm lang, an beiden Enden sorgfältig zugespitzt und hat im Mittelteil einen Durchmesser bis zu 3 cm (Abb. 6). Nach der Holzartenbestimmung durch W. H. Schoch ist es aus Fichtenholz (*Picea sp.*) hergestellt, und zwar aus einem Stämmchen. Das Holzgerät ähnelt ebenso dimensionierten Wurfhölzern der Ureinwohner Südostaustraliens und hat wohl ebenfalls die Funktion eines Wurfholzes besessen. Aus dem Paläolithikum sind Parallelen zu diesem Holzgerät bisher nicht bekannt.

Speere

Im Spätsommer und Herbst des Grabungsjahres 1995 wurden schließlich auf diesem Fundplatz die bisher spektakulärsten Entdeckungen gemacht, archäologische Funde von weltweiter Bedeutung: drei gut erhaltene Holzspeere (H. Thieme 1996; 1997). Ihre Längen betragen 1,82 m, ca. 2,25 m (Abb. 7) und mehr als

2,30 m (Abb. 8). Die Speerspitzen sind lang ausgezogen und bei Speer I und Speer II (Abb. 8) auf mehr als 60 cm Länge herausgearbeitet. Im weiteren Verlauf der Ausgrabungen wurden 1996 Teile eines vierten Speeres und 1997 noch einmal drei Speere entdeckt und geborgen (H. Thieme 1998), mit Längen von mehr als 2 m bis zu 2,50 m und einem maximalen Durchmesser bis ca. 5 cm (Speer VI). Diese Jagdwaffen fanden sich sämtlich im Bereich der über 10 m breiten dichten, uferzonenparallel verlaufenden Fundstreuungszone, verteilt auf einer Strecke von ca. 25 m Länge.

Nach den Holzartenbestimmungen (durch W. H. Schoch) sind alle Speere aus Fichte (*Picea sp.*), nur in einem Fall (Speer IV) aus Kiefernholz, hergestellt, und zwar aus Stämmchen, von denen die Rinde und alle Astansätze sorgfältig entfernt wurden. Die Speerspitzen sind jeweils völlig symmetrisch aus der Stämmchenbasis herausgearbeitet worden, wobei die Spitzenenden neben die Schwächezone des Markstrahls geführt sind.

Der größte Durchmesser und Schwerpunkt liegt bei allen Speeren (Ausnahme: der 2,50 m lange Speer VI) wie bei heutigen Wettkampfspeeren im vorderen Drittel des Schaftes, der sich zur Basis hin jeweils kontinuierlich verjüngt. Aufgrund dieser Merkmale sind die Schöninger Stücke daher keine Stoßlanzen, sondern Wurfspeere. Damit liegen mit diesen hölzernen Geräten aus dem Tagebau Schöningen die bislang ältesten vollständig erhaltenen Jagdwaffen der Welt vor, überdies sogar Fernwaffen.

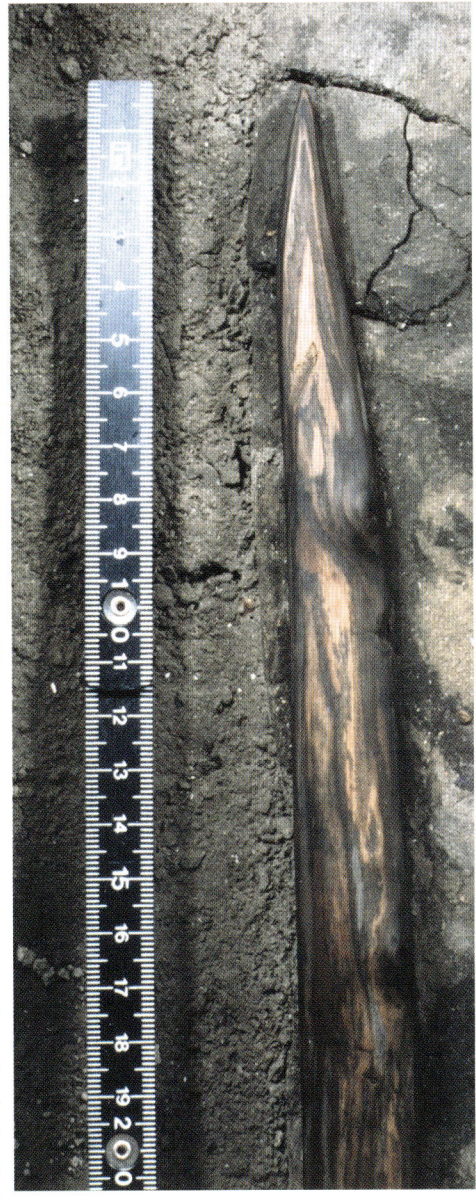

Abb. 8: Fundplatz Schöningen 13 II-4: 1 Der weitgehend freigelegte, mindestens 2,30 m lange Speer II. Die lang ausgezogene Spitze reicht in den Bildvordergrund, die Basis ist alt gebrochen und unvollständig. Direkt rechts neben dem Speer ein Schädel vom Pferd. – 2 Detail der sehr sorgfältig zugerichteten Spitze von Speer II.

Angekohlter Holzstab

Außer diesen Jagdwaffen sind zahlreiche weitere artefizielle Holzreste geborgen worden. Abgesehen von möglichen Resten weiterer Speere oder anderer Holzgeräte befindet sich darunter auch ein an einem Ende angekohlter Stab, der im Juni 1995 zum Vorschein kam. Auch dieses Holzobjekt ist für das ältere Paläolithikum bisher ohne Parallele:

Die Gesamtlänge des an seiner Basis alt gebrochenen (Fichtenholz-)Stabes beträgt ca. 89 cm, der größte Durchmesser gut 3,5 cm. Der Holzoberfläche haften keinerlei Rinden- oder Bastreste an. Der Stab wurde durch eine gleichmäßige flache Abarbeitung zu seinen Enden hin leicht verjüngt. Besonders an der Basis wirkt die Oberfläche des Stabes wie durch langen Gebrauch in der Hand geglättet. Am Distalende des Stabes erstreckt sich auf gut 8 cm Länge die angekohlte Zone, die als tiefschwarze Brandspur seine Oberfläche umlaufend überzieht.

Einen direkten Funktionszusammenhang stellen die Verkohlungsspuren mit den am Westrand der Hauptfundkonzentration gelegenen Feuerstellen her. So könnte der Holzstab z. B. zum Betreiben/Unterhalten einer Feuerstelle oder zum Schüren und Entfachen der Glut als „Stocherholz" gedient haben. Darüber hinaus könnte er auch (noch) die Funktion eines „Bratspießes" gehabt haben, der zur Nahrungszubereitung, wie zum Braten von Fleisch, am offenen Feuer genutzt wurde. Auch die Stablänge käme durchaus dieser zuletzt genannten Interpretation als „Bratspieß" entgegen, da mit ihm eine geradezu ideale Distanz von etwa einem Meter zur heißen Feuerstelle gewahrt werden konnte.

Gesamtbefund und Bedeutung

Im Verlauf des Projektes ASHB konnte seit 1983 im Tagebau Schöningen eine vielfältige Sedimentationsabfolge in den hangenden Deckschichten des Quartärs dokumentiert werden, die einen Zeitrahmen von mehr als einer halben Million Jahre umfaßt (Abb. 2). Die darin eingeschlossenen Zeugnisse früherer Vereisungen und Kaltzeiten sowie die mächtigen warmzeitlichen Ablagerungen mit ihren reichen Fossilresten bilden die Grundlage für ein solides biostratigraphisches und quartärgeologisches Schlüsselprofil für die Klima-, Vegetations- und Umweltgeschichte im weitesten Sinne in Mitteleuropa.

Von großer Bedeutung sind die darin (in zwei Warmzeiten) seit 1992 entdeckten Fundplätze aus der frühen Altsteinzeit, die neue Einblicke in die frühe Besiedlungsgeschichte und Kulturabfolge Europas ermöglichen. Von großem Ge-

Jagd auf Wildpferde vor 400.000 Jahren

wicht ist dabei der neue, durch einen bisher nicht belegten Vegetationsverlauf definierte Klimagroßzyklus der Reinsdorf-Warmzeit, der das bisherige Gliederungsschema des Eiszeitalters korrigiert bzw. ergänzt und in dem bis jetzt vier zeitlich aufeinanderfolgende Fundhorizonte mit ausgezeichneten Erhaltungsbedingungen für organische Materialien teiluntersucht werden konnten (Abb. 2).

Zwei dieser Fundplätze (Schöningen 12, Fundschicht 1 und Schöningen 13 II-4) haben erstmalig aus diesem frühen Abschnitt der Menschheitsgeschichte ein Spektrum verschiedenartiger, ausgezeichnet erhaltener Gerätschaften aus Holz geliefert. Es umfaßt nicht nur die frühesten Nachweise für die Verwendung bereits standardisierter, als Klemmschäfte interpretierter Kompositgeräte, sondern auch eine ganze Kollektion mit den bislang ältesten vollständig erhaltenen Holzspeeren. Der hohe Entwicklungsstand dieser ballistisch ausbalancierten Fernwaffen läßt zudem auf eine lange Tradition in der Verwendung derartiger Geräte schließen und unterstreicht die Tragweite der Schöninger Entdeckungen.

Der bis dahin einzige paläolithische Fund einer vollständig erhaltenen Holzlanze (Eibe) von 2,38 m Länge war die bereits eingangs erwähnte Stoßlanze aus Lehringen bei Verden, mit der in der Eem-Warmzeit vor rund 120.000 Jahren ein Waldelefant erlegt worden war. Die Wurfspeere aus Schöningen fanden sich dagegen in einem Jagdlager inmitten der Skelettreste von mehr als 17 Pferden, die wahrscheinlich mit diesen Waffen an einem Seeufer zur Strecke gebracht worden sind. So liefern die Speere auch unter diesem Aspekt völlig neue Erkenntnisse über die frühe Großwildjagd, da hier Fernwaffen anscheinend gezielt ausschließlich auf Pferde, auf schnelles flüchtiges Herdenwild eingesetzt wurden - eine Jagdtechnik und -spezialisierung, für die es aus dem Altpaläolithikum bislang keine Nachweise gab.

Die Wurfspeere korrigieren somit ein (Welt-)Bild über unsere frühen Vorfahren, das in den letzten beiden Jahrzehnten besonders im anglo-amerikanischen Fachschrifttum ausgestaltet worden und fast zur Lehrmeinung geworden war. Darin wurden jene primär als Aasesser/-verwerter, vielleicht gerade noch als opportunistische Jäger auf ungefährliches Kleinwild beschrieben. Zur (systematischen) Großwildjagd sei nach diesen Auffassungen erst der moderne Mensch (*Homo sapiens sapiens*) - als der eigentliche Kulturträger - etwa seit der Mitte der letzten Eiszeit befähigt gewesen.

Die in Schöningen in einem altpaläolithischen Wildpferd-Jagdlager gefundenen Wurfspeere zeigen nun jedoch in aller Deutlichkeit, daß bereits der Urmensch (*Homo erectus*) seine Ernährung nicht überwiegend durch das Erbeuten von Aas/Fallwild gesichert hat, sondern ein äußerst geschickter Jäger war. Er verstand es zu dieser frühen Zeit anscheinend längst, eine Großwildjagd mit speziellen Fernwaffen vorausschauend zu planen, zu organisieren, zu koordinieren und erfolgreich durchzuführen und damit bereits über die erst dem modernen Menschen zugeschriebenen geistigen Fähigkeiten vorausschauenden, planenden Denkens und Handelns zu verfügen.

Davon zeugen auch die in Schöningen geborgenen unterschiedlichen Geräte aus Holz mit den daran ablesbaren, hervorragenden technischen Fertigkeiten in den einzelnen Bearbeitungsschritten dieses Rohstoffes von seiner Auswahl bis hin zu seiner Nutzanwendung. Alles in allem wertvolle Zeugnisse für komplexe Arbeitsabläufe. Träfe die Deutung des oben beschriebenen, angekohlten Holzstabes als „Bratspieß" zu, so läge damit für diese frühe Zeit ein weiteres neues Arbeitsgerät vor, das in mit der Nutzung und Unterhaltung der Naturkraft „Feuer" in Zusammenhang stehende Arbeitsprozesse eingebunden war. Außerdem gewährt es Einblicke in die mit einer effektiven Nahrungsverwertung/-zubereitung verbundenen Tätigkeiten. Bemerkenswert ist weiterhin, daß all diese Verhaltensmuster lange nach dem Wärmemaximum des Reinsdorf-Interglazials faßbar werden, zu bereits kühl temperierten Klimaverhältnissen im Übergang zur nächsten Kaltzeit, in einer durch offene Wiesen- und Waldsteppen gekennzeichneten Landschaft: Hier im nördlichen Harzvorland am Nordrand der (nach dem heutigen Kenntnisstand) damals besiedelten Ökumene - Beleg für die dank seiner kulturellen Ausstattung weit entwickelten Anpassungsstrategien des frühen Menschen.

Ein Schwerpunkt der Arbeiten in Schöningen wird in den nächsten Jahren sein, den in diesem Beitrag nur angerissenen vielfältigen Einzelaspekten zur Evolution des frühen Menschen durch detaillierte Untersuchungen des Fundmaterials und der Befunde nachzugehen und mit ihrer Hilfe ein differenzierteres Bild vom Urmenschen, seiner Gesellschaft und seinem kulturellen Entwicklungsniveau zu entwerfen. - Mit dem vom Vorstand der BKB AG inzwischen auf 10 Jahre terminierten Zeitrahmen zur Untersuchung der Fundstelle Schöningen 13 II eröffnet sich zudem die Möglichkeit, nach der Ausgrabung der Speerfundstelle zusätzlich die vollständig überlieferte, durchschnittlich etwa sechs Meter mächtige Schichtenfolge des Reinsdorf-Interglazials auf einer Fläche von etwa 3.000 m² ausgraben und erforschen zu können - eine für die Archäologie des Eiszeitalters einmalige Chance.

Danksagung

An erster Stelle gilt mein Dank der Braunschweigische Kohlen-Bergwerke AG, namentlich Herrn Bergwerks-direktor Klaus Friedrich, ohne deren großzügiges Entgegenkommen, hilfreiche Unterstützung und Verständnis die Grabungen nicht möglich wären. Ferner danke ich den Herren Hans Germer, Oberkreisdirektor Gerhard Kilian, dem Arbeitsamt Helmstedt für seinen Einsatz zur Verfügungstellung von Mitteln für Arbeitsbeschaffungsmaßnahmen zum Zwecke der Ausgrabung. Ebenso danke ich der Stadt Schöningen, vertreten durch Herrn Stadtdirektor Jürgen Lübbe, für die Unterstützung der Grabung. Mein Dank gilt auch der Deutschen Stiftung Denkmalschutz, die Fördermittel für die Forschungsarbeiten zur Verfügung stellte. - Nicht zuletzt gilt mein Dank den Kollegen einer seit Jahren bestehenden interdisziplinären Arbeitsgruppe, die sich intensiv den Untersuchungen der geologischen, stratigraphischen, paläontologischen und ökologischen Verhältnisse der Deckschichten in Schöningen widmet und maßgeblich zum Gelingen der Forschungsarbeiten beiträgt. Ihr gehören [außer H. Thieme, Leiter des Unternehmens, Archäologie] Prof. D. Mania, Jena (Geologie, Stratigraphie, Malakologie), Prof. B. Urban, Suderburg (Pollenanalyse, Vegetationsgeschichte), Dr. M. Altermann, Halle (Paläopedologie), Dr. T. van Kolfschoten, Leiden (Paläontologie: Wirbeltiere), Prof. R. Musil, Brno (Wildpferde), Dr. G. Böhme, Berlin (Fische, Amphibien, Reptilien), Prof. D. H. Mai, Berlin (pflanzliche Makroreste, Vegetationsgeschichte), Dr. A. Hölzer, Karlsruhe (Bryophytenflora), W. H. Schoch, Adliswil (fossile Hölzer), sowie Prof. L. Zöller, Bonn, und Dr. D. Richter, Hamilton (TL-Datierungen) an.

Weiterführende Literatur:

Kolfschoten, T. van 1993, Die Vertebraten des Interglazials von Schöningen 12. Ethnogr.-Arch. Zeitschr. 34, 1993, 623-628.

ders. 1995, Faunenreste des altpaläolithischen Fundplatzes Schöningen 12 (Reinsdorf-Interglazial). In: H. Thieme u. R. Maier, Archäologische Ausgrabungen im Braunkohlentagebau Schöningen, Landkreis Helmstedt (Hannover 1995) 85-94.

Mania, D. 1993, Die Terrassen-Travertin-Sequenz von Bilzingsleben. Ein Beitrag zur Stratigraphie des Mittel- und Jungpleistozäns im Elbe-Saale-Gebiet. Ethnogr.-Arch. Zeitschr. 34, 1993, 554-575.

ders. 1995, Die geologischen Verhältnisse im Gebiet von Schöningen. In: H. Thieme u. R. Maier, Archäologische Ausgrabungen im Braunkohlentagebau Schöningen, Landkreis Helmstedt (Hannover 1995) 33-43.

Oakley, K. P., Andrews, P., Keeley, L. H. u. Clark J. D. 1977, A Reappraisal of the Clacton Spearpoint. Proc. Prehist. Soc. 43, 1977, 13-30.

Richter, D. 1998, Thermolumineszenzdatierungen erhitzter Silices aus paläolithischen Fundstellen. Ungedr. Diss. Universität Tübingen 1998.

Schoch, W. H. 1995, Hölzer aus der Fundschicht 1 des altpaläolithischen Fundplatzes Schöningen 12 (Reinsdorf-Interglazial). In: H. Thieme u. R. Maier, Archäologische Ausgrabungen im Braunkohlentagebau Schöningen, Landkreis Helmstedt (Hannover 1995) 73-84.

Thieme, H. 1995a, Der altpaläolithische Fundplatz Schöningen 13 I (Holstein-Interglazial). In: H. Thieme u. R. Maier, Archäologische Ausgrabungen im Braunkohlentagebau Schöningen, Landkreis Helmstedt (Hannover 1995) 57-61.

ders. 1995b, Die altpaläolithischen Fundschichten Schöningen 12 (Reinsdorf-Interglazial). In: H. Thieme u. R. Maier, Archäologische Ausgrabungen im Braunkohlentagebau Schöningen, Landkreis Helmstedt (Hannover 1995) 62-72.

ders. 1995c, Ein altpaläolithischer Lagerplatz aus der Zeit des Urmenschen von Schöningen 13 II (Reinsdorf-Interglazial). In: H. Thieme u. R. Maier, Archäologische Ausgrabungen im Braunkohlentagebau Schöningen, Landkreis Helmstedt (Hannover 1995) 95-106.

ders. 1996, Altpaläolithische Wurfspeere aus Schöningen, Niedersachsen. - Ein Vorbericht -. Arch. Korrbl. 26, 1996, 377-393.

ders. 1997, Lower Palaeolithic hunting spears from Germany. Nature 385, 1997, 807-810.

ders. 1998, Altpaläolithische Wurfspeere von Schöningen, Niedersachsen. Praehistoria Thuringica 2 (Artern 1998) 22-31.

Thieme, H. u. Maier, R. 1995, Archäologische Ausgrabungen im Braunkohlentagebau Schöningen, Landkreis Helmstedt (Hannover 1995).

Thieme, H. u. Mania, D. 1993, „Schöningen 12" - ein mittelpleistozänes Interglazialvorkommen im Nordharzvorland mit paläolithischen Funden. Ethnogr.-Arch. Zeitschr. 34, 1993, 610-619.

Thieme, H., Mania, D., Urban, B. u. Kolfschoten, T. 1993, Schöningen (Nordharzvorland). Eine altpaläolithische Fundstelle aus dem mittleren Eiszeitalter. Arch. Korrbl. 23, 1993, 147-163.

Thieme, H. u. Veil, S. 1985, Neue Untersuchungen zum eemzeitlichen Elefanten-Jagdplatz Lehringen, Ldkr. Verden. Kunde N.F. 36, 1985, 11-58.

Urban, B. 1993, Mittelpleistozäne Interglaziale im Tagebau Schöningen. Ethnogr.-Arch. Zeitschr. 34, 1993, 620-622.
dies. 1995a, Vegetations- und Klimaentwicklung des Quartärs im Tagebau Schöningen. In: H. Thieme u. R. Maier, Archäologische Ausgrabungen im Braunkohlentagebau Schöningen, Landkreis Helmstedt (Hannover 1995) 44-56.

dies. 1995b, Palynological evidence of younger Middle Pleistocene Interglacials (Holsteinian, Reinsdorf and Schöningen) in the Schöningen open cast lignite mine (eastern Lower Saxony, Germany). Meded. Rijks Geol. Dienst 52, 1995, 175-186.

dies. 1997, Grundzüge der eiszeitlichen Klima- und Vegetationsgeschichte in Mitteleuropa. In: A. Wagner u. K. W. Beinhauer (Hrsg.), Homo heidelbergensis von Mauer (Heidelberg 1997) 240-263.

Urban, B., Lenhard, R., Mania, D. u. Albrecht, B. 1991a, Mittelpleistozän im Tagebau Schöningen, Ldkr. Helmstedt. Zeitschr. dt. geol. Ges. 142, 1991, 351-372.

Urban, B., Elsner, H., Hölzer, A., Mania, D. u. Albrecht B. 1991b, Eine eem- und frühweichselzeitliche Abfolge im Tagebau Schöningen, Landkreis Helmstedt. Eiszeitalter u. Gegenwart 41, 1991, 85-99.

Stephan Veil

Kultur vor dem modernen Menschen?

Fragen zu den archäologischen Spuren
aus der Zeit des Neandertalers

Stephan Veil

Kultur vor dem modernen Menschen? Fragen zu den archäologischen Spuren aus der Zeit des Neandertalers

Was geschah zwischen 2.5 Millionen und 35.0000 Jahren vor heute?

Wie entwickelte sich die Kultur des Menschen von den frühesten Steinwerkzeugen vor 2,5 Millionen Jahren in Ostafrika bis zu den eiszeitlichen Bilderhöhlen Europas vor etwa 35.000 Jahren? Lassen sich beschleunigte und tiefgreifende kulturelle Veränderungen feststellen, die eine kulturgeschichtlich bedeutsame Unterteilung rechtfertigen? Dieser längste Zeitabschnitt der menschlichen Geschichte wird üblicherweise in drei bis fünf Abschnitte: (Früh-,) Alt- , Mittel-, Jung- (und Spät-)paläolithikum gegliedert (bis vor etwa 12.000 Jahren, Bild 1). Vor dem Jungpaläolithikum treten wichtige kulturelle Leistungen und grundlegende Fähigkeiten nach heutigem Kenntnisstand nicht plötzlich auf, sondern stellen sich nach und nach ein. Über Tausende von Generationen hinweg stand die Entwicklung fast still. Einige bedeutsame Veränderungen lassen sich bis an die Anfänge menschlicher Kultur zurückverfolgen. Unter dem Begriff "Kultur" sei hier allgemein die Summe aller archäologischen Spuren menschlicher Tätigkeit und unserer daraus gewonnenen Erkenntnisse verstanden. Als grundlegendes Merkmal menschlicher Kultur gilt die zielgerichtete Erzeugung von scharfen Splittern aus Stein (sogenannte Steinartefakte). Sie markiert den archäologisch erkennbaren historischen Anfangspunkt der Entwicklung außerkörperlicher Hilfsmittel des Menschen. Das Leben auf Lagerplätzen, die Teilung der Nahrung in der Gruppe und Nutzung tierischer Nahrungsquellen sind weitere Merkmale und

Jahre vor heute	Abschnitt	Epoche
11.600		
	Spät-	
13.400		
	Jung-	Paläolithikum
35-40.000		
	Mittel-	
200.000-400.000		
	Alt-	
1.000.000		
	Früh-	
2.500.000		

Bild 1: Untergliederung des Paläolithikums (Altsteinzeit). Der Beginn des Jungpaläolithikums ist ein kulturell bedeutender Einschnitt. Der Abschnitt des Spätpaläolithikums wird bisweilen auch zum nachfolgenden Mesolithikum (Mittelsteinzeit) gerechnet. Die absolute Zeitgrenze zwischen Mittel- und Altpaläolithikum ist umstritten. Die Grenzen Spät- und Jungpaläolithikum sind kalibriert.

Leistungen frühmenschlicher Wildbeuterkultur. Welche Rolle die aktive Jagd gespielt hat, ist umstritten und schwer nachweisbar. Die Tierknochen der sehr alten Lagerplätze lassen nicht ohne weiteres erkennen, wie sie erbeutet worden sind, aber es gibt ernstzunehmende Hinweise darauf, daß auch regelmäßig Aastiere aufgespürt und verwertet worden sind. Einfache Transportmittel wie Netze oder Beutel sind in dieser frühen Zeit wahrscheinlich, wenn auch nicht nachgewiesen, denn Anlässe gab es genügend: Rohmaterial für die Steinwerkzeuge mußte auf die Lagerplätze mitgenommen werden, Säuglinge konnten sich vermutlich kaum mehr an der Mutter festhalten, da wegen der Körpertemperierung durch Transpiration in der Steppe mit dem frühzeitigen Verlust des Haarkleides zu rechnen ist usw. Archäologisch sind Transportmittel erst viel später belegt. Zu nennen sind 50.000 Jahre alte verkohlte Reste möglicher Holzgefäße oder -schaufeln aus dem Felsdach Romani (Nordspanien) und eine Frau mit Kindertrage graviert auf einer Steinplatte aus Gönnersdorf (Rheinland-Pfalz) vom Ende der letzten Eiszeit vor etwa 15.000 Jahren. Seit etwa 1,5 Millionen Jahren läßt sich die Nutzung des Feuers nachweisen. In der Entwicklung der Steinwerkzeuge zeichnet sich ein Trend hin zu symmetrischen mandelförmigen Umrissen ab (Faustkeile). Die sorgfältig gestalteten Speere und ein mögliches Wurfholz aus Schöningen (Niedersachsen) und die etwas ältere, abgebrochene Lanzenspitze aus Clacton-on-sea (England) sind die ältesten derzeit bekannten Holzwaffen (je nach Datierungsgrundlage 250.000 - 450.000 Jahre alt). In Anbetracht der Zufälligkeit ihrer Entdeckung ist mit noch älteren Vorläufern zu rechnen. In diesem kulturellen Milieu mit Bevölkerungswachstum fand die Ausbreitung von Urmenschengruppen nach Norden und die Besiedlung der temperierten Mischwaldlandschaften Europas in den Warmzeiten des Eiszeitalters statt. Über die Bewertung der ältesten hierfür in Frage kommenden Funde (etwa 1 Million Jahre) herrscht noch Uneinigkeit.

In die letzten 200.000 - 300.000 Jahre vor dem Jungpaläolithikum datieren (in ungefährer zeitlicher Reihenfolge):

- Belege für die Herstellung von Geräten, Werkzeugen und Waffen aus verschiedenen Materialien (zum Beispiel mit Klebstoff in Griffe geschäftete Steinwerkzeuge), die wie die hölzernen Jagdwaffen als früheste Nachweise mit wahrscheinlichen Vorläufern gelten. Aus Schöningen wird von möglichen hölzernen Klemmgriffen für Steinwerkzeuge berichtet
- Entwicklung von Schutzmaßnahmen für das Leben in kühlen bis kalten Klimaten (Grundrisse von Wohnbauten, plausibilitätshalber Kleidung)
- Bestattungen, d.h. Niederlegung der Toten in Grabgruben
- komplexe Methoden zur standardisierten Zerlegung von Stein in Halb- und Fertigprodukte (Levallois-Methode)
- Existenz von wahrscheinlich begrifflich festgelegten Konzepten für die Formgebung von Steinwerkzeugen (unterschiedliche Schneidewerkzeuge)
- Wertschätzung von Formen (symmetrische fossile Seeigel und Muscheln usw.) und Materialien (Minerale unterschiedlichen Gewichts und Farbe).

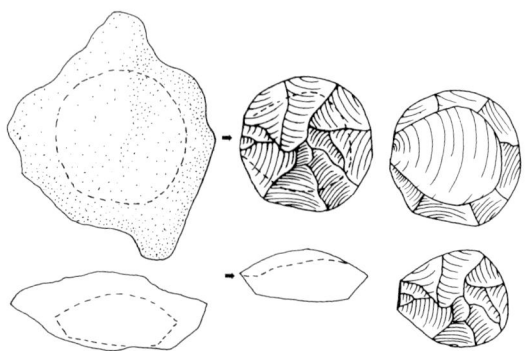

Bild 2: Herstellung von Abschlägen nach der sog. Levalloismethode, die kennzeichnend für das Mittelpaläolithikum ist.

Man hat schon früh versucht, Anhaltspunkte für eine zeitliche und räumliche Gliederung dieses über zwei Millionen Jahre dauernden Zeitabschnittes zu finden. Dafür kommen fast nur die Produktionsabfälle und Endprodukte aus Stein in Frage, weil sie anders als Artefakte aus vergänglichen Materialien wie Holz, Rinde usw. fast unzerstörbar und daher quasi immer erhalten geblieben sind. In der Steinbearbeitung läßt sich die sogenannte Levalloismethode (Bild 2) feststellen, mit der Steine planvoll in schneidend scharfe Abschläge kontrollierter Form und Größe zerlegt werden können. Da sie verstärkt etwa seit Beginn der vorletzten Eiszeit (Saale) in den Fundplätzen auftritt, kann sie als zeitliches Kriterium zur Abgrenzung der mittel- von den altpaläolithischen Fundplätzen verwendet werden.

Ebenfalls auf den steinernen Hinterlassenschaften beruht die Beobachtung, daß am Ende dieses Zeitabschnitts, besonders in der letzten Eiszeit (Weichsel) die Zahl und Standardisierung verschiedener Werkzeugformen zunimmt. Sie werden nach ihrem Umriß und der Form ihrer mutmaßlichen Arbeitskanten in unterschiedliche Typen gegliedert. Wie weiter unten ausgeführt, werden die Fundplätze nach der Ähnlichkeit ihrer Typenspektren bzw. dem Vorhandensein bestimmter Typen zu Gruppen zusammengefaßt. Die Bedeutung dieser Formengruppen oder "Kulturen" in kulturgeschichtlicher Hinsicht ist allerdings nicht einfach zu bestimmen. Denn die Steinartefakte sind ja nur ein Ausschnitt aus der Gesamtheit aller ehemaligen kulturellen Äußerungen, der sich materialbedingt erhalten konnte. Außerdem taugen die Steinwerkzeuge nicht unbedingt als Gradmesser der technischen und sonstigen Leistungsfähigkeit einer Kultur, und sie müssen auch nicht die ethnische Zugehörigkeit einer Menschengruppe widerspiegeln (die Steinwerkzeugherstellung australischer Ureinwohner ist vergleichbar mit mittelpaläolithischen Standards, während ihre Verwandtschaftssysteme, mythischen Vorstellungen unter anderem zu den kompliziertesten gehören). Sie sind zunächst einfach Ausdruck davon, daß Menschengruppen zu unterschiedlichen Zeiten und in bestimmten Gebieten ihrer Tradition entsprechende spezifische Herstellungstechniken und Werkzeuge verwendet haben.

Insgesamt betrachtet läßt sich für die Zeit vor dem Jungpaläolithikum ein über Hunderte von Generationen gleichbleibendes Kulturniveau rekonstruieren. Die kulturellen Fähigkeiten und Möglichkeiten erweiterten sich allmählich ohne erkennbare Sprünge. Erst zum Ende dieses Zeitabschnittes hin ist zwar, wie oben ausgeführt, eine gewisse Beschleunigung zu beobachten, jedoch keine plötzliche

Kultur vor dem modernen Menschen?

Veränderung. In der archäologischen Systematik wird dieser späte Abschnitt des europäischen Altpaläolithikums auf Grund der erwähnten Kriterien der Stein-werkzeuge und ihrer Herstellungstechnik ausgegliedert und als Mittelpaläolithi-kum bezeichnet. Er ist weder mit dem Auftreten einer bestimmten Menschenart verknüpft noch durch eine erkennbare wesentliche kulturelle Neuerung gekenn-zeichnet. Der Begriff des Mittelpaläolithikums ist formal zu verstehen und dient vor allem der zeitlichen Ordnung des archäologischen Fundstoffs. Daß der so be-zeichnete Zeitabschnitt ein Übergang zum Jungpaläolithikum war und gewis-sermaßen eine vermittelnde Bedeutung hatte, ist umstritten.

Worin unterscheiden sich die Kulturen des Mittelpaläolithikums und des Jungpaläolithikums und welche Bedeutung hat die Grenze?

Den Übergang vom Altpaläolithikum zum Mittelpaläolithikum kann man sich den archäologischen Spuren zufolge als einen kontinuierlichen Prozeß all-mählicher kultureller Veränderung vorstellen. Die Beurtei-lung der Unterschiede zwischen den kulturellen Eigen-schaften und Fähigkeiten des Mittelpaläolithikums und des Jungpaläolithikums fällt dagegen anders aus. Hier liegen Hinweise auf einen grundlegenden Kulturwandel anderer Qualität vor, wie die Gegen-überstellung von jungpaläolithischen und mittel-paläolithischen Kulturelementen zeigt.

Was kennzeichnet die Kultur des Jungpaläolithikums?

Schon die ältesten jungpaläoli-thischen Inventare der sogenannten Aurignacienkultur, die mit Ausnahme Skandinaviens im gesamten Europa verbreitet sind, vor 35.000 - 40.000 Jahren enthalten alle die wesent-lichen Kulturelemente, die im vor-ausgehenden Mittelpaläolithikum fehlen, umstritten oder sehr selten sind. Zu den bedeutsamsten, weil in die Welt der geistigen Vorstellungen reichenden, zählen Werke der bil-denden Kunst und Schmuckgegen-stände. Es sind die frühesten ar-

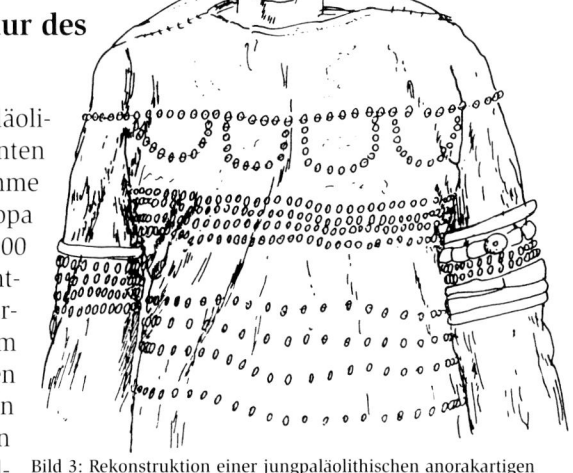

Bild 3: Rekonstruktion einer jungpaläolithischen anorakartigen Bekleidung nach dem Perlenbesatz, der auf dem Skelett der Bestattung 1 von Sungir östlich von Moskau (Rußland) frei-präpariert worden ist.

Kultur vor dem modernen Menschen?

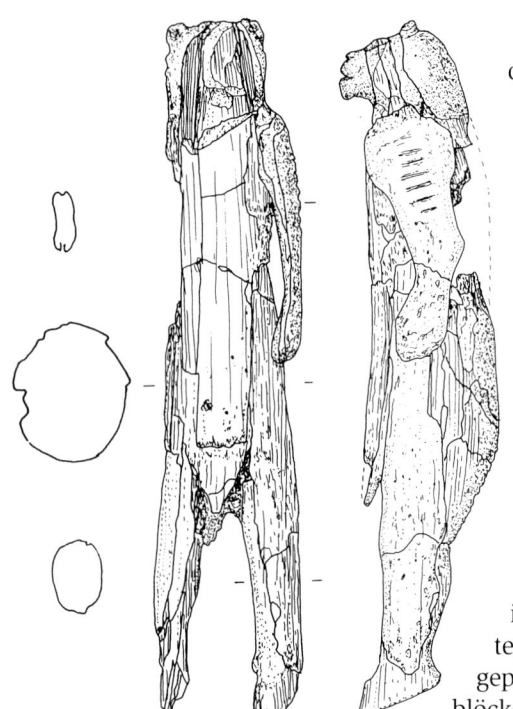

Bild 4: Elfenbeinstatuette mit menschlichen und tierischen Merkmalen, sogenannter Löwenmensch, aus dem Aurignacien der Höhle Hohlenstein-Stadel im Lonetal (Baden-Württemberg). Länge: 28,1cm

chäologischen Belege ihrer Art. Sie treten bereits in technischer wie künstlerischer Vollendung auf, ohne daß eine Entwicklungsphase erkennbar wäre. Zu den Schmucksachen zählen beispielsweise Anhänger und Perlen aus Elfenbein und durchbohrte Tierzähne. Sie wurden auch als persönliche Beigabe in Bestattungen gefunden. Im Grab des Mannes von Sungir (Rußland) waren die Perlen offensichtlich auf ein anorakartiges Kleidungsstück aufgenäht (Bild 3). Kunst im Sinne figürlicher Bilder und Zeichen tritt in verschiedenen Techniken in Erscheinung. Es kommen Skulpturen und Halbreliefs aus Elfenbein und Stein vor, in etwas späterer Zeit auch aus gebranntem Ton, außerdem gemalte, gravierte und gepickte Bilder auf Höhlenwänden und Felsblöcken. Abgebildet werden vor allem gefährliche und kraftvolle Tierarten wie Löwen, Bären, Wisente und andere. Aber auch Menschen wurden abgebildet, darunter eine Frauendarstellung und ein Wesen mit erhobenen Armen. Rätselhaft sind jene aus Elfenbein geschnitzten und auf eine Höhlenwand gemalten unwirklichen Mischwesen mit menschlichen und tierischen Merkmalen, die Einblick in eine Phantasiewelt gewähren (Bild 4). Aus dieser Zeit stammen auch die ältesten sicheren Belege für musikalische Aktivitäten: eine Knochenflöte mit mehreren gebohrten Löchern, auf der Melodien gespielt werden können.

Bild 5: Herstellung von Klingen nach der jungpaläolithischen Methode.

Andere Neuerungen sind mehr im praktischen, technischen Bereich angesiedelt. Dazu gehören die Techniken zur Verarbeitung harter tierischer Materialien (Knochen, Elfenbein, Geweih), aus denen außer Kunst- und Schmuckgegenständen auch Waffen (Speerspitzen) und Werkzeuge herge-

Kultur vor dem modernen Menschen?

stellt wurden. In der Steinwerkzeugherstellung dominiert jetzt eine Methode, mit der gleichmäßige dünne und lange Steinklingen mit parallelen Kanten in Serie produziert werden können (Bild 5). Die Klingen dienten als Ausgangsform für standardisierte Werkzeuge wie Kratzer und Stichel.

Kennzeichnend für das Jungpaläolithikum sind ferner strukturierte Lagerplätze mit unterschiedlichen Tätigkeitsbereichen. Die Behausungen sind zum Teil eingegraben, ihre Böden mit Steinen befestigt, manchmal lassen sich Pfosten- und Stangengruben nachweisen, und sogar Wand- und Dachkonstruktionen aus Knochen und Stoßzähnen vom Mammut kommen in Osteuropa vor, ferner Gruben unterschiedlicher Größe zur Aufbewahrung von Gütern und gebaute Feuerstellen.

Im gesamten Jungpaläolithikum wurden Tote bestattet. Neben den sorgfältigen Gräbern einzelner Personen sind auch Doppel- und Mehrfachbestattungen im Jungpaläolithikum bekannt. Den Toten wurden in der Regel ihr persönlicher Schmuck, manchmal Gegenstände der Jagdausrüstung und seltener besondere Objekte mitgegeben. Bisweilen sind sie ausgesprochen reich ausgestattet. Roter Farbstaub aus Roteisenstein ist in fast allen Fällen belegt und könnte eine rituelle Bedeutung gehabt haben.

Was kennzeichnet die Kultur des Mittelpaläolithikums?

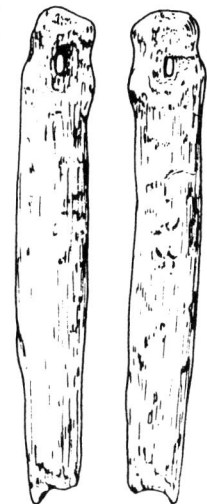

Im Vergleich mit dem Jungpaläolithikum ergibt sich für die mittelpaläolithische bzw. altpaläolithische Kultur ein deutlich unterschiedliches Bild. Die markantesten Unterschiede betreffen die Schmuck- und Kunstäußerungen. Die Zahl der überhaupt als solche auch nur in Frage kommenden mittelpaläolithischen Fundstücke bleibt trotz ausreichend zahlreicher und gut ausgegrabener Fundplätze und bei großzügiger Auslegung äußerst gering (zu den Ausnahmen aus der Übergangszeit zum Jungpaläolithikum). In Europa und dem Vorderen Orient dürfte es sich um nur ein, allenfalls zwei Dutzend Objekte handeln.

Als mögliche Schmuckobjekte werden angeführt: einige Knochen mit möglicher Aufhängevorrichtung, darunter ein Schwanzwirbel und Mittelfußknochen vom Wolf mit sanduhrförmigen Löchern aus der Bocksteinschmiede (Baden-Württemberg, Bild 6) sowie eine durchlochte Rentierphalange und

Bild 6: Durchlochter Schwanzwirbel und Mittelfußknochen vom Wolf aus dem Mittelpaläolithikum der Bocksteinschmiede im Lonetal (Baden-Württemberg).

ein angebohrter Fuchseckzahn aus La Quina (Frankreich). Es bleibt ohne moderne Untersuchungen unklar, ob die Löcher eindeutig auf menschliche Einwirkung zurückzuführen, und nicht etwa durch Tierverbiß entstanden sind. Gleiches gilt für die als Flöten oder Pfeifen gedeuteten Knochen mit Löchern, deren Herstellung durch den Menschen umstritten ist, da sich, positiv ausgedrückt, eine natürliche Entstehung durch Verbiß von Hyänen u.ä. nicht ausschließen läßt. Und selbst wenn diese fraglichen Stücke tatsächlich bearbeitet sein sollten, müßte man ihnen allein schon wegen ihrer Seltenheit wohl eine andere Bedeutung als im Jungpaläolithikum beimessen. Roter mineralischer Farbstoff wird unter anderem in Zusammenhang mit mittelpaläolithischen Bestattungen erwähnt, so aus La-Chapelle-aux-Saints (siehe unten).

Eine andere Kategorie von Funden, die im Zusammenhang mit symbolischen Vorstellungen stehen könnten, sind jene gleichfalls extrem seltenen Objekte, die aufgrund von Form oder Materialeigenschaft eine besondere Wertschätzung erfahren haben (könnten). Beispielhaft sind zu nennen ein Stück Bleiglanz und ein fossiler Seeigel aus Feuerstein, der schaberartig zugerichtet ist, aus Merry-sur-Yonne (Nordfrankreich) und zwei Fossilien und ein Stück Pyrit aus Arcy-sur-Cure (Nordfrankreich). Bei allen handelt es sich um ortsfremde Materialien, und die Stücke aus Arcy wurden zusammenliegend gefunden, was für ihre Wertschätzung durch den mittelpaläolithischen Menschen spricht. Übrigens datieren beide Fundkomplexe in den Grenzhorizont Mittelpaläolithikum /Jungpaläolithikum in das sogenannte Chatelperronien , dessen kulturgeschichtliche Deutung umstritten ist (siehe unten). Außerdem gibt es verschiedentlich Faustkeile mit Fossileinschlüssen wie Muscheln usw., die erst durch die menschliche Bearbeitung sichtbar wurden. Ein schönes Beispiel (Bild 7) ist der Schaber mit dem Fossileinschluß eines Armfüßers vom Schweinskopf (Rheinland-Pfalz). Dieses Steinartefakt ist aus ortsfremdem Quarzit gefertigt, dessen Herkunft mehr als 100 km entfernt vermutet wird. Seine Kanten sind so verrundet, als ob der Schaber längere Zeit in einem Beutel oder ähnliches getragen worden wäre. Diese Beobachtungen sprechen für eine besondere auf den Armfüßer gerichtete Wertschätzung. In späteren Zeiten haben Menschen derartigen kuriosen, unerklärlichen Dingen bisweilen eine Zauberwirkung zugeschrieben, was sich für die mittelpaläolithischen

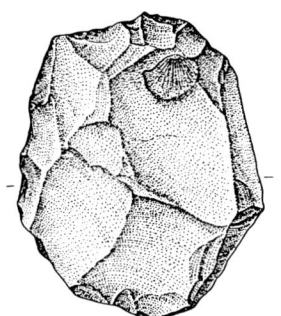

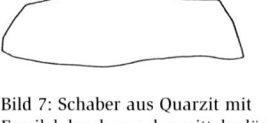

Bild 7: Schaber aus Quarzit mit Fossilabdruck aus der mittelpaläolithischen Fundschicht des Schweinskopf, einem Vulkan der Osteifel (Rheinland-Pfalz).

Kultur vor dem modernen Menschen?

Objekte nicht beweisen läßt. Ihre Seltenheit wäre in diesem Fall leichter als bei den fraglichen Schmuckobjekten zu verstehen, die schon aufgrund ihrer Signal- und Schaufunktion häufiger sein müßten. Immerhin zeigen die merkwürdigen Gegenstände, daß der mittelpaläolithische Mensch anscheinend einen besonderen Sinn für ungewöhnlich geformte und beschaffene Dinge besaß.

Im gesamten Mittelpaläolithikum fehlen mit den jungpaläolithischen Kunstäußerungen vergleichbare Gegenstände. Bildwerke mit gegenständlichem Inhalt sind unbelegt. Sehr selten sind graphische Darstellungen mit möglichem symbolischen Inhalt. Zu den ältesten diskutierten Belegen gehören die Knochen mit regelhaft eingeritzten Linienmustern aus dem altpaläolithischen Lagerplatz bei Bilzingsleben (Thüringen), allerdings sind auch dort Zweifel aufgetaucht, ob sie bewußt als solche graviert worden sind. Derartige Linien können auch unbeabsichtigt, zum Beispiel beim Zerlegen der Jagdbeute als Schnittspuren entstehen. Interessant ist ein Knochen mit eingravierten parallelen Strichreihen (Bild 8). Auffälligerweise ist er in der Nähe der Neandertalerbestattung 1 von La Ferrassie (Frankreich) gefunden worden. Aus der Travertinfundstelle Tata (Ungarn) stammt ein auch Münzstein genannter flacher Nummulit mit einem kreuzähnlichen Zeichen: Eine wahrscheinlich eingravierte Linie schneidet rechtwinklig einen natürlichen Riß. Außerdem liegt ein ovaler flacher Gegenstand vor, der aus der Lamelle eines Mammutbackenzahns gearbeitet sein soll und Abnutzungsspuren trägt. Schließlich ist noch ein Knochen mit zickzackförmiger Linie aus dem späten Moustérien der Höhle Bacho Kiro (Bulgarien) zu erwähnen. Nach einer mikroskopischen Analyse soll sie in einem Zug, ohne abzusetzen, eingraviert worden sein.

Wenn auch gegenständliche Bilder und, von den erwähnten, durchaus diskutablen Ausnahmen abgesehen, Zeichen fehlen, so kommt doch zweierlei in den mittelpaläolithischen Hinterlassenschaften zum Ausdruck, was in einem gewissen Zusammenhang mit Kunst und graphischen Darstellungen steht. Zum einen ist die motorische Fähigkeit zur sehr genauen und sorgfältigen Gestaltung von glatten Oberflächenstrukturen vorhanden. Das beweisen im praktischen Bereich die hohe Qualität der Oberflächenbearbeitung von hölzernen Speeren und Werkzeugen aus Stein wie

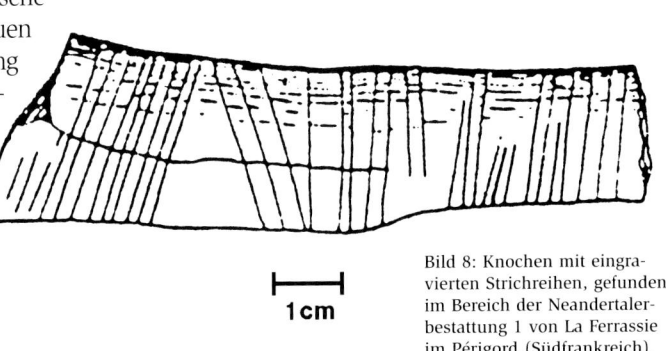

1 cm

Bild 8: Knochen mit eingravierten Strichreihen, gefunden im Bereich der Neandertalerbestattung 1 von La Ferrassie im Périgord (Südfrankreich).

Kultur vor dem modernen Menschen?

zum Beispiel Faustkeile. Zum anderen gibt es für den geistigen Hintergrund in der Steinbearbeitungstechnologie Hinweise auf die Existenz unterschiedlicher Formkonzepte, die der praktischen Gestaltung der Steinwerkzeuge und dem Näherungsprozess an bestimmte Formen zugrunde lagen. Damit scheinen die mittelpaläolithischen Menschen zumindest über einige der geistigen und visuell-motorischen Fähigkeiten verfügt zu haben, die auch für die Schaffung von bildlichen Darstellungen unerläßlich sind. Steht zwischen der Schaffung einer abstrakten Form wie einem perfekt achsensymmetrisch gestalteten Steinmesser und der Abbildung eines konkreten Objektes, zum Beispiel eines Mammuts, mehr als eine andersartige Zielvorstellung von dem, was geformt werden soll? Ist das Neuartige bei der künstlerischen Gestaltung die Übertragung der Bedeutung eines realen Objektes auf ein künstliches? Mußte die Idee, daß auch etwas anderes als Werkzeuge und Waffen gestaltet werden kann, erst geboren werden wie später Schrift erfunden wurde? Und unter welchen wirtschaftlichen, gesellschaftlichen und kulturellen Bedingungen konnte die Umsetzung dieser Idee von Vorteil sein? Die Beantwortung dieser und ähnlicher Fragen werden vielleicht darüber Auskunft geben, warum es im Mittelpaläolithikum keine figürliche Kunst gegeben hat.

Gerade in Anbetracht der beachtlichen nachgewiesenen visuell-motorischen und geistigen Fähigkeiten des mittelpaläolithischen Menschen erscheint die Möglichkeit realistisch, daß er Schmuck- und Kunstsachen aus pflanzlichen und anderen vergänglichen Stoffen hergestellt hat, die weitaus schlechtere Erhaltungschancen als Elfenbein, Geweih, Knochen und Zahn haben. Wurfwaffen sind im Mittel- und Altpaläolithikum erst seit 1995 durch die hölzernen Speere aus Schöningen (Niedersachsen) belegt. Aus dem Jungpaläolithikum kennen wir keine Speere. Ihr faktischer Nachweis in dieser Zeit ist die Erfindung der Speerschleuder, deren Funktionsende aus Geweih und Elfenbein gearbeitet wurde. Denn bei den zahlreichen widerstandsfähigen jungpaläolithischen Geschossspitzen aus Geweih, Knochen, Elfenbein oder Stein, oft mit aufgeklebten Schneiden aus Stein versehen, ist nicht klar zu unterscheiden, ob sie zu Lanzen, Speeren oder Pfeilen gehörten. Streng genommen ist also die Aussage zu Schmuck und Kunst im Mittelpaläolithikum dahingehend zu differenzieren, daß diese Sachen

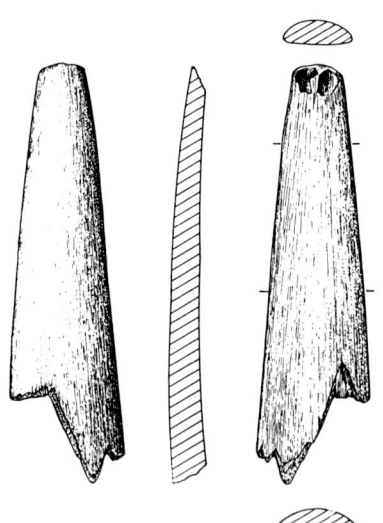

Bild 9: Bruchstück einer mittelpaläolithischen Knochenspitze aus der Großen Grotte bei Blaubeuren (Baden-Württemberg).

Kultur vor dem modernen Menschen?

jedenfalls nicht aus den gleichen Materialien wie im Jungpaläolithikum hergestellt wurden. Daß diese Gegenstände aus anderen vergänglicheren Materialien gefertigt wurden, kann allerdings nur durch entsprechende Funde nachgewiesen werden.

Anders als bei Kunst und Schmuck finden sich für die übrigen oben angeführten jungpaläolithischen Kulturelemente Vorläufer im Mittelpaläolithikum der letzten Eiszeit. So gibt es eine letzteiszeitliche mittelpaläolithische Knochenspitze aus der Großen Grotte bei Blaubeuren (Baden-Württemberg) (Bild 9), die sich in ihrer Oberflächenbearbeitung kaum von jungpaläolithischen Geschoßspitzen unterscheidet. Ferner liegen, wenn auch außerordentlich selten, andere Geräte aus Knochen vor, zum Beispiel angespitzte Rippen aus Salzgitter-Lebenstedt (Niedersachsen) und aus der Knochenkompakta geschlagene Werkzeuge wie zum Beispiel ein Faustkeil vor. Gerade die Knochenspitze zeigt, daß

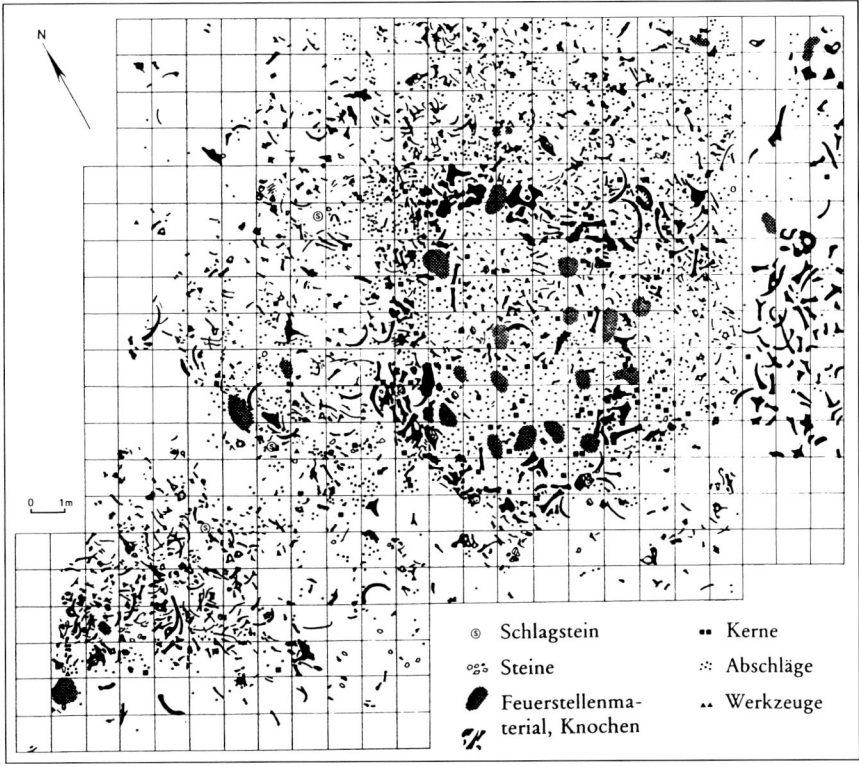

Bild 10: Siedlungsreste auf dem mittelpaläolithischen Freilandlagerplatz von Molodova I am Dnestr (Ukraine): eine ringartige Anhäufung aus Mammutknochen und -stoßzähnen von etwa 10 m Durchmesser, mit Feuerstellen und zahlreichen Steinartefakten. Sie wird als Grundriß eines Kuppelzeltes gedeutet.

Kultur vor dem modernen Menschen?

es andere Gründe als Unkenntnis und Unvermögen gegeben haben muß, warum diese Materialien im Mittelpaläolithikum so signifikant seltener als im Jungpaläolithikum sind.

Auch die schon erwähnte, lange als spezifisch jungpaläolithisch angesehene Methode zur Herstellung von Klingen ist in bestimmten Abschnitten des Mittel-paläolithikums praktiziert worden, so in nordwesteuropäischen Inventaren vom Beginn der letzten Eiszeit (siehe unten), zum Beispiel im Niveau CA von Rien-court-Les-Bapaumes (Frankreich). Ansonsten dominiert die mittelpaläolithische Levallois-Methode.

Trotz vorhandener Lagerplatzspuren bleiben mittelpaläolithische Strukturen wie Feuerstellen, Gruben und sicherer Hinweise auf Wandstellungen von Behausungen selten. Als Beispiele für komplexe Lagerplätze ist die Höhle von Lazaret (Südfrankreich) aus der vorletzten Eiszeit zu nennen, in der Spuren eines gegen die Höhlenrückwand gebauten Wohnbaus erhalten sind. Aus dem Frei-landfundplatz Molodova I (Ukraine) ist ein letzteiszeitlicher mittelpaläolithischer Be-fund bekannt (Bild 10), der in einer 10 m messenden ringähnlichen Anhäufung aus Knochen und Stoßzähnen vom Mammut (Baumaterial?) mehrere kohlehaltige Flecken (Feuerstellen?) und Steinartefakte enthält und als Rest eines jurtenähnlichen Kuppelzeltes gedeutet wird. Allerdings liegt keine detaillierte Analyse publiziert vor.

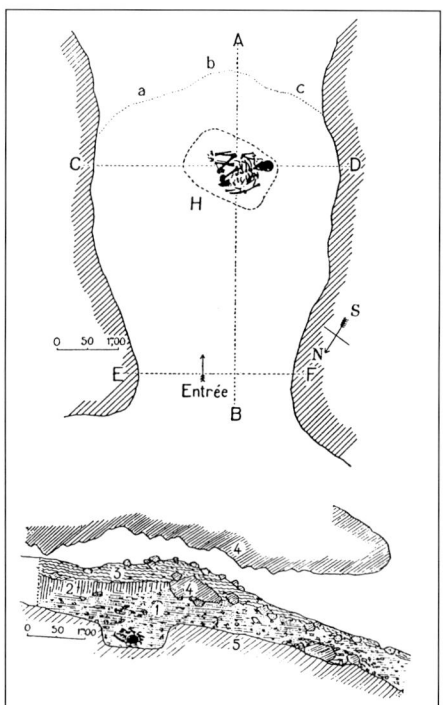

Besser steht es um Belege von Bestat-tungen. Einer Berechnung zufolge stammen nur 6% der durch Skelettreste nachgewiese-nen Individuen, alle Neandertaler, aus Bestat-tungen. Die meisten Gräber lagen im Be-reich der Wohnplätze unter Felsdächern und Höhlen und zwar fast ausschließlich in Frankreich und dem Vorderen Orient, trotz guter Auffindungsmöglichkeiten beispiels-weise in Italien. Es wurde erwogen, diese geographischen Häufungen mit regionalen Traditionsunterschieden in der Behandlung toter Gruppenmitglieder zu erklären. Die Toten wurden, wie der „alte" Mann von La-Chapelle-aux-Saints (Südfrankreich, Bild 11),

Bild 11: Schnitt durch die Höhle von La-Chapelle-aux-Saints im Périgord (Südfrankreich) und Plan mit der Bestattung eines 40-50 jährigen Neandertalermannes in einer Grube.

Kultur vor dem modernen Menschen?

meist in flachen Gruben und mit angezogenen Beinen niedergelegt. Vor dem Felsdach von La Ferrassie (Südfrankreich) fand sich eine außergewöhnliche friedhofähnliche Ansammlung von vier Kinder- und zwei Erwachsenengräbern. Der Nachweis von Grabbeigaben stellt ein Problem dar, da ihre Lage in den schon frühzeitig ausgegrabenen Bestattungen nicht ausreichend klar dokumentiert ist. „Schöne" Steinwerkzeuge und als Nahrungsbeigaben gedeutete Tierknochen können auch unbeabsichtigt mit in die Grabfüllung gelangt sein, zumal es sich ja um Lagerplätze handelt. Insofern ist auch der schon erwähnte Knochen mit eingravierten Strichgruppen aus der Bestattung 1 von La Ferrassie letztlich als nicht gesichert, wenn auch sehr wahrscheinlich (Abb. 8). Die sibirische Bergziege, deren Hornzapfen kreisartig um das Neandertalerkind herum in der Höhle Tešik-Taš angeordnet gewesen sein sollen, war Hauptjagdwild auf diesem Lagerplatz, so daß auch in diesem Fall die Absicht nicht völlig gesichert erscheint. Unter dem Neandertaler der Bestattung IV im Innern der Höhle von Shanidar (Irak) wurde Blütenstaub geborgen und untersucht. Er stammt von Blumen, die durchaus als Beigabe in Frage kommen. Andere Erklärungen wie Einbringung während der Ausgrabung usw. sind wenig stichhaltig. Bei dem Proto-Cromagnoiden aus Grab 8 von Quafzeh (Israel) lag ein Stück roter Ocker mit Abriebspuren (Bild 12).

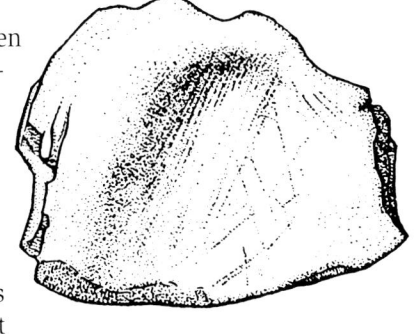

Aus den mittelpaläolithischen Bestattungen läßt sich, wenn man einmal profane und praktische Gründe ausschließt, ein Abstraktionsvorgang dergestalt ableiten, daß der nun leblose mit dem eben noch lebendigen Körper gleichgesetzt wird. Das setzt wohl auch voraus, daß das andere Individuum bewußt als solches wahrgenommen wird. In diesem minimalistischen Sinn können die Bestattungen als Akte zwischenmenschlicher Fürsorge erklärt werden. Ähnlich wird auch der pathologische Befund an dem Neandertaler I aus Shanidar erklärt, dessen Oberarmknochen verkrüppelt und verheilt ist. Ohne Hilfe hätte dieses Gruppenmitglied kaum überleben können.

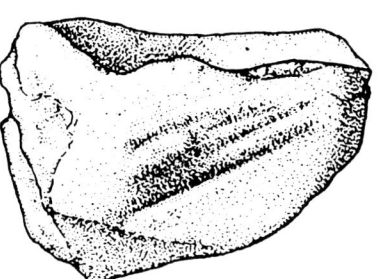

Aus der Übersicht ergibt sich, daß erst mit Beginn des Jungpaläolithikums jene kulturellen Merkmale archäologisch nachweisbar sind, nämlich Kunst und Schmuck, denen eine grundlegende Bedeutung für menschliche Kultur aus heutiger Sicht beigemessen wird, und

Bild 12: Stück roten Ockers mit Kratzspuren (Farbstoff?) aus der Bestattung 8 eines Proto-Cromagnoiden (archaischer moderner Mensch) von Qafzeh (Israel).

Kultur vor dem modernen Menschen?

die seither zum Grundbestand der meisten wenn nicht aller menschlichen Gemeinschaften auf der Erde zählen. Die mögliche Tragweite dieser Neuerungen wird deutlich, wenn man nach ihren Hintergründen und Voraussetzungen fragt. So wird dem Schmücken des eigenen Körpers die Entstehung des Bewußtseins von der eigenen Person vorausgegangen sein, es fragt sich allerdings, wie lange. Bildende Kunst setzt die Fähigkeit voraus, äußere visuelle Eindrücke bewußt wahrzunehmen, zu verarbeiten und als Bild auszudrücken, und auch hier stellt sich die Frage, wie lange vor dem ersten Bildwerk diese Fähigkeit schon existiert hat.

Haben sich schon vor dem Jungpaläolithikum unterschiedliche Kulturtraditionen herausgebildet oder gab es eine einheitliche "Urkultur"?

Seit dem Jungpaläolithikum und in allen späteren Epochen sind wir gewohnt, immer wieder auf Gruppierungen im archäologischen Fundstoff zu treffen, die voneinander durch ihnen eigentümliche kulturelle Merkmale wie Bestattungssitten, Werkzeugformen, Keramikstile usw. abgegrenzt werden können.

Wie äußern sich Kulturtraditionen im Jungpaläolithikum?

Als Beispiel seien die kulturellen Verhältnisse am Ende der letzten Eiszeit vor etwa 14.000-15.000 (Kalender)Jahren skizziert, wie sie sich hypothetisch rekonstruieren lassen. In der Steppenlandschaft der norddeutschen Tiefebene war eine nach Fundplätzen bei Hamburg benannte Jäger-Kultur verbreitet, die unter anderem Waffenspitzen aus Feuerstein mit eigentümlichen Einkerbungen für die Schäftung, sogenannte Kerbspitzen, herstellten. Südlich von ihnen im Mittelgebirgsraum lebten noch zu dieser Zeit Jägergruppen der sogenannten Magdalénien-Kultur. Sie stellten für ihre Speere Spitzen aus Geweih oder Elfenbein her, auf denen zur Verbesserung der Durchschlagskraft feine Feuersteinschneiden (sogenannte Rückenmesser) aufgeklebt waren. Die unterschiedlichen Projektile könnten zwei Bewaffnungssysteme widerspiegeln: Pfeil mit Kerbspitze und Bogen bei den nördlichen Jägern, Speere bei den südlichen Nachbarn, die sie mit der Speerschleuder warfen. Wenige hundert Jahre später setzte ein gewaltiger Klimaumschwung ein, der das Ende der letzten Eiszeit markierte und die Steppe in eine Waldlandschaft verwandelte. Im Gebiet der früheren Hamburger und Magdalénien-Kultur finden sich nun Spuren einer andersartigen Kultur, den sogenannten Federmessergruppen. Kennzeichnend sind jetzt unter anderem Feuersteinprojektile mit gebogenem Rücken, sogenannten Rückenspitzen oder Federmesser wahrscheinlich zur Bewehrung von Pfeilen. In einem vergleichs-

Kultur vor dem modernen Menschen?

weise kurzen Zeitabschnitt und kleinen Gebiet lassen sich folglich drei unterschiedliche kulturelle Ausprägungen jungpaläolithischer Jäger und Sammler feststellen. Das Magdalénien und die Hamburger Kultur bestanden teilweise gleichzeitig nebeneinander und wurden später abgelöst von den Federmesser-Gruppen. Wahrscheinlich sind die Federmesser-Gruppen Ergebnis einer Anpassung der früheren eiszeitlichen Steppenjäger-Kulturen an die nacheiszeitlichen Umweltbedingungen.

Auf welchen Grundlagen beruht die Untersuchung mittelpaläolithischer Kulturtraditionen?

Lassen sich nun derartige kulturelle Differenzierungen, sei es in zeitlicher Abfolge als Kulturwandel oder zeitgleich als Nebeneinander unterschiedlicher Kulturtraditionen, auch schon vor dem Jungpaläolithikum feststellen? Unter den aus dem Mittelpaläolithikum überlieferten Funden bieten sich für die Beantwortung dieser Frage vor allem die Steinwerkzeuge und die bei ihrer Herstellung entstandenen Abfallprodukte (Kernsteine und Abschläge) an, denn andere Materialien wie Leder, Holz usw. sind nicht oder zu selten erhalten, um eine Gliederung zu ermöglichen. Ihre Untersuchung erlaubt Aussagen zur Herstellungsmethode, Formgebung, Benutzung, Handhabung usw., also Aspekte, die komplex, variabel und kulturell geprägt sein können. Zum kulturellen Verhalten, das sich aus der Untersuchung der Reste der Jagdtiere, ihrer Auswahl, Zerlegung und Verwertung erschließt, liegen kaum vergleichende Analysen vor.

Bei Fragen nach Veränderungen der „Steinwerkzeugkultur" im Mittelpaläolithikum ist zu bedenken, daß sie nicht notwendigerweise das in der jeweiligen Zeit erreichte höchste Niveau in Technik und Gestaltung widerspiegeln muß. Auch stellt sie mit Sicherheit nur einen kleinen Ausschnitt aus der Gesamtheit kultureller Äußerungen dar. Schließlich ist bei der Frage nach mittelpaläolithischen Kulturtraditionen zu berücksichtigen, daß die Überlieferung von Lagerplätzen weit lückenhafter als im Jungpaläolithikum ist, wie folgende überschlagsmäßige Rechnung zeigt. Grundlage für das oben beschriebene späteiszeitliche Szenario im nördlichen Mitteleuropa sind etwa 30 datierte und ausgegrabene jungpaläolithische Lagerplätze aus einem Zeitraum von etwa 2.000 Jahren, das heißt durchschnittlich 1 Fundplatz in 70 Jahren, was etwa 3 Generationen entspricht. Im gleichen Gebiet stehen hingegen nur etwa 20 aussagekräftige mittelpaläolithische Inventare für einen Zeitraum von mindestens 200.000 Jahren zur Verfügung, also nur 1 Fundplatz alle 10.000 Jahre (etwa 400 Generationen). Für eine gleich gute zeitliche Auflösung wie im Jungpaläolithikum bräuchten wir 150 mal mehr Fundplätze, nämlich 3.000 statt der vorhandenen etwa 20 mittelpaläolithischen Fundplätze. Bei dieser groben Schätzung bleiben allerdings Faktoren wie die Dauer besiedlungsfeindlicher Klimaphasen und die wahrscheinlich geringere Populationsdichte im Mittelpaläolithikum, also weniger zu erwartende Lagerplätze, unberücksichtigt.

Welche Kulturtraditionen lassen sich im Mittelpaläolithikum erkennen?

Nachfolgend seien beispielhaft einige Tendenzen für den mitteleuropäischen Raum aufgezeigt. Die Fundstellen aus dem älteren Mittelpaläolithikum, zeitlich etwa zwischen der sogenannten Holstein-Warmzeit (in der klassischen, aber nicht alle Warmzeiten widerspiegelnden nordeuropäischen Eiszeitgliederung ist es die vorletzte. Schätzungen ihres Alters reichen etwa von 200.000 bis 500.000 Jahre), und der letzten Eem-Warmzeit vor etwa 125.000 Jahren werden nach den Steinwerkzeugen üblicherweise in zwei Hauptgruppen unterteilt. In der ersten Gruppe sind die Werkzeuge aus Abschlägen gefertigt, deren Ränder zu geraden oder gebogenen Arbeitskanten (sogenannte Schaber) oder spitz zusammenlaufend geformt sind (sogenannte Spitzen). Als Beispiel für diese traditionell als Mousterien (mit zahlreichen Varianten) bezeichnete Gruppe ist die Ostecken-Fundschicht des Fundplatzes Mönchengladbach-Rheindahlen (Nordrhein-Westfalen) zu nennen, ein Lagerplatz in der Steppenlandschaft der vorletzten Eiszeit. In der zweiten Gruppe kommen neben den Abschlagwerkzeugen auch Faustkeile vor, also jene durch beidflächige Bearbeitung aus dem Ausgangsgestein, gewissermaßen aus dem Vollen herausgeschlagenen Werkzeuge symmetrischer Form mit scharfen Kanten und spitzem Ende. Diese Gruppe wird traditionell als Acheuléen bezeichnet. Markkleeberg bei Leipzig, auf den Schottern und Kiesen eines eiszeitlichen Flußtales gelegen, ist in Mitteleuropa eine typische Fundstelle. Über das zeitliche Verhältnis beider Gruppen, ob ein Nebeneinander oder Nacheinander unterschiedlicher Kulturtraditionen, gibt es keine einstimmige Meinung, was mit der geringen Zahl gut datierter Fundplätze zusammenhängt.

Natürlich besteht auch die Möglichkeit, daß die gleiche Menschengruppe für unterschiedliche Tätigkeiten an bestimmten Orten Faustkeile, an anderen keine benötigte. Wir kennen einige Inventare, deren Werkzeugzusammensetzung sehr wahrscheinlich durch die Art der Tätigkeiten am jeweiligen Ort beeinflußt worden sind. In Zwochau (Sachsen) ist ein Werkplatz zwischen dritt- und vorletzter Eiszeit ausgegraben worden, der in erster Linie zwecks Verarbeitung der hier vorkommenden Feuersteinknollen nach der Levallois-Methode aufgesucht wurde. Auf den an ehemaligen Seen gelegenen Elefantenjagdplätzen Lehringen (Niedersachsen) und Gröbern (Sachsen-Anhalt, Bild 13) aus der letzten Eem-Warmzeit wurden mit den Resten jeweils eines Tieres zusammen einfache, nicht weiter zugerichtete Abschläge mit anzunehmender Messerfunktion gefunden. In

Lehringen liegt außerdem das Bruchstück vermutlich eines Levalloiskerns vor, auf den einer der Abschläge paßt. Die verblüffende Übereinstimmung zwischen beiden in die Linden-Ulmen-Haselphase der Warmzeit datierten Befunden spricht für typisches Verhalten. Fehlen hier also die speziellen Werkzeugformen wie Faustkeile usw., weil sie nicht zum kulturellen Repertoire gehörten, oder weil sie bei der Zerlegung der Tiere schlicht nicht gebraucht wurden? Allerdings enthalten auch andere aus der gleichen etwa 12.000 Jahre andauernden Warmzeit stammende und an Seen bzw. warmen Quellen gelegene Lagerplätze wie Rabutz (Sachsen-Anhalt) und Taubach (Thüringen) keine Faustkeile und kaum regelmäßig zugerichtete Werkzeuge. Daher ist durchaus mit der Möglichkeit einer andersartigen kulturellen Tradition mit geringeren Ansprüchen an die Gestaltung der Steinwerkzeuge zu rechnen, vielleicht eine spezifisch warmzeitliche Anpassung, wie sie der für derartige Inventare geprägte Gruppenname Taubachien beinhaltet.

In den Fundinventaren des jüngeren Mittelpaläolithikums aus der letzten Weichseleiszeit, die vor etwa 115.000 Jahren einsetzte, scheinen sich Traditionen deutlicher abzuzeichnen. So liegen vom Beginn der Eiszeit vor etwa 100.000 Jahren eine Reihe von Fundplätzen wie zum Beispiel Seclin und Riencourt-les-Bapaumes (Nordfrankreich) vor, die sich durch eine jungpaläolithisch anmutende Herstellung von Klingen in Serie auszeichnen (im Unterschied zu der Levallois-Methode, die auf die Produktion von nur wenigen Abschlägen oder auch nur eines Abschlag je Abbauvorgang abzielt). Außerdem sind im Unterschied zum üblichen mittelpaläolithischen Werkzeugspektrum auch jungpaläolithische Werkzeugformen wie Stichel vorhanden. Für die Existenz einer

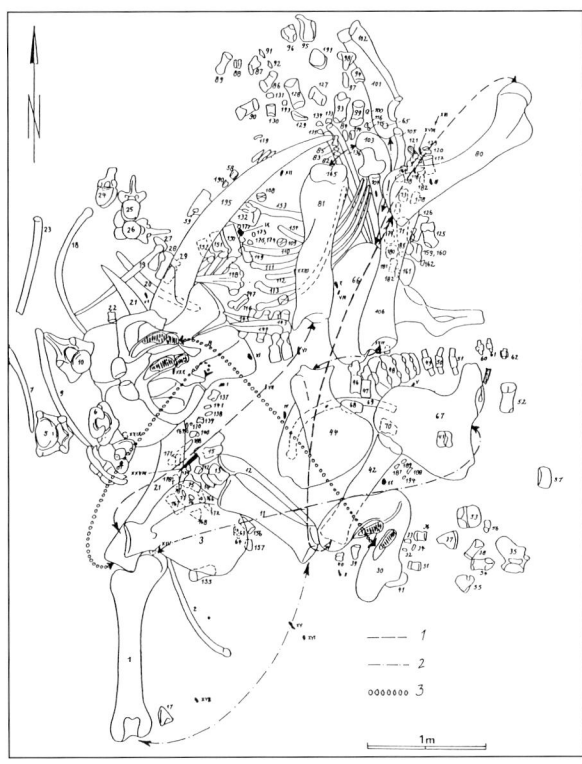

Bild 13: Vollständiges Skelett eines Waldelefanten aus Gröbern (Sachsen-Anhalt) von einem Seeufer aus der letzten Warmzeit, dazwischen Feuersteinabschläge.

eigenen Tradition und gegen mögliche tätigkeitsbezogene Spezialisierungen als Erklärung spricht, daß diese Inventare anscheinend aus der gleichen Zeitphase stammen und in einem zusammenhängenden Gebiet vorkommen.

Auf eine geographisch und zeitlich recht gut abgrenzbare im wesentlichen mitteleuropäische Gruppe von Fundplätzen aus einem fortgeschrittenen Stadium der letzten Eiszeit soll an dieser Stelle näher eingegangen werden. Kennzeichnend sind mehrere spezielle Messerformen, die sorgfältig wie Faustkeile auf beiden Flächen bearbeitet wurden. Dazu zählen die sogenannten Keilmesser mit charakteristisch keilartigem Querschnitt zwischen dickem Rücken und dünner Schneidekante, nach denen diese mittelpaläolithischen Fundensembles zu den Keilmesser-Gruppen zusammengefaßt werden (die ebenfalls gebräuchliche Bezeichnung Micoquien ist mehrdeutig, weil sie auch für andersartige Fundensembles in Westeuropa verwendet wird). Nach Technik und Umriß können mehrere Keilmesserformen unterschieden werden. Ein typisches Inventar hat der an einer Niederung im Elbeurstromtal gelegene Fundplatz Lichtenberg (Niedersachsen) geliefert. Er gehört zeitlich kurz vor oder in den Beginn des ersten Kältemaximums der letzten Weichsel-Eiszeit vor etwa 50.000 Jahren.

Neben den üblichen, weniger aufwendig bearbeiteten Abschlagwerkzeugen fallen besonders die beidflächig geformten Steinwerkzeuge durch ihre besondere Regelmäßigkeit und Symmetrie auf. Sie lassen zwei Umrißkonzepte erkennen: längssymmetrisch-spitzoval und quersymmetrisch-oval (Bild 14). Die komplizierte Herstellung in mehreren Schritten, die Existenz unterschiedlicher Symmetriemodelle, der Grad an Standardisierung und die Qualität der um ihrer selbst willen angestrebten und fast erreichten perfekten Achsensymmetrie belegen die Fähigkeit, bildliche Vorstellungen bewußt gestalterisch umzusetzen (siehe oben). Sie sind letztlich ohne die Existenz von gedanklichen und sprachlichen Begriffen schwer vorstellbar. Der spitzoval längssymmetrische Umriß tritt mit drei unterschiedlichen Werkzeugkonzepten kombiniert auf (Bild 15), was die Eigenwertigkeit und Unabhängigkeit der Form von der Funktion anzeigt. Interessant ist auch der Gegensatz zwischen funktionaler Asymmetrie (Messer mit Haltekante) und ästhetischer Symmetrie des Umrisses. Oval quersymmetrisch sind soge-

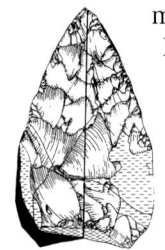
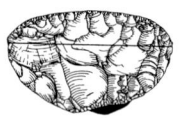

Bild 14: Einige der mittelpaläolithischen Messerformen von Lichtenberg (Niedersachsen) fallen durch ihre Umrißsymmetrie auf. Die oberen drei Werkzeugformen Keilmesser, Faustkeilblatt und Faustkeil sind spitzoval und längssymmetrisch geformt. Dagegen ist der blattförmige Schaber (unten) oval und symmetrisch zur Breitachse. Die schwarzen Flächen zeigen die Abweichungen von der Achsensymmetrie.

Kultur vor dem modernen Menschen?

nannte blattförmige Schaber, die entgegen ihrer wissenschaftlichen Bezeichnung ebenfalls Messerfunktion gehabt haben dürften. Bei den übrigen weniger aufwendig geformten einfachen Werkzeugen ist meist nur die Schneidekante sorgfältig gearbeitet. Alle Arbeitskanten sind lang gebogen und scharf und haben vermutlich zum Zerlegen von Tierkörpern gedient. Sehr interessant sind einige Werkzeuge, bei denen anstelle einer behauenen Rückenfläche oder -kante die natürliche glatte Oberfläche einer ausgewählten Feuersteinknolle als Handgriff stehen gelassen worden ist (Bild 16). Da sie ansonsten hinsichtlich der Form und des Umrisses von Spitze und Schneide völlig mit den "grifflosen" Werkzeugen übereinstimmen, erscheint es durchaus plausibel, sich letztere ebenfalls geschäftet vorzustellen. Ein Glücksfund von der weiter unten kurz angesprochenen Fundstelle Königsaue (Sachsen-Anhalt) stützt diese Vermutung. Denn dort wurde ein weltweit einzigartiges Stück Kitt (Harz?) mit dem Abdruck von Holz und einer bearbeiteten Steinwerkzeugkante entdeckt, das sich als Rest eines geschäfteten Steinmessers deuten läßt.

Sehr ähnliche Längssymmetrie- und Werkzeugkonzepte mit Ausnahme der Faustkeile sind im Inventar der Fundschicht A von Königsaue (Sachsen-Anhalt) erkennbar, die nach geologischer Lagerung älter, nach ^{14}C-Datierung jünger als Lichtenberg ist. Beide Symmetriekonzepte und alle Werkzeugkonzepte mit Ausnahme anscheinend der Faustkeilblätter sind auch auf

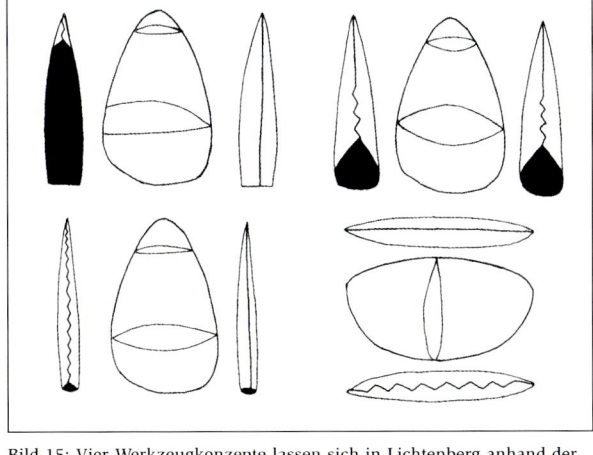

Bild 15: Vier Werkzeugkonzepte lassen sich in Lichtenberg anhand der Lage der Schneidekanten (schwarz), der Gestaltung der Messerrücken und -enden (braun) und des Querschnitts (blau) unterscheiden. Die Schneidekante liegt immer rechts. Keilmesser, Faustkeil, Faustkeilblatt und blattförmiger Schaber sind wissenschaftliche Bezeichnungen (von links oben).

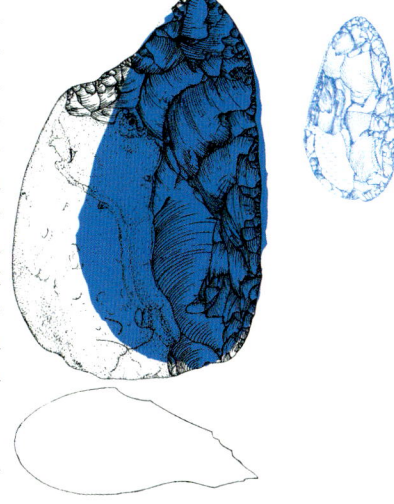

Bild 16: Bei einigen Messern aus Lichtenberg ist ein Teil der gerundeten Rinde der Feuersteinknolle als Griff stehen gelassen worden (schwarz). Die Form von Schneide und Spitze entspricht den "grifflosen" Messern (blau), mit dem Schäftungsrest aus Königsaue ein Hinweis, daß sie einen Handgriff aus organischem Material wie z.B. Holz gehabt haben können.

Kultur vor dem modernen Menschen?

dem Jagdplatz Salzgitter-Lebenstedt (Niedersachsen) realisiert, der nach ^{14}C-Daten etwas jünger als Lichtenberg ist. Salzgitter-Lebenstedt wurde – vor der Entdeckung der beiden anderen Fundplätze 1969 und 1986 – mit Acheuléenfundplätzen der vorletzten Eiszeit in Verbindung gebracht (sogenanntes Jungacheuléen), eine Zuordnung, die sich bei der heutigen Faktenlage nicht mehr aufrecht erhalten läßt.

Außer den für die Gruppe Lichtenberg/Königsaue typischen Messerkonzepten gibt es auch noch andere standardisierte Keilmesserformen. Das gilt in hohem Maß beispielsweise für das technische Konzept der sogenannten Pradnikmesser vom Fundplatz Buhlen (Hessen), für die sich Parallelen von Frankreich bis nach Polen finden. Für diese spezifischen Formausprägungen kommen unterschiedliche Ursachen in Frage. Neben technischen Gründen (die Form der Pradnikmesser ermöglicht eine einfache Nachschärfung der Schneide mit einem gezielten Schlag) kommen auch rein ästhetische Motive für die Formgebung, verbunden mit der Genugtuung bei der gelungenen Herstellung in Betracht (wie anders ließe sich die nahezu perfekte Symmetrie der Lichtenberger und Königsauer Messer erklären?)

Die meisten Fundplätze der Keilmesser-Gruppen liegen in Mitteleuropa. Einige von ihnen sind mit der ^{14}C-Methode absolut datiert worden und gehören danach in die Zeit vor 35.000-50.000 Jahren, was etwa der ersten Phase des Kältemaximums der letzten Weichseleiszeit entspricht. In den Abfolgen mehrerer Schichten mit mittelpaläolithischen Funden der Sesselfelsgrotte (Bayern) und der Kůlna-Höhle (Tschechien) liegen die Inventare mit Keilmessern über solchen ohne, ein weiterer Hinweis, daß die Keilmesser-Gruppen in eine bestimmte Zeitphase gehören. Somit spricht einiges dafür, daß die Keilmesser-Gruppen eine geographisch und zeitlich begrenzte Erscheinung sind, die sich am besten als eine kulturelle Tradition verstehen läßt. Auf Blattspitzen-Gruppen/Szeletien, die auf die Keilmesser-Gruppen am Ende des Mittelpaläolithikums folgen, sei hier nur hingewiesen. Die Herstellungsweise ihrer charakteristischen Spitzenform steht in der Tradition der flächenbearbeitenden Technik der Keilmesser-Gruppen.

In Westeuropa sind Fundplätze mit Keilmessern selten. Nach der Schichtenfolge unter dem Felsdach von Le Moustier (Frankreich) könnte das dortige sogenannte Moustérien mit Acheultradition teilweise zeitgleich mit den Keilmesser-Gruppen Mitteleuropas sein. Auch im Moustérien mit Acheultradition fallen besondere beidflächig bearbeitete achsensymmetrische Messer auf, die konzeptuell den Faustkeilen und Faustkeilblättern in den Keilmesser-Gruppen entsprechen. Anknüpfend an die Frage nach den Kulturtraditionen im Mittelpaläolithikum läßt sich also feststellen, daß es Anhaltspunkte nicht nur für kulturelle Veränderungen in der Zeit gibt, sondern auch für das gleichzeitige Nebeneinander unterschiedlicher Kulturtraditionen gibt. Es scheint schon vor dem Jungpaläolithikum zu einer mit Hilfe der Steinwerkzeugformen feststellbaren und in ihnen zum Ausdruck kommenden kulturellen Differenzierung gekommen zu sein.

Über die Frage, ob die zeitlich aufeinanderfolgenden Traditionen auf die gleiche Bevölkerung zurückgehen, oder ob es Unterbrechungen in der Besiedlung gegeben hat, kann angesichts der wenigen Fundplätze nur spekuliert werden. Im Falle der Sesselfelsgrotte (Bayern), in der Moustérien-Inventare von Keilmesser-Inventaren überlagert werden, wurde vermutet, daß es keine kontinuierliche Besiedlung gegeben hat.

Der Neandertaler - ein Mensch wie wir?

Der Neandertaler oder *Homo sapiens neanderthalensis* ist die uns am längsten bekannte und mit den meisten Funden dokumentierte fossile Menschenform vor dem anatomisch modernen Menschen (kurz: moderner Mensch). Dennoch sind manche Fragen wie die nach seinem Sprachvermögen, und nach seinem Verwandtschaftsverhältnis zum modernen Menschen („Sackgasse" der Entwicklung, wie DNA-Vergleiche in jüngster Zeit anzudeuten scheinen, oder unser direkter Vorläufer) immer noch nicht sicher beantwortet.

Heute werden unter dem Begriff Neandertaler drei Gruppen von Menschenresten des Mittel- und Jungpleistozäns Europas zusammengefaßt. Als Anteneandertaler werden die Reste von Steinheim (Baden-Württemberg) unter anderem bezeichnet, die etwa 400.000 bis 150.000 Jahre alt sind, Präneandertaler sind jene Funde von Weimar-Ehringsdorf (Thüringen) unter anderem (150.000 bis 100.000 Jahre), während die "klassischen" Neandertaler mit den Resten von mittlerweile über 300 Individuen aus der ersten Hälfte der letzten Weichseleiszeit stammen, wie der von La-Chapelle-aux-saints (Frankreich) und der Typfund aus dem Neandertal (Nordrhein-Westfalen). Die alte "Präsapiens"-Hypothese gilt danach als überholt, die eine Parallelentwicklung von Neandertaler und modernen Menschen in Europa angenommen hat. Alle mittelpleistozänen Menschenreste werden als einheitliche Population angesehen, die sich zum klassischen Neandertaler der letzten Eiszeit entwickelte. Allerdings ist nicht zu übersehen, daß die meisten und besser erhaltenen Skelettreste aus Frankreich stammen und mit dortigen Moustérienvarianten verknüpft sind. Aus Mittel- und Osteuropa hingegen liegen nur vereinzelte fragmentarische Spuren vor.

Das Bild des Neandertalers (Bild 17) wurde lange von der Beschreibung des 40-50 jährigen Mannes aus der Bestattung von La Chapelle-aux-Saints (Frankreich) vom Anfang des 20. Jahrhunderts geprägt: gebeugte Knie, abgespreizte große Zehe, gebückter Gang durch gerade Wirbelsäule. Pathologische Erschei-

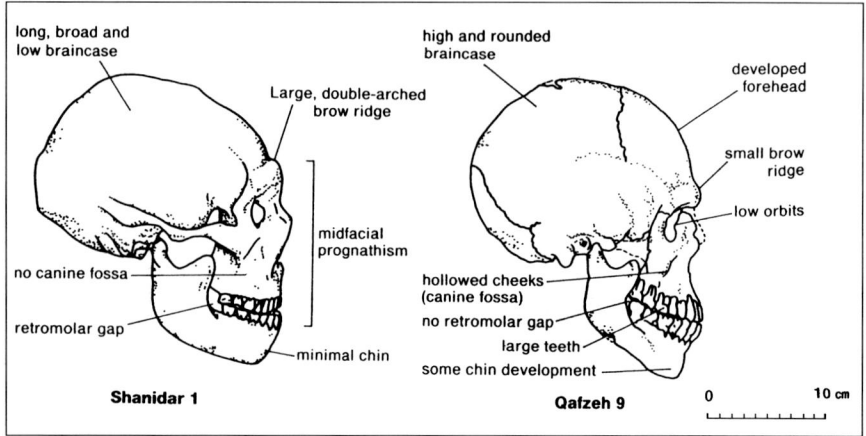

Bild 17: Vergleich des Neandertalerschädels 1 aus Shanidar mit dem eines frühen modernen Menschen (Qafzeh 9).

nungen wie Arthritis der Halswirbelsäule wurden als Kennzeichen der Art gedeutet, kurz, es wurde stets die Deutung bevorzugt, die den Neandertaler weniger menschlich erscheinen ließ. Die klassischen Neandertaler unterscheiden sich von Vorgängern und Nachfolgern durch einige sehr markante Merkmale vor allem am Schädel, die teilweise erst vom Neandertaler erworben worden und insofern nicht archaisch sind. Dazu gehören die sehr starken Überaugenwülste.

Der Schädel ist länger und breiter als beim modernen Menschen. Der breitovale Querschnitt des Schädels unterscheidet sich von der bekannten hohen "Haus"form moderner Menschen. Am Hinterhaupt ist ein charakteristischer Wulst ausgebildet. Die Schädelkapazität liegt mit über 1.500 cm³ über der des modernen Menschen. Über den Augen verläuft der kräftige durchgehende Wulst. Die Stirn ist nicht steil gerundet, sondern "fliehend". Das insgesamt größere und breitere Gesicht sprang spitz vor, was durch das fehlende oder nur schwach ausgeprägte Kinn und die zurückweichenden Jochbeine noch verstärkt wurde. Die Nase war breit. Zwischen Unterkieferast und erstem Backenzahn war eine charakteristische Lücke ausgebildet. Als Ursache für die Entwicklung der schnauzenartig vorspringenden Gebißpartie wird eine Anpassung an die kaltklimatischen Verhältnisse der letzten Eiszeit erwogen (längerer Weg zur Erwärmung der eingeatmeten Luft). Bisweilen starke Abnutzungsspuren an den Schneidezähnen werden so gedeutet, daß der Gebißapparat auch oft als Werkzeug zum Festhalten, Durchbeißen usw. eingesetzt wurde. In der Bestattung aus der Kebara-Höhle (Israel) ist ausnahmsweise das Zungenbein erhalten geblieben, das isoliert zwischen Mundboden und den geraden Halsmuskeln im Kehlkopf liegt. Es ist dem des heutigen Menschen so ähnlich, daß eine gleiche sprachliche Artikulationsfähigkeit anzunehmen ist.

Kultur vor dem modernen Menschen?

Der übrige Körper war insgesamt massiver und kräftiger, die Knochen dicker und mit größeren Gelenkflächen ausgestattet. Die größeren Ansätze für Sehnen sprechen für eine höhere Körperkraft. Während früher von einer größeren Beckenöffnung ausgegangen wurde, zeigt das Skelett von Kebara ähnliche Größenverhältnisse wie beim modernen Menschen. Entgegen früheren Vorstellungen war der Gang des Neandertalers völlig aufrecht und nicht krumm und mit gebeugten Knie. Vermutlich war die Behaarung ähnlich zurückgebildet wie beim heutigen Menschen, da schon die frühen Menschenformen in Afrika die Fähigkeit zur Hauttranspiration erworben haben dürften. Eine helle Hautfarbe ist als Anpassung an nördliche Klimate wahrscheinlich, da sie eine bessere Ausnutzung des gegen Rachitis wirkenden Vitamin D gewährleistet.

Ist die jungpaläolithische aus der mittelpaläolithischen Kultur entstanden?

Zunächst ist etwas trivial festzustellen, daß weder in noch außerhalb Europas ein anderes als das mittelpaläolithische kulturelle Milieu als Ursprungssubstrat der jungpaläolithischen in Frage kommt. Es besteht weitgehende Übereinstimmung, das Aurignacien als älteste volljungpaläolithische Kultur mit Schmuck und Kunst anzusehen. Die frühesten ^{14}C-Daten, darunter eine Serie aus den Aurignacienschichten der Höhlenstation Geißenklösterle (Baden-Württemberg) reichen 35.000 - 40.000 Jahre zurück. Ebenso klar ist, daß sich keines der bekannten archäologischen Fundinventare eindeutig als Vorläufer des Aurignacien deuten läßt. Die Entstehung des Aurignacien läßt sich also bislang nicht zurückverfolgen. Zu den möglichen Gründen zählt die lückenhafte Erforschung potentieller Entstehungsgebiete außerhalb West- und Mitteleuropas, beispielsweise im Osten und Südosten. Vielleicht zeichnen sich die Veränderungen auch deshalb nicht ab, weil die Entstehung der jungpaläolithischen Kulturmerkmale ein relativ schneller Prozeß war, für den das Zeitraster der archäologischen Fundstellen zu grob ist. Der oben beschriebene Kulturwandel von den spätjungpaläolithischen Steppenjägerkulturen zu den Waldjägerkulturen der beginnenden Nacheiszeit, wenn auch anderer Qualität, mag dies illustrieren. Nicht einmal für diese archäologisch und ökologisch weitaus besser dokumentierte Zeit des Übergangs läßt sich der Prozeß im einzelnen nachzeichnen. Trotz besserer zeitlicher Auflösung und höherer Fundstellendichte können nur sehr wenige Fundinventare angeführt werden, die genau den Übergang von den früher üblichen Werkzeug- und Waffenformen zu den neuen widerspiegeln.

In Frankreich und Spanien sind aus der Zeit des Übergangs vom Mittelpaläolithikum zum Jungpaläolithikum Inventare bekannt, die sowohl jungpaläolithische als auch mittelpaläolithische Steinwerkzeugformen enthalten.

Letztere lassen sich aus Formen des oben schon erwähnten Moustérien mit Acheultradition ableiten, das im gleichen Raum verbreitet ist. Aus der Grotte du Renne von Arcy-sur-Cure (Frankreich) sind darüber hinaus aus Elfenbein gefertigte Perlen, Anhänger und durchbohrte Zähne als Schmuckelemente überliefert. Diese unter der Bezeichnung Châtelperronien zusammengefaßten Fundinventare datieren an das Ende des Mittelpaläolithikums zwischen 35.000 und 30.000 Jahren vor heute. Ihre teilweise Gleichzeitigkeit mit dem Aurignacien ist durch Überlagerungen in einigen Schichtenfolgen dokumentiert. Je nach Blickrichtung wurde das Châtelperronien als schon jungpaläolithisch oder noch mittelpaläolithisch bewertet. Die Gleichzeitigkeit mit dem Aurignacien und die früher als 35.000 Jahre zurückreichenden ^{14}C-Daten des Aurignacien in Mitteleuropa sind Argumente dafür, im Châtelperronien eine lokale Weiterentwicklung des Mittelpaläolithikums zu sehen. Die erwähnten jungpaläolithischen Schmuckelemente wären dementsprechend als Hinweise auf Kontakte mit den Trägern der Aurignacien-Kultur zu werten.

Im südöstlichen Mitteleuropa liegen gegen Ende des Mittelpaläolithikums mit dem sogenannten Bohunicien Steinartefaktinventare vor, die neben mittelpaläolithischen Merkmalen auch deutlich jungpaläolithische Züge aufweisen. Die namengebende Fundstelle Bohunice bei Brünn (Tschechien) hat ^{14}C-Daten von etwa 40.000 Jahren geliefert. Das Inventar mutet mit seiner auf Klingen ausgerichteten Technik und Kratzern und Sticheln jungpaläolithisch an. Allerdings fehlen spezifische Elemente des Aurignacien wie die sogenannten Kielkratzer und Dufourlamellen, so daß kaum eine Möglichkeit für eine unmittelbare Verknüpfung mit dem Aurignacien besteht. Immerhin zeigen diese Inventare, daß es direkt vor dem Aurignacien im Bereich der Steinwerkzeugtechnologie zu Veränderungen in Richtung Jungpaläolithikum gekommen ist.

Eine weitere Gruppe von mitteleuropäischen Fundplätzen mit Blattspitzen und jungpaläolithischen Merkmalen, das Szeletien, ist ebenfalls in den Grenzbereich vor 40.000 Jahren datiert und wird in Zusammenhang mit der Entstehung der jungpaläolithischen Tradition diskutiert. Ein wichtiger Fundplatz ist Schwalbenberg (Rheinland-Pfalz). Bei allen Überlegungen auf dieser mitteleuropäischen Materialbasis ist immer zu bedenken, daß mit den Steinartefakten nur ein Ausschnitt dessen zur Verfügung steht, was die volle Definition des Aurignacien ausmacht, namentlich die Knochen-, Geweih- und Elfenbeinindustrie einschließlich Kunst- und Schmucksachen.

Gibt es Zusammenhänge zwischen kultureller Veränderung und biologischer Entwicklung zum modernen Menschen?

Bei der Behandlung der kulturellen Gruppen bzw. Traditionen aus dem Grenzbereich zwischen Mittel- und Jungpaläolithikum wurde bisher die interessante Frage ausgeklammert, welche Menschen denn die Träger dieser verschiedenen Kulturen waren. Nach den wenn auch seltenen und meist bruchstückhaften Menschenresten lebte der klassische Neandertaler in der letzten Eiszeit in Europa und im Vorderen Orient. Er repräsentiert nach Auffassung einiger Anthropologen das Ende einer kontinuierlichen Entwicklung, die sich möglicherweise bis zur Erstbesiedlung Europas zurückverfolgen läßt. In Westeuropa wurden Neandertalerreste, darunter auch Bestattungen, regelhaft in mittelpaläolithischen Fundschichten gefunden. Eine Ausnahme stellen die Träger des Châtelperronien dar, jener oben erwähnten Kultur mit sowohl mittel- als auch jungpaläolithischen Merkmalen. Nach den Skelettresten waren es Neandertaler, wie beispielsweise das mit etwa 36.000 Jahren zu den jüngsten Belegen dieser Menschenart gehörende Individuum aus St. Césaire (Frankreich). Nach neuen Datierungen ist mit letzten Vertretern des klassischen Neandertalers vielleicht noch etwa 10.000 Jahre später auf der iberischen Halbinsel zu rechnen. In Mitteleuropa sind menschliche Fossilreste aus mittelpaläolithischem Zusammenhang noch seltener als in Westeuropa. Alle Reste sind dem Neandertaler bzw. Präneandertaler zugewiesen worden. Aus der Kůlnahöhle und dem Lagerplatz Salzgitter-Lebenstedt, also Inventaren mit Keilmessern, stammen Schädelbruchstücke, die als Neandertalerreste identifiziert werden.

Aus dem volljungpaläolithischen Aurignacien sind nur sehr wenige Menschenreste überliefert, darunter die berühmten Bestattungen von Cro-Magnon (Südfrankreich). Sie werden wie auch alle jüngeren jungpaläolithischen Menschenreste eindeutig dem anatomisch modernen Menschen zugeordnet.

Die Mehrzahl der Anthropologen ist der Auffassung, daß eine Weiterentwicklung des Neandertalers zum modernen Menschen wegen der kurzen zur Verfügung stehenden Frist nicht möglich war. Der Zufallsfund eines Stirnbeins aus der Elbe bei Hahnöfersand (Hamburg), der auf 36.000 Jahre datiert ist, unterstützt diese These. Es wird aufgrund der Kombination von Merkmalen des Neandertalers (geringe Krümmung des Stirnbeins) und des modernen Menschen (nicht durchgehender Überaugenwulst) als Individuum einer Übergangspopulation gedeutet, in der sich Merkmale beider Menschenformen gemischt hätten. Auch der Nachweis sehr früher moderner Menschen im Vorderen Orient ist ein Argument für ihre Entstehung außerhalb Europas. Mehrere Individuen dieser sogenannten Proto-Cromagnoiden, darunter Bestattungen, aus den Höhlen von Skuhl und Quafzeh (Israel), sind auf etwa 100.000 Jahre datiert. Von diesem Zeitpunkt an und später sind auch Neandertalerreste in den Höhlen von Kebara, Tabun, Shanidar usw. nachgewiesen. Demnach scheinen beide Menschenarten im Vorderen Orient etwa gleichzeitig gelebt zu haben. Hervorhebenswert ist, daß sie beide die gleichen mittelpaläolithischen Steinwerkzeuge und Techniken hatten, sich also archäologisch nicht wesentlich unterscheiden. Somit können schon von Beginn der letzten Eiszeit moderne Menschen nach Europa einge-wandert sein, wofür es allerdings, wie ausgeführt, keine Fossilbelege gibt. Im Vorderen Orient gilt die Gleichung Mittelpaläolithikum = Neandertaler also nicht ausschließlich. So bleibt auch für das eiszeitliche Europa denkbar, daß seit Beginn der letzten Eiszeit beide Menschenarten mit mittelpaläolithischer Kultur gelebt haben können. Die Zahl der mit mittelpaläolithischen Funden verknüpften Fossilbelege ist zu gering, um den Schluß zu ziehen, daß der Neandertaler der alleinige Träger der hiesigen mittelpaläolithischen Kultur gewesen ist. Anders sieht es für die Zeit nach dem Mittelpaläolithikum aus, in der die Spuren des Neandertalers verschwinden. Im Jungpaläolithikum scheint ein deutlicher Be-zug zwischen kulturellen Äußerungen und dem modernen Menschen gegeben zu sein und die Gleichung moderner Mensch = Jungpaläolithikum zu stimmen.

Warum hat der Neandertaler die jungpaläolithische Kultur nicht übernom-men? Eine biologisch orientierte Hypothese besagt, daß er nicht die geistigen Voraussetzungen dafür hatte, und mit seiner weniger effektiven Lebensweise der Konkurrenz der jungpaläolithischen Kultur um Territorien nicht gewachsen war, womit auch das Verschwinden = Aussterben des Neandertalers erklärt ist. Wel-cher Art die zeitweilige Koexistenz war, ob feindlich, auf Distanz oder in Kon-takt, läßt sich aus den archäologischen Quellen nicht ersehen. Einer kulturellen Hypothese zufolge hätte sich die jungpaläolithische Lebensform als Folge tech-nologischer Fortschritte in der Nahrungsgewinnung und ihrer Vorratshaltung entwickelt, die zu einer Vermehrung der Nahrungsgrundlage führte und die Ent-stehung von Statuswettbewerb (Schmuck) unter den Gruppenmitgliedern be-günstigte. Unter diesen Bedingungen gewannen Gemeinschaftsarbeit (Jagd) und Gruppenzugehörigkeit (Bestattungen, Initiationsriten) an Bedeutung. Allerdings bleibt die Frage unbeantwortet, warum - gleiche geistige Befähigung vorausge-setzt - nicht auch der Neandertaler seine Techniken verbesserte und seine Lebens-weise veränderte.

Wie haben die Urmenschen vor dem Jungpaläolithikum gelebt?

Die mittelpaläolithischen Menschen waren Wildbeuter, die von dem Nah-rungsangebot lebten, das die Natur bereit hielt. Über die Art und den Anteil pflanzlicher Nahrung wie Wurzeln, Kräuter, Pilze, Nüsse ist wegen der schlech-ten Erhaltung wenig Konkretes bekannt. Immerhin sind aus Travertinfundstellen Thüringens entsprechende Funde, allerdings ohne direkten Bezug zu den ar-chäologischen Lagerplatzspuren, überliefert. Für Fischfang gibt es gleichfalls kaum Belege. Über die Nutzung der Großtierfauna hingegen lassen sich nähere Angaben machen, da ausreichend Fundplätze mit günstigen Einbettungs- und Erhaltungsbedingungen, also Höhlen und Felsdächer, Uferbereiche an Seen oder

Kultur vor dem modernen Menschen?

langsam fließenden Flüssen mit Resten der Tierwelt überliefert sind. Je nach den Klima- und Umweltverhältnissen haben die Menschen Waldtiere wie Waldelefant, verschiedene Hirscharten, Pferde oder Steppentiere wie Rentiere, Mammuts, wollhaarige Nashörner, Pferde erbeutet. Die Funde von Lanzen in Clacton-on-Sea (England) und Lehringen sowie Speeren und ein mögliches Wurfholz in Schöningen (beide Niedersachsen) belegen eine aktive Jagd auf Tiere aller Größenklassen. Ein einmaliger Beleg für die jägerischen Fähigkeiten ist der Fund eines einzelnen Waldelefanten aus dem warmzeitlichen See von Lehringen (Niedersachsen), in dem noch eine Eibenholzlanze steckte. Neben Fundplätzen mit einem gemischten Tierspektrum, wo alles erbeutet wurde, gibt es auch Jagdplätze mit einer dominierenden Tierart, die zum Teil wohl die Folge von jahreszeitlicher Spezialisierung sind. So sind aus Biache-St. Vaast (Frankreich) fast nur Reste von Urrindern überliefert, in Salzgitter-Lebenstedt am Ausgang eines kleinen Seitentales der breiten Fuhse (Niedersachsen) dominieren Rentiere. Am ehemaligen See von Neumark-Nord (Sachsen-Anhalt) wurden vorwiegend Damhirsche, in Erd (Ungarn) Höhlenbären und in der Station Il´skaja am Kaukasus (Rußland) Wisente gejagt. Die Altersverteilung der Tiere zeigt die Bevorzugung junger Tiere an, so zum Beispiel in Biache. Der Anteil natürlich verendeter oder von Nahrungskonkurrenten wie Löwe oder Wolf übriggelassener Tierkadaver wird gegenüber der selbst gejagten Beute gering gewesen sein.

Die Mindestgröße eines von mittelpaläolithischen Wildbeutern genutzten Territoriums kann indirekt aus der Entfernung zu den Vorkommen der verwendeten Gesteinsrohmaterialien abgeleitet werden. Neben örtlich aufgesammelten Gesteinen kommen auch solche vor, die aus größerer Entfernung stammen und vermutlich mitgebracht wurden. In Mittelfrankreich können so Aktionsradien bis zu 80 Kilometern nachgewiesen werden.

Die archäologischen Quellen geben nur wenige konkrete Hinweise auf Wirtschaftsweise, Gruppengröße, soziale Strukturen wie Arbeitsteilung usw., die über das hinausreichen, was nicht zu den allgemeinen Merkmalen von Wildbeutergemeinschaften zählt. Die geringe Intensität der meisten Lagerplatzspuren deutet auf kurze Aufenthalte über maximal mehrere Monate an einem Ort hin, was mit den Verhältnissen historischer Wildbeuter in gemäßigten und kühlen Klimaten übereinstimmt und zu erwarten ist. Denn eine seßhafte Lebensweise ist unmöglich, wenn die tierische und pflanzliche Nahrung nicht das ganze Jahr über am gleichen Ort zur Verfügung steht oder bevorratet werden kann. Die auf bestimmte Jahreszeiten begrenzte Wachstumsperiode pflanzlicher Nahrung, die geringe Populationsdichte von Waldtieren und die Wanderungen der Steppentierherden sind Faktoren, die zur regelmäßigen Verlegung der Lager zwingen. Aus der Größe der Lagerplätze kann ferner auf kleine Menschengruppen geschlossen werden, was ebenfalls bei historischen Wildbeutern zu beobachten ist.

Aus den hier im Überblick gestreiften archäologischen Fakten leiten einige Archäologen das Bild einer sehr einfachen „Urkultur" im Mittelpaläolithikum ab. Diesem Standpunkt zufolge fehlen die archäologischen Belege, um symbolische Vorstellungen einschließlich einer komplexen Sprache und rituelle Handlungen wie Bestattungen beim Neandertaler zu beweisen. Er war unfähig, kompliziertere Arbeitsgänge durchzuführen, weshalb er Werkzeuge und Geräte nur für den adhoc-Gebrauch herstellte. Zu seinen Defiziten zählte auch der Mangel an vorausschauender Planung und Berücksichtigung von zukünftigen Tätigkeiten und Ereignissen, zum Beispiel in Zusammenhang mit der Nutzung jahreszeitlich wandernder Tierherden. Er verfügte über keine künstlerischen Ausdrucksmöglichkeiten. Die Ursachen hierfür werden einerseits in der Andersartigkeit seiner genetischen Veranlagung, andererseits in der urtümlichen Einfachheit seiner Kultur vermutet, die keine weitergehende Anpassung erforderte.

Die gegensätzliche Auffassung stützt sich auf Anhaltspunkte für planerische Fähigkeiten, symbolische Vorstellungen usw., die in hochentwickelten handwerklichen Techniken, in expliziten Werkzeugkonzepten, in komplizierten Strategien der Werkzeugherstellung und -pflege (zum Beispiel Geräteschäftungen), in der Nutzung der Ressourcen in größeren Territorien (zum Beispiel der Gesteinsrohstoffe) und in Bestattungen zum Ausdruck kommen. Die Vertreter dieses Standpunktes sehen daher keine Gründe, dem Neandertaler nicht eine gleichwertige Motorik und Wahrnehmung und ähnliche kulturelle Fähigkeiten und Verhaltensmuster wie dem modernen Menschen zuzubilligen. In einer neueren Hypothese wird die Andersartigkeit seiner Lebensweise mit grundlegenden kulturellen Unterschieden im technischen und wirtschaftlichen Bereich erklärt. Die Andersartigkeit paßt zum Typ des generalisierten Wildbeutertums, d.h. einer Wirtschafts- und Lebensweise, die sich verstreute und fluktuierende Nahrungsquellen erschließen muß. Die Menschengruppen sind klein, sehr beweglich und ohne große Rangunterschiede in der Gruppe. Effektivere Techniken zur Nahrungsgewinnung (Jagd, Fischfang) und ihrer Speicherung, das heißt Schaffung eines Überschusses durch gemeinschaftliche Arbeit, sind nicht bekannt. Folglich fehlen Anreize zur Steigerung des persönlichen Rangs in der Gruppe, für die Bildung persönlichen Eigentums und die Schaffung von Statussymbolen (Schmuck, aufwendige Bestattungen usw.).

Weiterführende Literatur:

Bosinski, G, und. Henke, W. (1985): Der Neandertaler und seine Zeit.- Kunst und Altertum am Rhein 118. Köln/Bonn.

Mohen, J.-P. und Taborin, Y. (1998): Les sociétés de la Préhistoire.- Série: Histoire de l´Humanité. Paris.

Stringer, C. und Gamble, C. (1993): In search of the Neanderthals. Solving the Puzzle of human origins. New York.

Kultur vor dem modernen Menschen?

Sabine Gaudzinski

Ein mittelpaläolithisches Rentierjägerlager bei Salzgitter-Lebenstedt

Sabine Gaudzinski

Ein mittelpaläolithisches Rentierjägerlager bei Salzgitter-Lebenstedt

Als eine der wichtigsten Fundstellen, die unser Bild vom Leben mittelpaläolithischer Menschen geprägt haben, darf wohl der Platz im niedersächsischen Salzgitter-Lebenstedt gelten, der bereits im Jahre 1952 beim Bau einer Kläranlage entdeckt wurde. Es ist unter anderem die außergewöhnlich hohe Zahl exzellent erhaltener Faunenreste, die dem Platz seine Bedeutung geben. Knochen von Rentieren (*Rangifer tarandus*) dominieren hier, nachgewiesen sind jedoch ebenso mittelpaläolithische Knochengeräte sowie die Reste der nördlichsten Neanderthaler. Die Analyse dieses Fundmaterials liefert, wie kaum ein anderes, einen umfassenden Einblick in das Leben unserer mittelpaläolithischen Vorfahren. Dieser Beitrag beschränkt sich auf eine Darstellung zur Interpretation der Fundstelle, wie sie sich aus der Analyse des faunistischen Materials ergibt. Von einer weiteren wichtigen Quelle, den Steinartefakten, wird hier nicht berichtet.

Die Fundstelle Salzgitter-Lebenstedt

Die Fundstelle Salzgitter-Lebenstedt liegt im Nordwesten der Stadt Salzgitter. Der Platz befindet sich am südlichen Hang eines kleines Flusses, dem Krähenriedebach, an der Stelle, an der sein ehemals enges und steiles Tal in das Urstromtal des Flüßchens Fuhse übergeht. Erste Ausgrabungsarbeiten wurden bereits 1952 durch Alfred Tode (Tode 1953, 1982) vorgenommen, Nachgrabungen durch Klaus Grote schlossen sich dann 1977 an (Grote und Preul 1978). Dabei wurden ca. 4200 Steinartefakte, zusammen mit gut erhaltenen Faunenresten geborgen. Das archäologische Fundmaterial wurde aus einer Tiefe von 4,50 - 5,50 Metern unter der Oberfläche aus zwei Meter mächtigen Flußablagerungen geborgen. Botanische Reste wie z.B. Pollen (Selle 1991, Schütrumpf 1991), Macroreste (Pfaffenberg 1991), Pilze (Johannes und Schuh-Johannes 1991) sowie Klein- und Großsäugerreste und Mollusken (Kleinschmidt 1953) haben sich in diesen Sedimenten zahlreich erhalten können. Diese Quellen ermöglichen, durch die Betrachtung der Habitatansprüche, die Rekonstruktion der Umwelt zur Zeit der Bildung der Flußablagerungen. Danach war die Landschaft durch eine Strauchtundra mit vielen kälte- und sonneliebenden Pflanzen charakterisiert, wie z.B. der Zwergbirke (*Betula nana*) oder der kälteliebenden Weide (*Salix polaris*) (Busch & Schwabedissen 1991). Auch die Zusammensetzung der Großsäugerfauna, mit Tieren, die an offene Landschaften gebunden sind, wie Rentier (*Rangifer tarandus*), Mammut (*Mammuthus primigenius*) und Wollhaarnashorn

(*Coelodonta antiquitatis*), fügt sich in dieses Bild ein. Geologische Untersuchungen (Preul 1991) haben zusammen mit Betrachtungen zur Zusammensetzung des Pollenspektrums gezeigt, daß die archäologischen Funde am Beginn der letzten (Weichsel-) Eiszeit vor ca. 50.000 Jahren in den Fluß gelangten, aus dessen Sedimenten sie schließlich geborgen werden konnten (Busch & Schwabedissen 1991, Pastoors 1996).

Die Faunenreste

Die aus den Flußablagerungen geborgenen Knochen repräsentieren Mahlzeitreste des Menschen, vergesellschaftet mit einer natürlichen Hintergrundfauna. Solche Hintergrundfaunen werden regelhaft in Flußablagerungen angetroffen und unterscheiden sich unter anderem durch eine bestimmte Skelettelementzusammensetzung, durch den Nachweis intensiven Raubtierverbisses sowie durch das Fehlen direkter Spuren menschlichen Einwirkens auf den Knochenoberflächen von Faunenresten, für die menschliche Interaktion plausibel gemacht werden kann. Die Reste von Wolf (*Canis lupus*), Teile der Mammutreste (*Mammuthus primigenius*), Pferdereste (*Equus sp.*), Knochen des Wollhaarnashorns (*Coelodonta antiquitatis*) und des Wisents (*Bison prisucs*) repräsentieren die Hintergrundfauna am Fundplatz Salzgitter-Lebenstedt. Die Mammutreste stammen von mindestens 17 Tieren, Pferdereste repräsentieren mindestens 8 Individuen, der Wisent ist mit mindestens 3 Tieren nachgewiesen und schließlich stammen die übrigen Knochen von mindestens jeweils einem Individuum per Tierart (Gaudzinski, im Druck). Auch der Mensch, als Teil des repräsentierten Biotops, muß als Teil der Hintergrundfauna betrachtet werden. Von diesem wurde ein Hinterhauptfragment (*Os occipitale*) und zwei anpassende Scheitelbeinfragmente (*Ossa parietalia*) geborgen. Diese Reste stammen von einer ca. 20-30 Jahre alten Person, deren Geschlecht nicht näher festgestellt werden kann. Form und Gestalt des Hinterhauptfragmentes sowie der Verlauf der Arterienimpressionen sind typisch für den Neanderthaler (Hublin 1984). Außer diesen Schädelresten wurden zwei linke Oberschenkelknochen (*Femori*) im Material entdeckt, bei denen es sich um Knochen eines Kindes und eines Erwachsenen handelt. Die Gelenkenden der Knochen fehlen und an einem Oberschenkelknochen konnte Raubtierverbiß erkannt werden (Gaudzinski 1998). Im Laufe der Faunenbearbeitung kristallisierte sich deutlich heraus, daß sich die Gemeinschaft der Rentiere sehr deutlich von den übrigen Tierarten abgrenzt. Knochen dieser Tierart stammen von mindestens 86 Individuen. Alle Skelettelemente wiesen eine gleichartige exzellente Erhaltung auf. Spuren klimatisch bedingter Verwitterung konnten nicht beobachtet werden. Solche Spuren werden durch eine längerfristige Lagerung von Knochen auf der Oberfläche, vor deren endgültiger Einbettung, hervorgerufen. Das Fehlen dieser Merkmale verweist

auf eine sehr schnelle Sedimentation der Rentierreste. Unterstrichen wird dies durch einen nur marginalen Knochenverbiß durch Raubtiere. Alle Knochen des Rentierskeletts waren überliefert. Detaillierte Analysen der Skeletteilpräsenz zeigen, daß die Rentiere nur unweit der Stelle zu Tode kamen, an der sich ihre Leichenteile letztendlich eingebettet fanden. Schließlich ließen sich Schlachtspuren des Menschen regelhaft beobachten.

Abb. 1: Salzgitter-Lebenstedt. Unterkiefer von Rentieren im Braunschweigischen Landesmuseum, Abteilung Archäologie in Wolfenbüttel.

Diese Unterschiede in der Überlieferung verwiesen für die Rentiere auf eine Geschichte, die sich deutlich von der der Hintergrundfauna abgrenzt. Die Knochen der Tiere, die zur Hintergrundfauna gezählt wurden, zeichnen sich durch unterschiedliche Grade klimatischer Verwitterung aus. Sie sind stark von Raubtierverbiß betroffen und die Überlieferung der Tierskelette ist immer wieder durch Fehlstellen gekennzeichnet. Spuren menschlichen Einwirkens ließen sich hier nicht regelhaft beobachten.

Um herauszufinden, was es mit den Rentieren auf sich hat, wurde zunächst die Altersstruktur der repräsentierten Population untersucht. Eine Möglichkeit

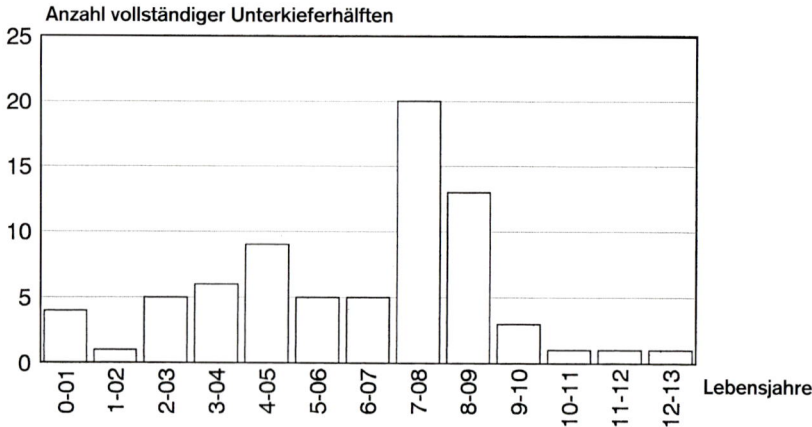

Abb. 2: Die Altersverteilung der Rentiere an der Fundstelle Salzgitter-Lebenstedt.

Ein mittelpaläolithisches Rentierjägerlager bei Salzgitter-Lebenstedt

zur Überprüfung der Altersstruktur ergibt sich aus der Betrachtung von Durchbruch und Abnutzung der Zähne. Die Bedingungen zur Durchführung dieses Untersuchungsschrittes waren in Salzgitter optimal, weil 74 mehr oder weniger vollständige Unterkieferhälften einbezogen werden konnten (Abb. 1). Dieses Material wurde mit Kiefern von Rentieren aus West Grönland verglichen, die durch kontrollierte Jagd 1978 ums Leben kamen.So ist die Alterszusammensetzung der Rentiere in Salzgitter-Lebenstedt durch einen hohen Anteil 8-9 Jahre alter Individuen gekennzeichnet, der Anteil an Tieren vor dem 8. Lebensjahr ist relativ konstant. Unterkiefer 8-9 Jahre alter Tiere stammen von mindestens 20 Rentieren, Jungtiere, das heißt Tiere vor dem 30. Lebensmonat, repräsentieren mindestens 7 Individuen (Abb. 2).

Unter den Rentierresten befinden sich verschiedene Elemente, die direkt oder indirekt auf die Saison verweisen, in der die Tiere starben. Drei junge Individuen zeigen Bezahnungen, die typisch für die Zeit zwischen dem 3.-6. Lebensmonat sind. Nimmt man an, daß das Rentierkalben in die Zeit zwischen Mai und Juni fällt (Habermehl 1985), dürften diese Tiere in der Periode zwischen August und Oktober gestorben sein.

Auch die Geweihe ermöglichen eine saisonale Einordnung. Bei Rentieren tragen jedoch beide Geschlechter Geweihe, und Wachstum und Abwurf verlaufen bei beiden Geschlechtern zeitlich versetzt. Deshalb wurde zunächst die Bestimmung des Geschlechts der Rentiere notwendig. Dazu wurde die Breite und Dicke der Geweihstangen kurz über der Geweihbasis metrisch erfaßt (Meßpunkt 2 nach Sturdy 1975) (Abb. 3). Es zeigte sich hier eine deutliche Zweiteilung, in der die größte Gruppe (bestehend aus 91 Geweihstangen von mindestens 45 Tieren) von erwachsenen Bullen stammt und die kleinere Gruppe (bestehend aus 44 Geweihstangen von mindestens 22 Tieren) Junge, Jugendliche und Kühe repräsentiert. Sowohl die Geweihe männlicher als auch weiblicher Tiere waren ausgewachsen. An keinem der männlichen Geweihe konnten Resorptionslinien an der Geweihbasis beobachtet werden, die 2-4 Wochen vor dem Abwurf der Geweihe im Oktober entstehen, und den Geweihabwurf einleiten. Es kann also angenommen werden, daß die männlichen Tiere in relativ kurzer Zeit während des Herbstes (das heißt September bis

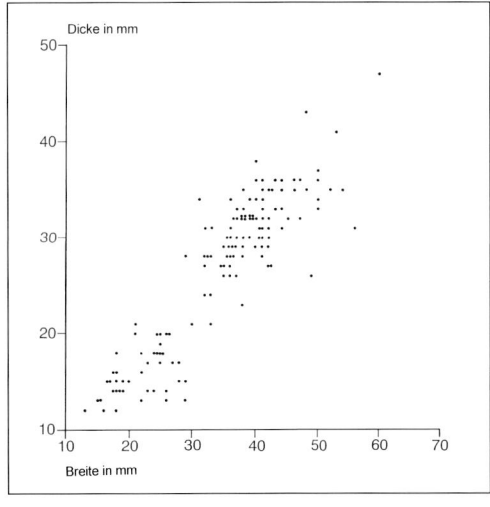

Abb. 3: Breite und Dicke der Geweihstangen von Rentieren der Fundstelle Salzgitter-Lebenstedt.

Ein mittelpaläolithisches Rentierjägerlager bei Salzgitter-Lebenstedt

Vergrößerter Ausschnitt der Schnittspuren aus Abb. 4.

früher Oktober) den Tod fanden. Während dieser Zeit finden die großen Wanderungen der Rentiere in die Wintereinstände statt und es ist die Zeit, in der alle Gruppen einer Population (zum Beispiel Bullenverbände, Kühe und Jungtiere) zusammen angetroffen werden können. Aus diesem Grund ist anzunehmen, daß auch die Jungen und die Kühe zur gleichen Zeit starben. Als Ursache für die Entstehung eines homogen gut erhaltenen Fundensembles mit mindestens 86 meist erwachsenen Rentieren, das sich durch menschlich verursachte Schlachtspuren auszeichnet und dessen saisonale Einordnung in den Herbst fällt, läßt sich am ehesten die Jagd durch den Menschen benennen. Diese Interpretation wird durch die Topographie der Fundstelle unterstrichen. Der Platz liegt im Verzahnungsbereich zwischen dem nördlichen Flachland und der Mittelgebirge, genauer gesagt, am Ausgang eines ehemals schmalen, recht steilen Tales, das in ein weiteres, weites Tal mündet, und sich bestens für die Rentierjagd eignet (Spiess 1979).

Es wurde bereits darauf verwiesen, daß sich die Rentierreste durch zahlreiche Schlachtspuren auszeichnen, die vom Zerwirken und von der Nutzung der Tierkörper durch den mittelpaläolithischen Menschen zeugen. Schnittspuren stammen von der Grobzerlegung und von der Fleischgewinnung und sind zahlreich belegt (Abb. 4). Daneben finden sich auch konische Knochenaufbrüche als das Resultat der regelhaften Gewinnung von Knochenmark. Bei der Analyse dieser Spuren fällt eine besonders standardisierte Vorgehensweise ins Auge. Dieses Muster läßt sich besonders gut am Mittelfußknochen (*Metatarsus*) nachvollziehen. Hier wurde zunächst offenbar das äußere Gelenkende des Knochens entfernt. Danach wurde die Markröhre eröffnet, indem man die vordere Fläche des Knochens wie einen Deckel entfernte, so daß das Knochenmark frei im Knochen lag (Abb. 5).

Abb. 4: Unterarmknochen (Radius und Ulna) eines Rentieres vom Fundplatz Salzgitter-Lebenstedt mit Schnittspuren am oberen Gelenkende.

Betrachtet man das Knochenmaterial in seiner Gesamtheit, wird die Standardisierung für die Ausbeute aller genutzten Skelettelemente deutlich, und beschränkt sich nicht nur auf den Mittelfußknochen. Als Ergebnis konnten immer gleichartige Knochenfragmentationsmuster beobachtet werden (Abb. 6). Auffallend ist darüber hinaus, daß dieses standardisierte Vorgehen auf Skelettelemente erwachsener Tiere mit einem hohen Gehalt an Knochenmark ausgerichtet ist. Knochen mit nur geringem Markinhalt (Binford 1981) und Knochen jugendlicher Tiere bleiben von diesem Arbeitsschritt verschont. Der Ratio von vollständigen zu fragmentierten Knochen verdeutlicht die selektive Nutzung. Knochen jugendlicher Rentiere, Unterkiefer, Mittelhandknochen und Phalangen sind arm an Knochenmark und zählen generell zu den unverwerteten Elementen. Von den 83 Unterkieferhälften des Materials waren 74 vollständig erhalten. Eine Anzahl von 34 der insgesamt 38 untersuchten Mittelhandknochen war vollständig. Im Gegensatz dazu repräsentieren nur 11 von insgesamt 163 Mittelfußfragmenten vollständige Knochen. Generell gilt, daß der Großteil der unfragmentierten Knochen von jugendlichen Tieren stammt.

In der Zusammenschau zeigt sich, daß die mittelpaläolithischen Menschen sowohl bei der Jagd als auch bei der anschließenden Ausbeutung der Nahrungsressourcen sehr zielgerichtet vorgingen, da sich eine deutliche Konzentration auf sehr hochwertige Nahrung fassen läßt. Vergleichbare Befunde sind heute nur noch von spätglazialen Fundstellen des Ahrensburger Tunneltales bekannt (Bratlund 1996, Gronnow 1987).

Abb. 5: Aufgeschlagene Mittelfußknochen (*Metatarsi*) von Rentieren aus Salzgitter-Lebenstedt.

Die Knochengeräte

Nicht genug dieser für das Mittelpaläolithikum in ihrer Auflösung recht ungewöhnlichen Ergebnisse. Vergesellschaftet mit den Resten des Rentiersterbens fanden sich eine Reihe menschlich modifizierter Knochen. Bereits direkt nach Abschluß der Grabung im Jahre 1953 hatte Tode (Tode 1953) auf diese Geräte aufmerksam gemacht. Da die Funde jedoch in ihrer Gesamtheit

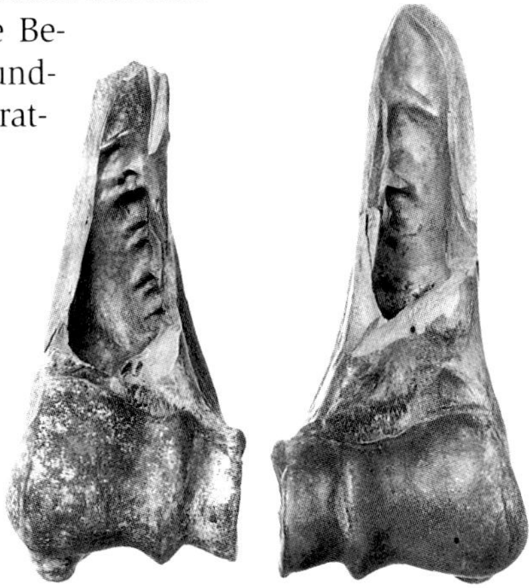

Abb. 6: Aufgeschlagene Gelenkenden von Rentier-Oberarmknochen (*Humeri*) aus Salzgitter-Lebenstedt.

unveröffentlicht blieben, gerieten sie in Vergessenheit und blieben bei neu entfachten Diskussionen um die Fähigkeit mittelpaläolithischer Menschen, Knochengeräte herzustellen, unberücksichtigt (Mithen 1996). Nicht nur die Publikationslage, auch die Einzigartigkeit dieser Funde im archäologischen Nachweis trugen zu dieser Situation bei. Eine Neuerfassung der Funde (Gaudzinski im Druck) zeigte nun, daß eine Anzahl von ca. 30 Knochen Modifikationen aufwies, die regelmäßig nicht durch natürliche Prozesse, ohne den Einfluß des Menschen entstehen können. Als der wohl auffälligste Fund darf in diesem Zusammenhang das Knochenfragment eines Dickhäuters gelten, das zur Form einer geflügelten Knochenspitze zugerichtet wurde. Eine Interpretation im Sinne einer Bewehrung liegt hier nahe (Abb. 7). Zugespitzte Mammutrippen stellen den weitaus größten Anteil an der Zusammensetzung der modifizierten Knochen dar. Die Zurichtung der Knochen wurde durch ganz unterschiedliches Vorgehen erreicht. Zumeist wurden die Rippen jedoch von den Kanten her allmählich spitz zugearbeitet und die Spitzenpartie wurde zusätzlich verdünnt (Abb.8). Neben den zugerichteten treten auch gespaltene Rippen auf. Dabei handelt es sich um Knochen mit zahlreichen konischen Abbrüchen an den Kanten, die vom Aufspalten des Knochens zeugen (Abb.9). Neben den Rippen dienten auch Wadenbeine (*Fibulae*) des Mammuts als Rohmaterial zur Geräteherstellung. Die hier beobachteten Bearbeitungsformen, sind denen der Rippen vergleichbar (Abb. 10). Die Funktion der Geräte muß offen bleiben. Da alle Geräte eine mehr oder weniger starke Biegung aufweisen, analog zu ihrer anatomischen Form, fällt die Nutzung der zugespitzten Stücke als Stoßwaffe aus. Daß es unter den Geräten Stücke mit gleichartigen Zurichtungen gibt zeigt jedoch, daß die Formgebung gewollt war. Vom Ausgräber war vermutet worden, die Geräte hätten zum Erlegen der Rentiere Verwendung gefunden (Tode 1953).

Abb. 7 Knochenspitze aus Salzgitter-Lebenstedt (Vor- und Rückseite).

Als Rohmaterial zur Geräteherstellung wurden Mammutknochen ausgewählt. Mammutreste sind im Faunenmaterial mit einem Anteil von 420 Funden vertreten. Unter diesen Knochen dominieren Zähne, Rippen und Wadenbeine deutlich. Eine solche Zusammensetzung von Knochenelementen ist außergewöhnlich und sowohl in paläontologischen als auch in archäologischen Zusammenhängen unbekannt (vgl. Haynes 1991). Aus diesem Grund scheint hier die Interpretation einer intentionellen Selektion dieser Elemente durch den Menschen gerechtfertigt.

Es wurde bereits darauf verwiesen, daß zumindest ein Teil der Mammutreste zur natürlichen Hintergrundfauna gezählt werden muß. Die Knochen und Zähne repräsentieren Skelettreste von Tieren, die zu verschiedenen Zeitpunkten, durch verschiedene Ursachen den Tod fanden, und im Fluß abgelagert wurden. Diese Reste dienten dem Menschen als Rohmaterial zur Geräteherstellung. Ob dabei ganze Leichenteile aufgelesen wurden und/oder bereits entfleischte Knochen durch den Menschen gesammelt worden sind, muß offen bleiben. In jedem Fall zeigen verschiedene Merkmale auf den bearbeiteten Knochen, wie zum Beispiel charakteristische Bruchmuster, daß die Skelettreste zum Zeitpunkt ihrer Verarbeitung noch nicht fossilisiert waren und offenbar von Tieren stammten, die noch nicht lange tot waren.

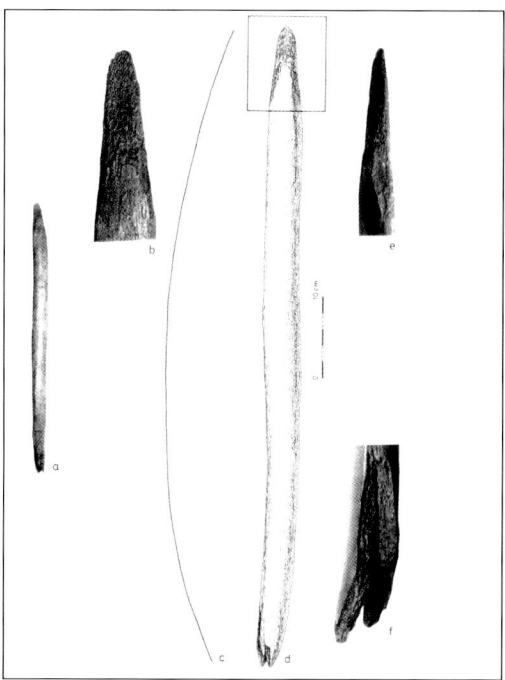

Abb. 8: Zugerichtete Mammutrippe aus Salzgitter-Lebenstedt.

In der mittelpaläolithischen Forschung wird immer wieder die Frage formuliert, warum Knochen als Rohmaterial zur Geräteherstellung ignoriert wurden. Schließlich sind die Methoden und Techniken zur Herstellung von Knochengeräten spätestens seit Auftreten der ersten Holzgeräte vor rund 400.000 Jahren bekannt (Thieme 1997). Die Nachweise von Salzgitter vermögen hier einen weiteren Baustein zur Klärung dieser Frage zuzufügen. So wurde lange vermutet, Holz sei der wesentliche Rohmateriallieferant des Mittelpaläolithikums gewesen. Hölzer gehören zu den organischen Materialien, die im archäologischen Nachweis nur in Ausnahmefällen überliefert werden. Diese Annahme wird durch die Funde und

Abb. 9: Aufgespaltene Mammutrippe aus Salzgitter-Lebenstedt.

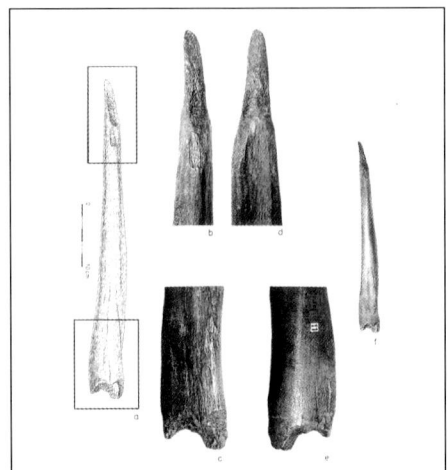

Befunde aus Salzgitter unterstrichen. Zur Zeit der Bildung der fundführenden Sedimente müssen wir in Salzgitter mit einer Tundra rechnen. In diesem Sinne könnte der Mangel des Rohstoffes Holz die Menschen zur Nutzung anderer organischer Materialien bewegt haben.

Insgesamt läßt sich der Nachweis aus Salzgitter-Lebenstedt im Sinne von Hinterlassenschaften einer oder mehrerer kurz aufeinander folgender Herbstjagden interpretieren, bei denen ein Teil einer Rentierpopulation auf dem Weg in die Wintereinstände erlegt wurde. Die anschließende Ausbeutung der Tiere beschränkte sich auf eine systematische Nutzung qualitativ hochwertiger Nahrung. In diesem Zusammenhang scheint eine Tötung von Jungtieren, zum Beispiel ihres Felles wegen, plausibel. In welchem Zusammenhang das Rentiersterben und die vergesellschafteten Knochengeräte stehen, läßt sich heute nicht mehr klären. Die Geräte könnten bei der Rentierjagd oder bei der anschließenden Verwertung der Leichen Verwendung gefunden haben. Denkbar scheint indes ebenso, daß diese Funde aus einer Begehung der Umgebung des Krähenriedebaches durch den Menschen resultieren, die unabhängig vom Rentiersterben ist.

Abb. 10: Zugerichtetes Mammut-Wadenbein (*Fibula*) aus Salzgitter-Lebenstedt.

Weiterführende Literatur:

Binford, L.R. 1981: Bones. Ancient men and modern myths (New York) Academic Press.

Bratlund, B. 1996: Hunting strategies in the Late Glacial of Northern Europe: a survey of the faunal evidence. Journal of World Prehistory 10, 1-48.

Busch, R. und Schwabedissen, H. (Hrsg.) 1991: Der altsteinzeitliche Fundplatz Salzgitter-Lebenstedt. Teil II. Naturwissenschaftliche Untersuchungen (Köln) Böhlau Verlag.

Gaudzinski, S., im Druck: Knochen und Knochengeräte der mittelpaläolithischen Fundstelle Salzgitter-Lebenstedt (Deutschland). Jahrbuch des Römisch-Germanischen Zentralmuseums Mainz.

Gaudzinski, S. 1998: Vorbericht über die taphonomischen Arbeiten zu Knochengeräten und zum faunistischen Material der mittelpaläolithischen Freilandfundstelle Salzgitter-Lebenstedt. Archäologisches Korrespondenzblatt 28, 323-337.

Grote, K. & Preul, F. 1978: Der mittelpaläolithische Lagerplatz Salzgitter-Lebenstedt. Vorbericht über die Grabung und die geologische Untersuchung 1977. Nachrichten aus Niedersachsens Urgeschichte 47, 77-106.

Gronnow, B 1987: Meiendorf and Stellmoor revisited. An analysis of Late Palaeolithic reindeer exploitation.

Ein mittelpaläolithisches Rentierjägerlager bei Salzgitter-Lebenstedt

Acta Archaeologica 56, 131-166.

Habermehl, K.-H. 1985: Altersbestimmung bei Wild- und Pelztieren (Hamburg) Paul Parey.

Haynes, G. 1991: Mammoth, mastodonts and elephants (Cambridge) Cambridge University Press.

Hublin, J.J. 1984: The fossil man from Salzgitter-Lebenstedt (FRD) and its place in human evolution during the Pleistocene in Europe. Zeitschrift für Morphologie und Anthropologie 75, 45-56.

Johannes, H. und Schuh-Johannes, J. 1991: Die Pilzfunde. In: R. Busch und H. Schwabedissen (Hrsg.), Der altsteinzeitliche Fundplatz Salzgitter-Lebenstedt. Teil II. Naturwissenschaftliche Untersuchungen, 211-216 (Köln) Böhlau Verlag.

Kleinschmidt, A. 1953: Die Untersuchung der paläolithischen Freilandstation von Salzgitter-Lebenstedt. 6. Die zoologischen Funde der Grabung Salzgitter-Lebenstedt 1952. Eiszeitalter und Gegenwart 7, 166-188.

Mithen, S. 1996: The Prehistory of the mind (London) Thames and Hudson.

Pastoors, A. 1996: Die Steinartefakte von Salzgitter-Lebenstedt. Dissertation Universität Köln.

Pfaffenberg, K. 1991: Die Vegetationsverhältnisse während und nach der Sedimentation der Fundschichten von Salzgitter-Lebenstedt. In: R. Busch und H. Schwabedissen (Hrsg.), Der altsteinzeitliche Fundplatz Salzgitter-Lebenstedt. Teil II. Naturwissenschaftliche Untersuchungen, 183-210 (Köln) Böhlau Verlag.

Preul, F. 1991: Die Fundschichten im Klärwerksgelände von Salzgitter-Lebenstedt und ihre Einordnung in die Schichtenfolge des Quartär. In: R. Busch und H. Schwabedissen (Hrsg.), Der altsteinzeitliche Fundplatz Salzgitter-Lebenstedt. Teil II. Naturwissenschaftliche Untersuchungen, 9-99 (Köln) Böhlau Verlag.

Schütrumpf, R. 1991: Kommentar zu dem vorstehenden Beitrag von W. Selle über Salzgitter-Lebenstedt nach dem Forschungsstand der achtziger Jahre. In: R. Busch und H. Schwabedissen (Hrsg.), Der altsteinzeitliche Fundplatz Salzgitter-Lebenstedt. Teil II. Naturwissenschaftliche Untersuchungen, 162-182 (Köln) Böhlau Verlag.

Selle, W. 1991: Die palynologischen Untersuchungen am paläolithischen Fundplatz Salzgitter-Lebenstedt. In: R. Busch und H. Schwabedissen (Hrsg.), Der altsteinzeitliche Fundplatz Salzgitter-Lebenstedt. Teil II. Naturwissenschaftliche Untersuchungen, 149-161 (Köln) Böhlau Verlag.

Spiess, A. E. 1979: Reindeer and Caribou hunters. An archaeological study (New York) Academic Press.

Sturdy, D.A. 1975: Some Reindeer economies in Prehistory. In: E.S. Higgs (Hrsg.), Palaeoeconomy, 55-95 (Cambridge) Cambridge University Press.

Thieme, H. 1997: Lower Palaeolithic hunting spears from Germany. Nature 385, 807-810.

Tode, A. 1953: Die Untersuchung der paläolithischen Freilandstation von Salzgitter-Lebenstedt. 8. Einige archäologische Erkenntnisse aus der paläolithischen Freilandstation von Salzgitter-Lebenstedt. Eiszeitalter und Gegenwart 3, 192-215.

Tode, A. 1982: Der altsteinzeitliche Fundplatz Salzgitter-Lebenstedt. Teil 1. Archäologischer Teil (Köln) Böhlau Verlag.

Tundra, abgeworfene Ren-Geweihstange, Tschukotija-Flußgebiet in Nordost-Sibirien.

Ein mittelpaläolithisches Rentierjägerlager bei Salzgitter-Lebenstedt

Gerhard Bosinski

Die Kunst der Altsteinzeit

Gerhard Bosinski
Die Kunst der Altsteinzeit

Abb. 1: Vogelherd (Baden-Württemberg): Mammut.

Die Anfänge von Schmuck und Kunst reichen zurück in das Alt- und Mittelpaläolithikum (M. Lorblanchet 1999). Jedoch erst im Jungpaläolithikum, der Zeit zwischen 37.000 - 14.500 vor heute, erreicht die Kunst eine erste Blüte. Der Grund hierfür war eine verbesserte Bewaffnung, etwa ab 32.000 vor heute die Speerschleuder, die den Jagderfolg sicherte und in der wildreichen Steppenlandschaft vor allem Europas zur Ausbildung großartiger Jägerkulturen führte (G. Bosinski 1990).

Bei den überlieferten Kunstwerken handelt es sich in erster Linie um verzierte Gegenstände und Geräte, um Statuetten aus Elfenbein, Geweih oder Stein, um gravierte „Plaketten" aus Stein oder Knochen und um Gravierungen und Malereien an Höhlenwänden (A. Leroi-Gourhan 1971; M. Lorblanchet 1997). Außerdem gab es vermutlich viele Kunstwerke aus Holz, Leder oder anderen vergänglichen Materialien.

Die zahlreichen Kunstwerke aus einer Zeit von mehr als 20.000 Jahren können kaum nach einem einzigen Schema interpretiert werden, und alle derartigen Versuche waren letztendlich nicht sehr überzeugend (zuletzt: J. Clottes und D. Lewis-Williams 1997). Leichter scheint der Zugang zu räumlich und zeitlich definierten Gruppen von Darstellungen, doch auch hier bleiben viele Fragen offen.

Abb. 2: Vogelherd (Baden-Württemberg): Wisent.

Die Kunst war eingebettet in das damalige Leben und hatte in den Jäger- und Sammlergemeinschaften eine wichtige Funktion. Während Werkzeuge und Waffen bestimmte

Abb. 3: Vogelherd (Baden-Württemberg): Löwenkopf.

Tätigkeiten erkennen und Siedlungsstrukturen die Lebens- und Siedlungsweise rekonstruieren lassen, werden in der Kunst die Vorstellungen der Menschen sichtbar. Ihre Gedanken waren ganz anders als die in unserer heutigen Welt; hier liegt die größte Schwierigkeit zum Verständnis der Kunstwerke.

Die Kunst des frühen Jungpaläolithikums

(37.000 - 32.000 vor heute)

Die wichtigste Kultur des frühen Jungpaläolithikums ist das Aurignacien, das in weiten Teilen Europas und des Mittelmeergebietes mit Zentrum in Südwesteuropa verbreitet war. Die Wurzeln des Aurignacien und die Gründe für seine Ausbreitung liegen noch weitgehend im Dunkeln.

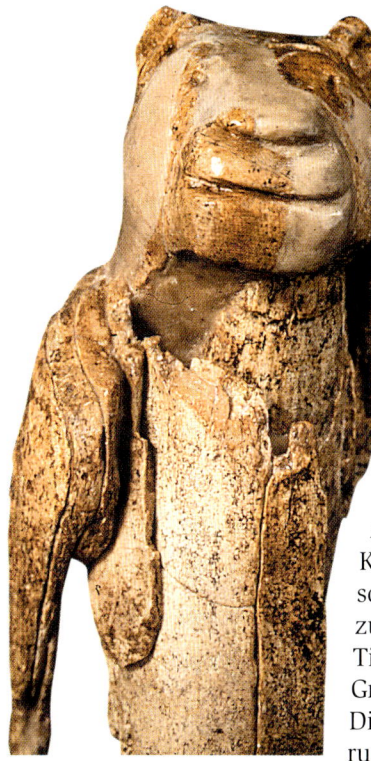

Eine wichtige Kunstgattung des Aurignacien sind Elfenbeinstatuetten, die wir aus drei süddeutschen Höhlen – Vogelherd und Stadel im Lonetal, Geißenklösterle im Achtal bei Ulm - kennen (J. Hahn 1986). Die dargestellten Tiere – Mammut, Raubkatzen, Bär, Wisent, Pferd – sind hervorragend modelliert. Die charakteristischen Merkmale der Tiere sind deutlich wiedergegeben, sind jedoch keine Abbilder der Natur. Die Beine der Mammute und Wisente sind zu kurz, um den mächtigen Körper zu tragen. Der geschwungene Hals des Pferdes ist zu lang. Auf den Körpern der Tiere sind Zeichen angebracht: Grübchen, Andreaskreuze, Linien. Diese Zeichen könnten Erklärungen beinhalten, die wir aber nicht verstehen.

Die Darstellungen der Men-

Abb. 5: Stadel (Baden-Württemberg): Löwenmensch.

Abb. 4: Geißenklösterle (Baden-Württemberg): Elfenbeinplättchen mit menschlicher Figur und Einstichreihen (Vorder- und Rückseite).

Die Kunst der Altsteinzeit

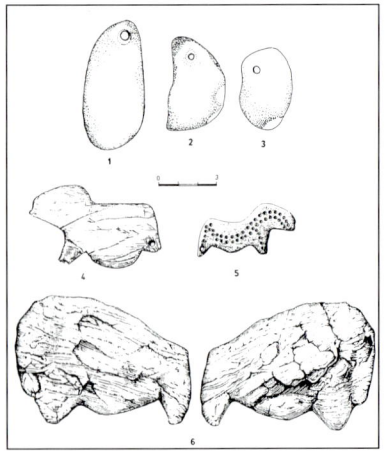

Abb. 6: Sungir´ (Rußland): Durchbohrte Steine (1-3) und Elfenbeinfiguren (4-6).

schen sind dagegen vage und verfremdet. Von Stratzing (Niederösterreich) stammt eine Frauenfigur aus Schiefer (Chr. Neugebauer-Maresch 1989), aus dem Vogelherd eine zylindrische Figur mit plattem Kopf, auf deren Körper Grübchen aufgereiht sind. Ein Elfenbeinplättchen aus dem Geißenklösterle trägt eine menschliche Figur mit erhobenen Armen und gespreizten Beinen; auf der Rückseite des Plättchens befinden sich vier vertikale Reihen mit insgesamt 48 Einstichen, die anscheinend nicht in einem Zuge, sondern wie eine Notierung im Laufe der Zeit angebracht wurden. Die fast 30 cm große Statuette aus dem Stadel hat einen Löwenkopf und Arme wie Pranken, jedoch eine menschliche Körperhaltung (E. Schmid 1989). Diese von Joachim Hahn aus vielen kleinen Elfenbeinstückchen zusammengesetzte Figur unterstreicht das Miteinander und die Austauschbarkeit von Mensch und Tier; es ist eines der wichtigsten Zeugnisse der eiszeitlichen Kunst.

Die großartigen Statuetten des Aurignacien können nicht am Anfang der Kunst stehen. Mögliche Vorläufer sind flache Elfenbeinfiguren von Sungir bei Vladimir östlich von Moskau, die den Umriß der Tiere - Mammut, Pferd - nur vage zeigen (O. N. Bader 1978, 1998). Auf einem „Pferd" sind Reihen von Grübchen angebracht, die den Zeichen auf den Statuetten des Aurignacien an die

Abb. 7: La Ferrassie (Dordogne): Tierbeine, Grübchen, birnenförmiges Zeichen.

Seite zu stellen sind. In Sungir wurden außerdem flache Steingerölle mit einer manchmal asymmetrischen Durchbohrung gefunden. Da es unwahrscheinlich ist, daß solche simplen Gerölle als Anhänger getragen wurden, waren diese Stücke ursprünglich vielleicht bemalt. Wir hätten dann in Sungir sowohl ausgewählte und bemalte Steine als auch aus Elfenbein gearbeitete Figuren und damit den wichtigen Schritt vom Auswählen zum Gestalten, der eine Wurzel der Kunst war. Eine ganz andere Kunstgattung des Aurigna-

Abb. 8: Abri Blanchard (Dordogne): Bauch und Beine einer Rinderdarstellung.

Die Kunst der Altsteinzeit

cien sind Kalksteinblöcke mit tief eingepickten Schamdreiecken, Grübchen und Tieren. Diese von André Leroi-Gourhan als „Stil I" bezeichneten Darstellungen kennen wir bisher überwiegend aus Südwestfrankreich (B. und G. Delluc 1978). Vielleicht ist die tiefe Linienführung mitverantwortlich für die manchmal unbeholfenen Tierdarstellungen auf diesen Blöcken.

Abb. 9: Grotte Chauvet (Ardèche): Bildfeld der Pferde.

Ein von der Decke gestürzter Kalksteinblock aus dem Abri Blanchard (Dordogne) ist ein wichtiger Beleg für die Wandkunst des Aurignacien. Auf ihm ist der rotbraun und schwarz gezeichnete untere Körperteil eines Rindes erhalten. Ursprünglich befand sich dieser Block an der Stirnkante des Felsdaches und wir können sicher davon ausgehen, daß hier seinerzeit große Teile der Felswand bemalt waren.

Abb. 10: Grotte Chauvet (Ardèche): Bildfeld der Löwen.

Das wichtigste Beispiel für die Höhlenkunst des Aurignacien ist jedoch die 1994 entdeckte Grotte Chauvet an der Ardèche (J. M. Chauvet et al. 1995). Die einzigartige Situation in dieser durch einen Felssturz vor ca. 20.000 Jahren verschlossenen Höhle wird augenblicklich erforscht und bringt mit jeder Kampagne neue Ergebnisse. In den mit Holzkohle gemalten Bildfeldern der Pferde und der Löwen sind jeweils um eine Wandnische herum Tiere in

Abb. 11: Grotte Chauvet (Ardèche): Das Pferd in der zentralen Nische des Bildfeldes der Löwen.

szenischer Anordnung gruppiert. Im Bildfeld der Pferde sind links der Nische Auerochsen, Nashörner und Pferde, rechts davon Rentiere und Rinder angeordnet. In der Nische selbst, an deren Boden eine Quelle entspringt, finden wir Pferde und Löwen.

Im Bildfeld der Löwen stürmen Löwen, Nashörner, Wisente in wilder Bewegung um die zentrale Nische herum aus der Tiefe der Höhle zum Ausgang. In der Nische selbst ist das einzige Pferd dieses Bildfeldes dargestellt - in völliger Ruhe und unbeeindruckt von der wilden Bewegung der anderen Tiere.

Die technische Meisterschaft und künstlerische Vollendung dieser Bilder hat das Studium der eiszeitlichen Kunst verändert und viele Theorien gegenstandslos gemacht. Erst langsam erholt sich die Forschung von dem Schock dieser Bildwerke des Aurignacien.

Abb. 12: Kostenki I (Rußland): Frauenfigur.

Die Kunst des Mittleren Jungpaläolithikums

(32.000 - 20.000 vor heute)

Der Beginn des Mittleren Jungpaläolithikums ist in der Werkzeug- und Waffentechnik durch einige Innovationen gekennzeichnet – Speerschleuder, Einsatztechnik (Rückenmesser, Gravettespitzen) – , die sich schnell über weite Teile Eurasiens ausgebreitet haben. In der Kunst dieser Zeit sind Statuetten von Frauen und Tieren ein charakteristisches Element. Diese Statuetten wurden aus Stein und Elfenbein hergestellt, aber auch aus Lehm gebrannt. In Dolní Věstonice (Mähren) entdeckte Bohuslav Klima in einer etwas abseits gelegenen Hütte einen Brennofen für solche Figuren mit vielen Bruchstücken und Halbfabrikaten (B. Klima 1963).

Unter den Tierfiguren sind viele Mammutdarstellungen, die in ihrer summarischen Form eindrucksvolle Bilder dieses Tieres sind. Aber auch Nashorn, Pferd, Bär und Vielfraß werden wiedergegeben. Weithin bekannt sind die Frauenstatuetten, die seit der Entdeckung einer solchen Figur

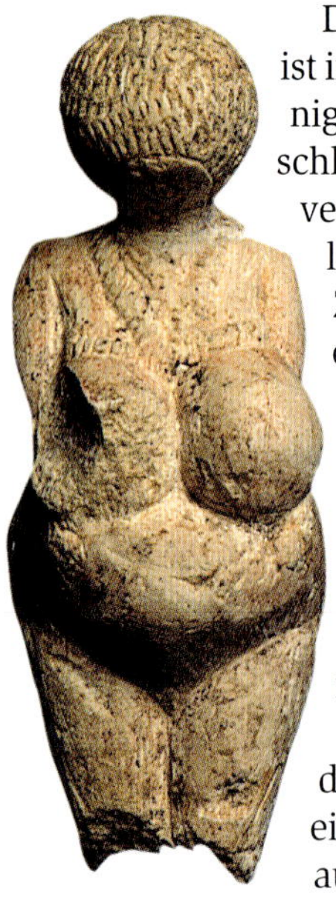

Abb. 13: Kostenki I (Rußland): Frauenfigur (Vorderansicht).

Abb. 13: Frauenfigur (Seitenansicht).

Die Kunst der Altsteinzeit

1908 in Willendorf (Niederösterreich) die saloppe Bezeichnung „Venusfiguren" erhielten (H. Delporte 1993). Die Köpfe sind oft Kugeln ohne Gesichtszüge, mehrfach ist eine Kappe oder Frisur dargestellt, die manchmal wie ein geflochtener Korb aussieht. Die dünnen Arme liegen auf den großen Brüsten oder verschwinden unter diesen. Häufiger sind Armbänder, Ketten und Gürtel dargestellt. Der Leib ist oft vorgewölbt und es handelt sich um schwangere Frauen. Während die Oberschenkel ausführlich dargestellt sind, sind die Unterschenkel oft verkürzt und die Füße nur gelegentlich angedeutet. Meist sind die Frauen unbekleidet. Von Dolní V˘estonice stammt eine Statuette, deren Kopf wie mit einem Tuch verhüllt erscheint, in dem sich zwei schräge Sehschlitze befinden. Unter dem Leib hat diese Figur eine umlaufende Rille; während über dieser Rille anatomische Details – Bauchnabel, Speckfalten – sichtbar sind, scheinen Schampartie und Beine mit einem Rock bekleidet zu sein. Die Elfenbeinstatuette von Lespugue (Südwestfrankreich), trägt einen dreieckigen Schurz. Gelegentlich gibt es Frauenstatuetten mit zapfenförmigem Oberkörper. Die rot gefärbte Kalksteinfigur von Mauern (Bayern) hat ein betontes Gesäß mit annähernd horizontaler Sitzfläche und kurzem, abgewinkeltem Beinansatz. Bei der Statuette von Tursac (Dordogne) ist der Leib schräg nach unten vorgewölbt und zwischen den Beinen tritt ein Zapfen aus; hier ist wahrscheinlich ein Geburtsvorgang dargestellt. Dieser Statuettenhorizont im ersten Teil des mittleren Jungpaläolithikums ist in einem großen Gebiet, vom Don bis zum Atlantik verbreitet (G. Bosinski 1982). Die Frauenstatuetten unterstreichen die weibliche

Abb. 14: Kostenki I (Rußland): Leib und Hände einer großen Frauenfigur.

Abb. 15: Mauern (Bayern): Frauenfigur (Seiten- und Rückansicht).

Die Kunst der Altsteinzeit

Abb. 16:
Dolní Věstonice
(Mähren):
Frauenköpfchen.

Fruchtbarkeit und das Wunder der Geburt. Darstellungen von Männern sind dagegen selten. Das wichtigste Beispiel ist die Elfenbeinfigur aus einem Grab in Brünn.

Manchmal sind menschliche Köpfe mit ausgearbeiteten Gesichtszügen dargestellt. Am eindrucksvollsten ist das Köpfchen von Brassempouy (Südfrankreich), das eine junge Frau mit eindrucksvollem Gesicht und langen Haaren wiedergibt. Das Köpfchen von Dolní Věstonice hat ein leicht schiefes Gesicht. Noch deutlicher ist die Asymmetrie bei einer kleinen maskenartigen Gesichtsdarstellung vom gleichen Fundort, und Bohuslav Klima meint, daß es sich hier um Porträtdarstellungen einer unter dem Fußboden einer Hütte bestatteten Frau handelt, die an einer halbseitigen Gesichtslähmung litt.

Abb. 17: Dolní
Věstonice (Mähren):
Gesichtsdarstellung.

In Laussel (Dordogne) sind die Frauenstatuetten des mittleren Jungpaläolithikums in Felsreliefs umgesetzt worden. Berühmt ist das ehemals rot bemalte Halbrelief einer Frau, die in ihrer rechten Hand ein Rinderhorn emporhält. Eine weitere Frauenfigur trägt einen ähnlichen Gegenstand. Hiermit und mit einer eigenartigen Doppelfigur werden in Laussel gleichzeitig neue Akzente gesetzt.

Abb. 18: Laussel (Dordogne):
Frauengestalt mit Rinderhorn.

In der Höhlenkunst dieser Zeit gibt es eindrucksvolle Tierbilder, die meist mit klarer Linienführung in strenger Profilansicht ausgeführt sind. Wichtige Beispiele sind Pair-non-Pair (Gironde) und Gargas (Hautes Pyrénées) sowie die kürzlich entdeckten Malereien der Grande Grotte von Arcy-sur-Cure in Burgund (D. Baffier und M. Girard 1998). In Arcy-sur-Cure gibt es nicht nur Bilder von Mammut, Bär und Steinbock, sondern auch eine Felsbildung, die durch das Hinzufügen von etwas roter Farbe zu einer Frauenfigur umgestaltet wurde.

Darüber hinaus fallen die Handnegative mit „verstümmelten" Fingern auf. Handnegative und „positive", das heißt mit Farbe an der Wand abgedrückte Hände gibt es bereits in der Grotte Chauvet. Die Handnegative mit unvollständigen Fingern, die vor allem aus Gargas in den Pyrenäen und aus der Crotte Cosquer bei Marseille (J. Clottes und J. Courtin 1995) bekannt sind, gehören jedoch in den ersten Teil des mittleren Jungpaläolithikums. Man hat überlegt, ob die fehlenden Fingerglieder dieser Handnegative abgeschnitten oder durch eine Krank-

Die Kunst der Altsteinzeit

heit verursacht seien. Heute glauben wir jedoch eher, daß hier durch das Umknicken eines oder mehrerer Finger bestimmte Gesten oder Zeichen wiedergegeben sind.

Der zweite Teil des mittleren Jungpaläolithikums war der kälteste Abschnitt der letzten Eiszeit. Um 22.000 vor heute drang das Inlandeis von Skandinavien aus bis in das Gebiet von Berlin vor. Auch die Alpengletscher breiteten sich weit im Vorland aus. In dieser Zeit war Mitteleuropa kaum besiedelt. Die wichtigsten Kunstwerke stammen aus den Höhlen Südfrankreichs und Nordspaniens und gehören in die durch flächenretuschierte Blatt- und Kerbspitzen charakterisierte Kultur des Solutréen. In Pech Merle (Lot) sind zwei Pferde mit massivem Körper, dünnen Beinen und winzigem Kopf dargestellt. Michel Lorblanchet (1997) hat den Aufbau und die Anfertigung dieses Bildfeldes detailliert untersucht und dabei nachgewiesen, daß die schwarze

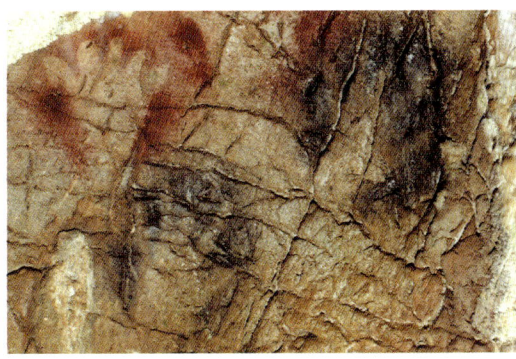

Abb. 19: Gargas (Hautes-Pyrénées): Handnegative mit „verstümmelten" Fingern.

Abb. 20: Grotte Cosquer bei Marseille: Handnegative mit „verstümmelten" Fingern.

Farbe der beiden Pferde sowie die Punkte in den Tierkörpern und deren Umgebung mit dem Mund geblasen wurden, wobei die Hände als Schablone dienten. Auch die sechs Handnegative über und unter den Pferden, die von ein und derselben Hand stammen, sowie die hakenförmigen Negative umgeknickter Daumen am Rücken des linken Pferdes wurden wohl mit dem Mund geblasen. An anderer Stelle der großen Höhle ist ein Mensch mit einem vogelartigen Kopf dargestellt, auf dessen Körper mehrere Linien zulaufen und ihn zu durchbohren scheinen. Oberhalb dieses „gespeerten" Menschen ist ein klammerförmiges Zeichen mit zylindrischem Aufsatz dargestellt. „Gespeerte" Menschen

Abb. 21: Pech-Merle (Lot): Das Bildfeld der Pferde.

Die Kunst der Altsteinzeit

und klammerförmige Zeichen gibt es in ganz ähnlicher Ausführung auch in Cougnac (Lot), die klammerförmigen Zeichen darüberhinaus auch in Placard (Charente). Hier wird ein bestimmter Darstellungsinhalt - „gespeerte" Menschen, klammerförmige Zeichen - sichtbar.

In der beim Straßenbau angeschnittenen Höhle Tete du Lion an der Ardèche sind in einer Felsnische ein Auerochse, darunter die Kopfpartien von zwei Steinböcken und über dem Auerochsen eine Gruppe verschiedenfarbiger Punkte gezeichnet (J. Combier 1984).

Abb. 22: Pech-Merle (Lot): „Gespeerter" Mensch und Klammerzeichen.

In Nordspanien gibt es in dieser Zeit rote Tiere, deren Umrisse aus vielen nebeneinander gesetzten Punkten besteht. Besonders häufig handelt es sich um Hirschkühe und Pferde. Dieser sehr charakteristische Stil, die „Schule von Ramales", ist nur in Kantabrien verbreitet. Die Halbreliefs des Solutréen kennen wir dagegen bisher nur aus Südfrankreich. Das bekannteste Beispiel sind die Steinblöcke von Roc de Sers (Charente), auf denen Pferde mit massivem Körper, kleinem Kopf und kurzen Beinen, zwei einander zugewandte Steinböcke sowie ein Mensch, der mit geschulterter Lanze vor einem Moschusochsen (?) zu fliehen scheint, wiedergegeben sind.

Abb. 23: Tête du Lion (Ardèche): Auerochsen, Steinböcke und Punkte.

Die Kunst des Späten Jungpaläolithikums

(20.000 - 14.500 vor heute)

Die Kunst des Späten Jungpaläolithikums ist vor allem die Kunst des Magdalénien. Diese am Ende der letzten Eiszeit in West- und Mitteleuropa verbreitete Jägerkultur beinhaltet eine Blütezeit von Schmuck und Kunst. Die Anzahl und die Qualität der Kunstwerke des Magdalénien wird in keinem anderen Abschnitt unserer Geschichte erreicht.

Auch in anderen Kulturen des späten Jungpaläolithikums gibt es

Abb. 24: Roc de Sers (Charente): Mensch und Rind.

Kunstwerke - so zum Beispiel die Bilderhöhlen im Ural (V. E. Shcelinskij und V. N. Shirokov 1999). Ich möchte mich jedoch auf das Magdalénien beschränken und hier aus der Fülle der Erscheinungen nur eine Auswahl besprechen.

Am Anfang des Magdalénien stehen die Höhlenbilder von Lascaux (Arl. Leroi-Gourhan und J. Allain 1979). Stilistisch gibt es mancherlei Beziehungen,

Abb. 25: Lascaux (Dordogne): Steinböcke und Gitterzeichen im Axialen Divertikel.

so die Proportionierung der Pferde, zu den Halbreliefs von Roc de Sers. Auch im Inhalt gibt es Parallelen wie die beiden einander zugewandten Steinböcke, zwischen denen im Axialen Divertikel von Lascaux ein Gitterzeichen gemalt ist. Solche Gitterzeichen, deren einzelne Felder mitunter farbig ausgemalt sind, finden sich an verschiedenen Stellen der Höhle. Ebenso wie die Klammerzeichen des Solutréen, die dachförmigen (tectiformen) Zeichen vom Typ Font-de-Gaume-Bernifal oder die leiterförmigen Zeichen vom Typ Altamira-Castillo charakterisieren sie eine bestimmte Zeit und ein fest umrissenes Gebiet, so daß man an

Abb. 26: Lascaux (Dordogne), Die Schachtszene.

Die Kunst der Altsteinzeit

Abb. 27: Cap Blanc (Dordogne): Lebensgroße Pferdedarstellung.

Stammeszeichen und auch an ein Sprachgebiet denken könnte (G. Bosinski 1999). Im Schacht von Lascaux, etwas abseits im Halbrund der Apsis, sind ein verwundeter, angreifender Wisent, ein unterlegener und fallender Mann sowie ein Vogel auf einer Stange und ein Nashorn dargestellt. Diese vieldiskutierte und in unterschiedlichster Weise interpretierte Szene hat in ihrem Grundschema unterlegener Mensch/angreifendes Rind Ähnlichkeit mit der Darstellung von Roc de Sers und charakterisiert einen an der Wende Solutréen/Magdalénien verbreiteten Vorstellungsinhalt.

Im ersten Teil des mittleren Magdalénien begegnen uns erneut Halbreliefs. Die aus dem Fels gehauenen, einstmals bemalten Darstellungen von Cap Blanc (Dordogne) und Angles-sur-l'Anglin (Vienne) gehören zu den eindrucksvollsten Werken der eiszeitlichen Kunst (L. Iakovleva und G. Pinçon 1997). In Cap Blanc sind vor allem Pferde dargestellt. Anders als in Roc-de-Sers entsprechen die Proportionen der Tiere nun dem natürlichen Vorbild. In Angles-sur-l'Anglin finden wir Pferde, Wisente und Steinböcke in beeindruckenden Skulpturen. Außerdem sind hier und in La Magdeleine (Tarn) Frauen wiedergegeben. Ein Männerkopf von Angles-sur-l'Anglin mit schwarzem Bart und roten Backen läßt erahnen, daß diese nur als Felsrelief erhaltenen Frauen einst völlig anders wirkten.

Abb. 28: Angles-sur-l'Anglin (Vienne): Männerkopf mit Farbresten.

Abb. 29: Angles-sur-l'Anglin (Vienne): Drei Frauengestalten.

Etwa in die gleiche Zeit gehören die gravierten Kalksteinblöcke von La Marche (Vienne), auf denen außer den Tieren vor allem die ausdrucksvollen Men-

Die Kunst der Altsteinzeit

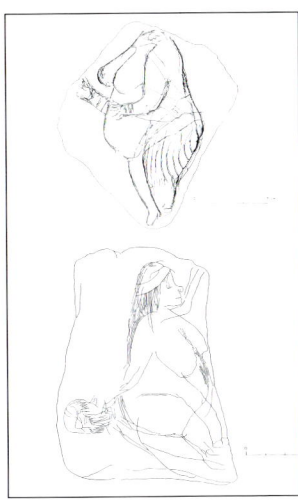

Abb. 30: La Marche (Vienne): Frauenfiguren.

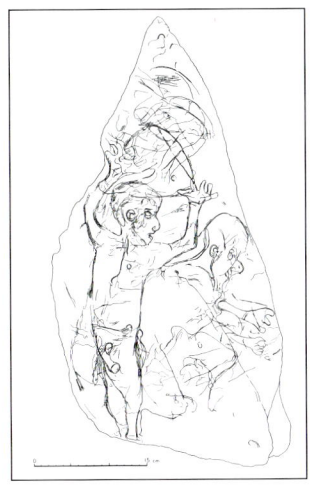

Abb. 31: La Marche (Vienne): Männerfiguren.

schendarstellungen unsere Aufmerksamkeit verdienen (L. Pales und M. Tassin de Saint Pereuse 1976). Die fülligen Frauen tragen verschiedenste Frisuren oder Hüte, manchmal auch Armbänder. Die gleichfalls unbekleideten Männer sind mitunter im Rahmen von Szenen wiedergegeben.

Zu den Hauptwerken dieser Zeit gehört zweifellos die Höhlendecke von Altamira mit den mehrfarbigen Wisenten, die in einem komplexen Verfahren aus einer Kombination von Malerei, abgeschabten Flächen und Gravierung hergestellt wurden (A. Beltran et. al. 1998).

Der zweite Teil des mittleren Magdalénien ist durch eine explosionsartige Zunahme der im Magdalénien ohnehin so zahlreichen Kunstwerke gekennzeichnet. Jetzt werden auch viele Gegenstände und Waffen reich verziert. Dies gilt zum Beispiel für „Lochstäbe", die wahrscheinlich zum Begradigen („Strecken") von Schäften und für Widerhakenenden von Speerschleudern dienten. Diese aus Rengeweih geschnitzten Widerhakenenden hatten die vorgegebe-

Abb. 33: Canecaude (Aude): Widerhakenende einer Speerschleuder mit Mammutdarstellung.

ne Form des Geweihs, das heißt den verfügbaren Platz zu berücksichtigen, wobei der Widerhaken selbst aus der harten äußeren Geweihschicht gearbeitet werden mußte (U. Stodiek 1993). So entstanden einmalige Darstellungen, die von einem großen Einfallsreichtum zeugen.

Abb. 32: Mas d´Azil (Ariège): Lochstab mit Pferdeskulptur.

Die vielen Höhlenbilder dieser Zeit können nur mit den bekanntesten Beispielen genannt werden: Font-de-Gaume und Rouffignac in der Dordogne (J. Plassard 1999), Niaux und Bedeilhac in der Ariège (J. Clottes 1995), Ekain im spanischen Baskenland (J. Altuna 1996), die neu entdeckten Bilder von La Garma bei Santander (Consejeria de Cultura 1999), El Pindal und Tito Bustillo in Asturien. Eines der eindrucksvollsten Ensembles sind die Volp-Höhlen – Grotte Enlène, Les Trois Frères, Tuc d´Audoubert – bei Saint

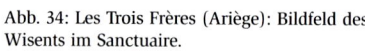

Abb. 34: Les Trois Frères (Ariège): Bildfeld des Wisents im Sanctuaire.

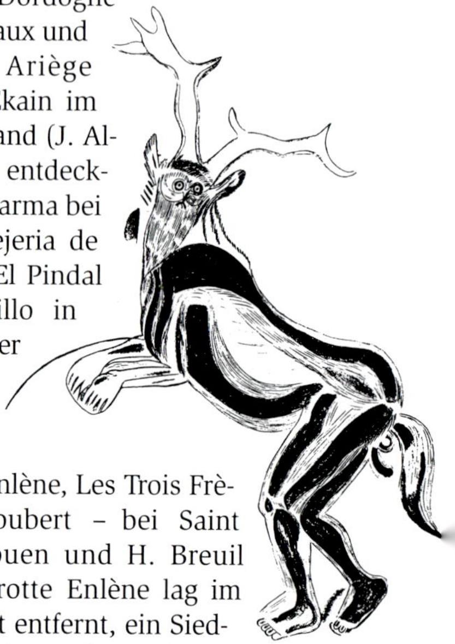

Girons (H. Begouen und H. Breuil 1958). In der Grotte Enlène lag im hintersten Teil, mehr als 200 m vom Tageslicht entfernt, ein Siedlungsplatz mit Feuerstellen, Tierknochen, Stein- und Knochengeräten sowie vielen gravierten Steinplaketten mit Darstellungen von Tieren (Pferd, Wisent) und Menschen. Von hier aus gibt es einen Verbindungsgang zum Höh-lenheiligtum Les Trois Frères. An den Wänden des U-förmigen Sanctuaire sind zahllose Tiere graviert, und zwar im gleichen Stil wie auf den Plaketten der Grotte Enlène. An der Stirnwand, hoch über den gravierten Bildfeldern, ist eine Gestalt mit menschlichen und tierischen Attributen gemalt und graviert. Geweih und Ohren sind vom Hirsch, das Gesicht das eines Raubvogels. Die Arme sind Bärenpranken und der Schweif stammt vom Pferd. Die Körperhaltung sowie Beine und Füße sind menschlich. Hier ist eine Gottheit dargestellt, die das Gewimmel der Tiere

Abb. 35: Les Trois Frères (Ariège): Le Dieu cornu an der Stirnwand des Sanctuaire.

Abb. 36: Pindal (Asturien): Keulenförmige (claviforme) Zeichen.

zu ihren Füßen beherrscht. In der Art der Darstellung werden Vorstellungen des Schamanismus, die Austauschbarkeit von Mensch und Tier, sichtbar. An anderer Stelle der Höhle ist mit roter Farbe ein keulenförmiges (claviformes) Zeichen gemalt. Solche keulenförmigen Zeichen sind für die Höhlenkunst dieser Phase im französichen Pyrenäenvorland und in Kantabrien charakteristisch. In besonders eindrucksvoller Weise finden wir sie in der riesigen Höhle La Cullalvera (Kantabrien). Nach einem langen Weg durch den geräumigen Hauptgang ist in einer Nebengalerie auf einer ebenen weißen Fläche eine Gruppe solcher keulenförmigen Zeichen gemalt.

Abb. 37: Gönnersdorf (Rheinland-Pfalz): Mammutdarstellungen.

Unmittelbar neben der Höhle Les Trois Frères liegt das Höhlensystem von Tuc d´Audoubert, dessen untere Etage noch heute vom Volp durchflossen wird. In der obersten Etage sind am Ende einer langen Galerie zwei aus Lehm modellierte Wisente erhalten. Bei diesem Paar, einem Stier und einer Kuh, lag ursprünglich noch ein kleiner, ebenfalls aus Lehm geformter Wisent, der unmittelbar nach der Entdeckung dieser Plastiken in das Musée de l´Homme in Paris gelangte.

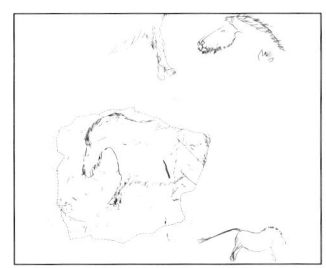

Abb. 38: Gönnersdorf (Rheinland-Pfalz): Pferdedarstellungen.

Am Beginn des Spätmagdalénien werden andere Vorstellungen und Darstellungen wichtig. In diesen Abschnitt gehört Gönnersdorf am Mittelrhein. Die auf den Gönnersdorfer Schieferplatten gravierten Tiere – Pferd, Mammut, Nashorn, Ren, Seehund, Fische und Vögel – sind in ihren Details außerordentlich realistisch. Dies macht die Bilder, vor allem die Bilder der heute ausgestorbenen Tiere (Mammut, wollhaariges Nashorn) auch zu wichtigen zoologischen Quellen. Die etwa 100 Mammutdarstellungen zeigen erwachsene Tiere mit der typischen Mammutsilhouette, aber auch dicht behaarte Jungtiere mit bogenförmiger Rückenlinie und kaum abgesetztem Kopf (G. Bosinski und G. Fischer 1980). Auge, Rüssel und Rüsselfinger, das Haarbüschel am Ohr und die Afterklappe – ein Hautlappen an der Innenseite des kurzen Schwanzes zum Verschließen der Analöffnung – sind genau wiedergegeben und ergänzen so die Beobachtungen an den Mammutkadavern aus dem Dauerfrostboden Sibiriens und Alaskas. Die Gönnersdorfer Pferdedarstellungen zeigen die Tiere in unterschiedlichen Bewegungen und Haltungen. Hier wird besonders deutlich, daß jedes Tier individuell gezeichnet ist. Kennzeichnend für den Stil der Gönnersdorfer Tierdarstellungen ist also die unmittelbare

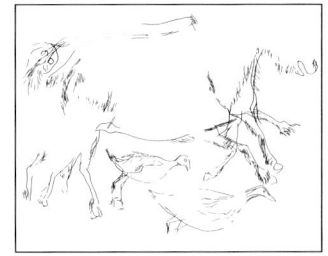

Abb. 39: Gönnersdorf (Rheinland-Pfalz): „Phantom" Pferde und Vögel auf Platte 168.

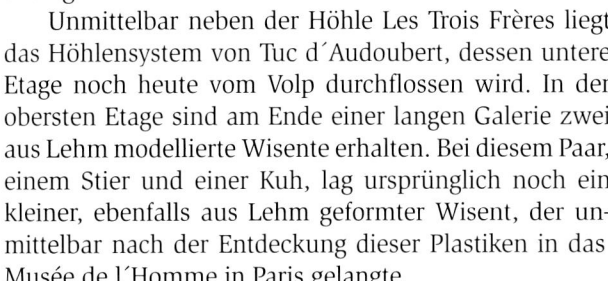

191

Wiedergabe der anatomischen Details.

Die symbolischen Zeichen beinhalten Kreise und Dreiecke mit zugeordneten Strichen, Gitterzeichen und Linienbündel. Manchmal gibt es runde Gesichter mit großen Augen oder Kopfprofile mit stark vorspringender Mund-Nasenpartie. Diese „Phantome" charakterisieren mächtige Wesen, die anscheinend nur in dieser Weise angedeutet werden durften. Auf einer Platte ist ein solches Phantom im Schweifbereich eines Pferdes gezeichnet und scheint verantwortlich für die wilde Flucht der Tiere – Pferde und Vögel – auf dieser Platte (G. Fischer 1979).

Abb. 41: Gönnersdorf (Rheinland-Pfalz): Gravierte Frauenfiguren.

Abb. 42: Gönnersdorf (Rheinland-Pfalz): Gravierte Frauenfiguren.

Abb. 43: Gönnersdorf (Rheinland-Pfalz): Zwei Frauenfiguren hintereinander.

Abb. 44: Gönnersdorf (Rheinland-Pfalz): Zwei einander zugewandte Frauenfiguren

Abb. 40: Gönnersdorf (Rheinland-Pfalz): Frauenstatuette.

Die zahllosen Frauendarstellungen von Gönnersdorf sind schematisiert, ohne Kopf und ohne Füße. Die Elfenbein- und Geweihstatuetten haben einen stabförmigen Oberkörper, an dem manchmal die Brüste skulptiert sind (Chr. Höck 1993). Bei den mehr als 400 gravierten Frauendarstellungen handelt es sich meist um Umrißzeichnungen in strenger Profilansicht. Die unterschiedlich verkürzten Gestalten geben Mädchen oder junge Frauen mit angehobenen Armen und gebeugten Knien wieder (G. Bosinski et al. 1999). Solche Figuren kommen einzeln, oft aber im Zusammenhang von Szenen vor. Bei zwei oder mehr Figuren hintereinander oder zwei einander zugewandten Frauen dürfte es sich um Tanzszenen handeln.

Die Kunst der Altsteinzeit

Auf einer Platte sind vier Figuren mit einer Innenzeichnung aus meist horizontalen Linien, mit denen vielleicht eine Kleidung wiedergegeben werden sollte, hintereinander angeordnet. Hinter dem Rücken der dritten Gestalt von links ist eine kleine, in Gegenrichtung orientierte Gestalt graviert. Zwischen der Frau und der kleinen Figur befindet sich eine Art Gestell, das wir als eine Kindertrage interpretieren.

Abb. 45: Gönnersdorf (Rheinland-Pfalz): Vier hintereinander angeordnete Frauengestalten. Die dritte Frau (v. l.) trägt auf dem Rücken ein Kleinkind.

Solche Kindertragen sind weit verbreitet; aus der eiszeitlichen Kunst war eine Darstellung bisher jedoch nicht bekannt.

Frauendarstellungen vom Typ Gönnersdorf stammen auch von anderen Fundorten in West- und Mitteleuropa. Dabei wiederholen sich die in Gönnersdorf dargestellten Tanzszenen; es scheint, daß diese Tänze in einem großen Gebiet üblich waren.

Derartige Frauendarstellungen gibt es auch in der Höhlenkunst. Am eindrucksvollsten ist die Situation in der Grotte du Planchard an der Ardèche (G. Bosinski und P. Schiller 1998). Durch ein enges Loch gelangt man zunächst in einen Schacht, dahinter in eine von Stalagmitensäulen umschlossene Kammer, in der sich eine rot gemalte Frauenfigur befindet. Im hintersten Teil der Höhle, in den man nur nach der Überquerung eines breiten Schachtes gelangen kann, befindet sich ein natürliches Felsrelief in Form einer solchen Frauenfigur. Dieses Felsrelief ist von gravierten Linien umfahren und so zu einem Kunstwerk geworden.

Sonst gibt es Frauendarstellungen vom Typ Gönnersdorf mehrfach in engen Höhlengängen, in denen sie zusammen mit sexuellen Symbolen (Schamdreiecke, Phalli) und übernatürlichen Wesen (Phan-

Abb. 46: Grotte du Planchard (Ardèche): Rot gemalte Frauenfigur.

Die Kunst der Altsteinzeit

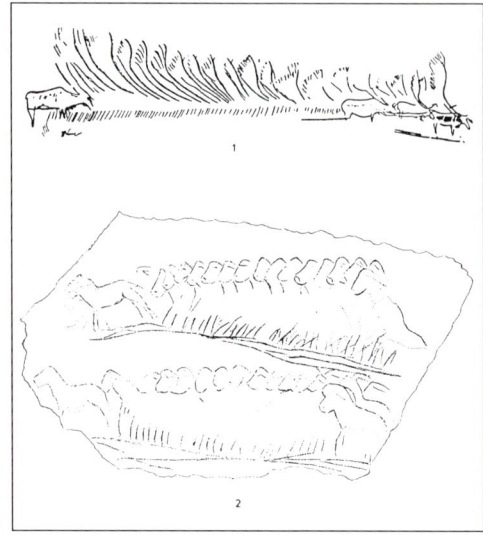

tome, Anthropomorphe) dargestellt sind. Die Gravierungen in den engen flachen Gängen können nur von einer einzigen Person, mit einiger Mühe vielleicht von zwei Personen gleichzeitig betrachtet werden. Die Situation ist also völlig anders als in den „repräsentativen" Bilderhöhlen wie Chauvet, Altamira, Lascaux oder Niaux, wo die Bilder einer großen Gruppe gezeigt werden konnten.

Solche Frauendarstellungen gibt es auch noch am Ende des Magdalénien und im zeitlich folgenden Azilien. In dieser Endphase der eiszeitlichen Kunst werden aber wiederum auch neue Akzente gesetzt. Hierzu gehören lebendige, manchmal raffinierte Darstellungen von Tierherden. Es gibt ferner Bilder schemenhafter, verhüllter Menschen, manchmal

Abb. 47: Darstellung von Tierherden im Spätmagdalénien:1 Teyjat (Dordogne), 2 Chaffaud (Vienne).

mit geschulterter Lanze, die im Zusammenhang mit Bäumen (?) und einem riesigen Wisent dargestellt sind. In dieser Endphase wird viel „erzählt" und manche Darstellung scheint sich weitgehend aus dem religiösen Kontext gelöst zu haben.

Außerdem gibt es deutliche Übergänge zur Kunst des nun folgenden Azilien, in dem die Kunst der eiszeitlichen

Abb. 48: Les Eyzies (Dordogne): Menschen mit Lanzen, Bäume (?) und ein großer Wisent (ganz rechts).

Jäger und Sammler zunächst fortlebt (M. Lorblanchet 1989) und dann zunehmend durch geometrische Darstellungen ersetzt wird (F. d´Errico 1994).

Weiterführende Literatur:

Altuna, J. 1996. Ekain und Altxerri bei San Sebastian. Zwei altsteinzeitliche
Bilderhöhlen im spanischen Baskenland. Speläo 3. Sigmaringen.

Bader, O. N. 1978. Sungir´, verchnepaleolitičeskaja progrebenija. In: N. O. Bader (Ed.), Pozdnepaleolitičeskoe
poselenie Sungir (pogrebenija i okrušajuščja sreda) (Moskau), 5-158.

Baffier, D. und Girard, M. 1998. Les cavernes d´Arcy-sur-Cure. Paris.

Begouen, H. und Breuil, H. 1958. Les cavernes du Volp. Trois-Frères, Tuc d´Audoubert. Paris.

Beltran, A., Bernaldo de Quiros, F., Lasheras Corruchaga, J.-A., Muzquiz Perez-Seoane, M. 1998. Altamira.
Fotos von P. A. Saura Ramoz. Speläo 6, Sigmaringen.

Bosinski, G. 1982. Die Kunst der Altsteinzeit in Deutschland und in der Schweiz.
Kataloge vor- und frühgeschichtlicher Altertümer 20. Bonn.

1990. Homo sapiens. L´histoire des chasseurs du Paléolithique supérieur en Europe (40.000 - 10.000 avant J.-C.). Paris.

Die Bilderhöhlen des Urals und in Südwesteuropa. Einige Vergleiche. In: V. E. Ščelinskij und V. N. Širokov
1999, 139-166.

Bosinski, G. und Fischer, G. 1980. Mammut- und Pferdedarstellungen von Gönnersdorf. Der Magdalénien-
Fundplatz Gönnersdorf 5. Wiesbaden.

Bosinski, G. und Schiller, P. 1998. Réprésentations féminines dans la Grotte du Planchard (Vallon Pont d´Arc,
Ardèche) et les figures féminines du type Gönnersdorf dans l´art parietal. Préhistoire ariègeoise 53, 99-140.

Bosinski, G., d´Errico, F. und Schiller, P. 1999. Die gravierten Frauendarstellungen von Gönnersdorf. Der Mag-
dalénien-Fundplatz Gönnersdorf 8. Wiesbaden (im Druck).

Chauvet, J.-M., Brunel-Deschamps, E. und Hillaire, Chr. 1995. Grotte Chauvet. Altsteinzeitliche Höhlenkunst
im Tal der Ardèche. Mit einem Nachwort von Jean Clottes. Speläo 1, Sigmaringen.

Clottes, J. 1995. Niaux. Die altsteinzeitlichen Bilderhöhlen in der Ariège und ihre neu entdeckten Malereien.
Speläo 4, Sigmaringen.

Clottes, J. und Courtin, J. 1995. Grotte Cosquer bei Marseille. Eine im Meer versunkene Bilderhöhle. Speläo
2, Sigmaringen.

Clottes, J. und Lewis-Williams, D. 1997. Schamanen. Trance und Magie in der Höhlenkunst der Steinzeit. Sigmaringen.

Combier, J. 1984. Grotte de la Tête-du-Lion, Rhône-Alpes, Ardèche. In: Ministère de la Culture 1984, 595-599.

Consejeria de Cultura (Ed.) 1999. La Garma. Un descenso al pasado. Ausstellungskatalog Santander.

Delluc, B. und G. 1978. Les manifestations graphiques aurignaciennes sur support rocheux des environs des
Eyzies (Dordogne). Gallia préhist. 21, 213-332.

Delporte, H. 1993. L´image de la femme dans l´art préhistorique. 2 Paris.

d´Errico, F. 1994. L´Art gravé azilien. De la technique à la signification. 31. Supl. à Gallia préhist. Paris.

Fischer, G. 1979. Eine gravierte „Jagdszene" von Gönnersdorf. Arch. Korrespondenzblatt 9, 243-249.

Hahn, J. 1986. Kraft und Agression. Die Botschaft der Eiszeitkunst im Aurignacien Süddeutschlands? Archaeologica Venatoria 7, Tübingen.

Höck, Chr. 1993. Die Frauenstatuetten des Magdalénien von Gönnersdorf und Andernach. Jahrbuch des Römisch-Germanischen Zentralmuseums. 40, 253-316.

Iakovleva, L. und Pinçon, G. 1997. La Frise sculptée du Roc-aux-Sorciers. Paris.

Klima, B. 1963. Dolní Věstonice. Prag.

Leroi-Gourhan, A. 1971. Prähistorische Kunst. Freiburg.

Leroi-Gourhan, Arl. und Allain, J. (Ed.) 1979. Lascaux inconnu. 12. Supl. à Gallia préhist., Paris.

Lorblanchet, M. 1989. De l´art naturaliste des chasseurs de Rennes à l´art géometrique du Mésolithique dans le Sud de la France. Coloquio internacional de Arte Pré-Historia. Almansor. Revista de Cultura 7, 95-214.

1997. Höhlenmalerei. Ein Handbuch. Sigmaringen.

1999. La naissance de l´art. Genèse de l´art préhistorique dans le monde. Paris.

Ministère de la Culture (Ed.) 1984. L´Art des Cavernes. Atlas des grottes ornées paléolithiques françaises. Paris.

Neugebauer-Maresch, Chr. 1989. Weibliche Aurignacien-Statuette aus Stratzing. Germania 67, 551-559.

Pales, L. und Tassin de Saint Pereuse, M. 1976. Les gravures de La Marche. II. Les humains. Paris.

Plassard, J. 1999. Rouffignac. Speläo 7 (im Druck).

Ščelinskij , V. E. und Širokov, V. N. 1999. Höhlenmalerei im Ural. Kapova und Ignatievka. Die altsteinzeitlichen Bilderhöhlen im südlichen Ural. Speläo 5, Sigmaringen.

Schmid, E. 1989. Die altsteinzeitliche Elfenbeinstatuette aus der Höhle Stadel im Hohlenstein bei Asselfingen, Alb-Donau-Kreis. Fundber. aus Baden-Württemberg 14, 33-118.

Stodiek, U. 1993. Zur Technologie der jungpaläolithischen Speerschleuder. Tübinger Monographien zur Urgeschichte 9. Tübingen.

Die Kunst der Altsteinzeit

Linda R. Owen

Das Bild der Frau in der Altsteinzeit

Linda R. Owen

Das Bild der Frau in der Altsteinzeit

Das Leben während der Altsteinzeit wird gewöhnlich mit einigen immer wieder gezeigten Bildern dargestellt: ein junger, starker Mann steht in der Wildnis, seine Waffe bereit, seine Augen suchend in die Ferne schauend; eine Gruppe bärtiger Jäger tötet ein großes Mammut mit Holzlanzen; ein Mann in Lederkleidung schlägt Feuerstein; ein anderer schnitzt einen Speer; Männer zeichnen große Säugetiere auf die Wände einer schlecht beleuchteten Höhle; ein kluger alter Mann mit einer Halskette aus Karnivorenzähnen leitet eine religiöse Zeremonie. Diese Szenen schildern ein prähistorisches Leben, das von Männern und ihrem vemeintlichen Beitrag zum damaligen Leben geprägt ist. Falls Frauen überhaupt in diesen Bildern gezeigt werden, sitzen sie passiv im Hintergrund und schauen den Männern bei der Arbeit bewundernd zu, kochen das Essen oder präparieren und nähen die Felle, die die Männer besorgt haben. Kinder kommen in diesen Bildern nur selten vor und wenn, dann schauen sie den Erwachsenen zu, sie spielen, aber arbeiten nie.

Diese Bilder spiegeln stereotype Ideen über das Leben in der Steinzeit wider, die sehr tief im archäologischen Denken verwurzelt sind. Ohne Wörter vermitteln sie den Eindruck, daß prähistorische Männer die Werkzeuge und Waffen hergestellt, Großwild gejagt und die Gruppe mit Nahrungsmitteln und Rohmaterialien versorgt und dadurch einen höheren Status gewonnen haben. Im Gegensatz dazu scheinen die Frauen durch ihre Kinder und häuslichen Verpflichtungen an das Lager gebunden gewesen zu sein. Zu schwach, um Feuerstein zu schlagen, schwere Lasten zu tragen oder ihre eigene Nahrung zu beschaffen, sind sie und die Kinder von den Männern völlig abhängig.

Diese Bilder und die Botschaften, die sie übermitteln, sind sehr überzeugend. Zusammen mit Visionen von gefährlichen Mammuts und Höhlenbären bleiben sie in unserem Gedächtnis haften, lange nachdem wir die dazugehörigen Texte vergessen haben. Es wird selten erkannt, daß diese Rekonstruktionen nur hypothetisch sind und auf sehr wenigen archäologischen Daten, ausgewählten ethnographischen Analogien und kulturellen Vorurteilen über Geschlechterrollen und die Fähigkeiten von Frauen basieren. In Wirklichkeit hat es bisher nur wenige wissenschaftliche Untersuchungen über die Rolle der Geschlechter in der Altsteinzeit gegeben.

I. Das Jungpaläolithikum

Im folgenden wird die Stellung der Frau während des Jungpaläolithikums (der jüngeren Altsteinzeit) Mitteleuropas anhand archäologischer und anthropologischer Daten sowie ethnographischer Studien rezenter nördlicher Sammler-Jäger-Gruppen näher betrachtet. Das Jungpaläolithikum ist die Zeit der modernen Menschen, des *Homo sapiens sapiens*. In Mitteleuropa beginnt dieses Zeitalter vor ungefähr 35.000 Jahren und dauert bis zum Ende der Eiszeit vor ungefähr 11.000 Jahren. Während des Jungpaläolithikums waren die Menschen Wildbeuter. Das heißt, sie lebten vom Sammeln von Pflanzen, Eiern, Schalentieren und Insekten, der Jagd auf Tiere und vom Fischfang. Die Menschen hatten keinen festen Wohnsitz, sondern sind von Lager zu Lager gewandert, um die verschiedenen Nahrungsquellen zu nutzen. Sie lebten wahrscheinlich in kleineren Lokalgruppen von 30 bis 40 Personen. Abhängig von den Jahreszeiten und vorhandenen Nahrungsquellen haben sich diese Gruppen in kleinere Einheiten aufgeteilt oder sind bei besonderen Anlässen, zum Beispiel für das Ernten reifer Beeren und Früchte oder für die gemeinsame Jagd auf Rentiere, für längere Zeiten zusammengekommen.

Von der sozialen Struktur dieser Kleingruppen wissen wir sehr wenig. Obwohl Archäologen oft von Kernfamilien reden, die aus einer Mutter, einem Vater, ihren Kindern und eventuell noch einem Großelternteil bestehen, gibt es dafür keine Beweise. Bei rezenten Sammler-Jäger-Gruppen sind die meisten Mitglieder von Lokalgruppen eng verwandt. Die Gestaltung der Familien war aber sehr unterschiedlich: Es gab sowohl Monogamie als auch Polygamie, Polyandrie, Frauen- und Männergruppen.

Die archäologischen Funde des Jungpaläolithikums deuten auf eine Vielzahl von Aktivitäten hin. Es gibt zahlreiche Klingen, Stichel, Bohrer, Kratzer, Schaber und Spitzen aus Stein sowie Geschoßspitzen, Harpunenköpfe, Meißel, Pfriemen und kleine Nähnadeln aus Geweih und Knochen. Die Form vieler Werkzeuge sowie Lehmabdrücke und menschliche Darstellungen geben Hinweise auf die Herstellung und den Gebrauch von nicht erhaltenen Holzschäften, Seilen, Schnüren, Leinen und auch Flechtwerk.

II. Frauen - Gefangene der Biologie?

Viele stereotype Ideen über prähistorische Frauen werden mit der Biologie der Frau begründet. Der Gebrauch vermeintlicher biologischer Unterschiede zwischen Frauen und Männer (zum Beispiel in Bezug auf Fähigkeiten, körperliche Stärke oder Aggressivität), um prähistorische Geschlechterrollen zu erklären, ist aber fraglich (Brandt et al. 1998). Viele Untersuchungen zu den biologischen Geschlechtsunterschieden basieren auf wenigen Daten, einer begrenzten Anzahl von Experimenten oder fragwürdigen Vergleichen mit Tieren und ignorieren die große Variabilität innerhalb jeden Geschlechts, regionale Unterschiede und die Auswirkungen kultureller Diversität. Die Geschlechterforschung macht deutlich, daß es nicht klar ist, was die biologisch festgestellten Unterschiede bedeuten, in welcher Weise sie sich auf das Verhalten auswirken und wie diese biologischen Faktoren mit den jeweiligen kulturellen Faktoren interagieren.

Sehr deutlich wird dies zum Beispiel im Bereich Geburt und Kinderbetreuung. Zwar können nur Frauen Kinder austragen, gebären und stillen. Häufig werden jedoch ihre gesellschaftlichen Aufgaben und die ihnen zugeschriebenen „typischen" Eigenschaften (wie etwa Einfühlsamkeit) auf diese biologischen Funktionen zurückgeführt; Männer dagegen werden nicht im selben Maß über ihre Biologie definiert. So herrscht zum Beispiel vielfach die Vorstellung, daß Frauen wegen der mit Schwangerschaft, Geburt und Kinderbetreuung verbundenen Belastungen „schon immer" eher an das Haus bzw. an häusliche Tätigkeiten gebunden waren. Die Allgemeingültigkeit dieser Aussage kann durch zahlreiche Argumente aus den Sozialwissenschaften angefochten werden. Die Auffassung, der Frau sei die häusliche Sphäre vorbehalten - im Gegensatz zu der „öffentlichen Sphäre" des Mannes -, wurde wesentlich durch die bürgerliche Geschlechterideologie des ausgehenden 18. und des 19. Jahrhunderts geprägt. Die Begriffe „weiblich" und „männlich" erfuhren in dieser Zeit eine sehr starke Polarisierung. Dies spiegelt sich auch in den medizinischen, anthropologischen und psychologischen Schriften dieser Zeit wider. Männer wurden als aktiv und rational, Frauen als eher passiv und gefühlsbetont beschrieben. Diese Auffassung beeinflußt zum Teil noch immer unser Denken, obwohl sich die starren Rollenvorstellungen mittlerweile gelockert haben.

Die biologischen und sozialen Rollen der Mütter bei rezenten Wildbeutern sind aber anders als in westlichen industriellen Gesellschaften. Unterschiede in der Ernährung, in den Stillzeiten und in der Arbeitsbelastung führen zu unterschiedlicher Fruchtbarkeit. Die erste Menstruation fängt bei Wildbeuterinnen wesentlich später an, mit ca. 17 bis 18 Jahren. Die erste Geburt folgt meistens zwei Jahre später. Durch längere Stillzeiten, oft drei bis vier Jahre, und durch Ernährungsdefizite wird die Ovulation gehemmt, so daß Geburtenabstände von drei bis fünf Jahren die Regel sind. Die Jahre, in denen Frauen Kinder bekommen können, sind durch das frühe Einsetzen der Wechseljahre, meist zwischen 38 und 43 Jahren, weiter begrenzt. Wegen der kürzeren reproduktiven Zeit bringen sie nicht mehr als vier oder fünf Kinder zur Welt, sogar ohne Schwangerschaftsverhütung. Eine hohe Kindersterblichkeit durch schlechte Ernährung, Krankheiten und Unfälle von bis zu 50 % im ersten Lebensjahr reduziert zusätzlich die Zahl der Kinder.

Bei Wildbeutern sind die Frauen durch ihre Schwangerschaften, das Stillen und die Kinderpflege jedoch nicht so behindert, wie es oft behauptet wird. Während der Schwangerschaften sind sie aktiv, arbeiten wie sonst weiter und ziehen mit der Gruppe umher. Obwohl sie ihre Kinder länger mit Muttermilch ernähren, werden die Kinder nicht immer nach Wunsch gestillt. In Abwesenheit der Mütter werden die Kinder auch von anderen stillenden Frauen gestillt. Kinder werden auch oft in die Obhut von anderen Gruppenmitgliedern gegeben. Dazu kommt, daß nicht alle Frauen zu einer bestimmten Zeit Kinder zu pflegen haben, zum Beispiel jüngere Frauen vor der Geburt des ersten Kindes, unfruchtbare Frauen und Frauen nach den Wechseljahren.

Interessanterweise zeigen ethnographische Studien, daß die Wechseljahre in vielen Gesellschaften nicht mit physischen, emotionalen oder sozialen Problemen markiert sind, sondern sie können auch größere soziale Freiheit und einen höheren Status bedeuten. In diesem Lebensabschnitt haben Frauen oft eine größere geographische Mobilität, mehr sexuelle Freiheit, mehr Autorität sowie neue Möglichkeiten, Prestige und Anerkennung zu gewinnen, zum Beispiel als Hebammen, Heilerinnen, Schamaninnen oder Jägerinnen.

Die Interpretation der prähistorischen Geschlechterrollen basiert auch auf angenommenen Unterschieden im Körperbau und der körperlichen Stärke von Männern und Frauen. Weil wir nur wenige Skelette aus dem Jungpaläolithikum haben, wissen wir nicht, ob es eine deutliche sexuelle Zweiteilung zu dieser Zeit gegeben hat. Der Mangel an vergleichbaren Skeletten macht es auch schwierig, das biologische Geschlecht der vorhandenen Skelette zu bestimmen. Heutzutage unterliegen die physischen Geschlechtsunterschiede einer großen Variationsbreite (Hubbard 1990). Sie sind nicht nur regionalen Unterschieden unterworfen, sondern auch von anderen Faktoren abhängig, wie zum Beispiel von Ernährung, körperlicher Betätigung, sozialer Stellung usw. Es gibt eine große Überschneidung zwischen der Größe und dem Gewicht von Männern und Frauen. In Europa und den Vereinigten Staaten sind Männer im Durchschnitt nur einige Zentimeter größer als Frauen. In einigen asiatischen Ländern sind die Unterschiede in Größe und Körperbau noch weniger ausgeprägt.

Obwohl wir bestimmte Tendenzen erben, hat das Körpergewicht viele soziale Komponenten. Das Wunschgewicht variiert erheblich von Kultur zu Kultur. In den westlichen Ländern sind Mädchen und Frauen heutzutage so darauf bedacht, dünn zu sein, daß viele absichtlich weniger essen, als sie benötigen, um gesund zu bleiben. Das Gewicht hängt von der Ernährung, der körperlichen Betätigung und dem Lebensstil ab, und diese Faktoren beeinflussen ihrerseits die Gesundheit und körperliche Stärke. Weil Mädchen und Jungen von einem sehr jungen Alter an dazu angehalten werden, sich unterschiedlich zu bewegen und zu spielen, ist es schwer festzustellen, inwieweit Unterschiede in der körperlichen Stärke zwischen Männern und Frauen wirklich biologisch bedingt sind. Wenn wenig aktive Frauen auch mit nur gemäßigter Gymnastik oder Körpertraining anfangen, nimmt ihre körperliche Stärke oft dramatisch zu.

Daß körperliche Stärke auch kulturell bedingt ist, zeigt die große Stärke von Frauen in nichtwestlichen Kulturen. Fast alle früheren Berichte von Forschungsreisenden, Händlern, Missionaren und Völkerkundlern über die Indianer und Eskimos erwähnen, wie schwer die Frauen arbeiteten und welch schwere Lasten sie tragen mußten. Aus Sicht der meist weißen europäischen Berichterstatter wurden die Frauen von ihren Männern zum Lasttier oder Sklaven degradiert. Die Idee, daß eine Frau stolz auf ihre körperliche Stärke und auf Leistungen wie ein Mann sein könnte, war für sie fremd.

Aus fast allen Aufzeichnungen geht hervor, daß die Frauen erstaunlich schwere Lasten über größere Entfernungen getragen haben. Während des Umziehens von Lager zu Lager waren es fast immer die gesunden Frauen, die die Hauptlast - und oft auch einen Säugling dazu - getragen haben. Die Männer hatten meist nur ihre Waffen dabei, so daß sie unterwegs jagen konnten. Die Frauen mußten auch die Pflanzen und das Brennholz, das sie gesammelt hatten, sowie Trinkwasser selbst zum Lager tragen. Es waren auch meistens die Frauen, die das erlegte Großwild geholt und zum Lager gebracht haben. Im Gegensatz zu den Europäern hielten die Indianer und Eskimos die größere Stärke der Frauen für selbstverständlich. Es wird berichtet, daß der berühmte Stammesführer der Chippewa-Indianer, Matonabbee, sagte, daß eine Frau soviel tragen oder hinter sich herziehen könne wie zwei Männer.

Eskimo-Frauen und Männer beim Fischespeeren.

Das Bild der Frau in der Altsteinzeit

III. Arbeitsteilung

Geschlechterrollen und -unterschiede gab es und gibt es in allen Gesellschaften. Sie variieren aber von Kultur zu Kultur. Gender-Kategorien können nicht einfach auf andere Gesellschaften übertragen werden. Außerdem existieren völlig fremde Kategorien in anderen Kulturen. Die Geschlechterrollen können auch von Tätigkeit zu Tätigkeit und in verschiedenen Lebensabschnitten variieren. Hierbei spielen vor allem auch Fähigkeiten und Präferenzen eine große Rolle. Auch können persönliche Umstände, wie zum Beispiel der Tod eines Gatten, jahreszeitliche Schwankungen in den Ressourcen, Krankheiten, usw., zu zeitweiligen Änderungen in den Geschlechterrollen führen. Bei der Arbeitsteilung müssen ebenso zahlreiche Tätigkeiten in ihrer wirtschaftlichen, sozialen und religiösen Bedeutung berücksichtigt werden.

In der Regel ist die Arbeitsteilung bei Sammler-Jäger-Gruppen nicht sehr streng. Durch die kleine Anzahl der Mitglieder in den Lokalgruppen war es eher notwendig, daß jeder fast jede Tätigkeit ausüben konnte. Obwohl viele Tätigkeiten meistens von Frauen ausgeübt werden, heißt das nicht, daß sie immer von ihnen ausgeübt werden müssen. Wichtiger als die Arbeitsteilung war die Zusammenarbeit. Viele Arbeiten wurden auch gemeinsam von Frauen und Männern verrichtet, obwohl sie eventuell für verschiedene Teile dieser Arbeiten zuständig waren.

Die Jagd, der Fischfang und das Sammeln

Anhand von ethnographischen Vergleichen wird meistens behauptet, daß während der Altsteinzeit das Sammeln hauptsächlich von Frauen und die Jagd auf größere Tiere hauptsächlich von Männern betrieben wurde, während der Fischfang und die Jagd auf Kleintiere von beiden Geschlechtern unternommen wurde. Für diese Arbeitsteilung sind unterschiedliche Gründe vorgeschlagen worden, zum Beispiel die fehlende Mobilität von Frauen aufgrund von Schwangerschaft, Stillzeiten und der Kinderbetreuung, die weibliche Menstruation, die schwache körperliche Konstitution der Frauen und die

Eine Hesquiht-Indianerin (Nordwestküste Nordamerika) beim Beerenpflücken.

Das Bild der Frau in der Altsteinzeit

unterschiedlichen Hormonspiegel. Alternative Erklärungen von Frauen stellen diese oft beobachtete Arbeitsteilung in ein ganz anderes Licht. Alice Kehoe (1981) schreibt, daß Eskimo-Frauen ohne weiteres jagen konnten, sie aber meist wichtigere Dinge zu erledigen hatten. Marilyn French (1992) schlägt vor, daß Männer meist gejagt haben, weil sie für die Gesellschaft entbehrlich waren, Frauen aber den Nachwuchs gebären und damit den Fortbestand des Stammes gewährleisten und somit nicht entbehrlich erschienen.

Obwohl die Gründe unklar sind, war die Jagd auf Großwild in den meisten Kulturen hauptsächlich Männerarbeit. Vor allem die Angriffsjagd wurde von Männern durchgeführt (Kästner 1998). Frauen haben aber durch das Sichten der Tiere und durch die Herstellung von Teilen der Jagdwaffen und -geräte zur Jagd beigetragen. Zusammen mit den Kindern wirkten sie auch an der Gemeinschaftsjagd als Treiberinnen mit. In vielen rezenten Wildbeuter-Gesellschaften haben einzelne Frauen durchaus regelmäßig Großwild gejagt, entweder allein oder zusammen mit Männern. Einige fühlten sich von Kindheit an von Männeraktivitäten angezogen und haben später diesen Weg eingeschlagen und sogar andere Frauen „geheiratet"; andere haben die Jagd benutzt, um Status und materiellen Reichtum zu erreichen. In einigen Indianer- und Eskimo-Gruppen wurden in Familien, die keine Söhne hatten, Mädchen als Jungen großgezogen und man hat sie von ihrer Kindheit an die Jagd gelehrt. Es gibt auch zahlreiche Berichte über Frauen, die in einer Notlage, zum Beispiel bei Krankheit oder Tod ihrer Ehegatten, gejagt haben. Die untersuchten Frauen wurden bei der Jagd durch ihre biologische Rolle nicht so stark beeinträchtigt, wie oft angenommen wird.

In Vergleich zur Großwildjagd waren mittelgroße Tiere und Kleinwild die bevorzugte Beute von Jägerinnen. Sie haben verschiedene Schlingen und Fallen für Kleinwild ausgelegt, sie mit Netzen gefangen oder mit stumpfen Pfeilspitzen geschossen. Vor allem im Winter war das Kleinwild von großer Bedeutung für die Ernährung. Es war oft lange Zeit die einzige Quelle von frischem Fleisch oder überhaupt die einzige Nahrungsquelle, nachdem die Reserven verzehrt waren. Im Gegensatz dazu wurden Wasservögel den ganzen Sommer gejagt. In einigen Gegenden haben die Frauen auch Schlingen an deren Nestern gelegt und konnten so viele Tiere innerhalb kurzer Zeit fangen. Die meisten Wasservögel wurden aber im Spätsommer während der Mauser gefangen. Zu dieser Zeit unternahmen Gruppen von Frauen oder Frauen und Männern Reisen zu ausgewählten Brutplätzen. Dort haben sie die Vögel umringt und sie nacheinander erschlagen oder mit den Händen erwürgt.

Aus ethnographischer Sicht sind Fische dort, wo sie reichlich vorhanden sind, ein relativ wichtiger Teil der Ernährung nördlicher Wildbeuter. Überall haben sich Frauen am Fischfang beteiligt. Oft fischten die Frauen allein oder mit Kindern und älteren Menschen beider Geschlechter, während die Männer auf der Großwildjagd waren. Daß das Fischen für Frauen von Bedeutung war, zeigt sich dadurch, daß in einigen Regionen Zeremonien gehalten wurden, wenn ein Mädchen ihren ersten Fisch gefangen hatte.

Auf der Grundlage von ethnographischen Vergleichen mit rezenten Sammler-Jäger-Gruppen wird meistens angenommen, daß während der Altsteinzeit das Sammeln hauptsächlich von Frauen betrieben wurde. Weil das Sammeln von Pflanzen und das Fischen in den meisten Gegenden ergiebiger und zuverlässiger als das Jagen von Tieren ist, besteht die Nahrung der Wildbeuter hauptsächlich aus Pflanzen und Fisch, ergänzt durch Fleisch, soweit es sich beschaffen läßt (Ehrenberg 1992). Sogar die Eskimos haben Pflanzen als Nahrungsmittel gesammelt und konserviert, zum Teil in größeren Mengen.

In subarktischen Regionen, die am ehesten mit dem mitteleuropäischen Klima am Ende der Eiszeit vergleichbar sind, haben die von Frauen gesammelten Pflanzen je nach Region zwischen 40% und 70% der gesamten Nahrungskalorien geliefert. Pflanzen waren eine zuverlässige und willkommene Nahrungsquelle, die in großen Mengen für den Winter konserviert wurden. Sie waren wichtige Quellen von Kohlenhydraten, Ballaststoffen, Vitamine (vor allem Vitamin A und C), Kalzium und andere Mineralien und Spurenelementen, und dienten darüber hinaus als Medizin. Viele Berichte erwähnen, daß Frauen und Kinder einen größeren Anteil an Pflanzenkost zu sich genommen haben als Männer.

Das Sammeln von Pflanzen ist nicht einfach eine intuitive Handlung, denn effizientes Sammeln erfordert viele Kenntnisse. Sammlerinnen müssen wissen, welche Pflanzenteile eßbar sind oder durch Kochen, Einweichen, usw. eßbar gemacht werden können. Sie müssen wissen, wo die Pflanzen wachsen und zu welchen Jahreszeiten sie reif sind. Um beim Sammeln die Orientierung behalten zu können sind genaue Landschaftskenntnisse unabdingbar. Unterwegs müssen sie auch auf die Spuren von gefährlichen Tieren achten und wissen, wie sie mit jeder Tierart notfalls umgehen müssen. Es dauert viele Jahre, um diese Kenntnisse zu erwerben.

Eine große Vielfalt von pflanzlichen Nahrungsmitteln wurde von Sammlerinnen in nördlichen Regionen über das Jahr gesammelt. Die ersten verfügbaren Pflanzen im Frühling waren Wurzeln und die Sprossen, Triebe und Blätter verschiedener Grünpflanzen. Später im Frühling konnte das Kambium von Birken und Kiefern abgekratzt und der süße Saft der Birken gesammelt werden. Im Sommer wurden Beeren und Früchte nacheinander reif. Am Ende des Sommers kamen Zwiebeln verschiedener Gewächse hinzu. Im Herbst wurden Wurzelstöcke und Wurzeln ausgegraben, die spätreifenden Früchte sowie Nüsse gesammelt. Im Winter, wenn wenig Schnee lag, konnten noch einige Beerensorten gesammelt werden.

Wenn Pflanzen reif wurden, mußten die Frauen von morgens bis abends arbeiten, um die Ernte einzubringen. Vor der Ernte mußten erst die nötigen Körbe, Tragriemen, Kniematten, Grabstöcke und andere erforderliche Werkzeuge hergestellt oder repariert werden. Um Pflanzen zu sammeln wurden häufig größere Entfernungen zurückgelegt. Oft liefen die Frauen 16 km oder mehr an einem Tag, sammelten den ganzen Tag und trugen am Ende des Tages das schwere Sammelgut zum Lager zurück. Stillende Mütter haben zusätzlich auch ihre Säuglinge mitgenommen und getragen. Ältere Kinder wurden bei anderen Frauen im Lager zurückgelassen. Sie wurden erst mitgenommen, wenn sie die großen Entfernungen zu Fuß zurücklegen und schwere Arbeit aushalten konnten. Ein- bis zweitägige Reisen wurden meist von ein bis drei Frauen unternommen, größere Expeditionen von mehreren Frauen und ihren Kindern gemeinsam oder von ganzen Familien.

Das Ausgraben von Wurzeln und Zwiebeln war anstrengender als das Beerensammeln. Die Ausgräberin mußte dabei stundenlang knien, mit ihrem Grabstock den Boden aufbrechen und die Wurzeln vorsichtig herausheben, ohne sie zu zerbrechen. Die größeren Wurzeln wurden mitgenommen, die kleineren wurden zurückgepflanzt, so daß sie weiter wachsen konnten. Es dauerte vier bis fünf Tage, um genügend Wurzeln einer Pflanzenart zu sammeln, um den Vorrat für einen Winter zu bekommen. Wurzeln konnten zusätzlich aus Mäusenestern gesammelt werden, was botanische Erkenntnisse erforderte, weil Mäuse auch Wurzeln lagern, die für den Menschen giftig sind.

Viele Pflanzen mit eßbaren Blättern, Stengeln, Trieben, Wurzeln, Samen, Blüten, Beeren und Früchten standen im Jungpaläolithikum Mitteleuropas zur Verfügung. Obwohl im archäologischen Ma-

Wurzelgrabende Indianerin.

Das Bild der Frau in der Altsteinzeit

Material keine Hinweise auf die Nutzung dieser Pflanzen vorhanden sind, ist es wahrscheinlich, daß sie und andere nicht nachgewiesene Pflanzen wichtige Nahrungs- und Heilmittel für die damaligen Menschen waren. Sie hätten die Quelle für lebenswichtige Nährstoffe sein können, sowie für Heilmittel wie Baldrian, Mädesüß, Beifuß, Wermut und das schmerzlindernde Salicin der Weiden.

Im Jungpaläolithikum können die zahlreichen Gräser, Seggen, Rohrkolben und Bäume auch viele pflanzliche Rohstoffe zur Verfügung gestellt haben. Bei Wildbeutern wurden Rohmaterialien meist von denen gesammelt, die sie nutzen wollten. Die Frauen sammelten faserige Pflanzen, Holz und Moos, wobei faserige Pflanzen einen hohen Stellenwert einnahmen. Gräser, Seggen, Binsen, Rohrkolben und andere faserige Pflanzen sowie gespaltene Wurzeln können als Rohstoffe für Seilwerk und Schnur oder zum Flechten und Nähen von Körben, Matten, Kleidung und Zelten gedient haben.

Holz war von besonderer Bedeutung für die Herstellung von längeren Geräten, zum Beispiel Waffenschäften und Zeltstangen, sowie für Griffe. Wo Holz reichlich vorhanden war, gab es zahlreiche Holzgegenstände, zum Beispiel Teller, Schalen, Vorratsgefäße, Tassen, Kisten, Spielzeug, Hüte und Masken. Die Frauen haben außerdem im Sommer größere Mengen von Holz als Brennmaterial sowie Sträucher und Zwergbäume als Isolationsmaterial für die Winterhäuser und Schlafplätze zusammengetragen. Zusätzlich wurde Moos und Wollgras in den Sommermonaten für die Herstellung von Lampendochten, Frauenbinden und Windeln gesammelt und getrocknet. Beeren, Rinde und Teile von Kräutern dienten zur Herstellung von Farbstoffen.

Eierschalen in prähistorischen Fundplätzen deuten auf das Sammeln von Vogeleiern hin. Für nördliche Sammler-Jäger-Gruppen waren die Eier von Schneehühnern, Wasservögeln und Waldvögeln von Bedeutung und hochgeschätzt als Nahrung. Wo vorhanden, wurden sie von den Frauen allein oder von Frauen und Männern zusammen in großen Mengen gesammelt. Sie wurden meist frisch gegessen; die Eskimos haben sie aber auch eingegraben und auf diese Weise konserviert.

Die Zubereitung und das Konservieren von Lebensmitteln

Wenn Fleisch oder Fisch reichlich vorhanden waren, wurde die Beute auch konserviert, fast immer von den Frauen. Am häufigsten trocknete man sie im Wind, in der Sonne oder über einem Feuer. Dafür wurden das Fleisch und größere Fische in kleine, dünne Streifen geschnitten. Oft wurde das getrocknete Fleisch mit einem Hammerstein geschlagen und zu Fleischmehl zerrieben. Mit geschmolzenem Fett und Beeren gemischtes Fleischmehl diente manchmal auch zur Herstellung von Pemmikan. So entstanden Nahrungsmittel, die sehr nahrhaft, aber leicht zu transportieren waren. In kälteren Regionen fror man Fleisch und Fisch auch ein. Weit verbreitet war auch das Fermentieren von Fleisch und Fischen in unterirdischen Gruben.

Auch Beeren, Stengel, Blätter, Triebe und Wurzeln konservierte man für den Winter. Beeren, Wurzeln und Seetang wurden dabei oft an der Luft oder über einem Feuer getrocknet. Viele Wurzeln und einige Beerensorten bewahrte man in unterirdischen Gruben auf, wo sie kühl blieben und im Winter gefroren. Die Wände und der Boden der Gruben wurden vorher mit großen Blättern oder mit

Indianerin, die eine Matte aus Binsen webt.

Das Bild der Frau in der Altsteinzeit

Lehm bedeckt, um Ungeziefer fernzuhalten. Blätter, Stengel, Beeren und Wurzeln konnten auch durch Fermentieren konserviert werden. In Öl wurden auch Blätter, Beeren, und Kräuter haltbar gemacht. Die Pflanzen behalten auf diese Weise nicht nur ihre Farbe, sondern auch ihren Gehalt an Vitamin C.

Prähistorisch wissen wir nicht, inwieweit das Essen gekocht oder roh gegessen wurde. Feuerstellen, durch Hitze gerötete Steine und gebrannte Knochen deuten auf das Kochen von Lebensmitteln hin. Obwohl bei Sammler-Jäger-Gruppen die Männer kochen konnten und sich auf Reisen selbst versorgten, waren es meistens die Frauen, die für die Familie gekocht haben. Nahrungsmittel wurden einfach auf Steinen gebraten, über dem offenen Feuer gegrillt, in wasserdichten Behältern direkt über dem Feuer oder mit Kochsteinen gekocht und in Gruben gedämpft.

Die Herstellung von Geräten

Behauptungen über die Geschlechterrollen und die Arbeitsteilung im Jungpaläolithikum beziehen sich nicht nur auf die Jagd, das Sammeln und den Fischfang. Die meisten Archäologen betrachten die Herstellung von Werkzeugen und Waffen aus Stein, Knochen, Geweih und Elfenbein als Arbeiten, die von Männern verrichtet wurden. Dafür gibt es aber wenig Anhaltspunkte. Ethnographische Berichte über die Herstellung von Werkzeugen sind sehr selten. Es existieren aber Berichte über den Abbau von Steinen durch Frauen aus verschiedenen Regionen der Welt. Wie Gero (1991) feststellt, gibt es keine biologischen, soziologischen, ethnographischen oder experimentellen Gründe, warum Frauen Steinartefakte nicht hätten herstellen können, und gute Gründe, warum sie wahrscheinlich viele verschiedene Typen von Steinartefakten hergestellt und benutzt haben.

Neue Untersuchungen legen nahe, daß die Werkzeuge bei rezenten Wildbeuter-Gruppen gewöhnlich von denen hergestellt werden, die sie benutzen. Eskimo-Frauen haben zum Beispiel Knochen und Elfenbein geschnitzt, Nadeln hergestellt, Angelhaken angefertigt, Speckstein gewonnen und daraus Lampen und Töpfe gemacht, Karibuzähne für Schmuck durchbohrt und ihre Ulus nachgeschärft. Analog dazu ist anzunehmen, daß prähistorisch die Frauen härtere Materialien bearbeitet und ihre eigenen Geräte hergestellt haben. Die experimentelle Archäologie zeigt, daß viele Werkzeuge, wie zum Beispiel Nähnadeln, Kratzer, Bohrer und Stichel beim Gebrauch oft repariert oder nachgeschärft werden müssen. Nachgearbeitete Nähnadeln sowie Zusammensetzungen von Steinartefakten belegen, daß dies auch bei prähistorischen Werkzeugen der Fall war. Weil es kaum vorstellbar ist, daß prähistorische Frauen beim Arbeiten ihre Werkzeuge von Männern reparieren lassen konnten, müssen wir annehmen, daß sie diese Arbeiten selbst erledigt haben. Wer aber solche Artefakte reparieren oder nachschärfen konnte, war ohne Zweifel auch in der Lage, sie zu produzieren. Es ist deswegen anzunehmen, daß prähistorische Frauen nicht nur weiche Materialien bearbeitet haben, sondern auch Knochen, Geweih, Elfenbein und Holz geschnitzt und daraus Nadeln, Pfrieme und Waffen hergestellt, Töpfe, und Becher angefertigt, Feuerstein gesammelt und daraus Abschläge und Klingen geschlagen und Tierzähne, Muschelschalen und Schneckenhäuser für Schmuck durchbohrt haben.

Das Nähen

Wie aus der Völkerkunde bekannt, waren es meistens die Frauen, die Kleidung genäht, Schnur gesponnen, Matten geflochten und Körbe angefertigt haben. Bei den Wildbeutern werden die Felle von den Frauen, den Männern oder von beiden bearbeitet. Interessant in diesem Zusammenhang ist die Feststellung, daß Frauen und Männer für diese Tätigkeit zum Teil unterschiedliche Werkzeuge benutzten oder unterschiedliche Arbeitspositionen einnahmen. Das Nähen war hauptsächlich die Arbeit von Frauen. Gute Näherinnen hatten einen hohen Status und waren als Ehepartner begehrt. Aber auch Männer konnten nähen. Es war lebensnotwendig, daß sie ihre eigenen Schuhe und Kleider auf Reisen reparieren oder sogar neu herstellen konnten.

Die Kunst

Das Jungpaläolithikum ist berühmt für seine Kunst. In Mitteleuropa sind zahlreiche Statuetten, Gravierungen und Schmuckstücke gefunden worden. Charakteristisch sind stark stilisierte Frauendarstellungen, Figurinen aus Geweih, Elfenbein, fossilem Holz und Schiefer sowie Gravierungen auf Schieferplatten. Typisch ist auch die Verzierung von Geweih- und Knochengegenständen mit Darstellungen von Tieren, Fischen und Pflanzen sowie geometrischen Mustern. Wie bei der Werkzeugherstellung ist auch hier anzunehmen, daß Frauen sich selbst und andere Frauen dargestellt haben sowie ihre eigenen Werkzeuge und Werkzeuggriffe dekoriert haben.

Zu der Kunst der Frauen zählten sicherlich auch nicht mehr erhaltene bemalte, dekorierte oder bestickte Kleider, Zelte, Körbe, und Matten. Weltweit wurden Kleider durch die Benutzung von verschiedenen Pelzarten und Fasertypen, durch das Einfärben und das Annähen von Federn, Vogelschnäbeln, durchbohrte Tierzähne und Schalen zu erstaunlichen Kunstobjekten. Aus dem Jungpaläolithikum sind zahlreiche durchbohrte Zähne, Schneckenhäuser und Perlen aus Gagat und Knochen bekannt, die wahrscheinlich als Schmuck für die Kleidung und als Anhänger für Ketten dienten.

Das Heilen

Das Heilen bei Sammler-Jäger-Gruppen hat meist zwei Aspekte. Klar erkennbare Symptome, Infektionen, Schmerzen und Verletzungen wurden mit Heilmitteln, Eingriffen oder Aderlaß behandelt. Die Ursachen von Krankheiten, zum Beispiel Hexerei, böse Geister, usw., wurden von sogenannten „Schamanen" diagnostiziert und auf spiritueller Ebene bekämpft. Obwohl beide Geschlechter die Rollen annehmen konnten, waren es meistens die älteren Frauen, die Heilmittel gesammelt und präpariert haben. Fast alle Völker hatten eine erstaunliche Vielfalt an Heilmitteln, meist Pflanzenteile wie Kräuter, Wurzeln, Rinde oder Harz, aber auch Tierprodukte wie Bärgalle oder Bibergeil. Nur besonders interessierte und begabte Frauen mit jahrelanger Erfahrung sind bekannte Heilerinnen geworden. Sie sammelten und trockneten ständig Kräuter, Wurzeln und andere Pflanzenteile. Frauen waren auch fast immer die Geburtshelferinnen.

Bei vielen Völkern sind Frauen auch Schamaninnen geworden. Es wurde geglaubt, daß solche Personen besondere Fähigkeiten hatten, die sie in die Lage versetzten, mit übernatürlichen Wesen oder Kräften zu kommunizieren. Mit diesen Fähigkeiten konnten sie Kranke heilen und Unheil vom Stamm fernhalten. Archäologische Befunde geben möglicherweise auch Hinweise auf weibliche Schamanen. Im jungpaläolithischen Fundplatz Dolní Věstonice in Südmähren wurde das Skelett einer Frau gefunden. Es war in einer Grube begraben und mit zwei Mammut-Schulterblättern bedeckt. Der Schädel der Frau zeigt pathologische Deformationen als Folge einer Gesichtslähmung, die zu einer Verunstaltung der linken Seite ihres Gesichts geführt haben muß. Zwei Darstellungen von Frauenköpfen aus demselben Fundplatz zeigen asymmetrische linke Gesichtshälften und sind wahrscheinlich Abbildungen dieser Frau. Weil sie begraben und zweimal abgebildet war, haben die Ausgräber sie als Schamanin interpretiert. Sie hätte aber auch eine Künstlerin, erfolgreiche Heilerin oder eine angesehene weise Frau sein können.

IV. Schlußwort

Anhand von archäologischen Spuren und Vergleichen mit rezenten Wildbeutern können wir ein neues Bild der Frau in der jüngeren Altsteinzeit erschließen. Dieses Bild zeigt starke Frauen, die große Entfernungen laufen, schwere Lasten tragen oder stundenlang Wurzeln ausgraben; Mütter, die Kinder erziehen und ihnen ihre Kenntnisse und ihr Handwerk beibringen; Sammlerinnen, Jägerinnen und Fischerinnen, die erheblich zur Ernährung und zur Gewinnung von Rohmaterialien beitragen; Frauen, die Nahrungsmittel verarbeiten, kochen und konservieren; Frauen, die Werkzeuge herstellen und für eine Vielzahl von Tätigkeiten verwenden; Frauen, die nähen, spinnen und flechten; Frauen, die Frauendarstellungen schnitzen und gravieren; Frauen, die heilen und religiöse Zeremonien abhalten; Frauen, die zusammen singen und tanzen.

Durch ihre eigene Arbeit und in Zusammenarbeit mit der Gruppe haben prähistorische Frauen erheblich dazu beigetragen, den Erhalt ihrer Gruppe zu sichern. Wir können aus den archäologischen Spuren und den ethnographischen Vergleichen schließen, daß die Frauen der Altsteinzeit starke, aktive und anerkannte Mitglieder ihrer Gesellschaft waren.

Weiterführende Literatur:

BRANDT, Helga, OWEN, Linda R. & RÖDER, Brigitte 1998. Frauen- und Geschlechterforschung in der ur- und frühgeschichtlichen Archäologie. In Frauen-Zeiten-Spuren, B. Auffermann & G.-C. Weniger, Hrsg., 15-42. Neanderthal Museum, Mettmann.

EHRENBERG, Margaret 1992. Die Frau in der Vorgeschichte. Verlag Antje Kunstmann, München.

FRENCH, Marilyn 1992. The War Against Women. Penguin Books, London.

GERO, Joan M. 1991. Genderlithics: Women's Roles in Stone Tool Production. In J. M. Gero & M. W. Conkey (eds.) Engendering Archaeology: Women and Prehistory, 163-193.

GIFFORD-GONZALEZ, Diane 1993. You Can Hide, But You Can't Run: Representation of Women's Work in Illustrations of Palaeolithic Life. Visual Anthropology Review 9 (1), 23-41.

HUBBARD, Ruth 1990. The Politics of Women's Biology. Rutgers University Press, London.

KÄSTNER, Sibylle 1997. Rund ums Geschlecht. Ein Überblick zu feministischen Geschlechtertheorien und deren Anwendung auf die archäologischen Forschung. In S. M. Karlisch, S. Kästner & E.-M. Mertens (Hrsg.) Vom Knochenmann zur Menschenfrau. Feministische Theorie und archäologische Praxis, 13-29. agenda Verlag, Münster.

KÄSTNER, Sibylle 1998. Mit Nadel, Schlinge, Keule oder Pfeil und Bogen - Jägerinnen im ethnohistorischen und archäologischen Kontext. In Frauen-Zeiten-Spuren, B. Auffermann & G.-C. Weniger, Hrsg., 195-220. Neanderthal Museum, Mettmann.

KEHOE, Alice B. 1981. North American Indians. A Comprehensive Account. Englewood Cliffs, New Jersey.

Das Bild der Frau in der Altsteinzeit

OWEN, Linda R. 1995. Menschen in der Steinzeit - Neue Perspektiven von Wissenschaftlerinnen. In P. Pilz, C. Oedekoven & G. Zinßmeister (Hrsg) Forschende Frauen. Frauen verändern die Naturwissenschaften, 82-101. Talheimer Verlag, Mössingen-Talheim.

OWEN, Linda R. 1996. Der Gebrauch von Pflanzen im Jungpaläolithikum Mitteleuropas. Ethnographisch-Archäologische Zeitschrift 37(2): 119-146.
OWEN, Linda R. 1996. Dictionary of Prehistoric Archaeology, Prähistorisches Wörterbuch English/German Deutsch/Englisch. Archaeologica Venatoria Band 14. MoVince Verlag, Tübingen.

OWEN, Linda R. 1998. Frauen in der Altsteinzeit: Mütter, Sammlerinnen, Jägerinnen, Fischerinnen, Köchinnen, Herstellerinnen, Künstlerinnen, Heilerinnen. In Frauen-Zeiten-Spuren, B. Auffermann & G.-C. Weniger, Hrsg., 161-182. Neanderthal Museum, Mettmann.

SCHULTE-DORNBERG, Gisela 1998. Frauen - Körper - Sichten. Ansichten über Weiblichkeit in der abendländischen Naturwissenschaften. In Frauen-Zeiten-Spuren, B. Auffermann & G.-C. Weniger, Hrsg., 65-87. Neanderthal Museum, Mettmann.

Tundra im Sommer (Luftaufnahme), Raum Kolyma-Tschukotija-Flußgebiet in Nordostsibirien.

Das Bild der Frau in der Altsteinzeit

Leonid I. Rekovets

Die Bauten aus Mammutknochen in Mezin

Leonid I. Rekovets

Die Bauten aus Mammutknochen in Mezin.

Die spätpaläolithische Siedlung Mezin gehört zum Komplex der in Alter und Materialkultur nahe beieinanderliegenden Zeugnisse der Älteren Steinzeit im Gebiet der Desna, des Dnjepr und des Don.

Bis heute sind in diesem Gebiet über 50 Siedlungen der frühen Menschen ergraben. Die bedeutendsten sind: Novgorod-Severskij, Tschulatov, Puschkari, Eliseevitschi, Timonovka, Judinovo, Suponevo an der Desna, Kievo-Kirilowskaja, Mezhirich, Dobranitschivka, Zhuravka, Gonzi am Dnjepr, Kursk, Peni-2 und Kostenki (am Don). Diese Siedlungen im Bereich des osteuropäischen Flachlandes sind klassische Beispiele für das Paläolithikum in Europa und zählen zu den bedeutendsten Bodendenkmälern der Welt. Mezin ist jedoch einzigartig durch seine Architektur aus Knochen. Nur noch die Funde von Mezherich sind damit vergleichbar. Alle anderen Fundorte zeigen keine so eindeutige Anhäufung und komplexe Anordnung von Knochen.

Diese Anhäufungen von Knochen werden unterschiedlich interpretiert. Die meisten Archäologen sind heute der Ansicht, daß es sich um Behausungen und Siedlungen der frühen Menschen handelt. Der Unterschied zwischen den einzelnen Fundorten besteht in ihrem unterschiedlichen Alter, in ihrer geographischen (und regionalen) Lage und in den Besonderheiten der stammesmäßigen Lebensweise der Cro-Magnon-Menschen sowie dem unterschiedlichen Forschungsstand.

Abb. 1: Rekonstruktion der vorgeschichtlichen Siedlung Mezin, ca. 250 km nordöstlich von Kiev. Gemälde von Michael Ostrovskij, um 1965.

Das Einzigartige an der Siedlung von Mezin ist das Vorhandensein von Musikinstrumenten (einer großen Anzahl von verzierten Gegenständen) und antropomorpher Figuren. An den anderen Fundorten sind diese in weit geringerem Maße oder gar nicht vorhanden. Auch die Art der Konstruktion dieser Behausungen unterscheidet sich in vielen Punkten von jener an anderen Orten vorgefundenen. Für Mezin ist außerdem eine große Anzahl von Überresten der Moschusochsen charakteristisch, den die frühen Menschen auch im Winter jagen konnten.

So stellt Mezin als Siedlungskomplex aus Mammutknochen für sich eine einzigartige und unvergleichliche Sammlung von Bauten und Gegenständen materieller und geistiger Kultur der Cro-Magnon-Menschen, sowie der für jene Zeit typischen Tierwelt dar.

Diese Funde erlauben, die Besonderheiten des Lebens der Cro-Magnon-Menschen im Spätpaläolithikum im Gebiet der nördlichen Ukraine und in den angrenzenden Regionen besser zu erkennen.

Der Fundort Mezin mit seiner Fauna und der materiellen Kultur des frühen Menschen wurde erst zu Beginn des 20. Jahrhunderts von Prof. F. K. Vovk entdeckt. Der erste Bericht über diese Siedlung wurde 1908 veröffentlicht, weitere - umfangreichere - erschienen in den Jahren 1909, 1911 und 1913. Später folgten die Publikationen des ukrainischen Geologen und Paläontologen L.E. Tschikalenko (1923), M.J. Rudynskij (1931), I.G. Schovkopljaso (1965) und I.G. Pidoplitschko (1969).

Die hier behandelte Grabungsstätte befindet sich im Dorf Mezin, Raion Koropsko, im Gebiet Tschernigov (Nord-Ukraine). Sie liegt in einer tiefen Schlucht am rechten hohen Ufer des Flusses Desna. Während der 60 Jahre Ausgrabung wurden 1.200 qm freigelegt. Die Überreste von fünf Behausungen wurden dabei gefunden, die im wesentlichen aus Knochen vom Mammut und anderen Säugetieren bestanden. Außerdem entdeckte man größere und kleinere Feuerstellen und Vorratsgruben, Steinartefakte, Elfenbeinschnitzereien und Tierknochen. Die Fundstellen lagen in der Nähe von Lößablagerungen in fast 5 m Tiefe. Die Kulturschicht der Siedlung ist ungleichmäßig und 10 bis 40 cm mächtig. Es fanden sich hier Reste von großen und kleinen Säugetieren und Vögeln sowie auch von krebsartigen Molusken. Insgesamt wurden 22 verschiedene Säugetierarten und 4-5 Vogelarten erkannt. Das größte Interesse erweckten dabei die Überreste des Moschusochsen (*Ovibos moschatus*) - 17 Exemplare, wie wir sie heute aus Grönland kennen; des Riesenhirschen (*Megelocerus giganteus*) - ein Exemplar, einer Spezies der gemäßigten Zone; und des nördlichen Mull-Lemmings (*Ellobius talpinus*) - 1 Exemplar, eine Wühlmausart der Trockensteppe und Halbwüste. Die größte Anzahl der Überreste stammt jedoch vom Mammut (*Mammuthus primigenius*) - 116 Exemplare; von Polarfüchsen (*Alopax lagopus*) - 112 Exemplare; von Rentieren (*Rangifer tarandus*) - 83 Exemplare; von Wildpferden (*Equus latipes*) - 63 Exemplare. Diese aufgezählten Arten waren die wichtigste Jagdbeute des frühen *Homo sapiens* im Cro-Magnon. In kleinerem Umfang erbeuteten die frühen Jäger auch Wölfe (*Canis lupus*), Bisons (*Bison priscus*), Bären (*Ursus arctos*), Murmeltiere (*Marmota bobac*), Hasen (*Lepus tanaiticus*) und andere Säugetiere.

Das geologische Alter der Funde ist, nach A.A. Velitschko (1997), auf Grund der Umstände ihrer Einlagerung - im unteren Teil des Löß II auf dem Brjansker-Fundhorizont - in den Beginn der zweiten Hälfte des späten Pleistozän (des Spätpaläolithikums) anzusetzen.

Das archäologische Alter der Siedlung wurde - nach der Meinung der meisten Forscher - als Frühmagdalénien-Kultur bezeichnet (Bibikov, 1981, Pidoplitschko, 1996). Die absolute Datierung der Funde wird auf einen Zeitraum zwischen 19.000-21.000 Jahre vor heute angesetzt (Sinizin, Praslov, 1997). Nach den paläontologischen Angaben fällt das Alter des Fundortes in eine Zeit der größten Abkühlung Osteuropas - in den Beginn der Valdai-Periode (der zweiten Hälfte der Würm- bzw. Weichsel-Eiszeit), als es auf dem genannten Territorium Spezies der Steppentundren-Fauna gab: Moschusochse, Rentier, Polarfuchs, Lemming und Schneehuhn (*Ovibos, Rangifer, Alopex, Dicrostonyx, Lagopus lagopus*) (Rekovets, 1985).

Die geologischen Besonderheiten des Fundortes, der Charakter der Bauten und die Zusammensetzung der Fauna, ebenso wie der Flora, gibt eine Vorstellung von der Entwicklung der Naturgegebenheiten im Flußbecken der Desna. Es herrschten in der zwischeneiszeitlichen Zone mit scharf ausgeprägtem kon-

Abb. 2: Die Hütte aus Mammutknochen, gefunden in Mezhirich, rund 150 km südöstlich von Kiev (Rekonstruktion).

Die Bauten aus Mammutknochen in Mezin.

tinentalem Klima ziemlich rauhe landschaftlich-klimatische Bedingungen. Die spezifischen paläoökologischen Bedingungen der zwischeneiszeitlichen Zone entwickelten eine trockene und kalte (Steppentundra-) Landschaft, in der zugleich die Fauna der Tundra, der Steppe und auch der Halbwüste nebeneinander existieren konnten. Es besteht aller Grund anzunehmen, daß solche Bedingungen - wahrhaft lebensfeindlich für den frühen Menschen - zum Bau von Behausungen aus Tierknochen mit einer entsprechenden Architektur an bestimmten, günstigeren Plätzen anregten. Diese befähigten auch zu einer materiellen Entwicklung (der Feuerstein- und Knochenbearbeitung) und zur Entwicklung einer geistigen Kultur (Statuetten, Verzierung von Knochen, Schmuck und Armreifen).

Das höchste Interesse gilt vor allem fünf Wirtschafts-Komplexen. Die vollständigste Information gibt es nur für den Komplex I. Er wurde in den Jahren 1954-1961 unter der Leitung von Prof. I.G. Pidoplitschko und I.G. Schovkopljas ausgegraben. Die Art der Fundlage in der Kulturschicht zeugt von einer periodischen (vielleicht saisonalen) Anwesenheit der Menschen in dieser Siedlung.

Zum Bau der Behausung wurden 18 Mammutschädel verwendet. Die Zwischenräume zwischen den Schädeln wurden mit Beckenknochen oder Langknochen vom Mammut ausgefüllt. Die Unterkiefer lagen unten und dienten dazu, die Felle, mit denen die Behausung abgedeckt war, zu beschweren. Über dem Sockel lag eine kranzartige Abdeckung von 53 Schulterblättern, denen die Gelenkteile abgebrochen worden waren. Im oberen Teil waren die Tierfelle mit Stoßzähnen vom Mammut und den Geweihen von Rentieren befestigt. Im Eingangsbereich der Hütte lagen

Abb. 3: Skizze einer Landkarte (?) auf einem Stück Mammutelfenbein. Gefunden in den 1960er Jahren im Komplex Mezhirich stellt sie vermutlich die Umgebung der Siedlung dar.

Die Bauten aus Mammutknochen in Mezin.

große Mammutschädel mit den Stoßzähnen so, daß sie den Eingang der Behausung bildeten. Dieser Eingang war aller Wahrscheinlichkeit nach mit Mammutfellen zugehängt. I.G. Pidoplitschko (1969), der eine solche Hütte rekonstruiert hatte, ist der Ansicht, daß man mehr als 300 Knochen von großen Tieren, darunter 273 Knochen vom Mammut (30 Exemplare) zum Bau einer Hütte benötigt habe. Viele von den Knochen zeigen, daß sie von großen Tieren angeknabbert und von kleinen angenagt worden waren.

Die Behausungen umfaßten jeweils eine Fläche von 23 qm, der Durchmesser betrug bis zu 6 m, die Höhe bis zu 2,6-3 m. Neben den Hütten fand man einen Zaun aus Mammutknochen, der aus sieben Schädeln bestand, die in die Erde eingegraben waren, ebenso Röhren- und Beckenknochen. Dieser Zaun diente vermutlich als Windschutz gegen die nordöstlichen Winde. Nach Meinung von I.G. Pidoplitschko (1969) befand sich im Inneren der Hütten, im westlichen Teil der Behausung, eine Art Kultecke, in der sich mit Ocker bemalte Mammutknochen und antropomorphe Figürchen fanden. Diese Angaben veranlaßten einige Forscher, diese Behausungen nicht als Wohnung, sondern als Kultstätten anzusehen. In jedem Falle ist die Annahme begründet, daß diese frühen Menschen bereits religiöse Vorstellungen auf mythischer Grundlage besaßen.

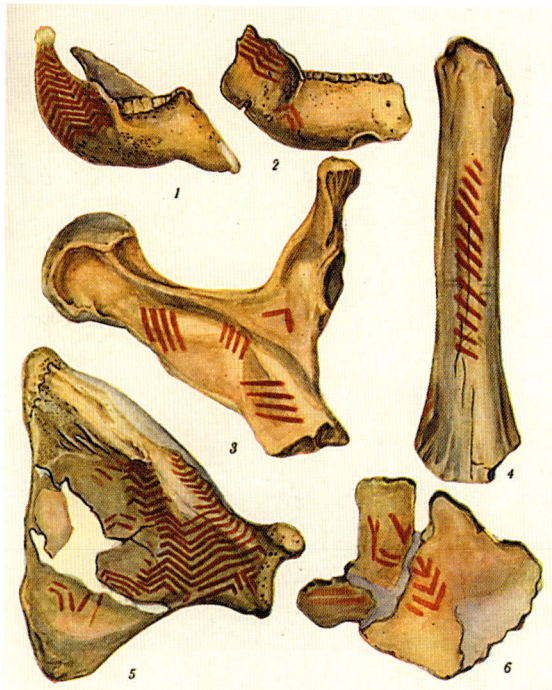

Abb. 4: Mit Ockerbemalung ornamentierte Mammutknochen aus der spätpaläolithischen Behausung von Mezin. Gedeutet als Musikinstrumente: 1 und 2: Unterkiefer; 3: Beckenknochen; 4: Oberschenkelknochen; 5 und 6: Schulterblätter.

Besondere Beachtung verdienen die Miniaturskulpturen, das Armband und die Verzierungen mit verschiedenen Ornamenten. Das Grundmuster oder Modell des Zickzack-Ornaments beruht vermutlich auf der Besonderheit des natürlichen Aufbaus des Zahnmaterials der Mammutstoßzähne, das bei einem Querschnitt gut zu erkennen ist. Wie einige Forscher vermuten, sind diese Zeichnungen nicht nur dekorativ. Sie wiederholen sich in ihrer Komposition und zeugen von einer Überlieferung, die zur Zeit noch unbekannt ist, aber ein bestimmtes graphisches Sujet enthält.

Mammutknochen mit Ockerbemalung fanden sich im linken

Teil der Hütte zusammen mit Fragmenten von bearbeiteten Elfenbeinstücken, einem Hammer aus Rentiergeweih, einem „Geräusch-machenden" Armband und einer Anhäufung von Ocker. Auf der gegenüberliegenden Seite wurden Spuren von Feuerstellen entdeckt, Pfrieme und Nadeln aus Knochen sowie Gegenstände des alltäglichen mittelpaläolithischen Haushalts. Ockerbemalung fand sich auf folgenden Mammutknochen: Schulterblatt, Hüftknochen, Beckenknochen, Unterkiefer (zwei Exemplare), Bruchstücke des vorderen Schädelknochens. Nach Ansicht von I.G. Pidoplitschko (1969) könnten alle diese Knochen als Zierde bei der Durchführung ritueller Handlungen gedient haben.

Nach S.I. Bibikov (1981) bilden alle diese aufgezählten Gegenstände einen funktionalen Komplex. Alle haben Spuren von Deformationen durch häufige und konzentrierte Schläge, aber auch Spuren von Handpolitur sowie auch andere Spuren von Abnutzung der Endstücke. S.I. Bibikov glaubt, daß alle diese Spuren auf die Nutzung dieser Gegenstände zur Erzeugung von musikalischen Schlag-Geräuschen oder rhythmischen Tönen gedient haben könnten. Der Hammer aus Rentiergeweih und das polierte Stoßzahnfragment könnten wie eine Klapper benutzt worden sein.

Das „Geräusch-machende" Armband besteht aus fünf einzelnen, nicht geschlossenen Ringen eines Mammutstoßzahnes. Der Durchmesser beträgt 6,5 cm, die Breite jedes einzelnen Ringes bis zu 2 cm, die Stärke bis 2 mm. Die Außenseite des Armbandes ist mit einem „Tannenzweig-Ornament" versehen, das an den einzelnen Ringen genau aufeinander abgestimmt ist. Wahrscheinlich gehört das Armband auch zum musikalischen Komplex. Die genaue Untersuchung aller vorhandener Abnutzungsspuren an den Knochen erhärtet die Meinung, daß die Objekte als Schlaginstrumente benutzt worden sind. In so einem „Schlagzeug-Ensemble" müssen 6-7 Leute tätig gewesen sein, die Siedlung von Mezin bestand aus 50 bis 60 Menschen. Wahrscheinlich entwickelte sich hier schon ein Gemeinschaftsbewußtsein in der Familien- und Stammesstruktur der Cro-Magnon-Menschen. Das beweist auch die Kenntnis komplizierter technischer Vorgehensweisen der frühen Menschen zur Bearbeitung von Knochen hinsichtlich einer zielgerichteten Nutzung.

Es gibt Grund anzunehmen, daß es zugleich mit der oben beschriebenen Kunst des Paläolithikums auch Lieder, Tänze, Musik, Legenden und Mythen gegeben hat. Die paläolithische Kunst Westeuropas bestätigt die Existenz des Tanzes durch die Höhlenmalerei. Es ist möglich, daß die zahlreichen Statuetten auch Erscheinungen von kollektiven tänzerischen Handlungen sind, - von theatralischer Darstellung der Jagd. Die rhythmisch-musikalischen Symbole widerspiegelten den geistigen Inhalt der tänzerischen Handlung.

Bei den Ausgrabungen der Siedlungen von Mezin wurden insgesamt 113.000 Feuersteinwerkzeuge entdeckt. Von diesen sind 4.500 Stücke fertiggestellt, die übrigen sind Abfälle von der Verarbeitung des Feuersteins: Abschläge, Bruchstücke, Ausbrüche und Späne. Zu Beginn der Feuersteintechnik steht die Bearbeitung der prismatischen Feuersteinkerne, von dem ursprünglich Platten abgeschlagen wurden. Dann wurden aus diesen die Gebrauchsgegenstände hergestellt: Unter anderem Stichel, Schaber, Bohrer, Platten. Arbeitsgerät wurde auch aus Knochen gemacht, nachdem diese auf besondere Weise vorbehandelt worden waren. Die Knochen bewahren je nach dem Stadium ihrer Bearbeitung die Spuren von Werkzeugen aus Feuerstein. Die Vielzahl der an den Fundstellen angetroffenen Werkzeuge kann man in drei Gruppen teilen: Gegenstände zum Schlagen (Hammer und Keile), Wurfgegenstände zur Jagd (Schleudern mit verschiedenen Endstücken) und Gegenstände zum Bohren (Pfrieme und Nadeln). Außerdem wurden auch noch andere kleine Gegenstände gefunden, denen keine besondere Bedeutung als Werkzeug zukommt.

(Übersetzung: Stein/Friesen)

Die Bauten aus Mammutknochen in Mezin.

Klaus Grote

Vom Leben unter Felsschutzdächern

Jäger und Sammler in Südniedersachsen am Ende der letzten Eiszeit

Klaus Grote

Vom Leben unter Felsschutzdächern

Jäger und Sammler in Südniedersachsen am Ende der letzten Eiszeit

Wie beispielsweise Höhlen gehören auch Felsschutzdächer, naturgebildete Verwitterungserscheinungen in felsgeprägten Berglandregionen, zu den archäologischen Stätten, die heute noch in dreidimensionaler Form und bis zum Dach erhalten, eine unmittelbar erlebbare urgeschichtliche Befundsituation darstellen. Dies gilt in besonderem Maße für die älteren Phasen der menschlichen Kulturgeschichte, für die Phasen der Jäger und Sammler (Wildbeuter) des eiszeitlichen Paläolithikums sowie des Mesolithikums.

Im Buntsandsteingebiet des südlichen Leineberglandes zwischen Heiligenstadt, Göttingen und Nörten-Hardenberg in Südniedersachsen ist die größte zusammenhängende Gruppe von Felsdächern in Mitteleuropa vorhanden. Diese auch als Abris (von frz. *abri*, Schutzdach, Unterstand) bezeichneten Plätze finden sich oft auf engstem Raum zusammenliegend in den schluchtartigen felsigen Tälern zwischen dem Leinetal und dem Eichsfeld. In einem geographischen Gebiet - vorwiegend des Landkreises Göttingen - von rund 30 km Länge von Nord nach Süd und 6 bis 10 km Breite sind hier bis heute rund 1.600 Felsdächer erfaßt. Im Rahmen eines Erforschungsprogrammes der Archäologischen Denkmalpflege des Landkreises Göttingen, das 1979 begann und bis 1999 andauerte, haben unter Beteiligung einer Vielzahl von Naturwissenschaften stichprobenartige Profilsondagen und Testgrabungen stattgefunden. Diese sollten Aufschluß darüber geben, ob die Abris in ur- und frühgeschichtlichen Zeiten von Menschen aufgesucht wurden. Das Projekt fand seinen Höhepunkt in einer von 1988 bis 1990 durchgeführten Gesamtausgrabung eines überdachten Abriraumes am Bettenroder Berg bei Reinhausen südöstlich von Göttingen.

Das Ergebnis der Forschungen besteht in der Erkenntnis, daß an ca. 50 % der Plätze mit archäologischen Spuren zu rechnen ist. So sind häufig Fundschichten im Untergrund erhalten, die sich entsprechend ihrem archäologischen Alter auch in Serie übereinander abgelagert haben können. Das zeitliche Spektrum reicht von der mittleren Altsteinzeit über die Hauptphasen der jüngeren und späten Altsteinzeit, die Mittelsteinzeit sowie die schon mit bäuerlichen Kulturen repräsentierten Epochen der Jungsteinzeit, Bronze- und Eisenzeit sowie das Mittelalter. Die zumeist ungestörten Schichtverhältnisse der Sedimentabla-

gerungen von der letzten Eiszeit bis heute führen ebenso wie die vorgefundenen Erhaltungsbedingungen für Besiedlungsstrukturen wie zum Beispiel Herdstellen, Gruben und Steinplattenpflaster zu einer Einschätzung als herausragende archäologische Kulturdenkmale.

Die Sedimentlagen unter den Felsdächern erreichen bis über drei Meter Mächtigkeit. Hier haben sich während der Weichsel-Eiszeit nach und nach Ablagerungen von frostzersprengtem Steinschutt, windangewehtem Löß und Flugsand angesammelt, und seit Beginn der Nacheiszeit bis heute wurden Versturzsteine und vor allem der vom Fels abwitternde Sand abgelagert. Unter einer Anzahl von Abris hat sich im späteiszeitlichen Niveau auch eine zwischen 5 bis 30 cm mächtige Lage feinster Vulkanasche (*Tephra*) erhalten, die auf den Ausbruch des Laacher See-Vulkans in der Eifel vor rund 12.800 Jahren – während des Alleröd - Interstadials – zurückgeht und mit dem Westwind über ganz Mittel- und Osteuropa verteilt wurde.

Die Möglichkeiten, diese vor späteren Erosionen weitgehend geschützten Sedimentpakete unter den Felsdächern mit naturwissenschaftlichen Methoden klimageschichtlich zu gliedern, dabei mit eingebetteten datierbaren Fund- und Besiedlungsschichten, machen die Abris für die beteiligten Fachdisziplinen im jeweiligen Wissensaustausch zu

Abb. 1: Abri Stendel XVIII bei Groß Schneen, Landkreis Göttingen. In rund 3 m Tiefe auf dem Vorgelände fanden sich 1997 die Kulturschichtreste eines jungpaläolithischen Jägerlagers aus der Spätphase der letzten Eiszeit.

lohnenden Plätzen für die Eiszeitforschung. Für die Jahrtausende der durch Jagen und Sammeln gekennzeichneten wildbeuterischen Lebensweise sind solche Konservierungsmöglichkeiten wichtige Informationsquellen zu Aspekten des damaligen Alltagslebens, zum Aussehen eines Schweiflagerplatzes, zur Nahrungsbeschaffung und -bereitung, zur Werkzeugnutzung, zum Abfallverhalten.

Nachfolgend werden vier Fundplätze vorgestellt, an denen sich Kulturschichten aus den jüngeren Abschnitten der Altsteinzeit (Jung- und Spätpaläolithikum) in herausragender Weise erhalten haben.

Abri Stendel XVIII bei Groß Schneen, Landkreis Göttingen

Im Stendel, einer klippenreichen Schlucht des Reinhäuser Waldes südöstlich von Göttingen, sind auf einer Strecke von rund 300 m insgesamt 22 Felsdächer lokalisiert. So wird an der Einmündungsecke eines Nebentales durch eine etwa 9 m hohe, schräg vorstehende Sandsteinklippe ein schmaler überdachter Innenraum gebildet (Abb. 1). Die Sedimentschleppe unter diesem Abri XVIII war bereits 1988 Ziel eines Grabungsschnittes. Damals konnten in den gut gliederbaren Sedimenteinheiten vom Spätglazial bis Holozän mehrere Kulturschichten erkannt werden. Sie datieren in das frühe Mesolithikum und in die jüngere Bronzezeit bis frühe Eisenzeit. Die Felsbasis, d.h. die Unterkante aller Ablagerungen, wurde trotz 2,7 m Grabungstiefe nicht erreicht.

Die große Überraschung gelang im Sommer 1997. Gemeinsam mit dem Geographischen Institut der Universität zu Köln führte die Kreisarchäologie Göttingen erneut eine - von der Deutschen Forschungsgemeinschaft geförderte - Maßnahme durch. Mit einem Profilschnitt auf dem nach Südosten abfallenden vorgelagerten Abhang und durch den nahen Talgrund sollte im Anschluß an die schon bekannten Schichtverhältnisse die spät- und nacheiszeitliche Talgeschichte rekonstruiert werden. Das gesteckte Ziel konnte unter Einbeziehung der Laacher See-Vulkanaschelage, der urgeschichtlichen Fundschichthorizonte und insbesondere der sedimentologischen wie paläontologischen (Kleinsäugerreste) Ergebnisse erreicht werden.

Völlig unerwartet fand sich an der Basis aller Ablagerungen, auf dem flach abfallenden Felsuntergrund, bei rund drei Meter unter heutiger Oberfläche eine fundreiche Kulturschicht aus dem Jungpaläolithikum. Entgegen bisheriger Erfahrung im Buntsandsteingebiet, daß sich außerhalb einer schützenden Felsüberdachung keine organischen Funde wie Knochen erhalten haben können, lagen hier die gut konservierten Überreste eines eiszeitlichen Jägerlagers, einge-

Die Hamburger Kultur

bettet in feinkörnigem kalkhaltigem Löß. Die ungewöhnliche Konservierung war durch überlagernde große Felsblöcke eines jüngeren Felsdachabbruches bedingt.

Die Lößschicht, die in einer trocken-kalten, periglazialen Tundrenlandschaft abgelagert sein muß, enthielt in enger Packung Tierknochen und Rengeweihstangen. Daß es sich um menschliche Hinterlassenschaften handelt, geht aus den häufigen Schnitt- und Hiebmarken auf den Knochenoberflächen hervor, die offenkundig beim Zerlegen der Jagdbeute und der Fleischauslösung mit Steinwerkzeugen entstanden sind. Auch die Rengeweihstangen zeigen vielfach Hackmarken von der Zerteilung, vermutlich zur Werkzeugherstellung. So sind oft die Sprossen abgetrennt worden. Belegt ist auch die Spantechnik, bei der zwischen zwei parallel in die Geweihschale eingravierten Stichelfurchen ein schlanker Span ausgebrochen werden konnte. Wenn auch aufgrund der nur begrenzten Untersuchungsfläche von einem Quadratmeter leider keine retuschierten Steinartefakte gefunden wurden, ergaben sich beim Aussieben des Lößsandes doch noch die erwarteten Kleinabschläge aus baltischem Feuerstein und einheimischem Kieselschiefer als Abfälle der Geräteherstellung.

In dem einen Quadratmeter mit einer Schichtmächtigkeit von rund 20 cm lagen über 20 Geweihstangen von weiblichen und jugendlichen Rentieren (Abb. 2).

Abb. 2: Abwurfstangen jugendlicher und weiblicher Rentiere aus der jungpaläolithischen Fundschicht vom Abri Stendel XVIII bei Groß Schneen, Ldkr. Göttingen.

Alle Stücke sind als Abwurfstangen vom Menschen gesammelt und hierher verbracht worden, sicherlich als Rohmaterial für die Herstellung von Harpunen, Spitzen unter anderem Außerdem konnten über 60 Rippen und über 200 Rippenfragmente geborgen werden. Andere Skelettelemente sind dagegen auffällig unterrepräsentiert. Dieser eher einseitige Nachweis von überwiegenden Brustkorbteilen der Jagdbeute läßt auf differenzierte Aufbewahrungs- oder Abfallbereiche am Lagerplatz schließen. Als Tierarten, die offensichtlich als Jagdbeute aufzufassen sind, lassen sich bestimmen: Ren (*Rangifer tarandus*), Wildpferd (*Equus sp.*), Steppenwisent (*Bison priscus*), Schneehase (*Lepus timidus*), Eisfuchs (*Alopex lagopus*), Wolf (*Canis lupus*), Schneehuhn (*Lagopus lagopus*), ein nicht näher bestimmbarer Gänsevogel (*Anser sp.*). Daneben sind über Knochenfunde das Hermelin und Mauswiesel belegt, die vielleicht ihres Felles wegen gejagt worden sind, außerdem über zahlreiche Eierschalenstücke ein großer Raubvogel, vermutlich der Gerfalke. Letzterer kann auch am Abri gelebt haben, muß also nicht als Jagdbeute angesehen werden. Gleiches gilt für die nach Tausenden zu zählenden ausgesiebten Knochenüberreste von kleinen Nagern, vermutlich aus Gewöllen zeitgenössischer Raubvögel. Hier sind fast ausschließlich die zwei Arten Halsbandlemming und Schmalschädelige Wühlmaus bestimmbar, Indikatoren für eine kalte und trockene Tundrenumgebung.

Der ganze Befund läßt sich als Überrest eines Jagdlagers einer kleinen Wildbeutergruppe interpretieren. Ausweislich der faunistischen Hinweise (Abwurfstangen, Jungtiere) wird ein Aufenthalt während eines Frühjahrs bis Frühsommers belegt. Bei der Fundschicht auf dem Abhang, rund 7 bis 12 m vor dem überdachten Abriraum, handelt es sich offensichtlich um die Abfallzone. Der Aufenthaltsplatz der Menschen selbst befand sich dagegen vor dem Felsen. Hier war der sonnenbeschienene und ebene Raum einst sicher weiter vorkragend überdacht, wie die großen Dachabsturzblöcke im Talhang andeuten. Die erste Probegrabung von 1988 hat diese Kulturschicht vermutlich nur um etwa 30 cm weitere Tiefe verpaßt.

Die zeitliche Einordnung der Besiedlung ergibt sich zum einen aus der stratigraphischen Lage im Profilanschnitt des Sedimentaufbaus. Die Fundschicht befindet sich innerhalb der jungweichselzeitlichen Schichtenserie, rund 1,30 bis 1,50 m unter dem Laacher See-Tuff des Alleröd-Interstadials, und über die Fauna ist sie als ausgesprochen kalt-trocken geprägt. Auszugehen ist demnach von einer Datierung in die ausgehende Phase des Hochglazials, speziell in die älteste Tundrenzeit (Dryas I), kurz vor Beginn des sogenannten Bölling-Interstadials, einer in der Region wirksamen ersten Wärmeschwankung in der jüngeren Weichsel-Eiszeit. Für eine absolute Zeitbestimmung wurden vier Tierknochen einer ^{14}C-Analyse mittels der AMS-Methode (accelerator mass spectronomy) unterzogen. Die nicht ganz einheitlichen Ergebnisse liegen im Schwerpunkt um

12.200 bis 12.800 ^{14}C-Jahre (konventionell) vor heute, das heißt nach der erforderlichen Berichtigung (Kalibration) um rund 2.000 Jahre ist ein absolutes Alter von 14.500 bis 15.000 v. Chr. anzunehmen.

Ohne weitere archäologische Untersuchungen des Platzes, bei denen auch typologisch aussagefähige Steingeräte zu erwarten wären, sind Aussagen zum kulturgeschichtlichen Zusammenhang vorläufig noch nicht möglich. Es bleibt also noch offen, ob es sich um einen Lagerplatz von Jägern und Sammlern aus dem Milieu des Magdalénien handelt, wie es für gleichartige und -alte Stationen im nördlichen Mittelgebirgssaum erkennbar ist. Nicht auszuschließen ist andererseits eine Zugehörigkeit zum kulturellen Milieu der Hamburger Kultur des nördlich angrenzenden Flachlandes, die stark durch die spezialisierte Jagd auf das Renwild geprägt war.

Das Abri Stendel XVIII verspricht für die Zukunft lohnende Chancen neuer Untersuchungen. Die kurzzeitige, ausschnitthafte Untersuchungsfläche von 1997 wurde aus konservatorischen Gründen vorläufig wieder zugedeckt.

Abri am Allerberg in Reinhausen, Landkreis Göttingen

Unter dem Felsdach am Südrand des Wendebachtales in der Ortslage von Reinhausen fand zwischen 1980 und 1982 eine Testgrabung von rund 30 qm Flächengröße statt. Dabei wurde ein zwei Meter breiter Profilschnitt von der Innenwand bis hinaus in das hangabwärtige Vorgelände geführt. Er erschloß eine Sedimentansammlung von maximal 2,50 m Mächtigkeit. Die zuunterst liegende Wechselfolge aus Löß, Frostschutt und windangewehtem Flugsand ist noch in das jüngere bis ausgehende Weichselglazial zu stellen. Leider fand sich hier keine Vulkanasche des Laacher See-Ausbruchs. In den oberen, nacheiszeitlichen Sandablagerungen fanden sich die eingebetteten Kulturschichten einer mesolithischen und einer jungbronzezeitlichen Besiedlung.

Die Grabung hat ergeben, daß unter und vor dem Felsdach (welches einst bis über 5 m vorgekragt hat) mindestens drei voneinander schichtmäßig trennbare, aufeinanderfolgende Besiedlungsphasen aus dem Ende der letzten Eiszeit nachweisbar sind. Diese sind nicht nur durch ihre jeweiligen Fundanreicherungen in den kaltzeitlich gebildeten Sedimentlagen erschließbar, sondern dazu sind mehrere Feuerstellen in situ erhalten. Die jungpaläolithischen Begehungen datieren nach Auswertung der Tierüberreste, auch der zeitgenössisch mit eingebetteten Nagerknochen und Schnecken, desgleichen nach dem Typenspektrum der Steingeräte, in die klima- und vegetationsgeschichtlichen Phasen der ältesten bis älteren Tundrenzeit (Dryas I bis II). Nach derzeitigem Kenntnisstand sind diese absolut chronologisch auf etwa 16.000 bis 14.000 vor heute anzusetzen. Damit sind sie prinzipiell gleich alt wie die vorher beschriebenen Lagerplatzreste vom Abri Stendel XVIII bei Groß Schneen, nur ca. 3 km Luftlinie südlich benachbart.

Wenn auch mit dem Probeschnitt und einer kleinen Seitenerweiterung unter dem Felsdach keine größeren zusammenhängenden Flächenbilder der Besiedlungsphasen rekonstruierbar sind, lassen sich dennoch Aussagen zum allgemeinen Charakter, zur Funddichte und -verteilung machen. So ist für die unterste, älteste der drei Phasen (Schicht X, Abb. 3) eine Anordnung von Feuerstellen im vorderen Abriraum zu bemerken, um die sich in dünner Streuung Knochensplitter und Steingeräte bzw. -abschläge verteilen. Hier ist demnach der Wohn-, Aufenthalts- und Aktivitätsbereich anzunehmen. Nahe der Rückwand, mit einer Deckenhöhe von damals nur rund 1 - 1,2 m, ist andererseits eine deutliche Abfallzone in Form einer dichten Ansammlung von Tierknochen vorhanden. Diese zeigen vielfach Spuren der künstlichen Zerschlagung, Schnitt- und Hackmarken vom Aufbrechen und Zerteilen der Jagdbeute. Als Jagdwild lassen sich anhand der Tierknochen hauptsächlich Ren und Wildpferd, daneben auch Steppenwisent, Hase, Wolf und Fuchs bestimmen - eine gute Übereinstimmung mit dem Artenspektrum vom Stendel, wenngleich am Allerberg Schneehuhnreste offensichtlich fehlen.

Abb. 3: Felsdach am Allerberg in Reinhausen, Ldkr. Göttingen. Flächenausschnitt der Probegrabung von 1980 bis 1982 mit den Überresten einer jungpaläolithischen Besiedlung (Schicht X). Zwischen den Steinen des späteiszeitlichen Frostschuttes sind drei kleine Feuerstellen mit Tierknochen und Steingeräten erkennbar (G. 10, 11 und 12), längs der Felsrückwand zeichnet sich die fundreiche Abfallzone mit Tierknochenstücken ab.

Die nächstjüngere Belegungsphase (Schicht III a/III d) ist durch eine flächenmäßig begrenzte, dünne Brandschicht im vorderen Abriraum und weiter außerhalb gekennzeichnet. In dieser fanden sich verbrannte Tierknochen sowie wenige Steingeräte. Wichtigster in situ erhaltener Befund ist eine flach eingemuldete Grube von knapp einem Quadratmeter Größe und einer Tiefe von 10 bis 20 cm im rückwandnahen inneren Abriraum. In dieser sowie im engen Umkreis lagen 25 geschlagene Artefakte aus baltischem Flint und einheimischem Kieselschiefer, dabei mehrere retuschierte Geräte wie ein Stichel, ein Kratzer und einige Klingen, teilweise mit Gebrauchsspuren. Auffälliger Fund in der Mulde ist

Die Hamburger Kultur

ein schlanker, stabförmiger Retuscheur (Druckstab) aus einem Tonschiefergeröll. Das Gerätespektrum ist zwar typologisch wenig ergiebig, paßt aber gut in den gesicherten jungpaläolithischen Kontext. Als Artefakt aus Knochen liegt das kleine Bruchstück einer nicht fertiggestellten Vorarbeit für eine Harpune vor, deren seitliche Kerben für die Zähnung vorgeschnitten sind.

Auch hier sprechen die Großsäugerbestimmung der Jagdüberreste mit Ren und Wildpferd sowie die Einbettung in ein frostschuttdurchsetztes Sandlößsediment klar für eine Einordnung in eine kalte, trockene Phase während der späten Weichsel-Eiszeit.

Die jüngste Phase (Schicht III b) ist nicht so fundreich. Zu ihr sind neben wenigen fragmentierten Tierknochen wiederum geschlagene Artefakte aus Feuerstein und Kieselschiefer zu zählen, die sich überwiegend im engen Umkreis einer kleinen Feuerstelle fanden. Durch diese ist eine Aktivitätszone im vorderen Abriraum gekennzeichnet, während der hintere, niedrigere Raum vor der Rückwand als Abfallzone - mit Tierknochenansammlung - genutzt wurde. In der kleinen Steingeräteserie sind eine sogenannte Rückenspitze, ein Fragment eines Rückenmessers und zwei kräftige Stichel erwähnenswert, die typologisch gut in das Jungpaläolithikum passen. Die Wirbeltierfauna zeigt auch hier mit Wildpferd, Ren und Steppenwisent einen Artenbestand, der auf periglaziale Verhältnisse mit offener Tundra hinweist. Aufgrund der Schichteinbettung nahe dem Übergang zur Nacheiszeit kommt eine Zuweisung in die ältere Tundrenzeit (Dryas II) um etwa 14.000 vor heute in Betracht.

Da mit der Probegrabung nur etwa ein Fünftel der überdachten Raumfläche erfaßt wurde, bleibt auch das Abri am Allerberg in Reinhausen für die Zukunft ein lohnendes Objekt weiterer Erforschung.

Abri Bettenroder Berg IX bei Reinhausen, Landkreis Göttingen

Die umfangreichste Einzelmaßnahme des Abri-Projektes war die Ausgrabung des gesamten Innenraumes unter dem Felsdach IX (Abb. 4) samt nicht überdachten Seiten-

Abb. 4: Abri Bettenroder Berg IX bei Reinhausen, Ldkr. Göttingen. Ansicht von Westen auf den Innenraum. Fast alle Mitglieder der Gruppe stehen unter dem Felsdach.

bereichen in den drei Jahren von 1988 bis 1990. Die untersuchte Fläche umfaßte 46 qm, davon 30 qm unter dem Felsdach (Abb. 5). Das archäologische Ergebnis ist in der Bilanz für den nördlichen Mittelgebirgsraum ohne Beispiel. Im bis 3 m mächtigen Sedimentkörper, der sich seit Beginn der letzten Eiszeit bis zur Neuzeit nach und nach aufgeschichtet hat, sind durch entsprechende Brandschichten und Laufhorizonte mit Funden und Befunden insgesamt zehn urgeschichtliche Begehungsphasen übereinander nachgewiesen. Aus diesen stammt ein umfangreiches Fundmaterial mit geschlagenen Steinartefakten, Tierknochen, dazu auch Knochen- und Felsgesteingeräten, Schmuckteilen und anderes. Für alle Schichten des Gesamtsediments waren über Einschlüsse fossiler Kleinsäugerknochen, Schnecken und sogar Vogeleierschalen, Holzkohlen und verkohlte Frucht- und Samenreste weiterführende naturwissenschaftliche Spezialuntersuchungen möglich. Gemeinsam mit den Bewer-

Abb. 5: Übersicht über die Ausgrabung unter dem Felsdach Bettenroder Berg IX bei Reinhausen (1990).

Abb. 6: Profilanschnitt der Sedimentschichten unter dem Abri Bettenroder Berg IX bei Reinhausen. Kontinuierlich von unten nach oben folgen die Schichten des Weichselglazials bis zur Nacheiszeit, darin sind als dunkle Horizonte urgeschichtliche Brandschichten ausgeprägt. Die angewehte Lage aus heller Asche des Laacher See-Vulkanausbruchs um 12.800 vor heute ist an den unteren 20 cm der Meßlatte erkennbar.

tungen der Bodenkunde und Sedimentpetrographie ließ sich so ein detailliertes Szenario der sukzessiven Ablagerung mit Löß, Frostschutt, Flug- und Abwitterungssand erarbeiten (Abb. 6). Gestützt wurde dies durch die eingeschalteten archäologischen Fundhorizonte und auch fossile ehemalige Oberflächenbodenbildungen (sogenannte A-Horizonte), durch ^{14}C-Datierungen und durch die absolutchronologische Zeitmarke einer rund 30 cm mächtigen Lage Laacher See-Vulkanasche von ca. 12.800 vor heute.

Neben einem frühweichselzeitlichen, mittelpaläolithischen Fundhorizont mit nur wenigen Werkzeugen aus Kieselschiefer, darunter Keilmesser vom Micoquien-Typ, sind zwei Schwerpunktphasen der Besiedlung in den Zeiten der Jäger- und Sammlerkulturen herausstellbar: zum einen im Spätglazial mit zwei Besiedlungsschichten des Jung- und Spätpaläolithikums, zum anderen in der frühen Nacheiszeit mit mindestens zwei intensiven Besiedlungszeiten mesolithischer Menschengruppen. Letztere haben auch zwei gut erhaltene Kindergräber am Platz hinterlassen, die bislang ältesten Bestattungen in Nordwestdeutschland.

Durch diese Ausgrabung gelang es, zu mehreren Kulturschichten komplette Flächenbilder der Besiedlung unter dem Felsdach zu erarbeiten, mit Anordnung der Herdstellen, Steinsetzungen, Gruben, mit Verteilung der Werkzeuge und Nahrungsabfälle. Hier sollen die zwei Modellbilder aus dem späten Weichselglazial vorgestellt werden.

Schicht 18 a (Magdalénien)

Nach Position im Sedimentaufbau, nach Typologie der Steingeräteformen, nach Zusammensetzung der Jagdbeute und der sonstigen Kleinfauna (Nager, Schnecken) sowie nach ^{14}C-Ergebnis hat die vermutlich nur kurzzeitige Begehung des Platzes im Bölling-Interstadial stattgefunden, das heißt etwa um 14.200 vor heute. Eine kleine Gruppe aus Jägern und Sammlern hatte sich unter dem Abri zwischen kubikmetergroßen Versturzsteinblöcken, die in den Zeiten des frühen und hohen Weichselglazials von der Rückwand und vom Felsdach abgebrochen waren, häuslich eingerichtet. So ist im östlichen Raumbereich eine Feuerstelle, vergesellschaftet mit Steinartefakten, und im Mittelteil eine Fundkonzentration von Feuersteinabschlägen, vermutlich Platz eines „Steinschmiedes", erkennbar. Die fast ausschließliche Verwendung von baltischem Feuerstein bezeugt eine hohe Mobilität der Gruppe, denn das Rohmaterial konnte erst in einer Enfernung von über 50 km Luftlinie nördlich aus den saale-eiszeitlichen Moränen bzw. Terrassenkiesen im mittleren und nördlichen Leinebergland beschafft werden.

Der Schwerpunkt des Aufenthaltes befand sich aber am Westrand des Abriraumes. Hier konnte in hervorragender Erhaltung und klassischer Anordnung
das rund vier Quadratmeter große funktionale Ensemble aus Feuerstelle, Teilen
einer Steinplattenpflasterung sowie der Abfallzone - unmittelbar an der Felsrückwand - freigelegt werden (Abb. 7). In und neben der Feuerstelle, einer flach
eingetieften und mit Brandresten (Holzkohlen) verfüllten Grube, lagen außer
mehreren verbrannten Tierknochenstücken auch noch die feuerzersprungenen
ortsfremden Gerölle, die einst als erhitzte Kochsteine, das heißt wie Tauchsie-
der, für die (pflanzliche) Nahrungszubereitung genutzt wurden. Für die in Resten erhaltene Pflasterung hatte man ortsfremde kantenverrundete Sandsteinplatten, vermutlich aus dem in der Nähe vorbeifließenden Bach, herangeholt.
Sie dienten ausweislich von Ritz- und Pickspuren als Unterleg- und Arbeitsfläche
für die Nahrungsbereitung oder andere Aktivitäten. Mehrfach sind auch rot-
braune und schwarze Farbspuren in undeutlicher und unregelmäßiger Muste-
rung erhalten.

Abb. 7: Abri Bettenroder Berg IX bei Reinhausen. Flächenplanausschnitt aus der jungpaläolithischen Be-
siedlungsphase Schicht 18 a (Bölling-Wärmeschwankung, um 14.200 vor heute). Feuerstelle mit ortsfremden Sandsteinplatten und einer Abfallzone an der Rückwand.

Die Hamburger Kultur

Die meisten Tierknochen, fast alle stark bruchzerkleinert, lagen als beiseitegeworfene Schlachte- und Nahrungsreste in der engen Abfallzone an der Rückwand. Das Spektrum der nachgewiesenen Tierarten enthält: Ren, Wildrind, Wildschwein, Reh, Wolf, Hase, Eisfuchs, Biber, Schneehuhn, Rauchschwalbe. Damit ist zwar die Jagdbeute, aber nicht die vollständige Zusammensetzung der zeitgenössischen natürlichen Fauna beschrieben. Mit der Mischung aus kälteliebenden, eher die offene Tundra bevorzugenden Arten (Ren) und den Waldtierarten Schwein, Reh und Biber läßt sich - aus archäologisch sicherem, stratifiziertem Zusammenhang - für die erste in der Region wirksame Wärmeschwankung, das Bölling-Interstadial, eine Übergangsfauna in „disharmonischer Gesellschaft" charakterisieren. In die gleiche Richtung weisen die Ergebnisse der Schnecken-, Nager- und Holzkohleauswertungen, die als landschaftliches Umfeld eine zwar noch halbwegs offene strauch- und krautreiche, aber mit Gehölzbeständen aus Birken, Strauchweiden und einzelnen Kiefern abwechselnde Parktundra in relativ feuchtem Klima rekonstruieren lassen.

Unter den Steinartefakten sind wenige retuschierte („modifizierte") Geräte wie eine geknickte und eine bogenförmige Rückenspitze sowie Bruchstücke von Bohrern vorhanden. Sie machen aus typologischen Gründen wahrscheinlich, daß die kleine Wildbeutergruppe aus Schicht 18 a dem kulturellen Milieu des mitteleuropäischen - jüngeren - Magdalénien angehört haben.

Schicht 17 a/b (Federmessergruppe)

In einer erneuten Wärmeschwankung, dem Alleröd-Interstadial am Ende des Weichselglazials, hatte um etwa 12.000 vor heute eine kurzzeitige Besiedlung

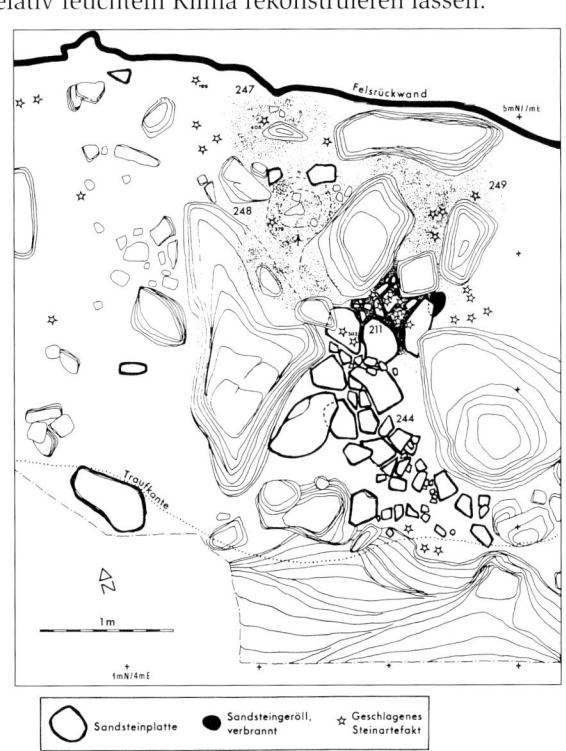

Abb. 8: Abri Bettenroder Berg IX bei Reinhausen. Teilfläche der spätpaläolithischen Besiedlungsschicht 17 a aus der Alleröd-Wärmeschwankung, unter Laacher See-Tephra, um ca. 13.000 vor heute. Feuerstellen mit Steinplattenpflasterung und Fundverteilung der Steinartefakte.

durch Jäger und Sammler des späten Paläolithikums stattgefunden. In drei Befundensembles in den Seitenbereichen und im Zentrum des Abriraumes läßt sich der Aufenthalt ablesen. Die beste Befunderhaltung zeigte sich im Abrizentrum, in den Freiräumen zwischen großen Versturzblöcken, die ihrerseits sicherlich gern als Sitzgelegenheiten genutzt wurden. Erhalten war hier eine Feuerstelle in Gestalt einer mit Holzkohlen verfüllten flachen Mulde, daneben und teilweise auch darüber war eine Fläche von ca. 2,5 qm mit Sandsteinplatten zusammenhängend gepflastert (Abb. 8). Eng um die Feuerstelle herum lagen ein großes ortsfremdes Sandsteinbachgeröll mit Brandeinwirkung (Kochstein) und eine kleine Serie von Feuersteinabschlägen. Der Befund ähnelt stark der Feuerstelle und Plattenpflasterung in der vorher beschriebenen, rund 1.000 Jahre älteren jungpaläolithischen Fundschicht 18 a aus dem Bölling-Interstadial. Andererseits war diesmal nicht eine Abfallzone längs der naheliegenden Felsrückwand vorhanden, hier lagen stattdessen weitere Reste von Feuerstellen mit Steinwerkzeugvergesellschaftung.

Im östlichen wie im westlichen Seitenbereich des überdachten Raumes befanden sich je eine weitere, gleichartige Befundanlage mit Feuerstellen und künstlich zusammengelegten Steinplatten. Alle Umstände sprechen dafür, daß die drei Anlagen gleichzeitig nebeneinander bestanden haben. Damit könnte auf die Anwesenheit von drei Kleingruppen (Familien) geschlossen werden.

Aus dem Tierknochenmaterial, das stark bruchzerkleinert ist und teilweise Brandeinwirkung zeigt, konnten als Arten Rothirsch, Wildschwein, Reh, Hase und Fuchs bestimmt werden, ein Spektrum eher waldgebundener Standwildarten. Als Landschaftsbild läßt sich eine schon weitgehende erste Birkenbewaldung, untermischt mit Weiden und Kiefern erschließen, in der noch offene krautreiche Flächen mit Sanddorn und Wacholder vorhanden waren. Nur kurze Zeit nach der Besiedlung hatte die Flugasche des Laacher See-Vulkanausbruchs um etwa 12.800 vor heute die ganze Landschaft eingedeckt. Im Abri lag sie als 20 bis 30 cm dicke Schicht unmittelbar über den Resten des aufgelassenen Lagerplatzes und hatte so eine optimale Konservierung bewirkt.

Im kleinen Steinartefaktinventar, überwiegend aus baltischem Feuerstein (aus über 50 km Entfernung) und vereinzelt aus einheimischem Kieselschiefer sowie Quarzit geschlagen, sind auch drei rückengestumpft retuschierte Klingen vorhanden. Solche als Federmesser bezeichnete Spitzen wurden entweder als Geschoßspitzeneinsätze oder als Schneidewerkzeuge verwendet. Sie belegen, daß die Bewohner des Platzes kulturgeschichtlich den mittel- und nordeuropäischen Federmessergruppen des Spätpaläolithikums zugehörig waren.

Abri Bettenroder Berg I bei Reinhausen, Landkreis Göttingen

Nur etwa 150 m vom Abri IX entfernt befindet sich in der Klippenkante des Bettenroder Berges das Abri I, ein Platz von 21 qm überdachtem Innenraum (heute). In den Jahren 1986 und 1987 legte die Kreisarchäologie Göttingen hier einen 2 m breiten und 7,5 m langen Probeschnitt an, der von der Felsrückwand bis auf den vorgelagerten Abhang führte (Abb. 9). Der stratigraphisch gut gegliederte Sedimentkörper erreichte unter dem Felsdach eine Mächtigkeit von über 2,60 m. Dabei wurden im unteren Teil die Frostschutt- und Lößablagerungen des Hoch- und Spätweichselglazials erreicht, aber noch nicht die Felsbasis.

Die Schichtenfolge ließ sich anhand der gut ausgeprägten, ohne erkennbare Unterbrechung kontinuierlich abgelagerten Versturzhorizonte, Löß- und Flugsandpakete, der 20 bis 30 cm mächtig erhaltenen Laacher Vulkanasche, der Abwitterungssande, der zwischengeschalteten fossilen Humus-Bodenbildungen und der archäologischen Kulturschichten ideal gliedern. Wie schon bei Abri IX beschrieben, ließ sich auch hier anhand der naturwissenschaftlichen Parameter wie zoologische und botanische Einschlüsse (Nagerreste, Schnecken, Holzkohlen), der Sedimentpetrographie und Bodenkunde sowie der ^{14}C-Datierungen an Holz-

Abb. 9: Abri Bettenroder Berg I bei Reinhausen, Ldkr. Göttingen. Blick durch den Grabungsschnitt 1986/87 von der Felsrückwand zum vorgelagerten Gelände (im Hintergrund Abri II). In beiden Profilwänden des Schnittes ist das helle Band der Vulkanasche des Laacher See-Ausbruchs aus der Alleröd-Wärmeschwankung erkennbar. Im linken Profil befindet sich darin der Hirschschädelrest aus der spätpaläolithischen Fundschicht VII a.

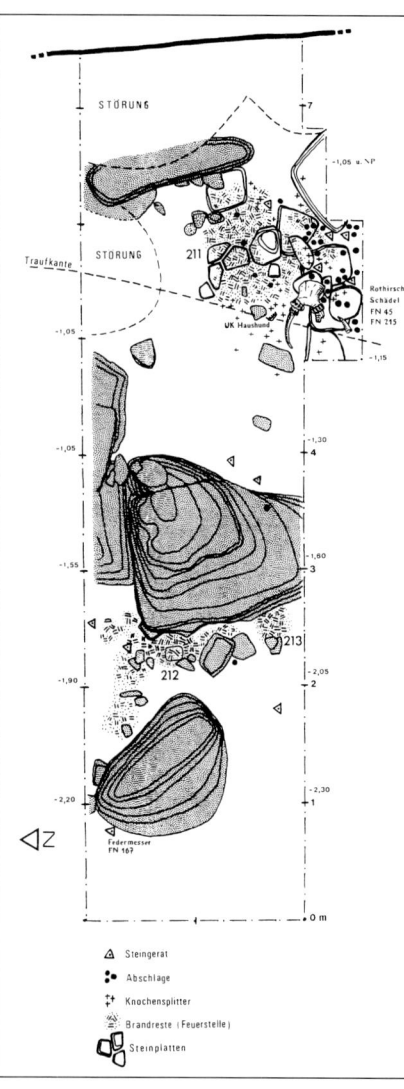

△ Steingerät
•• Abschläge
‡⁺ Knochensplitter
🔥 Brandreste (Feuerstelle)
🪨 Steinplatten

Abb. 10: Flächenausschnitt der Probegrabung 1986/87 unter dem Abri Bettenroder Berg I bei Reinhausen mit den Befunden der spätpaläolithischen Kulturschicht VII a aus dem Alleröd-Interstadial um 12.800 vor heute. Oben, nahe der Felsrückwand, ist der Befund 211 mit Feuerstelle, Steinplatten, Hirschschädelfragment, Haushundunterkiefer und Kieselschieferabschlägen erkennbar.

kohlen ein lückenloses Profil des Schichtaufbaus erarbeiten. Darin waren insgesamt sieben urgeschichtliche Aufenthaltshorizonte eingebettet: zwei aus dem Jungpaläolithikum (Magdalénien?), drei aus dem Spätpaläolithikum (Federmessergruppe und jünger), eine intensive Kulturschicht aus dem Mesolithikum und eine aus der Jungbronzezeit bis frühen Eisenzeit. Dabei kommt der späteiszeitlichen Fundschicht VII a, die durch eine Begehung von Jägern und Sammlern der Federmesser-Gruppe entstanden ist, eine überregionale Bedeutung zu.

Trotz des begrenzten Flächenausschnittes der Probegrabung ist eine Differenzierung innerhalb des damaligen Lagerplatzes erkennbar (Abb. 10). So war außerhalb des Felsdaches, zwischen großen Versturzblöcken ehemaliger weiterreichender Dachteile, ein kleines Ensemble von Feuerstellen mit dazwischenliegenden geschlagenen Steinwerkzeugen aus Feuerstein und Kieselschiefer erhalten. Am besten erhalten war der Befund 211 im Innenraum. Er bestand aus einer rund 2,5 qm großen Ansammlung flächig gelegter Sandsteinplatten, neben und zwischen diesen lagen zahlreiche Holzkohlen einer Feuerstelle, dazu eine Häufung von Retuschier-Abfallsplittern aus Kieselschiefer und Feuerstein, wenige retuschierte Geräte sowie Tierknochenstücke. Auffällig sind in diesem kleinen Ensemble zwei Funde: ein großes Schädelfragment vom Rothirsch und eine Unterkieferhälfte vom domestizierten Hund (canis familiaris). Beide Geweihstangen des Hirschschädels sind dicht oberhalb der Rosen gewaltsam abgebrochen, vermutlich hat man die Stangen als Rohmaterial für die Werkzeugherstellung verwendet. Der Hundeunterkiefer ist einem Welpen zuzuordnen und zeigt bereits das typische Domestikationsmerkmal einer sogenannten Kulissenstellung der Milchprämolaren, das heißt einer Verkürzung des Kiefers, sowie einer Größenreduktion gegenüber der damaligen Wildform, dem Wolf.

Der Fund eines domestizierten Hundes in gesicherter Schichtlage der spätglazialen Alleröd-Wärmeschwankung ist von großer Bedeutung. Gemeinsam mit zwei geringfügig älteren Belegfunden, zum einen aus einem spätpaläolithischen Körpergrab von Oberkassel bei Bonn, zum anderen aus der jungpaläolithischen Station Kniegrotte bei Döbritz in Südthüringen, ist damit die Frühphase der domestikativen Hundehaltung für die mitteleuropäische Berglandregion nachzuweisen.

Der Steinplatten- und Feuerstellenbefund 211 ist am ehesten als gepflasterter Sonderbereich des wohl nur kurzzeitigen Besiedlungsvorganges zu interpretieren, als Werkplatz zum Weiterverarbeiten der Geweihstangen und zur Herstellung von geschlagenen Steinwerkzeugen. Die Formen der aus dem Befund wie aus der Besiedlungsschicht insgesamt geborgenen Steingeräte - schräg endretuschierte Spitzklinge, Kratzer, Stichel, Bohrerreste - weisen typologisch auf einen kulturellen Zusammenhang mit den Federmesser-Gruppen des Spätpaläolithikums in Nordeuropa hin. Die Untersuchungen zur Fundschicht ergaben, daß das landschaftliche Umfeld durch tendenziell warmzeitliche Vegetationsverhältnisse mit Wald und krautreichem Offenland geprägt war. Der Wald setzte sich aus Birken-, Weiden- und Kiefernbeständen zusammen. Die nachgewiesenen Tierarten Rothirsch und Fuchs fügen sich gut in dieses Bild ein.

Die zeitliche Einstufung der Besiedlung ist eindeutig: die Lagerplatzreste, besonders auch der Hirschschädel und der Hundeunterkiefer, lagen auf der Humusoberfläche der Alleröd-Wärmeschwankung, als um rund 12.800 vor heute der vermutlich plötzlich einsetzende Niederschlag der Laacher See-Vulkanasche alles im verlassenen Zustand eindeckte und so bis heute konservierte.

Da der Platz nur zu einem kleinen Teil untersucht wurde, sind auch hier für die Zukunft vielversprechende Chancen erneuter Forschungen mit noch besseren Methoden gewahrt.

Weiterführende Literatur:

Klaus Grote, Die Abris im südlichen Leinebergland bei Göttingen. Archäologische Befunde zum Leben unter Felsschutzdächern in urgeschichtlicher Zeit. Teil I: Archäologischer Teil. Teil II: Naturwissenschaftlicher Teil. Mit Beiträgen von P. Molde, E. Schröder, C. Ahl, B. Meyer, G. Storch, U. Regenhardt, M. Corsmann, U. Staesche, A. van den Driesch, G. Richter, W. Torke, U. Willerding, G. Wolf, H. Schutkowski, R. C. A. Rottländer, J. Koch. - Veröffentlichungen der urgeschichtlichen Sammlungen des Landesmuseums zu Hannover, Band 43, Oldenburg 1993.

Klaus Grote, Eiszeitliche Jäger in Südniedersachsen. Neues zur Erforschung der Besiedlung unter Felsschutzdächern (Abris). - Archäologie in Niedersachsen, Band 1, Oldenburg 1998, S. 50 - 53.

Tundra im Spätsommer, Tschukotija-Flußgebiet in Nordost-Sibirien.

Gernot Tromnau

Die Hamburger Kultur

Gernot Tromnau

Die Hamburger Kultur

Forschungsgeschichte

Im Jahre 1931 wurden am Alsterufer bei Hamburg-Wellingsbüttel Feuersteinartefakte entdeckt, die man dem damaligen Forschungsstand entsprechend in eine Beziehung zum Magdalénien setzte. Sehr bald wurden weitere ähnliche Vorkommen im Hamburger Raum bekannt, die als „Hamburger Stufe" und später als „Hamburger Kultur" der Fachwelt bekanntgegeben wurden. Dabei gelang Alfred Rust 1933 der entscheidende Durchbruch der Entdeckung altsteinzeitlicher Kulturen im nordwesteuropäischen Flachland mit der Probegrabung in den Ablagerungen eines heute verlandeten Teiches bei Hamburg-Meiendorf. Ausgelöst wurde die Untersuchung durch Oberflächenfunde, die er einige Jahre zuvor auf einem angrenzenden Acker gemacht hatte. Schon diese erste Grabung brachte den Beweis einer späteiszeitlichen Datierung der Meiendorfer und Wellingsbütteler Funde. Neben 33 Rengeweihen und zahlreichen Knochen konnten auch Geräte aus organischem Material ausgegraben werden. 45 Feuersteinwerkzeuge bewiesen einen Zusammenhang der zahlreichen Oberflächenfunde vom durch langjähriges Pflügen zerstörten nur ca. 30 m weit entfernten Wohnplatz „Meiendorf 2" mit den Grabungsfunden aus den Faulschlammschichten des eiszeitlichen Teiches. Ab Mai 1934 folgte dann die Hauptgrabung mit den aufsehenerregenden Funden.

Es wurde nun immer deutlicher, daß es sich bei diesen Inventaren nicht, wie ursprünglich angenommen, um eine Gruppe des Magdalénien handelt, sondern vielmehr um eine eigenständige Kultur, die allerdings auffallende Beziehungen zu Magdalénienkomplexen aufweist.

Abb. 1: Freigelegte Fundstücke in der Kulturschicht von Meiendorf. Der hervorragende Erhaltungszustand der Renreste ist auf die Einbettung im Faulschlamm des ehemaligen Gewässers zurückzuführen.

Seit dem Erscheinen der ersten zusammenfassenden Arbeit über die Hamburger Kultur hat sich die Zahl der Fundplätze beträchtlich vermehrt. Während Hermann Schwabedissen in seinem Aufsatz aus dem Jahr 1937 nur 17 Fundstellen nennt, sind uns heute über 150 Wohnplätze im nordwest-europäischen Flachland bekannt, die der Hamburger Kultur zugeordnet werden können.

Verbreitung

Die Fundplätze der Hamburger Kultur liegen in Schleswig-Holstein, Hamburg, dem nördlichen Niedersachsen und in den Provinzen Drenthe, Friesland, Groningen, Gelderland und Utrecht der Niederlande. Mehrere Vorkommen kennen wir aus dem südlichen Polen und aus Dänemark, insbesondere Südjütland. Inventare aus Mittelfrankreich wie solche aus Cepoy (bei Montargis), Marsangy (an der Yonne) und Varennes-les-Macon (südlich von Macon) können lediglich auf Beziehungen der Hamburger Kultur zum Spätmagdalénien Frankreichs hindeuten.

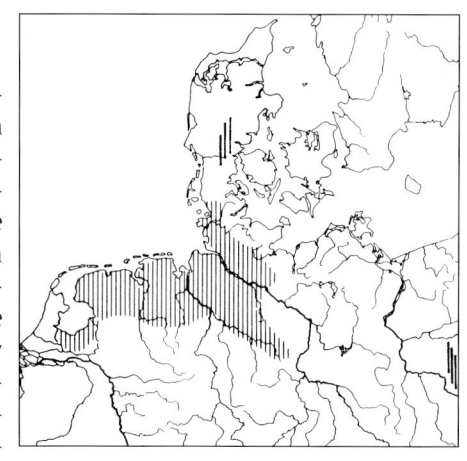

Abb. 2: Hauptverbreitungsgebiet der Hamburger Kultur.

Archäologische Funde

Typisch für alle Hamburger Kulturvorkommen sind Kerbspitzen, Zinken, Stichel und Klingenkratzer, die häufig mit seitlicher Randretuschierung versehen sind. Diese Kombination von Feuersteingeräten scheint nur auf die Hamburger Kultur beschränkt zu sein. Wahrscheinlich können deshalb auch kleinere Vorkommen, die als Sammelfunde vorliegen und diese Typen enthalten, der Hamburger Kultur zugerechnet werden. Während die Kerbspitzen als Pfeilbewehrung dienten, konnte mit den Kratzern Holz, Leder oder Geweih bearbeitet werden. Stichel sind den heutigen Stecheisen vergleichbar und wurden zusammen mit Zinken - einem Spezialkratzer - in erster Linie bei der Geweihbearbeitung benutzt. Mit Hilfe von Stichel und Zinken wurden lange Späne aus den Geweihen gelöst und zu Nähnadeln, Pfriemen oder Geschoßspitzen weiterverarbeitet.

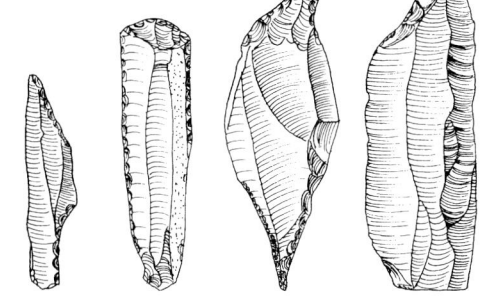

Von den ehemals vermutlich zahlreich vorhandenen Waffen und Werkzeugen aus organischen Materialien wie Holz, Knochen und Geweih sind uns nur wenige Exemplare erhalten geblieben. Sie stammen alle aus den Faulschlammschichten der ehemaligen Teiche von Meiendorf, Stellmoor und Poggenwisch im südlichen Holstein bei Ahrensburg. Hier wurden auch von Alfred

Abb. 3: Feuersteinwerkzeuge der Hamburger Kultur. Von links nach rechts: Kerbspitze, Klingenkratzer, Doppelzinken, Stichel.

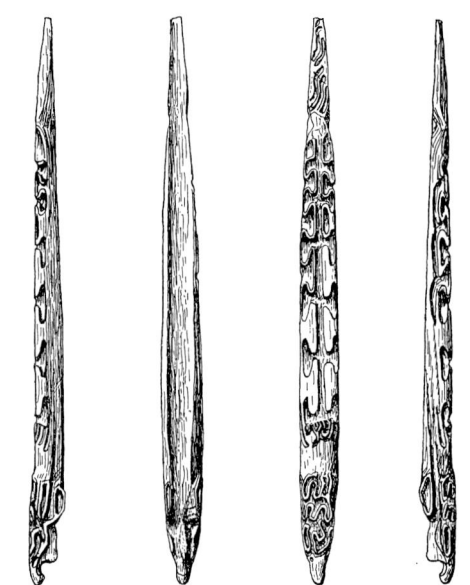

Abb. 4: Verzierter Stab aus Rengeweih von Ahrensburg-Poggenwisch mit Stegornament und geschnitztem Gesicht eines Mannes (Länge 14,8 cm).

Rust Kunsterzeugnisse ausgegraben wie verzierte Messergriffe aus Rengeweih (sogenannte Riemenschneider), eine mit Gravuren versehene durchbohrte Bernsteinscheibe und ein mit einem Mäandermuster und einem menschlichen Gesicht geschmückter 14,8 cm langer Geweihstab, der zu den schönsten späteiszeitlichen Kunstwerken gerechnet werden darf.

Von den zahlreichen Fundstellen der Hamburger Kultur liegt uns lediglich eine Harpune vor, die aus dem verlandeten Teich von Meiendorf stammt. Es stellt sich allerdings die Frage, ob diese einreihige Harpune überhaupt ein fester Bestandteil der Hamburger Kultur ist, wie dies bisher allgemein angenommen wurde. In der Regel wird nämlich übersehen, daß die Harpune eindeutig bei der Probegrabung im Teich von Meiendorf geborgen wurde und die Fundlage, den Umständen entsprechend, nicht bekannt ist. Die außerordentlich schwierigen Umstände bei dieser Probegrabung, aber auch die geologisch bedingten Störungen in den Ablagerungen des Teiches von Meiendorf lassen die Vermutung zu, daß Vermischungen mit jüngeren Funden nicht ausgeschlossen werden können, was stratigraphisch gesicherte jüngere Artefakte im Teich von Meiendorf auch belegen. Ob die Harpune von Meiendorf deshalb weiterhin als Bestandteil der Hamburger Kultur angesehen werden darf, ist somit sehr fraglich. Hier könnte nur die Entnahme und ^{14}C-Messung einer Probe aus dem Geweihartefakt Klarheit verschaffen. Leider ist eine solche Untersuchung des nur 11,7 cm langen und im Querschnitt 6 x 7 mm großen Exemplars gegenwärtig wohl nicht vertretbar.

Archäologische Befunde

Von mehreren Fundplätzen der Hamburger Kultur sind uns Befunde bekannt geworden, die von den jeweiligen Ausgräbern als Wohnbaureste interpretiert wurden. Sie geben Hinweise darauf, daß die späteiszeitlichen Nomaden, ähnlich wie die Caribou-Eskimo in den Tundren Nordamerikas, in Zelten oder einfachen Hütten lebten, die in kurzer Zeit abgebrochen und in anderen wildreicheren Gegenden schnell wieder errichtet werden konnten. Diese Wohnbaureste haben verschiedenartige Formen und stehen in der Regel mit auffallenden Fundmassierungen von Steinwerkzeugen in einem Zusammenhang. Es lassen sich kreisförmige Steinsetzungen - zuweilen in Verbindung mit einem Sandwall - von Steinschüttungen, Mulden und Verfärbungen im Boden unterscheiden. Nach den freigelegten Befunden konnten sie als transportable Behausungen rekonstruiert werden und lassen Rückschlüsse auf sehr differenzierte Wohnbauten zu. Ob die Rentierjäger der Hamburger Kultur sich auch zeitweilig an Höhlenvorplätzen aufhielten oder überhängende Felsen - sogenannte Abris - als Wohnplätze benutzten, ist uns bisher unbekannt.

Im Raum Heber-Deimern, Kreis Soltau, im nördlichen Niedersachen, wurden Fundplätze der Hamburger Kultur dicht geballt an den Rändern eines Trockentales entdeckt. Vermutlich wirkte hier der eiszeitliche Dauerfrostboden wasserstauend und hat die Bildung eines Wasserlaufs am Grund des Tals begünstigt, was jungpaläolithische Rentierjäger veranlaßt haben könnte, dort ihre Lager aufzuschlagen.

Wohnplätze aus der Hamburger Kultur wurden aber nicht nur in der Nähe ehemals offener Gewässer, sondern auch auf hohen Moränenkuppen angelegt. Zweifellos bot eine solche Ortslage einen ausgezeichneten Überblick über die tiefergelegene Landschaft mit ihren weiten Äsungsgebieten für Rentierherden. Es ist allerdings auch denkbar, daß - bezogen auf das Verhalten rezenter Rentierjäger - die Jungpaläolithiker auf diesen stets frischen Winden ausgesetzten Kuppen Schutz vor den zahlreichen Mückenschwärmen suchten, die vermutlich auch während der Späteiszeit in den Sommermonaten die Niederungsgebiete des nordwesteuropäischen Flachlandes bevölkerten.

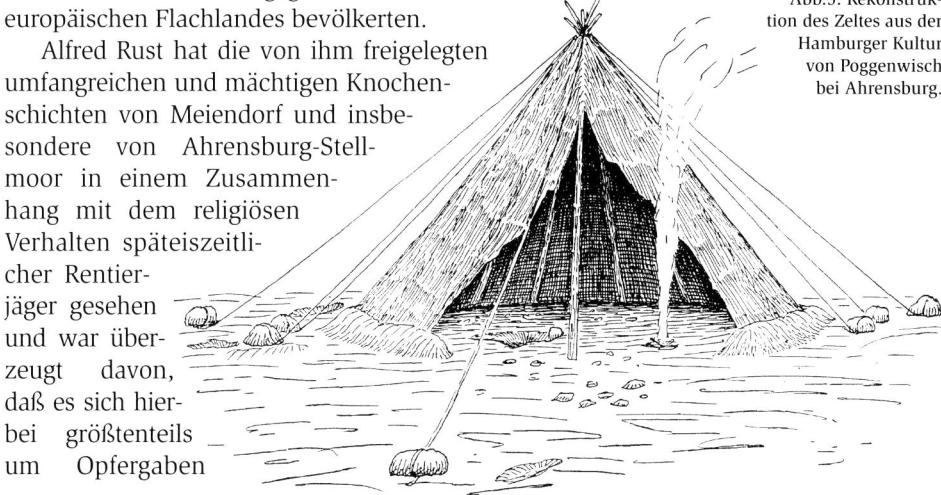

Abb.5: Rekonstruktion des Zeltes aus der Hamburger Kultur von Poggenwisch bei Ahrensburg.

Alfred Rust hat die von ihm freigelegten umfangreichen und mächtigen Knochenschichten von Meiendorf und insbesondere von Ahrensburg-Stellmoor in einem Zusammenhang mit dem religiösen Verhalten späteiszeitlicher Rentierjäger gesehen und war überzeugt davon, daß es sich hierbei größtenteils um Opfergaben handelt. Zum Beispiel wurden von ihm Skelette von Rentieren mit schweren Steinen im Brustkorb als Opfertiere gedeutet. In der Altsteinzeitforschung hat sich aber mittlerweile die Auffassung durchgesetzt, daß die Skelettreste aus den Uferzonen der ehemaligen Teiche überwiegend Schlachtabfälle in Form von unvollständig verwerteten ganzen Rentieren (die sogenannten „Opfertiere") und Körperteile von solchen sind. Minderwertige Tiere und Fleischpartien wurden aussortiert und gelangten direkt in die Abfallschichten. Auch Rusts These, ausschließlich junge Renkühe seien hier geopfert worden, muß endgültig revidiert werden. Bei neueren Untersuchungen ergab sich, daß männliche und weibliche, juvenile, jugendliche und ausgewachsene Rentiere im Knochenmaterial nachgewiesen werden konnten. Schnittspuren und die verbliebenen Skelettteile zeigen, daß die Tiere gehäutet wurden, man bei den meisten die große Rückensehne entfernt hatte und daß einige Tiere teilweise ausgeschlachtet worden waren. Sehr wahrscheinlich handelte es sich bei den Befunden aus den ehemaligen Teichen im Ahrensburger Tunneltal um Überreste von Herbstjagden zur Gewinnung von Trockenfleisch und von Fellen für den Winter. Die Vergesellschaftung einiger Skelette mit Steinen dürfte eher eine Zufälligkeit sein.

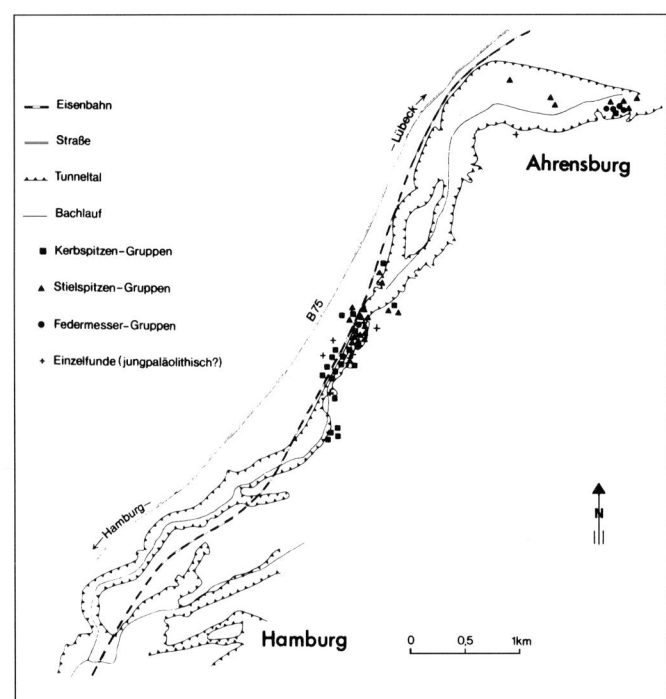

Abb. 6: Jungpaläolithische Fundstellen im Ahrensburger Tunneltal.

Von rezenten subarktischen und arktischen Jägergruppen ist bekannt, daß sie noch vor wenigen Jahrzehnten Rentiere beim Überqueren von Gewässern erlegten. Gelegentlich wurden für diese Rentierjagd lange Steinreihen bzw. -wälle errichtet, um die Herden an bestimmte, für eine erfolgreiche Jagd besonders geeignete Uferbereiche zu lenken und die Tiere dann im Wasser zu töten. Die Funktion solcher Wälle könnten im Ahrensburger Tunneltal die langgestreckten Moränenzüge – wie zum Beispiel die

Hänge des heute noch verhältnismäßig steilen Stellmoorhügels - erfüllt haben. Im Bereich von Stellmoor konnten während der Späteiszeit von den Jungpaläolithikern sehr leicht Rentiere in den angrenzenden, heute verlandeten See getrieben werden, um sie dort zu erlegen, wenn sie wehrlos darin schwammen bzw. wenn die Tiere versuchten, das Wasser zu verlassen.

Die zahlreichen späteiszeitlichen Fundstellen im Bereich von Ahrensburg-Stellmoor und Meiendorf stehen offensichtlich mit diesen ehemals offenen Wasserflächen in einem engen Zusammenhang. Es hat den Anschein, als hätten die vermutlich nur kurzen Aufenthalte jungpaläolithischer Jäger ausschließlich der Rentierjagd gedient.

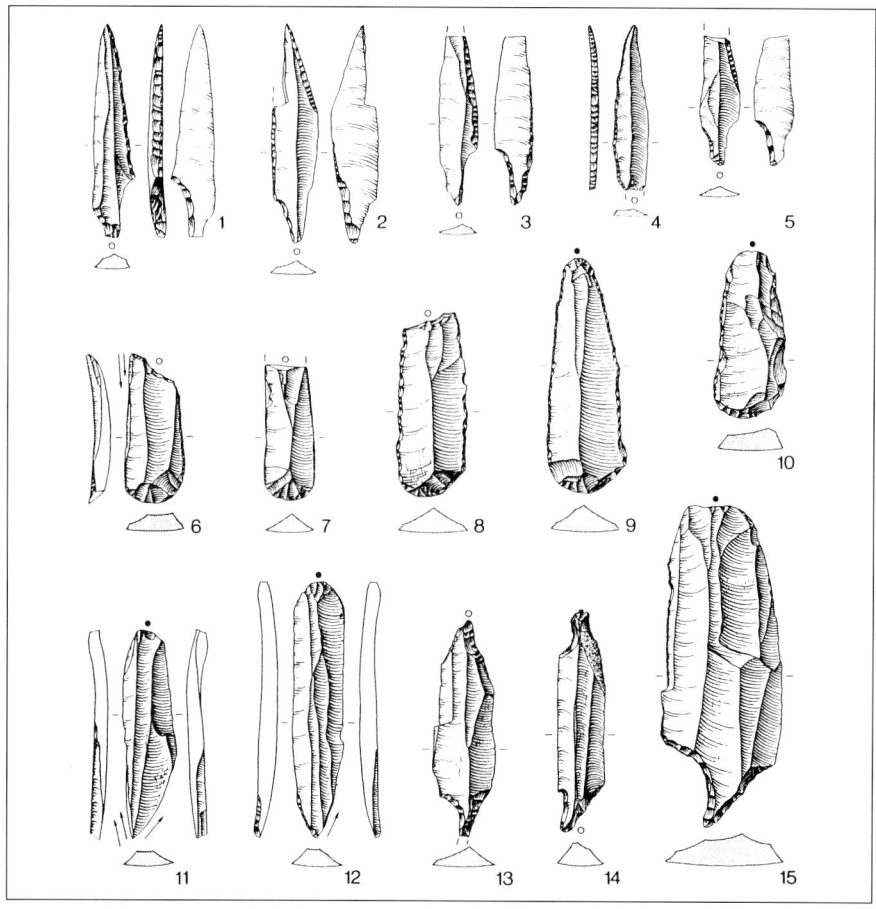

Abb. 7: Feuersteinwerkzeuge der Havelte-Gruppe von Ahrenshöft, Kr. Nordfriesland, Station LA 58 d. 1-3 und 5 Haveltespitzen, 4 rückenretuschierte Spitze, 6 Kombinationsgerät, 7-10 Kratzer, 11-12 Stichel, 13-15 Zinken.

Datierung

Bereits vor Jahrzehnten waren wir der Auffassung, daß die Hamburger Kultur in eine ältere und eine jüngere Phase gegliedert werden kann. Für die Datierung der älteren Phase in die Dryaszeit I standen insbesondere die von Rudolf Schütrumpf durchgeführten pollenanalytischen Untersuchungen an Sedimenten aus den Faulschlammschichten der Toteisteiche im Ahrensburger Tunneltal zur Verfügung. Da für die angenommene jüngere Phase der Hamburger Kultur keine mit Hilfe naturwissenschaftlicher Datierungsmethoden gewonnene Anhaltspunkte vorlagen, basierte eine solche Einordnung aber lediglich auf typologischen Erwägungen. Eine Überprüfung der älteren Pollendiagramme aus den Toteisteichen im Ahrensburger Tunneltal mit Kulturschichten der Hamburger Kultur durch Hartmut Usinger ergab allerdings, daß diese nicht der Dryaszeit I, sondern erst der Böllingzeit, einem etwa 800 Jahre andauernden Wärmeintervall, zugewiesen werden muß. Zwischenzeitlich liegen uns zahlreiche ^{14}C-Daten vor, die diesen zeitlichen Ansatz auch bestätigen, wie zum Beispiel von den Fundplätzen Ahrensburg-Poggenwisch (Holz: 12.460 ± 60 Jahre vor heute) und Olbrachice, Polen (Holzkohle: 12.685 ± 235 Jahre vor heute). Neue Untersuchungen an Fundplätzen der Hamburger Kultur bei Ahrenshöft, Kreis Nordfriesland ergaben ein gemitteltes Besiedlungsalter von 12.165 Jahren vor heute.

Die Inventare von Ahrenshöft können der Havelte-Gruppe innerhalb der Hamburger Kultur zugeordnet werden, die sich durch stielspitzenähnliche Kerbspitzen vom Typ Havelte, die an der Basis wechselseitig retuschiert sind, auszeichnet. Daß die Havelte-Gruppe tatsächlich eine jüngere Phase der Hamburger Kultur repräsentiert, wird nicht nur durch das im Vergleich zu den bislang vorliegenden ^{14}C-Daten der Hamburger Kulturvorkommen relativ junge Alter von Ahrenshöft angezeigt, sondern auch durch einen stratigraphischen Befund belegt. Ingo Clausen gelang nämlich bei seinen neuesten Untersuchungen bei Ahrenshöft der Nachweis, daß ein Fundensemble der „klassischen", ausschließlich Kerbspitzen führenden Hamburger Kultur, in Hangenden stratigraphisch klar abgegrenzt, von einem Vorkommen der Havelte-Gruppe überlagert war.

Weiterführende Literatur:

K. Bokelmann, Rentierjäger am Gletscherrand in Schleswig-Holstein? Ein Diskussionsbeitrag zur Erforschung der Hamburger Kultur. Offa 36, 1979, 12-22.

J.M. Burdukiewicz, Zum Forschungsstand der Hamburger Kultur. Jahrbuch des Römisch-Germanischen Zentralmuseums Mainz 34, Teil 1, 1987, 143-167.

I. Clausen, Neue Untersuchungen an späteiszeitlichen Fundplätzen der Hamburger Kultur bei Ahrenshöft, Kr. Nordfriesland. Archäologische Nachrichten aus Schleswig-Holstein 8, 1997, 8-49.

J. Holm und F. Rieck, Istidsjaegere ved Jelssoerne. Skrifter fra Museumsrådet for Sønderjyllands Amt 5, 1992.

A. Rust, Das altsteinzeitliche Rentierjägerlager Meiendorf (1937).

A. Rust, Die alt- und mittelsteinzeitlichen Funde von Stellmoor (1943).

A. Rust, Die jungpaläolithischen Zeltanlagen von Ahrensburg. Offa-Bücher 15 (1958).

A. Rust, Vor 20.000 Jahren - Rentierjäger der Eiszeit (1962).

H. Schwabedissen, Die Hamburger Stufe im nordwestlichen Deutschland. Offa 2, 1937, 1-30.

G. Tromnau, Neue Ausgrabungen im Ahrensburger Tunneltal. Offa-Bücher 33 (1975).

G. Tromnau, Die Fundplätze der Hamburger Kultur von Heber und Deimern, Kreis Soltau. Materialhefte zur Ur- und Frühgeschichte Niedersachsens 9 (1975).

Tundra, Tschukotija-Flußgebiet in Nordost-Sibirien, im Hintergrund Wolken.

Die Hamburger Kultur

Christian Weisker

Was vom
Eiszeitalter blieb...

Eine Spurensuche in der Landschaft
und Kulturgeschichte

Christian Weisker

Was vom Eiszeitalter blieb...

Eine Spurensuche in der Landschaft und Kulturgeschichte

Das Erscheinungsbild unserer Erde ist eine ununterbrochene Folge von Werden und Vergehen. Im Laufe der Erdgeschichte haben sich Land und Wasser, die Kontinente und nicht zuletzt auch das Leben stetig entwickelt und verändert. Das Quartär (2,4 Millionen bis heute, das eigentliche Eiszeitalter (Pleistozän) dauerte bis vor 11.500 Jahren) ist dabei das jüngste und bislang kürzeste Zeitalter der Erdgeschichte. Es ist auch dasjenige, in dem die Erde vom Menschen bzw. seinen direkten Vorfahren besiedelt wurde.

Würde man die Gesamtgeschichte unseres Planeten auf die 365 Tage eines Jahres umrechnen, so würde das Quartär am 31. Dezember gegen 19.00 Uhr beginnen und die letzte Eiszeit (Weichsel) erst um 23.58 Uhr enden. Die historisch wirklich faßbare Menschheitsgeschichte fand in dieser vereinfachten Umrechnung nur in wenigen Sekunden der letzten Minute statt!

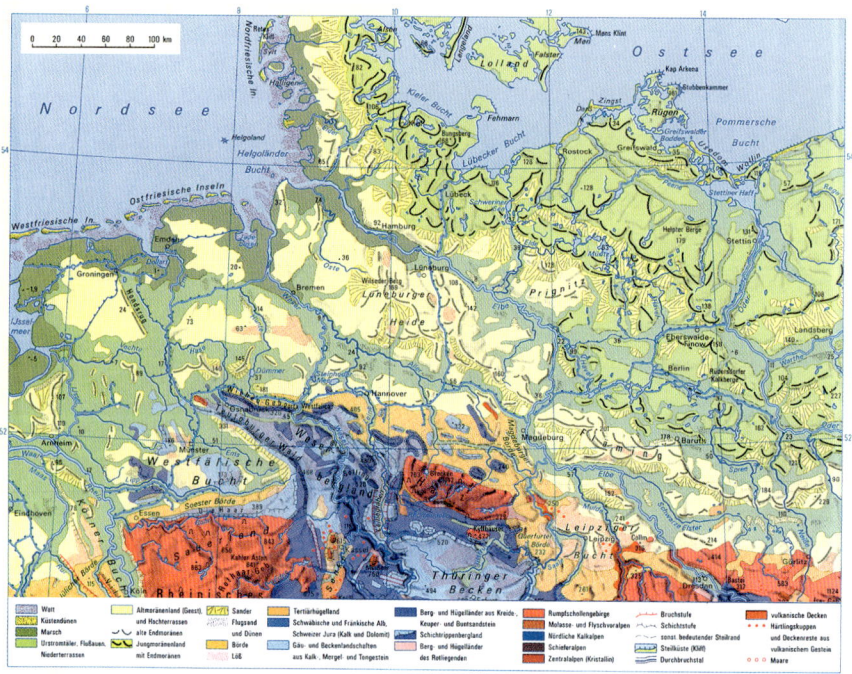

Abb. 1: Die norddeutsche Naturlandschaft. Tektonik, Morphologie und Landschaftsgliederung. Die Landschaften sind in ihrem heutigen Erscheinungsbild weitgehend ein Produkt der Eiszeiten.

In diesem Aufsatz erfolgt eine Spurensuche der eher ungewöhnlichen Art. Viele Dinge, die dem Leser unreflektiert alltäglich begegnen, haben ihren Ursprung in der Eiszeit. Stärker als vielfach vermutet, umgeben uns im übertragenen Sinne überall die glazialen Spuren (Abb. 1).

Die Näherung an das Thema erfolgt weniger aus naturwissenschaftlicher als aus kulturgeschichtlicher Sicht. Aus der Fülle von möglichen Beispielen zu den einzelnen Aspekten sollen nur wenige exemplarisch angeführt werden. Dabei ist eine weitgehende örtliche Begrenzung auf den norddeutschen Raum vorgenommen worden, allerdings in dem vorhandenen Wissen, daß die Naturkräfte der Erdgeschichte kein politischen und ethnischen Ländergrenzen kannten und kennen.

Was uns im norddeutschen Tiefland an Landschaftsformen heute umgibt, ist fast vollständig ein Produkt des Quartärs. Viele der Dinge, die den Reichtum dieser Landschaft darstellen, ob in wirtschaftlicher und ästhetischer Sicht oder als Erholungslandschaft, verdanken wir unmittelbar den formenden Kräften des Eiszeitalters.

Die Glaziale Serie und ihr Entstehen

Die traditionelle Wissenschaft spricht von drei großen Vereisungen, die den norddeutschen Bereich geprägt und überformt haben. Dabei kam es zu mehreren dynamischen Stufen des Eisvorstoßes der Gletscher innerhalb der gleichen Kaltzeit. Zwischen diesen Vorstößen konnten jeweils mitunter Jahrtausende innerhalb der gleichen Kaltzeit vergehen. Jede dieser Gletschervorstöße, die wie eine gewaltige Planierraupe über das Land wälzten, hinterließen am äußersten Rand der Vereisung als „Eisrandlage" Endmoränen. In der flachen Ebene der norddeutschen Tiefebene sind sie bis heute als oft deutlich aus der Fläche herausragende Hügel, häufig sogar als Berge, erkenntlich. Zu nennen ist der Wilseder Berg in der Lüneburger Heide, der immerhin eine Höhe von 169 Metern über dem Meeresspiegel erreicht. Südlich von Hamburg erstreckt sich das Naherholungsgebiet der Harburger Berge, ein fast schon bergig anmutendes Gelände mit enger Folge von Berg und Tal.

Sie entstanden als Endmoränen in der letzten Stufe der Saale-Eiszeit. Deren weiteste Vereisung ging, ebenso wie die vorhergehende Elster-Eiszeit, deren Spuren durch die Überformungen der nachfolgenden Saale-Eiszeit weitgehend „weggeschoben" sind, bis an den Rand der heutigen deutschen Mittelgebirge und drang zum Teil noch in deren Täler ein.

Bei genauerem Betrachten zeigt sich bei allen diesen Hügeln, daß sie aus uneinheitlichem Geschiebemergel, bestehend aus unterschiedlichsten Materialien wie großen Steinen (Findlingen), Kies, Sand, Schluff und Ton zusammengesetzt sind: Sie bestehen aus nichts anderem als dem Material, das der Gletscher bei seinem Jahrhunderte oder Jahrtausende währenden Weg aus dem Nordosten vor sich hergeschoben hat. Das Eis nahm das Material über Skandinavien und im Bereich der heutigen Ostsee auf und transportierte es über weite Strecken in die Ebenen Norddeutschlands.

Die Gletscher schürften mit ihrer Masse das Land aus und hinterließen Senken, die bis heute als Seen willkommene Naherholungsgebiete darstellen oder inzwischen als Moor verlandeten.

Prägend für alle Eiszeiten ist die Abfolge der „Glazialen Serie", die durch den physikalischen Vorgang des abtauenden Gletschers entstand: Das sogenannte „Nährgebiet" aller Gletscher lag über dem heutigen Skandinavien. Der dort als Schnee gefallene Niederschlag konnte aufgrund der niedrigen Jahresdurchschnittstemperaturen nicht abtauen und führte zu einer immer stärker wachsenden Schnee- und Eisschicht. Durch deren Druck wurde die gesamte Landmasse Skandinaviens niedergedrückt und an der Landoberfläche liegendes Material gelöst und in die einsetzende Fließbewegung des Eises Richtung Süden mit einbezogen. Auf dem langen Weg in das „Zehrgebiet" war das Eis nie statisch, sondern langfristig immer in Bewegung. Als Zehrgebiet benennt man die Region, wo durch die herrschenden Temperaturen der Abschmelzvorgang stärker war als der Nachschub im Nährgebiet, die Gletscher also abtauend endeten (Abb. 2). Durch den Geschiebevorgang und nicht zuletzt durch das Abtauen sammelte sich im Eis befindliches Material als Grundmoräne am Boden, ähnlich wie es am Ende des Winters mit einem zusammengeschobenen Schneeberg geschieht, der Schmutz und Streusand enthält und entsprechendes Material gebündelt hinterläßt.

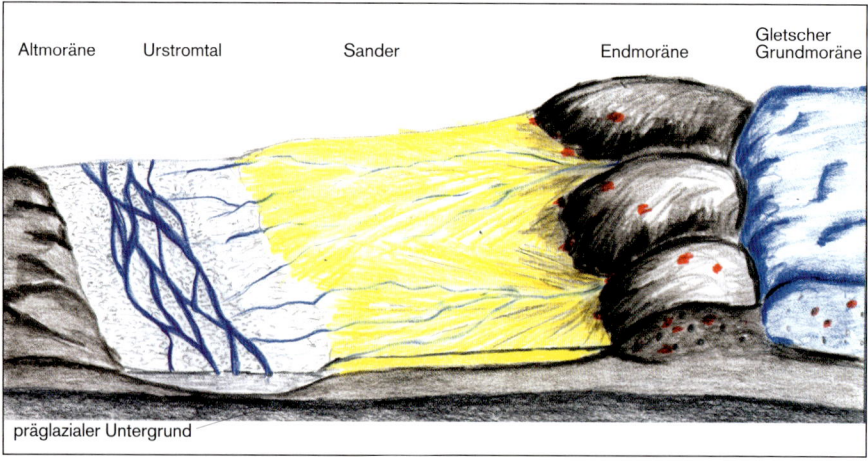

Abb. 2: Die „Glaziale Serie" in vereinfachter Darstellung.

Die Masse des Gletschers schob das vor ihm befindliche Material zusammen und hat es als Endmoräne hügelig hinterlassen. Durch Gletschertore bahnte sich das unter dem Eis entstehende Tauwasser einen Weg und führte weiteres Material mit sich. Dem natürlichen Gesetz der Schwerkraft folgend suchte es sich einen Weg in tiefergelegene Bereiche. Dabei lagerte sich das Material je nach seiner physikalischen Transportfähigkeit wieder ab. Zunächst Steine, dann Kiese, Sande und schließlich Schluffe. Sande, Schluffe und Tone konnten in ihrer Materialfeinheit vom Wasser weiter transportiert werden und große Sander-Flächen anschwemmen.

Wie Girlanden ziehen sich heute noch die Eisrandlagen als Endmoränenzüge durch die Landschaft. Allerdings ist ihre Einordnung im Detail eine Aufgabe für den Spezialisten. Im Laufe der mindestens 150.000 Jahre seit dem Ende der Saale-Eiszeit ist das südliche Norddeutschland noch weitflächig überformt worden. Zwar überschritten die Gletscher der letzten Weichsel-Eiszeit, die ihre maximale Ausdehnung vor rund 22.000 Jahren erreichte, nicht mehr die heutige Elbe. Die Wassermassen jedoch, die bei dem allmählichen Abtauen der Gletscher während aller Eiszeiten einen Weg zum Meer suchten, formten – neben der normalen Erosion durch Niederschlag und Wind – in erheblichem Maße das "weiche" Moränenmaterial.

Schmelzwasser sammelte sich in großen Flüssen, deren Verlauf sich heute noch als Urstromtäler von beträchtlichem Ausmaß nachweisen lassen. In Richtung Süden war durch die erdgeschichtlich bereits seit langer Zeit bestehenden Mittelgebirge keine Möglichkeit des Abflusses gegeben. So bahnte sich das Wasser einen Weg parallel zum Eisrand in nordwestliche Richtung zur Nordsee. Da es keine oder kaum Vegetation in den Kaltzeiten gab, die das Material hätten halten können, befand sich ständig feines Gesteinsmaterial in Bewegung. Es kam zu Aufschotterungen und bei klimatischem Wandel zu verstärkten Eintiefungen der Flußläufe, die stark mäandrierend in einem breiten Schotterbett flossen. Diese Urstromtäler prägen bis heute das Landschaftsbild Norddeutschlands. Allerdings verlaufen darin die heute eher verschwindend erscheinenden warmzeitlichen Flüsse wie Elbe, Weser, Aller u.s.w. Auf ihrem Weg zum Meer arbeiten sie sich gewissermaßen von Urstromtal zu Urstromtal vor. Besonders bemerkenswert ist der Lauf der Elbe nördlich von Magdeburg, wo sie durch einen Moränengürtel gebrochen ist, um ab Havelberg bis zum Meer dann wieder einem zwischen Lauenburg und Hamburg deutlich sichtbarem Urstromtalverlauf zu folgen. Häufig sind Urstromtäler heute verlandet bzw. versumpft und bilden beispielsweise die Luch-Landschaften Brandenburgs. Auch durch den angeschwemmten fruchtbaren Aue-Lehmboden ertragreiche Landschaften wie das Oderbruch, das immer wieder seit seiner Trockenlegung unter Friedrich II. von Preußen im 18. Jahrhundert bis in die Gegenwart von Hochwasser bedroht wird, liegt in einem solchen Urstromtal.

Häufig genutzt wurden solche Urstromtäler im 20. Jahrhundert für den Bau von Kanälen. Zum Beispiel verläuft der Mittellandkanal zwischen Wolfsburg und Magdeburg in einem solchen Tal, ebenso dessen östliche Fortsetzung bis nach Berlin.

Löß und Landwirtschaft

Eiszeitliche Fallwinde wehten als Flugsande feinstes mineralisches Material als äolisches Sediment über die Tiefebene und teilweise auch in breite Täler wie das Oberrheintal. Vegetation war zunächst kaum oder gar nicht vorhanden, wodurch das Material ungehindert auch über weite Wege transportiert werden konnte und erst vor den Höhenzügen der Mittelgebirge abgelagert wurde oder sich in flachen Buchten zwischen den Mittelgebirgen verfing. So sammelte sich im Laufe von Jahrtausenden das gelblich-graue Material, das vor allem aus feinsten Quarz- und Kalkkörnchen von weniger als 0,02 mm Durchmesser besteht. Daraus bildete sich Löß und stellt bis heute die wichtigste Bodenkomponente in diesen ertragreich genutzten landwirtschaftlichen Gebieten dar.

Traditionell wird der bis zu 50 km breite Streifen mit einer Mächtigkeit von 0,5-5 m entlang der Mittelgebirgslinie Börde genannt. Häufig erfolgt das in Kombination mit zentralen Städten innerhalb dieser Gebiete wie Jülicher, Soester, Hildesheimer oder Magdeburger Börde (Abb.3). Als uraltes Kulturland („Altsiedelland") gehören Lößlandschaften zu den Gebieten, die von Anbeginn der Seßhaftwerdung der Menschen in der Jungsteinzeit vor rund 5.000 Jahren kontinuierlich besiedelt und landwirtschaftlich bearbeitet wurden und werden, wie archäologische Funde immer wieder beweisen. Auch heute noch bieten diese

Abb. 3: Blick in die fruchtbare Lößlandschaft der Hildesheimer Börde bei Hoheneggelsen. Geprägt wird die Landschaft von intensiver Landwirtschaft, vor allem mit Zuckerrüben- und Weizenanbau. Im Hintergrund die ersten Höhenzüge der Mittelgebirge, am Horizont der Brocken, mit 1.142 Metern der höchste Berg des Harzes.

Gebiete die Möglichkeit für ertragreichste landwirtschaftliche Bewirtschaftung, vor allem mit Weizen- und Zuckerrübenanbau. Die Bodenqualität ist überdurchschnittlich gut, so daß in diesen Gebieten die weniger wirtschaftliche Tierhaltung und Waldwirtschaft nur verschwindend betrieben wird: Wälder und Weiden sind in den Bördengebieten somit seltener zu finden. Der Wohlstand der Landwirte der Bördegemeinden ist bis heute sprichwörtlich. Nicht zuletzt mit Beginn des ertragreichen Zuckerrübenanbaues kam es Ende des vergangenen Jahrhunderts vielerorts zu einem beachtlichen Reichtum: Alte Hofanlagen wurden abgerissen und durch großzügige Villen nach städtischem Vorbild ersetzt, den sogenannten „Zuckerrübenschlössern".

Doch schon den Römern waren ertragreiche Lößböden in ihrer wirtschaftlichen Bedeutung bekannt. Unter beträchtlichem Aufwand wurde daher im 1. nachchristlichen Jahrhundert die fruchtbare Wetterau nördlich von Frankfurt/Main mit ihren Lößböden in die römische Provinz Germanien integriert und vom aufwendigen Verteidigungssystem des obergermanischen Limes umschlossen.

Auch unter den späteren Dynastien des Heiligen Römischen Reiches Deutscher Nation spielten die fruchtbaren Lößböden eine wichtige Rolle. Zu einer Zeit, als vor allem agrarwirtschaftlicher Reichtum über Macht und Einfluß entschied, war es förderlich, entsprechende Eigengüter zu besitzen. Das war einer der entscheidenden Faktoren für das sächsische Kaiserhaus der Ottonen um die Jahrtausendwende. Ein Großteil seines Familienbesitzes lag im Bereich der fruchtbaren Lößböden rund um den Harz. Dadurch konnten zu jener Zeit dort problemlos Reichstage abgehalten und die anwesenden Abordnungen aus allen Reichsteilen versorgt werden. Die Gegend entwickelte sich zu einem der Zentren des Reiches und verhalf durch diese wirtschaftliche Sicherheit und andere Faktoren Orten wie Magdeburg, Quedlinburg oder auch Hildesheim zu damals großer Bedeutung.

Kies, Sand und Ton als Basis für Wohlstand

Auch zur heutigen industriellen Nutzung hat das Eiszeitalter manche Voraussetzungen geschaffen, die heute gewinnbringend abgebaut und vermarktet werden können. Dazu zählen die vielen Kies-, Sand- und Tongruben.

Das, was Wasser und Eis in den vielen Vereisungsphasen an Steinen, Kies und Sand zusammengetragen haben, war die längste Zeit der Menschheitsgeschichte eher hinderlich: Auf Sandböden und Schotter ließ sich kaum erfolgreich Landwirtschaft betreiben, und auch fruchtbarer Mutterboden konnte sich nur wenig ansammeln. Erst die Industrielle Revolution zu Beginn des 19. Jahrhunderts eröffnete einen neuen Bedarf an diesen Materialien. Sand, Kies und Ton wurden in immer stärkerem Maße zum Bau von Straßentrassen und Gebäuden benötigt. Mit der Erfindung des Stahlbetons und dessen massenhafter Verwendung in den stark wachsenden Städten wurde der Bedarf an den eiszeitlich geformten Naturmaterialien immer größer. Einen letzten großen Aufschwung brachte der Baubedarf nach den Kriegszerstörungen im Zweiten Weltkrieg und die Notwendigkeit des schnellen Wiederaufbaues mit den inzwischen kostengünstigen und bewährten Baustoffen. Gefragt war eine bislang nicht für möglich gehaltene Masse an Material, und plötzlich wurde so mancher Landwirt, der zuvor von seiner mitunter wenig fruchtbaren Scholle Land kaum leben konnte, durch das darunterliegende Material plötzlich im wahrsten Sinne des Wortes „steinreich".

In den Gruben, die vor allem auch in den Gebieten der Sander und in alten Flußtälern liegen, kommen bis heute immer wieder auch andere Dinge zum Vorschein. Gerade in den Kiesen des Leine- und Wesertales finden sich in großen Mengen Knochen und Zähne eiszeitlicher Tiere. Zumindest der Backenzahn eines Mammuts, manchmal sogar ein Stoßzahn, findet sich in fast jedem Heimatmuseum dieser Gebiete.

Ein weiteres Thema sind Tongruben, die nicht in jedem Fall quartären Ursprungs sein müssen. Recht eindeutig läßt sich diese Zuordnung jedoch für den Küstensaum der Ostseeküste treffen. Wem ist schon bewußt, daß die materielle Basis

Abb. 4: Backsteinarchitektur in Lübeck: Marienkirche, Holstentor und Petrikirche, erbaut im 14. und 15. Jahrhundert.

Was vom Eiszeitalter blieb...

der sogenannten „Norddeutschen Backsteingotik" wiederum eiszeitlich ist? Städtebauliche Meisterleistungen wie beispielsweise Lübeck wären ohne die Hinterlassenschaften der abtauenden Vergletscherung nicht denkbar.

Im sogenannten „Lübecker Becken", in dessen Mitte sich heute die Stadt Lübeck befindet, existierte in einer Zwischenwarmzeit der Weichsel-Eiszeit vor rund 15.000 Jahren über mehrere Jahrhunderte hinweg ein See: Das Schmelzwasser der Gletscherzunge, deren Eismasse den Boden der heutigen Ostsee mit ausgetieft hatte und somit für das Entstehen der heutigen Lübecker Bucht verantwortlich war, konnte bei einer der Abtauphasen nicht ablaufen. Das mit tonigen Sedimenten durchsetzte milchig-trübe Schmelzwasser sammelte sich zwischen dem zeitweilig stationären Eisrand und den Endmoränenwällen zu einem großen Eisstausee. Wenn das Wasser ruhig lag, beispielsweise unter einer Eisschicht im Winter, konnten sich die im Wasser schwebenden feinsten mineralischen Teilchen als Ton absetzen. Jahrtausende später entdeckten dann die Menschen die Qualität des Materials: Daß sich dieser Ton nämlich zu Gefäßen und anderen nutzbaren Werkstoffen formen ließ, die durch das Brennen im Feuer dauerhaft ausgehärtet werden konnten. Nicht zuletzt der Mangel an Naturstein als Baumaterial führte dann zur umfangreichen Nutzung des Tons zur Gewinnung von Ziegeln oder „Backstein". Deren Verwendung war in den durch den Seehandel im Mittelalter zu großem Wohlstand gelangten Hansestädten der Küste frühzeitig perfektioniert worden (Abb. 4).

Die Masse an Material wurde im 19. Jahrhundert benötigt, als die Städte sich in wenigen Jahren um ein Vielfaches vergrößerten. Die Architekturen entstanden fast ausschließlich aus Backstein, wozu in großem Umfang neue Tongruben erschlossen werden mußten.

Die Eisgewalten als Landschaftsgestalter

Ebenso wie die Landwirtschaft und Baustoffindustrie profitieren auch andere Gewerbe von dem, was die Eiszeiten hinterlassen haben. Urlaubsregionen wie die Holsteinische Schweiz, die Mecklenburgische Seenplatte und die Mark Brandenburg wären ohne die gestalterische Kraft der Weichsel-Eiszeit nicht denkbar. Ebenso ist vor allem die schleswig-holsteinische Ostseeküste ohne die Eisvorstöße nicht erklärbar. Sie schufen die Vertiefungen, die heute beispielsweise als Eckernförder oder Lübecker Bucht beziehungsweise als Flensburger oder Kieler Förde ein einmaliges Landschaftsbild bieten. Aber nicht nur Eis formte sie, auch stark erodierende Schmelzwasserströme in Abtauphasen schufen diese Täler, die später bei ansteigendem Wasserspiegel der Ostsee durch das kontinuierlich abtauende Eis voll Wasser laufen konnten. Ebenso entstand das Tal der Schlei, deren eingetieftes Flußbett durch unter dem Eis verlaufendes Schmelzwasser geformt wurde.

Aber auch fast alle Seen in den genannten Gebieten Nordost-Deutschlands verdanken ihren Ursprung den Eiszeiten (Abb. 5). In ihrer häufig schmal und länglichen Ausrichtung verraten sie die Richtung des Eisvorstoßes, der ihnen ihr Seebett schuf. In Schleswig-Holstein sind solche Gewässer eher ost-west-orientiert, in Mecklenburg-Vorpommern und Brandenburg mehr nord-südwärts gerichtet. Nur als Beispiel seien hier der Ratzeburger und Schweriner See genannt.

Eine weitere Möglichkeit für das eiszeitlich bedingte Entstehen eines Sees ist in einer Vertiefung zurückgelassenes Toteis: In einer Hohlform gefangenes oder durch die Masse des Gletschers eingetieftes Eis wurde beim Abtauen vom Gletscher abgetrennt, durch Sedimente abgedeckt und blieb somit als Toteis unter dieser Deckschicht länger konserviert. Erst allmählich, mitunter über hunderte von Jahren, konnte es unter dieser isolierenden Schicht abtauen und hinterließ eine Vertiefung, die sich mit dem Schmelzwasser füllte und heute ein Gewässer bildet. Die meisten Seen der Mecklenburger Seenplatte sind auf diese Weise entstanden.

Was die Natur vor einigen tausend Jahren in Norddeutschland als Landschaft mit den sanften Hügeln und den dazwischenliegenden Seen geschaffen hat, wurde zum heutigen Erscheinungsbild durch verschiedene weitere Faktoren umgeformt. Bis in historische Zeit hinein bewahrte das Land jedoch seinen ursprünglichen Charakter. Erst bei zunehmender Besiedlung und durch den starken Zuzug von Neusiedlern seit dem Hochmittelalter wurden immer mehr Gebiete urbar gemacht und einer intensiven landwirtschaftlichen Nutzung zugeführt. Mit den ostelbischen Gutswirtschaften entstand ein sehr spezifisches ländliches soziales Gefüge, das sich auch im Landschaftsbild niederschlug. In

Abb. 5: Eiszeitlich geprägte Landschaft in Holstein. Der Bothkamper See und das gleichnamige Schloß südlich von Kiel.

Was vom Eiszeitalter blieb...

beinahe jedem Dorf entstand ein Gutshaus oder Schloß einer adligen Standes-
herrschaft, häufig zunächst fortifikatorisch, später zunehmend nach ästheti-
schen Grundsätzen in die Umgebung eingepaßt. Dieser Kulturlandschaft über
eiszeitlicher Morphologie und ihren Menschen hat beispielsweise Theodor Fon-
tane in seinem bildreichen literarischen Schaffen ein Denkmal gesetzt.

Moränenlandschaft als „Ideallandschaft"

Bemerkenswerte landschaftsgestalterische Ziele verfolgten die Mitglieder des
preußischen Königshauses seit dem 18. Jahrhundert. Die Nebenresidenz Pots-
dam mit ihrer ansprechenden Lage an der Havel, die dort seenhaft verbreitet
durch eine gefällige Endmoränenlandschaft fließt, beflügelte die Phantasie der
klassisch-romantischen Ideen anhängenden Regenten und Prinzen. Abseits der
Hauptstadt Berlin verfolgten hier Friedrich Wilhelm III., sein Sohn Friedrich Wilhelm IV. und dessen Brüder über Jahrzehnte ein weitreichendes Konzept. In Zusammenarbeit mit Architekten wie Karl Friedrich Schinkel und vor allem mit
dem phantasievollen Gartengestalter Peter Joseph Lenné sollte hier am Vorabend
des bürgerlichen Zeitalters eine eher absolutistisch bestimmte Landschaftsvision
Gestalt bekommen, die die Sehnsucht nach der vermeintlich vollkommenen
Antike erfüllen wollte: das sagenhafte Arkadien, neu geschaffen in der eiszeitlichen Sand- und Seenlandschaft der Mark Brandenburg.

Schlösser und Gärten wie Pfaueninsel, Charlottenhof, Babelsberg und Glie-
nicke wurden idealtypisch gestaltet und sollten mediterrane oder mittelalterliche
Atmosphäre widerspiegeln. Architektur, Kunstsammlungen, Wasserspiele und in
die gestaltete Landschaft komponierte Solitärbauten ergaben ein Gesamtkunst-
werk ganz eigener Prägung.

Alles wurde mit dem Bau der Potsdamer Nikolaikirche noch übersteigert: Die
inszenierte Landschaft mit ihrer Abfolge landschaftlicher Bildkompositionen bot
mit ihr auch einen Kuppelbau, der das Stadtbild Potsdams überragte: So wie der
Petersdom die Hügel Roms.

Spuren der Eiszeit in Amerika

Nicht nur Europa war während der Eiszeiten von Gletschern überzogen.
Ebenso lag auch Nordamerika unter Eis verborgen, das dort gleichfalls land-
schaftgestaltend gewirkt hat. Die Großen Seen und insbesondere der Michigan-
see sind ebenfalls ein Produkt der prägenden Kraft des Eises.

Daß Amerika bereits vor Kolumbus von Menschen besiedelt war, ist bekannt.
Dies war nur durch die Eiszeiten möglich: Die enorme Menge an Wasser, die in
dem großen Eisschild gebunden war, fehlte in den Ozeanen, deren Wasserspiegel

um bis zu 130 Meter tiefer lag als gegenwärtig, wodurch manche heute unter Wasser verschwundene Landmasse existierte. Unter anderem gab es eine Landbrücke über die heutige Beringstraße, worüber über einen Zeitraum von mehreren Jahrhunderten Mensch und Tier zwischen den Kontinenten Asien und Amerika wandern konnten und so auch der gesamte amerikanische Kontinent besiedelt wurde: Ohne Eiszeiten gäbe es also keine „Indianer"!

Durch die Vereisung hat eine der vielen Katastrophen, die in der Phantasie und den Drehbüchern der Hollywood-Produzenten die Weltmetropole New York vernichten könnten, tatsächlich vor Jahrtausenden schon einmal stattgefunden: Riesige Gletschermassen schoben sich über die relativ schmale Granithalbinsel hinweg, die heute als Manhattan bekannt ist. Von diesem Granituntergrund, der den vielen spektakulären Wolkenkratzern auf verhältnismäßig kleinem Raum erst den nötigen Halt gibt, ist allerdings bei der dichten Bebauung nicht mehr viel zu sehen. Außer einigen bemerkenswerten Bereichen im Central-Park. Deutlich sichtbar sind die vom Eis rundgeschliffenen Felskuppen, die in die Landschaftsplanung des Parkes gestalterisch bewußt einbezogen sind (Abb. 6). Auf engstem Raum finden sich hier Spuren der gestalterischen Energie der Natur und der technischen Leistungsfähigkeit des gegenwärtigen Menschen sinnfällig vereint.

Abb. 6: New York City. Eiszeitlich überformte Granitfelsen im Central-Park in Manhattan.

Was vom Eiszeitalter blieb…

„Steinreiche" Landschaft

Überall in der Landschaft und unter der Erdoberfläche fanden sich nicht nur die bereits eingehend besprochenen kleinformatigen Materialien, sondern auch große Steine, „Findlinge" oder „erratische Blöcke" genannt. Diese „verirrten" Steine haben die Menschen schon in frühester Zeit vielfältig beschäftigt. Was die Menschen vor rund 5.000 Jahren über ihre Herkunft dachten, ist natürlich nicht überliefert. Dafür kennen wir aber, wenn auch inzwischen nur noch vereinzelt, Aspekte des praktischen Gebrauches der Steine durch die Kulturen der Jungsteinzeit. Unter erstaunlichem Aufwand an Kraft und mechanischen Techniken wurden die Steine aus der Landschaft zusammengesammelt, um daraus die Grabkammern der Megalithgräber (Großsteingräber) zu errichten, die von einem Erdhügel überdeckt wurden. In diesen Gräbern fanden über Generationen Bestattungen statt. Diese Grabanlagen, die bis ins 19. Jahrhundert in noch relativ großer Anzahl vorhanden waren, regten die Phantasie unserer Vorfahren der vergangenen Jahrhunderte an, die sich nicht vorstellen konnten, daß Menschen derartige Steine bewegt haben könnten. Nach deren Auffassung, sogar noch in einem wissenschaftlichen Traktat von 1660, konnten diese Leistung nur vorgeschichtliche Riesen vollbracht haben, weshalb man diese Gräber „Hünengräber" nannte.

Aber auch anderes Werkzeug wurde bereits im Altpaläolithikum aus dem Steinmaterial hergestellt, das das Eis ins Land gebracht hatte. Kleinere Steine, besonders die aus kreidezeitlichen Ablagerungen des Ostseegebietes stammenden und vom Eis weit gestreuten Feuersteine, dienten als Materialgrundlage für Werkzeuge: zunächst für Faustkeile, später bei fortschreitender technischer Entwicklung auch für Steinbeile: sauber geschliffen und für den Holzschaft durchbohrt. Die seit dem Jungpaläolithikum seßhaft gewordenen Menschen lebten von Ackerbau und Viehzucht und brauchten zur Weiterverarbeitung ihrer Ernten Mahlsteine, die ebenfalls häufig aus Granitfindlingsmaterial gearbeitet wurden.

Woher kommen die Steine?
Die Antworten bis zum 19. Jahrhundert

Über die Herkunft der mitunter beachtlichen Steinfindlinge entstanden die erstaunlichsten Theorien, die bis weit in das 19. Jahrhundert weitgehend unwidersprochen blieben. Daß die Steine nicht ursprünglich an ihren Fundstellen entstanden sein konnten, war plausibel. Dennoch wird in der Überlieferung durch Sagen mitunter von „nachwachsenden" Steinen berichtet, da bei jedem Pflügen des Ackers neue Steine auftauchten. Häufig geschieht die Überlieferung in Verbindung mit dem Teufel, wovon eine Vielzahl als „Teufelsstein" benannte.

Am Steine

Druck und Verlag von Franz Borgmeyer, Hildesheim.

Sagen und Gebräuche aus Hildesheim (vgl. Seifart.)

Abb. 7: Historische Postkarte aus einer Serie zu Hildesheimer Sagen (um 1900). Der Teufel versucht vergeblich, mit dem Findling „Am Steine" die Martinikirche zu treffen, die heute zum Roemer- und Pelizaeus-Museum gehört.

Findlinge zeugen. Bei anderen Steinen wird davon berichtet, daß der Teufel beim Einzug des Christentums einen solchen Stein voll Wut gegen eine Kirche geschleudert haben soll.

Eine solche Sage gibt es auch um den Findling, der „seit uralten Zeiten" in der Nähe des heutigen Roemer- und Pelizaeus-Museums in Hildesheim liegt, und der namengebend für die Straße „Am Steine" gewesen sein soll: Der Teufel, so heißt es, habe vergeblich versucht, den Stein gegen die naheliegende Martinikirche, das heutige Museumsgebäude, zu schleudern (Abb. 7). Eine andere Version benennt den Stein als Sandkörnchen, den ein Riese aus seinem Schuh verloren habe.

Ähnliche Überlieferungen existieren zu einem für die dortige Gegend beachtlichen Findling im Ort Holtwick im westlichen Münsterland. Der Sage nach habe den Granitblock der Teufel fallen lassen, der die Last nicht zielgerichtet gegen das neuerrichtete Kirchengebäude hatte schleudern können, bzw. es kräftemäßig und durch den nahen Wald behindert nicht bis nach Münster schaffte, um den dortigen Dom zu zerstören. „Holt wiek oder ik smiet" hat er immerhin noch drohend rufen können und somit dem Ort der Legende nach den Namen gegeben. Heute ist der Stein, der mit dem Geschiebe der Saale-Eiszeit vor rund 200.000 Jahren dorthin kam, landschaftsgestalterisch eingebunden und als „Holtwicker Ei" eine bekannte Attraktion (Abb. 8).

Aus früheren Zeiten existieren aber auch ernsthafte wissenschaftliche Erklärungsversuche auf die Frage, wie das ortsfremde Material in die entsprechenden Gebiete gekommen sein könnte. Weit verbreitet im ausgehenden 18. Jahrhundert war die Theorie, daß die Findlinge „vulkanische Bomben" seien, die aus

Was vom Eiszeitalter blieb...

dem Erdinneren herausgeschleudert wurden. Zeitgleich ist jedoch auch die Erkenntnis, daß vergleichbares Gesteinsmaterial nur in Skandinavien, vor allem in Schweden, zu finden sei. Das unterstützte die These vom „Diluvialmeer", einer vorgeschichtlichen Flutkatastrophe, die das Material zusammen mit Schlamm und Geröll in Norddeutschland abgelagert haben könnte. Bewußt oder unbewußt ließ sich diese Theorie mit der biblisch überlieferten Sintflut in Einklang bringen. Immerhin zeugte der Begriff von einer gewissen Standhaftigkeit, denn bis in das 20. Jahrhun-

Abb. 8: Das „Holtwicker Ei" in Holtwick im Münsterland. Eines der südwestlichsten Zeugnisse für einen großen Findling, der als eiszeitliches Geschiebe von Skandinavien über das heutige Norddeutschland hinweg dorthin transportiert worden ist.

dert hinein wurde das Eiszeitalter „Diluvium" genannt, was nichts anderes als „Überschwemmung/Sintflut" heißt.

Die wahre Erkenntnis hingegen setzte sich erst seit Mitte des 19. Jahrhunderts durch und zuletzt verhalf der Schwede Torell angesichts der Gletscherschrammen in Rüdersdorf bei Berlin 1875 der Glazialtheorie zum Durchbruch, die seitdem in einer Fülle von Detailuntersuchungen bestätigt und vertieft wurde und wird.

Steine und Findlinge als Baumaterial

Alle diese Fragen interessierten die Menschen vor Jahrhunderten oder Jahrtausenden nicht, bzw. sie konnten sie einfach nicht beantworten. Für sie war das Material interessant und das, was man damit praktisch anfangen konnte. Nicht zuletzt in den an Steinmaterial armen Gegenden wurde jeder Stein und Findling genutzt, zumal die überall in der Landschaft vorhandenen Steine bei der Feldbestellung hinderlich waren. Auch heute noch, nach jahrhundertelanger Beackerung, müssen immer wieder Steine von den Feldern Nord-

Abb. 9: Typischer Sammelhaufen größerer Findlinge, die bei der Feldbestellung von Äckern abgesammelt wurden. Die gepflasterte Straße besteht aus kleinerem Steinmaterial, das durch die Eiszeiten in die Gegend transportiert worden ist. Museumsdorf Hösseringen bei Uelzen in der Lüneburger Heide.

deutschlands abgesammelt werden, die auch modernen Pflügen großen Schaden zufügen können. Als Lesesteinhaufen liegen sie dann am Feldrand, bis sie einer weiteren Nutzung zugeführt werden.

Eine der Hauptverwendungen war zu allen Zeiten diejenige als Baumaterial. Davon zeugen noch heute viele Kirchen, Stadttore, Burgen und andere Gebäude überall in den genannten Gebieten. Mehr oder weniger bearbeitet findet sich das Steinmaterial im Mauerwerk, häufig im Verbund mit Backstein.

Kleinere Feldsteine wurden als Pflastermaterial in den entsprechenden Regionen benutzt, wovon heute noch manche Kopfsteinpflasterstraße zeugt (Abb. 9). Als Trockenmauern aufgetürmt diente das Steinmaterial als Grundstücksbegrenzung und verhinderte die Flucht des Viehs. Heute liegt es im Trend, solche Mauern entsprechend zu bepflanzen und damit das moderne Einfamilienhaus samt Grundstück einzugrenzen.

Aber auch im Bereich der neuzeitlichen Architektur seit dem 19. Jahrhundert ist der Bedarf an Steinmaterial aus Findlingen stetig gewachsen. Die Möglichkeit einer kontrollierten Steinsprengung, technische Entwicklungen, die den Transport schwerer Lasten durch verbesserte Wagenkonstruktionen und die Bearbeitung insgesamt vereinfachten, führten zu einer ständigen Verfügbarkeit und einem schwunghaften Bedarf an Material. Am einfachsten war an qualitätvolles Material durch das Abtragen der Großsteingräber heranzukommen, deren Bedeutung als archäologische Zeugnisse den meisten Menschen noch nicht bewußt war. Diese Ausbeute hielt bis in das 20. Jahrhundert an, so daß sich von beispielsweise im Jahre 1846 im Landkreis Uelzen dokumentierten 219 Gräbern heute nur noch 17 nachweisen lassen, die zudem alle beschädigt sind. Von der Insel Rügen weiß man von 180 im Laufe des 19. Jahrhunderts abgetragenen Gräbern: Das Material wurde gespalten, weiterverarbeitet und findet sich heute in Fundamenten und Haussockeln, als Pfeiler an einer repräsentativen Hofeinfahrt oder in Chausseebrücken verbaut.

Weitere Einsatzmöglichkeiten des bearbeiteten Rohmaterials waren zum Beispiel als Walze in Landwirtschaft oder Straßenbau sowie als Grenz- oder Kilometerstein.

Allmählich führte diese Nutzung zu einer deutlichen Verknappung des vorhandenen Materials, was beim Bau von Autobahnbrücken während des „Dritten Reiches" deutlich wurde. Als Symbol der Heimat und aus einem eigenwilligen Ästhetisierungswillen heraus wurden solche Bauwerke im Heidegebiet gerne mit Bossenquadern aus Findlingen verkleidet, die zunehmend aus weiter entfernten Gebieten herbeigeschafft werden mußten. Steine ab einer gewissen Größe sind seitdem als Naturdenkmal unter Schutz gestellt und dürfen nicht weiterverarbeitet werden.

Auch ganz praktischem Nutzen werden mittlere und kleinere Findlinge zugeführt. Im Küstenschutz werden sie beispielsweise als Wellenbrecher gezielt vor den Stränden aufgetürmt.

Was vom Eiszeitalter blieb...

Fallen Findlinge heute bei Bauarbeiten oder Ausschachtungen an, so lagert man sie zunächst abseits, um sie abschließend in die Landschaftsgestaltung zu integrieren oder schlichtweg als Poller zu benutzen, wie an vielen Parkplätzen in Norddeutschland.

Probieren des technisch Machbaren: Die Granitschale in Berlin

Bei der Granitschale vor dem Alten Museum im Lustgarten in Berlin vereinen sich Experimentierfreudigkeit, nationales Konkurrenzstreben und die Demonstration der Möglichkeiten technischen Fortschritts in einmaliger Weise.

Nachdem der englische Gesandte in Preußen, angeregt durch Arbeiten aus Granit des Künstlers Christian Gottlieb Cantian, 1826 eine antikisierende Schale für seine Heimat bestellt hatte, kam von Seiten des preußischen Königs nun seinerseits ein Auftrag: Friedrich Wilhelm III. wollte von Cantian ebenfalls eine Schale, die in jedem Falle größer zu sein hatte als die für England bestimmte. Während der Materialsuche stieß Cantian auf einen der riesigen roten Granitfindlinge der Markgrafensteine in den Rauenschen Bergen (eine Staffel von End-

Abb. 10: Die Granitschale im Berliner Lustgarten vor dem Alten Museum. Gemalt in ihrer provisorischen Aufstellung kurz nach ihrer Fertigstellung 1831. Gemälde von Johann Erdmann Hummel, Alte Nationalgalerie Berlin.

moränen) bei Fürstenwalde. Dieser Stein versprach die Möglichkeit einer viel größeren Ausführung als geplant, wodurch die eigentlich vorgesehene Aufstellung in der Rotunde des im Bau befindlichen Alten Museums nach Entwürfen Schinkels nicht mehr möglich war. Die angestrebte Größe stellte eine Herausforderung dar, der man sich aus Prestigegründen stellen wollte.

Noch in den Rauenschen Bergen wurde 1828 mit dem Spalten und der Rohbearbeitung des Materials begonnen. Dieser Rohling von immerhin noch 70-80 Tonnen Gewicht wurde unter größtem Personalaufwand mit rund 100 Leuten auf einer eigenen Trasse über Rundhölzer zur Spree gerollt und auf einem speziellen Treidelfloß nach Berlin gebracht. Unter großem Interesse der Öffentlickeit wurde dort aus dem Rohling die Schale mit einem beachtlichen Durchmesser von 7 Metern herausgearbeitet und mit einer speziellen Dampfmaschine geschliffen und poliert. Nach dem Wenden der gesamten Schale war sie 1831 vollendet und fand ihre Aufstellung vor dem inzwischen fertiggestellten Alten Museum (Abb. 10). Als „Weltwunder der Biedermeierzeit" war sie seinerzeit viel bestaunt und ist bis heute am gleichen Ort als technische Meisterleistung ihrer Zeit eine der Sehenswürdigkeiten Berlins.

Aus festem Granit und Symbol der Heimat: Findlinge als Denkmal

Abb. 11: Gedenkstein zur Hundertjahrfeier der Völkerschlacht bei Leipzig 1813. Errichtet 1913 in Lahstedt-Adenstedt bei Peine. Der Findling stammt aus den eiszeitlichen Deckschichten des nahegelegenen Eisenerztagebaus.

Seit dem ausgehenden 19. Jahrhundert begegnen uns Findlinge, vor allem aus Granit, als Gedenksteine für unterschiedlichste Anlässe.

Verbreitet sind sie als Denkmäler zum 100. Jahrestag der Völkerschlacht bei Leipzig 1913 in den Dörfern und Gemeinden aufgestellt worden. Zum Jubiläum der entscheidenden Schlacht der Befreiungskriege gegen die napoleonischen Truppen wurde – ebenso wie mit dem großen Denkmal in Leipzig – auch in der Provinz in mystischer Verklärung einer der Geburtsstunden der deutschen Nation gedacht.

Ein besonders bemerkenswertes Beispiel eines solchen Steines steht im Dorf Lahstedt-Adenstedt zwischen Peine und Hildesheim (Abb. 11). Ein in den quartären Deckschichten im Eisenerztagebau gefundener kapitaler Findling wurde auf Loren unter großen Anstrengungen in den Ort transportiert. Mit vereinten Kräften legte man dabei Schiene vor Schiene und wuchtete den Stein vorwärts, um ihn im Ort an einer Weggabelung aufzustellen, wo er sich bis heute befindet.

Auch Kriegerdenkmäler für die Gefallenen der beiden Weltkriege wurden häufig aus Findlingen errichtet. Zum einen wegen ihrer „Festigkeit" als Symbol; nach dem Zweiten Weltkrieg jedoch wurde eher ihre schlichte natürliche Form interpretatorisch in den Vordergrund gerückt.

Relativ neuzeitlich ist dagegen die Benutzung von mittelgroßen Findlingen als Grabsteine auf Privatgräbern der Friedhöfe. Steine ähnlicher Größe sind zunehmend auch beliebt als Namens- oder Nummernschilder vor Privatgrundstücken, häufig sogar vor Kasernen.

Zur Erinnerung an die Gründung einer der ersten Landwirtschaftlichen Produktionsgenossenschaften (LPG) in der jungen DDR wurde 1952 im mecklenburgischen Alt-Schwerin ein Findling aufgestellt mit der Aufschrift „Vom ICH zum WIR".

Weniger politisch als verschönernd ist die seit wenigen Jahrzehnten festzustellende Tradition, zu Ortsjubiläen einen entsprechenden Findling zu plazieren. In der Ortsmitte oder zum Empfang am Ortseingang ist er dann beispielsweise mit dem Ortsnamen und der Jahreszahl der ersten urkundlichen Erwähnung an herausragender Stelle positioniert.

Abb. 12: Großer Findling in Garbolzum, westlich von Hildesheim, der 1989 bei Bauarbeiten in einem Neubaugebiet gefunden wurde. Seine Aufstellung fand er - mit Beschriftung „Geborgen am Mühlenmorgen, Ortsrat Garmissen-Garbolzum" versehen - an der Ortseinfahrt nach Garbolzum von der Bundesstraße 1.

Was vom Eiszeitalter blieb...

Daraus wird deutlich, wie sehr uns auch in unserem Alltag überall „Souvenirs des Eiszeitalters" umgeben, die in der Eiszeit über hunderte von Kilometern herbeitransportiert und unter der gewaltigen Kraft des Eises ihren „letzten Schliff" bekommen haben, um heute als Symbol der Heimat interpretiert und aufgestellt zu werden.

Der eiszeitliche Geschiebemergel unter unserem Kulturboden ist auch heute immer wieder für Überraschungen gut. Angesichts der ständig gigantischeren Bauvorhaben vielleicht mehr denn je. Ständig werden bei Bauarbeiten große Findlinge entdeckt und unter großer Aufmerksamtkeit der Presse und Öffentlichkeit geborgen. Besonders hervor tut sich dabei häufig die Bundeswehr oder das Technische Hilfswerk, die mit Hilfe ihrer technischen Ausstattung somit manchem Ort unverhofft zu einer neuen Attraktion verhelfen (Abb. 12).

So erregte beispielsweise ein Findling größere Aufmerksamkeit, der mit seinem Volumen von ca. 22 Kubikmetern und einem Gewicht von rund 60 Tonnen im Frühjahr 1998 plötzlich den Vorantrieb der vierten Tunnelröhre des Hamburger Elbtunnels nachhaltig behinderte. Zwar ist er damit bei weitem nicht der gewaltigste Findling, aber immerhin der größte Hamburgs.

Als Rekordhalter gilt immer noch der „Buskam", der mit seinem Volumen von mehr als 600 Kubikmetern und einem Gewicht von über 1650 Tonnen vor der Küste Rügens in der Ostsee liegt und bei Niedrigwasser lediglich rund einen Meter aus dem Wasser ragt.

Was allerdings sonst noch so im Erdreich steckt, wissen wir nicht, und so scheint auch in der direkten Zukunft manches unverhoffte „Geschenk" der Eiszeit noch sicher.

Weiterführende Literatur:

FRAEDRICH, Wolfgang: Spuren der Eiszeit. Landschaftsformen in Europa. Berlin, Heidelberg, New York, u.a. 1996.

KAHLKE, Hans Dietrich: Die Eiszeit. Leipzig, Jena, Berlin 3/1994.

KÜSTER, Hansjörg: Geschichte der Landschaft in Mitteleuropa. Von der Eiszeit bis zur Gegenwart. München 1995.

LIEDKE, Herbert / MARCINEK, Joachim (Hrsg.): Physische Geographie Deutschlands. Gotha 2/1995.

SCHMIDTKE, Kurt-Dietmar: Die Entstehung Schleswig-Holsteins. Neumünster 3/1995.

SMED, Per/ EHLERS, Jürgen: Steine aus dem Norden. Geschiebe als Zeugen der Eiszeit in Norddeutschland. Berlin, Stuttgart 1994.

Steinreiche Heide. Verwendung und Bearbeitung von Findlingen in der Lüneburger Heide. Ausstellungsführer Museumsdorf Hösseringen, 1998.

Glossar

Zusammengestellt von Gabriele Pieke

Abris: Felsvorsprünge oder Felsnischen, unter denen sich altsteinzeitliche, wettergeschützte Wohnstätten befinden

Abschlag: ein von einem Kern durch Schlag- oder Druckeinwirkung abgespaltenes Gesteinsstück

Aerosol: feinste Teilchen in der Atmosphäre, wie Säuretröpfchen aus der Vereinigung von Gasen mit Wasserdampf

Acheuléen: Nach dem Fundort Saint-Acheul (Frankreich) benannte Stufe des → Altpaläolithikums; kennzeichnend sind → Faustkeile; vor ca. 450.000 bis 150.000 Jahren

Albedo: Rückstrahlungsvermögen von nicht selbstleuchtenden, diffus reflektierenden Oberflächen (z.b. Schnee, Eis)

Altamira: Höhle im nordspan. Baskenland mit Zeugnissen der Kulturstufe des → Magdalénien

Altpaläolithikum: frühe Altsteinzeit, die erste menschliche Kulturstufe; vor ca. 2.500.000 bis 200.000 Jahren

Anaglazial: Übergang von → Inter- zu → Pleniglazial

Anthropologie: Wissenschaft vom Menschen und seiner Entwicklung, Körperlichkeit und Fähigkeiten

äolisch: durch Windeinwirkung entstanden, z.b. Geländeformen und Ablagerungen (z.b. Löß)

Archäologie: Wissenschaft von den Überresten alter Kulturen, die durch Ausgrabungen und mit Hilfe anderer Quellen erschlossen werden

Aridität: Trockenheit des Klimas

Artefakt: vom Menschen hergestellter oder bearbeiteter Gegenstand, z.B. Steingerät; im Gegensatz zum → Geofakt

Aurignacien: nach der französischen Höhle von Aurignac benannte Jägerkultur des → Jungpaläolithikums. In dieser Zeit entstanden Kleinplastiken, wie z.B. der ‚Löwenmensch‘, einfache Ritzzeichnungen und Umrißmalereien; ca. vor 35.000 bis 23.000 Jahren

Azilien: jüngste Kulturstufe der Altsteinzeit, Endphase der eiszeitlichen Kunst; vor ca. 12.000 bis 9.000 Jahren

Biom: Lebensgemeinschaft von Tieren und Pflanzen in einem größeren geographischen Raum

Biostratigraphie: Ordnung und Datierung der Schichten anhand von → Fossilien

Biotop: ein durch bestimmte Pflanzen- und Tiergesellschaften gekennzeichneter Lebensraum

^{14}C-Methode: Radiokohlenstoffmethode zur Altersbestimmung organischer Stoffe, die auf dem Mengenverhältnis von ^{12}C/^{14}C beruht. Nach dem Absterben der Zellen kann kein ^{14}C mehr aufgenommen werden; gleichzeitig beginnt der Zerfall von ^{14}C unter Aussendung von Beta-Strahlen. Das stabile ^{12}C bleibt dagegen erhalten. Aus dem sich ändernden anteiligen Verhältnis kann eine bis ca. 30.000 Jahre zurückreichende Altersangabe gemacht werden

Châtelperronien: nach eine Höhle bei Châtelperron benannte Kulturgruppe des frühen → Jungpaläolithikums bzw. Ende des → Mittelpaläolithikums; wird als späte Schicht des → Moustérien betrachtet; vor ca. 36.000 bis 30.000 Jahren

Chopper: einflächiges, durch Abhauen von Splittern geschärftes Gesteinsstück

Chopping Tool: zweiflächig behauenes Steingerät

Cleaver: Spaltkeil, der statt einer Spitze eine quer verlaufende Schneidekante hat

Cro-Magnon: nach dem Fundort Cro-Magnon (Frankreich) benannte Kultur des frühen *Homo sapiens sapiens* im → Jungpaläolithikum; Zeit der eiszeitlichen Höhlenmalerei und Felsbildkunst

Chronologie: zeitliche Abfolge und Einordnung von Ereignissen und archäologischen Funden

Diagenese: nachträgliche Veränderung und Verfestigung eines → Sediments durch Druck, Temperatur und Lösungen

Dryaszeit: nach der damals noch in Mitteleuropa verbreiteten Silberwurz (Dryas octopetala) bezeichneter Abschnitt des Spätglazials in Norddeutschland

Dünnschliff: Präparat einer Gesteinsprobe, das auf etwa 1/30 mm Dicke geschliffen und mit einer sehr dünnen Glasplatte abgedeckt wird

Eiskeil: Unter Dauerfrost entstandener keilförmiger Frostriß, der mit Eis gefüllt wird; beim Abtauen sinken → Sedimente nach und erhalten die Form; Eiskeilsysteme ordnen sich in → Polygonen an

Eissinterung: Umwandlung von Schnee in Gletschereis unter Druck- und Temperatureinwirkung

Eiszeit: Kaltzeit mit Gletschervorstoß und Gebirgsvergletscherung

Endemie: örtlich begrenztes Auftreten von Arten

Endmoräne: Material, das vor dem Gletscher zu einem Wall zusammengeschoben wird. Endmoränen sind Indikatoren für die Reichweite ehemaliger Vereisung

Eozän: zweitälteste Stufe des → Tertiärs; vor ca. 50 Millionen Jahren

Epigravettien: Kultur, die sich außerhalb des Verbreitungsgebietes der klassischen → Magdalénien-Kultur in Süd-, Mittel- und Osteuropa entwickelte; vor ca. 20.000 bis 10.000 Jahren

Erosion: Zerstörungsarbeit von u.a. Wasser, Eis und Wind an der Erdoberfläche

erratisch: vom Ursprungsort weit entfernt; -er Block: Gesteinsblock (Findling) in ehemals vergletscherten Gebieten, der während der Eiszeit durch das Eis dorthin transportiert wurde

Evolution: natürliche Entwicklung und Veränderung der Organismen im Verlauf aufeinanderfolgender Generationen

Evolutionsökologie: Lehre von den sich verändernden Beziehungen der Lebewesen zu ihrer Umwelt und ihren Wechselwirkungen

Fauna: Tierwelt eines bestimmten Gebiets

Faustkeil: spitz zugehauenes Gerät des älteren und mittleren → Paläolithikums; das charakteristische Gerät des → Acheuléen

Feuerstein: knollig bis plattes Siliziumdioxid-Gestein von schwarzer, grauer oder bräunlicher Farbe, bei dem meist scharfkantige Bruchstücke entstehen. Wegen dieser Eigenschaft wurde Feuerstein zur Herstellung von Werkzeugen und Waffen verwendet

Findling: → erratischer Block

Flora: Pflanzenwelt eines bestimmten Gebiets

Foraminifere: einzelliges Wassertier (Wurzelfüßer)

Fossil: ein erhaltener Überrest von Tieren oder Pflanzen aus früheren Epochen der Erdgeschichte

Geofakt: durch natürliche Einwirkung verändertes bzw. bearbeitetes Gestein; im Gegensatz zum → Artefakt

Geologie: Wissenschaft von der Entwicklungsgeschichte und vom Bau der Erde

Geomorphologie: Wissenschaft von den Formen der Erdoberfläche und deren Veränderungen

Glazial: Eiszeit mit Inlandvergletscherung

Glazialfauna: eiszeitliche Tierwelt der Kaltzeiten

Glazialflora: eiszeitliche Pflanzenwelt der Kaltzeiten

Glaziallandschaft: Landschaft, deren Oberfläche weitgehend durch Eis- und Gletschereinwirkung gestaltet wurde

Gondwana: Superkontinent, aus dem sich durch Auseinanderdriften die heutigen Kontinente der südlichen Hemisphäre sowie Indien und die Arabische Halbinsel abtrennten

Gravettien: nach der Felsnische ‚La Gravette' in Frankreich benannte Jägerkultur des → Jungpaläolithikums; kennzeichnend sind die Gravette-Spitzen (schmale, lamellenartige Spitzgeräte mit abgestumpftem Rücken) und weibliche Statuetten aus Elfenbein oder Stein; vor 29.000 bis 21.000 Jahren

Grundeis: unterirdisches Eisvorkommen in Hohlformen

Grundmoräne: vom Gletscher an dessen Grunde mitgeführter Schutt, der vom fließenden Eis aufgenommen und zerrieben wird; vgl. → Moräne

Habitat: Wohnplatz bzw. Lebensraum von Ur- und Frühmenschen

Holozän: die geologische Gegenwart; beginnend vor 11.500 Jahren

Hominide: Vertreter der Familie der Menschenarten

Homo: Genus (Gattung) der menschlichen Familie; erstes Auftreten vor ca. 2,5 Millionen Jahren

Horizont: in der → Geologie und → Archäologie eine besondere und chronologisch enge Zone in einer Schicht oder einem Abschnitts

Interglazial: → Warmzeitphase zwischen den Eiszeiten mit Wiederbewaldung

Interstadiale: Kurze Wärmeperioden innerhalb einer Eiszeit

Isotop: Atom oder Atomkern, der sich von einem anderen des gleichen chemischen Elements nur in seiner Massenzahl unterscheidet

isotopisch: im gleichen Raum gebildet (in Bezug auf Gesteine)

Jungpaläolithikum: jüngere Altsteinzeit, vor ca. 35.000 – 11.500 Jahren

Kaltzeit: Zeitabschnitt, dessen mittlere Jahrestemperatur deutlich niedriger liegt als in der vorherigen und nachfolgenden Zeit; ohne nennenswerte Vergletscherung

Kambrium: älteste Stufe des → Paläozoikum; vor rund 570 Millionen Jahren

Känozoikum: die erdgeschichtliche Neuzeit, die → Tertiär und → Quartär umfaßt

Karbon: zweitjüngste Formation des → Paläozoikums vor etwa 300 Millionen Jahren

Karnivore: Fleischfresser (Tier oder Pflanze)

Kataglazial: Übergang von → Pleni- zu → Interglazial

Kern: Steinartefakt, von dem Abschläge oder Klingen abgehauen werden; ab dem mittleren Paläolithikum wurden Kerne so präpariert, daß → Abschläge bestimmter Form entstanden

Klimatographie: Beschreibung der klimatischen Verhältnisse auf der Erde

Klinge: langer, schmaler Abschlag aus einem vorbereiteten Steinkern

Kratzer: retuschierte Schmalseite einer → Klinge, der wohl u.a. zum Reinigen von Tierfellen benutzt wurde

Leitfossil: für eine Gesteinsschicht und damit für eine geologischen Zeitabschnitt charakteristisches → Fossil

Levallois-Abschlag: nach der Fundstelle in Levallois-Perret (Frankreich) benannte Technik der Steinwerkzeugherstellung; dabei wurden die Abschläge ‚präpariert‘, d.h. die Kernsteine zugerichtet, um die Abschläge planmäßiger zu erhalten

Lithostratigraphie: zeitliche Einordung von Gesteinen nach deren äußerlichen Merkmalen

Löß: in Eiszeiten durch Auswehung entstandenes lockeres, feines Sediment

Magdalénien: nach dem französischen Fundort, der Höhle ‚La Madeleine‘ benannte Jägerkultur der jüngeren Altsteinzeit; Blütezeit von Schmuck und Kunst, wie sie sich u.a. in den Höhlen von Lascaux, Altamira und Les Trois Frères zeigt; ca. vor 18.000 bis 10.000 Jahren

Mesolithikum: mittlere Steinzeit; vor ca. 10.000 - 6.000 Jahren

Mesozoikum: Erdmittelalter, vor ca. 250 bis 65 Millionen Jahren

Metamorphose: Umwandlung, die ein Gestein durch Druck, Temperatur und Bewegung erfährt

Micoquien: Kulturstufe des → Mittelpaläolithikums, benannt nach der Fundstelle Micoque in Frankreich

Miozän: zweitjüngste Abteilung des →Tertiärs

Mittelpaläolithikum: mittlere Altsteinzeit; vor ca. 200.000 bis 35.000 Jahren

Mollusk: Weichtier (z.B. Schnecke oder Muschel), das wichtige Aufschlüsse über frühere Umweltverhältnisse (Klima, etc.) geben kann

Moräne: vom Gletscher bewegter und abgelagerter Gesteinsschutt; unterschieden werden Ober-, → Grund,- Seiten-, Mittel-, Innen- und → Endmoräne

Morphologie: Wissenschaft von der Gestalt und dem Bau der Organismen, aber auch der Landschaft; vgl. auch → Geomorphologie

Moustérien: nach Funden in Höhlen und → Abris von Le Moustier benannte Kultur des mittleren → Paläolithikums; aus dieser Kultur sind frühe Bestattungen und Überreste von Behausungen bekannt; vor ca. 150.000 bis 40.000 Jahren

Neolithikum: Jungsteinzeit; vor ca. 6.000 - 2.000 Jahren

Nummulit: versteinerter Wurzelfüßer z.b. im → Eozän mit Kalkgehäuse

Olduwan: nach der Fundstelle → Olduvai benannte altpaläolitische Kultur im östlichen Zentralafrika

Olduvai: bekannte archäologische und Fossilfundstelle in Tanzania am Rande der heutigen Serengeti

Oligozän: mittlere Abteilung des →Tertiärs, vor etwa 30 Millionen Jahren

Ökologie: Wissenschaft von der Beziehung der Lebewesen zu ihrer Umwelt

Ökumene: menschlich besiedelter Lebensraum

Ordovicium: erdgeschichtliche Zeiteinheit; vor etwa 450 Millionen Jahren

Oser: dammartiger, meist leicht gewundener Kiesrücken, der durch Schmelzwasser aufgeschüttet wurde

Paläoanthropologie: die auf fossile Funde gegründete Wissenschaft vom vorgeschichtlichen Menschen und seinen Vorgängern

Paläobiologie: Teilgebiet der → Paläontologie, das sich mit den fossilen Organismen, ihren Lebensumständen und ihren Beziehungen zur Umwelt befaßt

Paläobotanik: Wissenschaft von den fossilen Pflanzen

Paläogeographie: Teilgebiet der → Geologie, das sich mit der geographischen Gestaltung der Erdoberfläche in früheren geologischen Zeiten befaßt

Paläoklimatologie: Wissenschaft von den klimatischen Verhältnissen der Erdgeschichte

Paläolithikum: Altsteinzeit; wird aufgeteilt in → Altpaläolithikum, → Mittelpaläolithikum und → Jungpaläolithikum; vor ca. 2.500.000 - 10.000 Jahren

Paläontologie: Lehre von der Erforschung früher Lebenswelten

Paläoökologie: Lehre von dem Verhalten der Lebewesen zu ihrer Umgebung in der geologischen Vorzeit

Paläopedologie: Lehre der Erforschung vorzeitlicher Böden

Paläozoikum: erdgeschichtliches Altertum

Paläozoologie: Wissenschaft von den fossilen Tieren

Palynologie: innerhalb der → Paläobotanik, Sporen- und Pollenkunde

periglazial: Erscheinungen, Zustände und Prozesse im Vorfeld von Gletschern

Perm: jüngste Formation des → Paläozoikums; vor etwa 280 Millionen Jahren

Petrographie: Wissenschaft von der mineralogischen und chemischen Zusammensetzung der Gesteine

Pleniglazial: Phase maximaler Kälte während einer Eiszeit

Pleistozän: ältere Zeitstufe des → Quartärs; Zeitraum von 2,4 Millionen Jahre bis vor 11.500 Jahren

Pliozän: jüngste Stufe des → Tertiärs; vor etwa 3 Millionen Jahren

Pollenanalyse: Untersuchung des Blütenstaubes, die Auskunft über den ehemals vorhandenen Pflanzenbewuchs gibt, vgl. → Palynologie

Polygonboden: durch wechselndes Frieren und Auftauen verursachtes Reißen des Bodens. Die Spalten füllen sich später mit → Sediment, so daß ein vieleckiges Muster entsteht

Population: Gruppe von Individuen einer Art oder Rasse in einem engeren geographischen Bereich

Porphyr: dichtes, feinkörniges Ergußgestein, mit eingestreuten Kristalleinsprenglingen

phyletisch: die Abstammung, die Stammesgeschichte betreffend

Profil: senkrechter Schnitt durch den geologischen Schichtenverlauf, der archäologische und geologische Abfolgen erkennen läßt

Quartär: Zeitraum des → Känozoikums; wird in das → Pleistozän und das → Holozän unterteilt; es umfaßt die letzten 2,4 Millionen Jahre der Erdgeschichte

rezent: gegenwärtig noch lebend (von Tier- und Pflanzenarten)

Resorption: Aufnahme, Aufsaugen gelöster Stoffe in die Blut- und Lymphbahn

Sander: Sand- und Schotterfläche, die von den Schmelzwassern im Gletschervorfeld abgelagert wird

Schaber: Steinwerkzeug, das aus einem Abschlag gefertigt ist, dessen Ränder zu geraden und gebogenen Arbeitskanten geformt sind; im Gegensatz zu → Spitzen

Schelfeis: am Rand eines Festlandes lagernde, größtenteils im Wasser schwimmende, dick-tafelige Eisplatte

Schluff: sehr feinkörniges → Sedimentgestein mit Mineralkörnern

Sediment: durch Wind, Wasser und andere Kräfte transportiertes und abgelagertes Schicht- oder Absatzgestein

Solutréen: nach dem Fundort Solutré bei Macon (Frankreich) benannte Jägerkultur des → Jungpaläolithikums mit zahlreichen Höhlenmalereien und Ritzbildern, z.B. Pech Merle und Tête de Lion; vor ca. 22.000 bis 18.000 Jahren

Spätpaläolithikum: ausgehende Altsteinzeit; wird auch als Teil des → Mesolithikums aufgefaßt; vor ca. 11.500 bis 8.000 Jahren

Speläologie: Wissenschaft, die sich mit der Erforschung von Höhlen befaßt

Spezies: Bezeichnung für eine Tier- oder Pflanzenart

Spitze: Steinwerkzeug, das aus einem Abschlag gefertigt ist, dessen Ränder zu spitz zulaufenden Arbeitskanten geformt sind; im Gegensatz zu → Schaber

Sporopollenin: Stoff aus dem die äußere Wandschicht eines Pollenkorns besteht; er setzt sich aus einer stickstoff-freien, zu den Terpentinen gehörenden Substanz zusammen

Stadiale: Kurze Kälteperioden innerhalb größerer Glazial-Phasen

Stalagmit: Tropfstein, der vom Boden einer Höhle nach oben wächst

Stalaktit: Tropfstein, der von einer Höhlendecke nach unten wächst

stratifiziert: in eine Schichtenfolge eingeordnet

Stratigraphie: Aufeinanderfolge und Beschreibung von zeitlich aufeinanderfolgenden Schichtgesteinen

stratigraphisch: die Altersabfolge von Gesteinen betreffend

Taphonomie: Lehre von der → Fossilisierung eines Organismus

Taxa: Plural von → Taxon

Taxon: künstlich abgegrenzte Gruppe von Lebewesen (z.B. die Art) als Einheit innerhalb der biologischen Systematik

Tektonik: Teilgebiet der → Geologie, das sich mit dem Bau der Erdkruste und ihren inneren Bewegungen beschäftigt

Thermolumineszenz: Altersbestimmung durch Messung des bei Erwärmung auftretenden charakteristischen Aufleuchtens bestimmter Stoffe

terrestrisch: auf dem Festland gebildet (Geol.), auf dem Erdboden lebend (Biol.)

Tertiär: erdgeschichtliche Formation des → Känozoikums, vor rund 65 bis 2,4 Millionen Jahren

Tillit: verfestigter Geschiebelehm bzw. eine fossile → Moräne

Topographie: Beschreibung und Darstellung geographischer Örtlichkeiten

Toteis: Absonderung großer, isolierter Eiskörper vom Eisschild des Gletschers

Travertine: Kalksinter-Ablagerung

Trois-Frères: eine der berühmtesten Höhlen mit eiszeitlicher Höhlenkunst im Dépt. Ariège (Frankreich), Kulturstufe des → Magdalénien

Typologie: Lehre von der Gruppenzuordnung auf Grund umfassender Merkmale

Vegetation: Pflanzenbestand und -wachstum eines bestimmten Gebietes

Venusstatuette: naturalistische bis stark stilisierte Frauenfigur des → Jungpaläolithikums aus Knochen, Elfenbein, Ton oder Stein; z.B. ‚Venus von Willendorf', eine der ältesten Frauendarstellung der Welt

Warmzeit: Zeitabschnitt, auch → Interglazial genannt, in dem eine Wiederbewaldung stattfindet

Warvit: verfestigter Bänderton

Zoolith: Sedimentgestein, das größtenteils aus Resten von Tieren besteht

Zyklik: periodische Abfolge von kalten und warmen klimatischen Abschnitten

Abbildungsverzeichnis

EisZeit. Das große Abenteuer der Naturbeherrschung: Ein Zeitalter wird inszeniert.
Ausstellungsdokumentation in Bildern. Alle Abbildungen: Roemer- und Pelizaeus-Museum, Sharokh Shalchi.

Friedemann Schrenk: Klima und Menschheitsentwicklung. Abb 1: WildLife Art / Hessisches Landesmuseum Darmstadt / Thomas Ernsting / GEO; Abb. 2: Friedemann Schrenk.   S. 38: Hans-Dieter Kahlke

Jürgen Vespermann: Geologie und Paläontologie des Eiszeitalters. Tabellen: Jürgen Vespermann; Abb. 1: nach Sinitzin (1965) in Kahlke, 1994; Abb. 2: Jürgen Vespermann nach Berger (1988); Abb. 3: nach Kahlke, 1994; Abb. 4 nach Woldstedt (1958) in Kahlke, 1994; Abb. 5: nach Kahlke, 1994; Abb. 6 u. 7: nach Grube (1979) in Kahlke, 1990; Abb. 8: nach Karte (1995) in Liedtke, 1990; Abb. 9: nach Kahlke, 1994; Abb. 10: nach Fairbridge (1972) in Kahlke, 1994; Abb. 11: nach W.D. Heinrich aus Kahlke (1984) vereinfacht in Kahlke, 1994; Abb. 12: nach E.W. Guenther (1970) in Kahlke, 1994. S. 76: Hans-Dieter Kahlke

Gerfried Caspers, Holger Freund, Angelika Kleinmann, Josef Merkt: Das Klima im Quartär. Abb. 1: Liedtke; Abb. 2-11: Gerfried Caspers, Holger Freund, Angelika Kleinmann, Josef Merkt.

Ludger Feldmann: Hildesheim im Eiszeitalter. Eine Bilderreise. Abb 1-5: Ludger Feldmann; Tab.1: nach Feldmann&Groetzner (1998).

Wilfried Rosendahl: Über die Bedeutung von Höhlen und Höhleninhalten für die Rekonstruktion von Leben und Umwelt im Pleistonzän. Abb. 1-9: Wilfried Rosendahl; Abb. 10: Kempe.

Hartmut Thieme: Jagd auf Wildpferde vor 400.000 Jahren. Fundplätze aus der Zeit des Urmenschen (*Homo erectus*) im Tagebau Schöningen, Landkreis Helmstedt. Abb. 1: Entwurf D. Mania; Abb. 2: Entwurf D. Mania; Abb. 3: Geol. Kartierung D. Mania; Abb.4: C. S. Fuchs; Abb. 5: F.J. Böker; Abb. 6 - 7: P. Pfarr; Abb. 8: I. P. Pfarr., II. C. S. Fuchs.

Stephan Veil: Kultur vor dem modernen Menschen? Fragen zu den archäologischen Spuren aus der Zeit des Neandertalers. Abb. 1: Stephan Veil; Abb. 2: nach Stephan Veil, 1995. Vor 55.000 Jahren. Begleitheft zur Ausstellung der Abteilung Urgeschichte des Nds. Landesmuseums Hannover, Heft 5, Abb. 9; Abb.3: nach Joachim Hahn, 1983. Eiszeitliche Jäger zwischen 35.000 und 15.000 Jahren vor heute. Urgeschichte in Baden-Württemberg, Hrsg. Hansjürgen Müller-Beck, Abb. 172; Abb. 4: nach Joachim Hahn, 1986. Kraft und Aggression. Die Botschaft der Eiszeitkunst im Aurignacien Süddeutschlands, Archaeologica Venatoria, Bd.1, Tafel 17; Abb. 5: nach Joachim Hahn, 1983, Abb. 160; Abb. 6: nach Bosinki 1985, Abb. 33; Abb. 7: nach Joachiym Schäfer. Die Wertschätzung außergewöhnlicher Gegenstände (non-ulitarian objects) im Alt- und Mittelpaläolithikum, EAS 36, 1995, Abb. 1; Abb. 8: nach B. Hayden. The cultural capacities of Neandertals. Journal of Human Evolution, Vol. 24, Fig. I.; Abb. 9: nach Eberhard Wagner, 1983. Das Mittelpaläolithikum der Großen Grotte bei Blaubeuren (Alb-Donau-Kreis). Forschungen und Berichte zur Vor- und Frühgeschichte in Baden-Württemberg, Bd. 16, Abb. 13; Abb. 10: nach Gerhard Bosinski, 1993. Der Neandertaler und seine Zeit. Archäologie im Ruhrgebiet, Abb. 8; Abb. 11: nach Bouyssonie und Bardon, 1908; Abb. 12: nach Bosinski, 1985, Abb. 33; Abb. 13: nach Thomas Weber/Tomas Litt, 1991. Der Waldelefantenfund von Gröbern, Krs. Gräfenhainichen. Jagdbefund oder Nekrophagie? Arch. Korrespondenzblatt 21, Abb.5; Abb. 14: nach Stephan Veil, 1995, Abb. 14; Abb. 15: nach Stephan Veil, 1995, Abb. 16; Abb. 16: nach Stephan Veil, 1995, Abb. 18; Abb. 17: nach Christopher Stringer und Clive Gamble, 1993, Abb. 39.

Sabine Gaudzinski: Ein mittelpaläolithisches Rentierjägerlager bei Salzgitter-Lebenstedt. Abb. 1 W. Roebroeks; Abb. 2-3: Sabine Gaudzinski; Abb. 4: Jan Pauptit; Abb. 5-6: Jan Pauptit; Abb. 7-10: Sabine Gaudzinski.   S. 176: Hans-Dieter Kahlke

Gerhard Bosinski: Die Kunst der Altsteinzeit. Abb. 1-2: nach Institut für Urgeschichte Tübingen; Abb. 3-4: Gerhard Bosinski; Abb. 5: nach Museum Ulm; Abb. 6: nach O.N. Bader; Abb. 7: nach Musée Les Eyzies; Abb. 8: nach B. und G. Delluc und A. Roussot; Abb. 9-11: Jean-Marie Chauvet, aus dem Bildband „Grotte Chauvet", mit freundl. Genehmigung des Jan Thorbecke-Verlags, Stuttgart; Abb. 12-14: nach N.D. Praslov; Abb. 15: Gerhard Bosinski; Abb. 16: nach F. d´Errico; Abb. 17: nach B. Klima; Abb. 18: J. Vertut; Abb. 19: nach A. Leroi-Gourhan; Abb. 20: nach J. Clottes und J. Courtin; Abb. 21-22: nach M. Lorblanchet; Abb. 23: nach J. Clottes und J. Courtin; Abb. 24 Musée des Antiquites Nationales, Saint Germain; Abb. 25-27: A. Leroi-Gourhan; Abb. 28: nach P. Graziosi; Abb. 29: nach L. Iakovleva und G. Pinçon; Abb. 30-31: nach L. Pales und M. Tassin de Saint Pereuse; Abb. 32: Musée Mas d´Azil; Abb. 33: D. Sacchi; Abb. 34-35: nach H. Begouen und H. Breuil; Abb. 36: Gerhard Bosinski; Abb. 37-39: nach G. Bosinski und G. Fischer; Abb. 40-46: P. Schiller; Abb 47: nach P. Graziozi; Abb. 48: Musée Les Eyzies.

Linda Owen: Das Bild der Frau in der Altsteinzeit. Abb. 1: nach Royal British Columbia Museum, Victoria, Kanada (PN4854); Abb. 2: nach Britisch Columbia Archives and Records Service, Vancouver, Kanada (D-08314); Abb. 3: Canadian Museum of Civilization, Hull, Quebec, Kanada J8X 4H2 (37080); Abb. 4: American Museum of Natural History, New York (12134);   S. 214: Hans-Dieter Kahlke

Leonid I. Rekovets: Die Bauten aus Mammutknochen in Mezin. Abb. 1-4: L. I. Rekovets.

Klaus Grote: Vom Leben unter Felsschutzdächern. Jäger und Sammler in Südniedersachsen am Ende der letzten Eiszeit. Abb. 1-10: Klaus Grote. S. 240: Hans-Dieter Kahlke

Gernot Tromnau: Die Hamburger Kultur. Abb.1: nach Rust 1937; Abb. 2 u. 3.: Gernot Tromnau; Abb. 4 u. 5: nach A. Rust 1958; Abb. 6: Gernot Tromnau; Abb.7: nach I. Clausen 1997 (1998).   S. 250: Hans-Dieter Kahlke

Christian Weisker: Was vom Eiszeitalter blieb... Eine Spurensuche in der Landschaft und Kulturgeschichte. Abb. 1: KLETT-PERTHES-Verlag, Gotha; Abb. 2: Christian Weisker, Mai 1996; Abb. 3: Christian Weisker, Juni 1997; Abb. 4.: Christian Weisker, März 1995; Abb. 5: Christian Weisker, April 1999; Abb. 6: Christian Weisker, November 1997; Abb. 7: Stadtarchiv Hildesheim, Bestand 925, Nr. 174/1; Abb. 8: Christian Bayer; Abb. 9: Christian Weisker, April 1999; Abb. 10: Staatliche Museen Preußischer Kulturbesitz, Alte Nationalgalerie, Foto: Jörg P. Anders; Abb. 11: Christian Weisker, März 1999; Abb. 12: Christian Weisker, März 1999.

Alle Autoren und die Redaktion haben sich in kurzer Zeit um die jeweiligen Bildrechte bemüht.
Bei Rückfragen wenden Sie sich bitte an das Roemer- und Pelizaeus-Museum, Hildesheim

Autoren- und Redaktionsverzeichnis

Manfred BOETZKES, M.A.
Jahrgang 1942
Direktor des Roemer-Museums
Anschrift:
Roemer- und Pelizaeus-Museum
Am Steine 1-2
D-31134 Hildesheim

Prof. Dr. Gerhard BOSINSKI
Jahrgang 1937
Professor an der Universität Köln für Ur- und
Frühgeschichte mit Forschungsschwerpunkt
im Paläolithikum.
Seit 1985 Leiter des Forschungsbereiches
Altsteinzeit im Schloß Monrepos in Neuwied,
einer Außenstelle des RGZM in Mainz.
Anschrift:
Römisch-Germanisches Zentralmuseum
Forschungsbereich Altsteinzeit
Schloß Monrepos
D-56567 Neuwied

Dr. Gerfried CASPERS
Dr. Holger FREUND
Dr. Josef MERKT
Wissenschaftliche Mitarbeiter im Bereich
Paläoklimatologie am Niedersächsischen
Landesamt für Bodenforschung.
Anschrift:
Niedersächsisches Landesamt
für Bodenforschung
Stilleweg 2
D-30655 Hannover

Dr. Ludger FELDMANN
Jahrgang 1956
Wissenschaftlicher Assistent für Quartärgeologie
und Bodenkunde am Institut für Geologie und
Paläontologie der TU Clausthal
Anschrift:
Institut für Geologie und Paläontologie der TU
Clausthal
Leibnizstraße 10
D-38678 Clausthal-Zellerfeld

Dr. Sabine GAUDZINSKI
Jahrgang 1965
Archäologin mit Forschungsschwerpunkt
im Pleistozän.
Wissenschaftliche Mitarbeiterin am Forschungs-
bereich Altsteinzeit im Schloß Monrepos, Neuwied.
Anschrift:
Römisch-Germanisches Zentralmuseum
Forschungsbereich Altsteinzeit
Schloß Monrepos
D-56567 Neuwied

Dr. Klaus GROTE, M.A.
Seit 1979 nach umfangreichen Grabungen,
u.a. Salzgitter-Lebenstedt, Kreisarchäologe
beim Landkreis Göttingen. 1994 Promotion
über die Auswertung der Abri-Untersuchungen
Anschrift:
Landkreis Göttingen
Untere Denkmalschutzbehörde,
Bodendenkmalpflege
Reinhäuser Landstr.4
D-37083 Göttingen

Dr. Angelika KLEINMANN
Wissenschaftliche Mitarbeiterin am Institut
für Geobotanik der Universität Hannover.
Anschrift:
Institut für Geobotanik
der Universität Hannover
Nienburger Straße 17
D-30167 Hannover

Dipl. Kulturpädagogin Stefanie KRAUSE
Jahrgang 1966
Studium der Kulturpädagogik.
Freie Journalistin und Redakteurin,
Museumspädagogin am Roemer- und Pelizaeus-
Museum, Abt. Stadtmuseum im Knochenhauer-
Amtshaus
Anschrift:
Roemer- und Pelizaeus-Museum
Am Steine 1-2
D-31134 Hildesheim

Dr. Linda R. OWEN
Jahrgang 1952
Studium der Urgeschichte, Völkerkunde und
Linguistik in USA und Deutschland.
Seit 1982 Lehrbeauftragte an der Universität
Tübingen, dort derzeit Habilitation über Geschlech-
terrollen und Arbeitsteilung im Jungpaläolithikum.
Anschrift:
Institut für Ur- und Frühgeschichte und Archäolgie
des Mittelalters
Abteilung Ältere Urgeschichte und Quartärökologie
Universität Tübingen
Schloß
D-72070 Tübingen

Gabriele PIEKE, M.A.
Jahrgang 1967
Studium der Ägyptologie, Vor- und Frühgeschichte
und Kommunikationswissenschaft.
Wissenschaftliche Mitarbeiterin am Roemer- und
Pelizaeus-Museum
Anschrift:
Roemer- und Pelizaeus-Museum
Am Steine 1-2
D-31134 Hildesheim

Prof. Dr. Leonid I. REKOVETS
Jahrgang 1947
Paäontologe, Oberkustos am Nationalmuseum
für Naturkunde der Akademie der Wissenschaften
der Ukraine in Kiev
Anschrift:
National-Museum for Natural History
Chmelnitski str. 15
UA-252601 Kiev (Ukraine)

Dr. Wilfried ROSENDAHL
Jahrgang 1966
Quartärgeologe und -paläontologe.
Forschungsschwerpunkte: Speläologie,
Paläoklimatologie und Paläoökologie.
Wissenschaftlicher Mitarbeiter am Geologisch-
Paläontologischen Institut der TU Darmstadt.
Anschrift:
Geologisch-Paläontologisches Institut
der TU Darmstadt
Schnittspahnstraße 9
D-64287 Darmstadt

Prof. Dr. Friedemann SCHRENK
Jahrgang 1956
Paläontologe und Paläoanthropologe
Stellvertrender Direktor des Hessischen
Landesmuseums Darmstadt
Anschrift:
Hessisches Landesmuseum Darmstadt
Friedensplatz 1
D-64283 Darmstadt

Ingeborg SCHWEITZER, M.A.
Studium der Ur- und Frühgeschichte,
Vorderasiatischen Archäologie und Ethnologie.
Freie wissenschaftliche Mitarbeiterin
am Roemer- und Pelizaeus-Museum.
Seit 1984 Stadtkernforschung in Hildesheim.
Anschrift:
Roemer- und Pelizaeus-Museum
Am Steine 1-2
D-31134 Hildesheim

Dr. Hartmut THIEME
Jahrgang 1947
Archäologe mit Forschungsschwerpunkt
Eiszeitalter, speziell Alt- und Mittelpaläolithikum.
Durchführung u.a. siedlungsarchäologischer
Großgrabungen im Helmstedter Braunkohlerevier.
Archäologieoberrat im Niedersächsischen
Landesamt für Denkmalpflege
Anschrift:
Niedesächsisches Landesamt
für Denkmalpflege
Scharnhorststr. 1
D-30175 Hannover

Dr. Gernot TROMNAU
Jahrgang 1939
Archäologe und Ethnologe mit wissenschaftlichem
Schwerpunkt im Paläolithikum und bei Polar-
völkern
Direktor des Kultur- und
Stadthistorischen Museums in Duisburg
Anschrift:
Kultur- und Stadthistorisches Museum
Johannes-Corputius-Platz 1
D-47049 Duisburg

Dr. Stephan VEIL
Jahrgang 1952
Archäologe mit Forschungsschwerpunkt im
Mittel- und Jungpaläolithikum.
Oberkustos in der Urgeschichtsabteilung des
Niedersächsischen Landesmuseum Hannover.
Anschrift:
Niedersächsisches Landesmuseum Hannover
Willy-Brandt-Allee 5
D-30169 Hannover

Dr. Jürgen VESPERMANN
Jahrgang 1955
Geologe, Forschungsschwerpunkt
Kreide-Zeit.
Wissenschaftlicher Mitarbeiter des Roemer-
Museums Hildesheim, verantwortlich für die
naturkundlichen Sammlungen.
Lehrauftrag am Institut für Geowissenschaften
der TU Braunschweig.
Anschrift:
Roemer- und Pelizaeus-Museum
Am Steine 1-2
D-31134 Hildesheim

Christian WEISKER, M.A.
Jahrgang 1969
Studium der Kunstgeschichte, Volkskunde
und Vor- und Frühgeschichte.
Wissenschaftlicher Volontär am Roemer-
und Pelizaeus-Museum Hildesheim.
Anschrift:
Roemer- und Pelizaeus Museum
Am Steine 1-2
D-31134 Hildesheim

Neben den im Vorwort genannten Personen danken wir nachfolgenden Leihgebern, Institutionen, Kooperations- und Medienpartner, Kollegen und Mitwirkenden an der Ausstellung :

Deutschland:

Bonn:
• Rheinisches Landesmuseum
• Museum Alexander Koenig

Bottrop:
• Museum für Ur- und Ortsgeschichte

Braunschweig:
• Institut für Geowissenschaften der Technischen Universität

Bremerhaven:
• Alfred-Wegener-Institut für Polar- und Meeresforschung

Clausthal-Zellerfeld:
• Dr. Ludger Feldmann

Darmstadt:
• Hessisches Landesmuseum
• Dr. Wilfried Rosendahl

Duisburg:
• Kultur- und Stadthistorisches Museum

Essen:
• Ruhrlandmuseum

Göttingen:
• Landkreis Göttingen, Archäologische Denkmalpflege

Halle:
• Landesamt für Archäologie Sachsen-Anhalt
• Landesmuseum für Vorgeschichte

Hamburg:
• Peter Nierling

Hamburg:
• Geologisch-Paläontologisches Institut und Museum der Universität Hamburg

Hannover:
• Bundesanstalt für Geowissenschaften und Rohstoffe / Niedersächsisches Landesamt für Bodenforschung
• Niedersächsisches Landesmuseum
• Tierärztliche Hochschule

Karlsruhe:
• Badisches Landesmuseum

Konstanz:
• Rosgartenmuseum

Mannheim:
• Reiss-Museum

München:
• Prähistorische Staatssammlung, Museum für Vor- und Frühgeschichte

Singen / Hohentwiel:
• Hegau-Museum

Stuttgart:
• Staatliches Museum für Naturkunde

Tübingen:
• Institut für Ur- und Frühgeschichte und Archäologie des Mittelalters der Eberhard-Karls-Universität

Ulm:
• Ulmer Museum

Weimar:
• Museum für Ur- und Frühgeschichte Thüringens am Thüringischen Landesamt für Archäologische Denkmalpflege
• Prof. Dr. Dr. Hans-Dieter Kahlke

Wolfenbüttel:
• Braunschweigisches Landesmuseum, Abteilung Ur- und Frühgeschichte

Frankreich:

Bordeaux:
• Musée d´Aquitaine

Les Eyzies de Tayac:
• Musée National de Préhistoire

Paris:
• Musée de l´Homme

Perigueux:
• Musée du Perigord

Poitiers:
• Musée de la Ville de Poitiers et de la Société des Antiquaires de l´Ouest

Österreich:

Wien:
• Naturhistorisches Museum

Schweiz:

Zürich:
• Schweizerisches Landesmuseum

Ukraine:

Kiev:
• Archäologisches Museum, Institut für Archäologie der Akademie der Wissenschaften
• Nationalmuseum für Naturgeschichte

Kooperations- und Medienpartner:

Hildesheimer Allgemeine Zeitung

Norddeutscher Rundfunk, NDR

AVI-Studio, Hannover

Hessisch-Niedersächsische Getränke GmbH, Hildesheim

Natur & Kosmos, München

Galeria Kaufhof, Hildesheim

Stadtsparkasse Hildesheim

Jan Thorbecke Verlag Stuttgart

VARTA AG Hannover

Weitere Mitwirkende:

Klaus Bantin, Susanne Barth, Christian Bayer, Arne Beckstroem, Klaus Behnert, Axel von Berg, Edith Biles, Frank Bischof, Markus Bock, Andreas Bode, Franz Böker, Theo Bresching, Susanne Dämmrich, Peggy Darius, Ingrid Dora, Monika Dudt, Helga Eininger, Heike Englisch, Götz Erikson, Dietrich Fankhänel, Stefan Gesing, Wolfgang Grahn, Frauke Grittner, Jana Gundelach, Katja Hartloff, Rita Hartmann, Markus Höppner, Rainer Hornburg, Monika Lattemann, Claudia Lechthaler, Marion Lidolt, Dorothea Lindemann, Thomas Mache, Josef Merkt, Melanie Mesenbring, Ina Müller, Olaf Neumann, Erika Niemann, Linda R. Owen, Margit Peusquens, Wilfried Rettberg, André Römer, Kerstin Schlüter, Inga Schneider, Rolf Schulte, Regine Schulz, Werner Schwarzbach, Matthias Seidel, Carola Sender, Stefan Seppelt, Shahrokh Shalchi, Klaus Spichalla, Katharina Spohr, Adelbert Ständer, Bernward Stochay, Norbert Stolte, Christel Tasiaux, Edith Teller, Hartmut Thieme, Helga Trentmann, Stephan Veil, Lars Wagner, Hans-Helmut Wegener, Sabine Wehmeyer, Heike Wilde, Udo Wirries, Irene Zenker, Sonja Zimmer

und viele andere ungenannte Projektbeteiligte!